红色文化研究书库

新自由主义批判文选

周兵◎主编

红旗出版社

红旗出版社
RED FLAG PRESS
推动进步的力量

图书在版编目(CIP)数据

新自由主义批判文选 / 周兵主编. 一北京:
红旗出版社,2018.10
ISBN 978-7-5051-4790-4

Ⅰ.①新… Ⅱ.①周… Ⅲ.①新自由主义(经济学)一批判一文集 Ⅳ.①F091.352-53

中国版本图书馆 CIP 数据核字(2018)第 235728 号

书　　名　新自由主义批判文选
主　　编　周　兵
出 品 人　唐中祥　　责任编辑　张明林
总 监 制　程为民　　封面设计　云　畅
出版发行　红旗出版社　　地　　址　北京市沙滩北街 2 号
邮政编码　100727　　编 辑 部　010—57274597
E — mail　hongduboliansheng@sina. com
发 行 部　010—57270296
印　　刷　三河市新新艺印刷有限公司
开　　本　710 毫米×1000 毫米　1/16
字　　数　400 千字　　印　　张　30
版　　次　2019 年 5 月北京第 1 版　　2019 年 5 月北京第 1 次印刷
ISBN 978-7-5051-4790-4　　定　　价　88.00 元

欢迎品牌畅销图书项目合作　联系电话　010—57270270
凡购本书,如有缺页、倒页、脱页,本社发行部负责调换。

目 录
CONTENTS

第一辑

第二辑

第三辑

第四辑

第五辑

第一辑

马克思主义经典作家反对国有经济吗？

有　林

现在，主张实行单一公有制经济的人不太多，反对公有制为主体、国有经济为主导，主张实行私有化的人却不少。其中有些人不是直截了当地反对，而是歪曲地引用几句经典作家的话，目的是为了更加保险，更有欺骗性。这种行径一出现，就有人著文加以澄清，但这样做的人全然不予理会，今天这样说过了，明天照样这么说，或者在同声相应、同气相求的人中，张三这么说了，李四也这么说。事实表明，澄清这种是非远未终止。本文拟就马克思主义经典作家是否反对社会主义国有经济谈点看法。

一、建立和发展社会主义国有经济违背马克思所讲的“重新建立个人所有制”的“最重要的话”吗？

持此论点的大有人在。这里仅举一例。

一位论者说：“列宁、斯大林，包括我们的毛泽东主席，在革命取得成功后，忽视马克思关于在‘生产资料的共同占有的基础上，重新建立个人所有制’这句最重要的话，把公有制异化为政府所有制，实际上变成对包括工人阶级在内的社会各阶层人民的剥夺，这是前苏联、东欧与改革前中国社会主义经济建设失败的根源。”那么，没“异化”的公有制是什么呢？论者回答说：“马克思对公有制的定义，就是让自然人拥有生产资料，人人有份。这就是社会化，这就是公有制，而不是政府所有制。”他还把国有制说成是“官有制”“高度垄断的总资本家”。

论者是围绕马克思所讲的“重新建立个人所有制”展开论述的。这就要看看马克思是怎么讲的。马克思的话见于《资本论》第一卷第32章中讲到“资本主义积累的必然趋势”时写道:“从资本主义生产方式产生的资本主义的占有方式,从而资本主义的私有制,是对个人的、以自己劳动为基础的私有制的第一个否定。但资本主义生产由于自然过程的必然性,造成了对自身的否定。这是否定的否定。这种否定不是重新建立私有制,而是在资本主义时代的成就的基础上,也就是说,在协作和对土地及靠劳动本身生产的生产资料的共同占有的基础上,重新建立个人所有制。”

这段话,是马克思对包括资本的原始积累在内的资本积累的总结,也是对资本主义实质的概括。从资本的原始积累来说,它是在剥夺小生产即“个人的、以自己劳动为基础的私有制”而建立起来的。它建立起来以后,劳动者同生产资料就相分离、相对立起来了。劳动者只有把劳动力出卖给生产资料所有者,才能进行生产。一旦进入劳动过程,劳动者“已经不再属于自己”,“他们本身不过是资本的一种特殊存在方式”。在取代资本主义的新社会中,劳动者既是生产资料共同占有的一分子,又是联合劳动的一名成员。这时,劳动者和生产资料再不是相分离、相对立,而是相统一、相结合的。所谓“重新建立个人所有制”是以劳动者和生产资料直接结合而言的。但二者又有根本的不同。前者是“个人的、以自己劳动为基础的私有制”,后者是以“在协作和对土地及靠劳动本身生产的生产资料的共同占有”,即以公有制为基础的。

对马克思这段话,恩格斯在读给马克思听过的《反杜林论》中曾专门作过解释。他在引用马克思的话后说:“可见,靠剥夺剥夺者而建立起来的状态,被称为以土地和靠劳动本身生产的生产资料的社会所有制为基础的个人所有制的恢复。对任何一个懂德语的人来说,这也就是说,社会所有制涉及土地和其他生产资料,个人所有制涉及产品,那就是涉及消费品。”尽管在坚信马克思主义的学者中,对恩格斯的解释小有差别,但没有谁认为马克思的话是要把国有企业拆散分给个人。

至于论者编造的马克思关于“公有制”的定义,纯系对马克思的诬蔑。“让自然人拥有生产资料,人人有份”,即使在原始社会也不是这样。原始社会也没有国家和法律,没有法律上与法人相区别的作为民事权利和义务主体的自然人即我国和一些国家称为公民的人。

二、恩格斯批判的是全民所有制的社会主义国有经济吗?

自称对改革和发展的争论有发言权的高尚全不厌其烦地讲:“恩格斯早就

批判过那种把国有化直接等同于社会主义的观点。”言至于此，似乎还听不出什么毛病，但他说详细了就看出是什么意思了。他在2006年《改革内参》上说：“国有经济在国民经济中的比重不能作为衡量是否社会主义的标准，这已经为无数的历史事实所证实。历史上德国曾实行过国家社会主义。德国拉萨尔打着维护国家利益的旗号，鼓吹过国家社会主义。俾斯麦政府宣布把铁路、烟草公司等经济部门收归国有，把国有化措施作为所谓‘建立社会主义’。”接着论者引用恩格斯在《反杜林论》的一条注解中的话说：“自从俾斯麦致力于国有化以来，出现了一种冒牌的社会主义，它有时甚至堕落为某些奴才气，无条件地把任何一种国有化，甚至俾斯麦的国有化，都说成社会主义的。显然，如果烟草国营是社会主义的，那么拿破仑和梅特涅也应该算入社会主义创始人之列了。”“俾斯麦并非考虑经济上的必要，而只是为了使铁路能够更好地适用于战时，只是为了把铁路官员训练成政府的投票家畜，主要是为了取得一种不依赖于议会决定的新的收入来源而把普鲁士的铁路干线收归国有，这无论如何不是社会主义的步骤，既不是直接的，也不是间接的；既不是自觉的，也不是不自觉的，否则，皇家海外贸易公司、皇家陶瓷厂，甚至陆军被服厂，也都是社会主义的设施了。”

必须指出，论者引用恩格斯《反杜林论》注中的这些话，是出于自己的需要而片面引用的。人们都知道，“注”是为了加强正文的表述，而论者引用“注”只字未提正文谈什么，即注什么。此其一。其二，论者完全回避了恩格斯所阐述的特殊国有化（国有经济）的阶级本质，而“注”正是与此相联系的。其三，对于恩格斯指出的资产阶级国有化（国有经济）为“社会本身占有一切生产力作准备”，论者完全不予理睬。现就此略作点明。

在论者引用的注中，恩格斯头一句就交代了他在正文中说“不得不”是什么意思，即由于资本主义基本矛盾的激化而迫使资本家结合起来组成各种股份公司现在已经不够了，进一步激化的矛盾，迫使“资本主义社会的正式代表——国家不得不承担起对生产的领导”。

资产阶级国家把某些部门和企业收过来，改变没改变这些部门和企业的资本主义性质呢？恩格斯作出了明确的回答：“无论转化为股份公司，还是转化为国家财产，都没有消除生产力的资本属性。”股份公司不必说了，转化为国家财产为什么同样没有改变其资本主义性质呢？因为“现代国家，不管它的形式如何，本质上都是资本主义的机器、资本家的国家、理想的总资本家。它越是把更多的生产力据为己有，就越是成为真正的总资本家，越是剥削更多的公民。工人仍然是雇佣劳动者，无产者。资本关系并没有被消灭，反而被推到了顶点。”

最后，恩格斯从资产阶级企图通过国有化来摆脱危机中，看到了“它包含着解决冲突的形式上的手段，解决冲突的线索”，“意味着达到了一个新的为社会本身占有一切生产力作准备的阶段”。这就是通过社会主义革命由全体人民占有生产资料，使社会进入社会主义，并在生产力高度发展，阶级和阶级差别逐步消灭、人们的思想觉悟极大提高的条件下，实现共产主义。

以上这些充分说明，恩格斯批判的是冒牌社会主义所鼓吹和推行的国有化，是把资产阶级国有化等同于社会主义的观点，根本不是全民所有制的社会主义国有经济。下边我们将要指出，对于后者，马克思和恩格斯都是力主的。

三、社会主义国家和发展国有经济“不符合马克思主义国家观的论点”吗?

吴敬琏先生多次指责“斯大林的社会主义经济定义带有明显的被马克思主义经典作家强烈批评过的‘国家迷信’的色彩，并不符合马克思主义国家观的论点。”

斯大林认为，在社会主义制度下，生产资料公有制应占绝对统治地位。公有制分两种形式，即国家所有制和合作社集体农庄所有制。与此相适应，有两种社会主义经济：国营经济和合作社（集体）经济。而国家所有制经济是高级的社会主义所有制形式，在整个国民经济中起主导的和决定的作用。从论者的指责中可以看出，他们说的“不符合马克思主义国家观的论点”的，指的是国家所有制。

那就让我们考察一下马克思主义经典作家对此是怎样看的。

稍有马克思主义常识的人都知道，马克思、恩格斯揭示了资本主义剥削的实质及其运动规律，指出社会化生产和资本主义占有的矛盾，要求生产资料归整个社会占有。而代表生产力发展要求的无产阶级是完成这一变革的基本力量。同时，这也是雇佣劳动者从资本的盘剥下解放出来的根本条件。在剩余价值理论和唯物主义历史观的基础上建立起来的科学社会主义又进一步告诉我们：无产阶级必须通过暴力革命夺取政权，使自己“上升为统治阶级”，然后利用自己的政治统治，“一步一步地夺取资产阶级的全部资本，把一切生产工具集中在国家即组织成为统治阶级的无产阶级手里，并且尽可能快地增加生产力的总量”。这里不仅明确指出要把一切生产工具集中在国家手里，而且指出这时的国家就是“组织成为统治阶级的无产阶级”。类似的话，大量出现在马克思主义创始人的著作中。如恩格斯在《反杜林论》中，谈到变资本主义所有制为社会主义所有制时说，资本主义生产方式“日益迫使人们把大规模的社会化的生产资料变为国家财产，因此它本身就指明完成这个变革的道路。无产阶级将取得国家政权，并且首先把生产资料变为国家财产”。无产阶级在夺取政权后，把生产资料集中在自己的国家手里，这是本阶级的根本利益之所在。

在社会主义国有经济的否定者说来，马克思、恩格斯的这些论断，都“不符合马克思主义国家观的论点”。其实，不符合马克思主义论点的不是别人，正是论者自己。那么他的说法符合谁的论点呢？符合早已过时的亚当·斯密所宣扬的自由放任主义的论点，符合新自由主义者作为毒药向发展中国家推销的私有化、市场化、自由化的论点。

至于建立和发展社会主义国有经济，是“被马克思主义经典作家强烈批评过的‘国家迷信’”，完全是论者采取张冠李戴的手法杜撰出来的。

对“国家的迷信”的提法，直接出于恩格斯为马克思的《法兰西内战》1891年单行本写的序言。原话是：对于“打碎旧的国家政权而以新的真正民主的国家政权来代替的情形，《内战》第三章已经作了详细的描述。但是这里再一次简单扼要地谈谈这个问题还是有必要的，因为正是在德国，来自哲学的对国家的迷信，已经进入到资产阶级甚至很多工人的一般意识之中”。这种“对国家的迷信”指的是什么呢？就是认为“全社会的公共事务和公共利益只能像迄今为止那样，由国家和国家的地位优越的官吏来处理和维护”。这种迷信显然是同马克思总结巴黎公社经验得出的“工人阶级不能简单地掌握现成的国家机器，并运用它来达到自己的目的”，而必须把它打碎，重新建立起自己的国家机器的结论相对立的。当时，谁是对旧的国家政权的迷信者呢？是拉萨尔派。他们只承认改良，反对推翻旧政权建立新政权的革命。马克思和恩格斯同拉萨尔等人进行了坚决的斗争。

考茨基滑进机会主义泥坑后，同样是个旧国家的迷信者。列宁像马克思、恩格斯批判拉萨尔派一样，尖锐地批判了考茨基的错误观点，指出："马克思早在《共产党宣言》中谈到胜利了的工人阶级需要什么样的国家时就说过，'国家即组织成为统治阶级的无产阶级'。现在，一个自以为仍然是马克思主义者的人竟出来说，已经全部组织起来并同资本进行'决战'的无产阶级，不应该把自己的阶级组织变成国家组织。恩格斯在1891年所说的'在德国已经转到资产阶级甚至很多工人的一般意识中去'的'对国家的迷信'，就是考茨基在这里所暴露出来的东西。……不要破坏资产阶级的国家机器，不要用无产阶级的'国家组织'去代替资产阶级的'国家组织'！"

"被马克思主义经典作家强烈批评过的'国家迷信'"究竟是什么，本已清清楚楚。可是，作为一名当红的经济学家，又是"民间修宪"的头面人物，居然把两种根本不同性质的国家混为一谈，居然把拉萨尔、考茨基等所宣扬的机会主义观点强加在马克思主义继承人的头上。这除了无知或恶意歪曲以外，还能作什么别的解释？

四、一些论者曲解马克思主义经典作家的话的目的何在？

简单说，一些论者的目的就是否定或离开我国正在实行的科学社会主义。对此，他们中的不少人是毫不回避的。

如有人说，以开创重建个人所有制为主要内容的中国特色社会主义道路，"是将马克思、恩格斯晚年的民主社会主义思想与中国改革开放的具体实践相结合的产物"。

有人说："现在资本主义发达国家的社会主义因素（即马克思说的胚胎）就已大大高于和多于共产党领导的国家"，"看来，西方发达国家'和平长入'社会主义，很可能在'共产党国家'走出社会主义初级阶段（建成社会主义）之前"，"二十一世纪将是两种制度不断趋同，逐步向人道、民主社会主义过渡的世纪。"

有人极力主张搞民本经济，搞人民社会主义。论者采取问答式。问道："什么是民本经济呢？"回答："就是以民为本，立足于民，民有、民营、民享的经济，也就是老百姓经济，民本经济是相对官本经济而言的，其主要特点就是：社会投资以民间投资为主，经济形式以民营为主，社会事业以民办为主，政府管理以制造环境为主。”以这样的经济为基础的社会，就是“人民社会主义”。如果这样，哪里还有公有制为主体、全民所有制的国有经济为主导呢？改变了党和国家早已确定的社会主义初级阶段的基本经济制度，还能叫社会主义吗？由此也不难看出，以私有制为基础的“人民社会主义”与中国特色社会主义相去有多远了。

前面提到的那位著名经济学家以定义的语气说：“社会主义＝市场经济＋社会公平。”2013 年 10 月 16 日在接受凤凰网记者采访时，他又说：“社会主义与否跟国有不国有没什么关系。”其实他早在 2007 年就说过：“一个国家是否具有社会主义性质并不是由国有经济所占份额多寡所决定的。”国有经济是国民经济的主导力量，以其为主导的社会主义公有制经济是社会主义经济制度的基础。有什么样的经济基础就决定有什么样的上层建筑。不以国有经济为主导的社会主义公有制经济为基础，还能是社会主义国家吗？上述论者不是不知道很多人都懂得这个道理。他们之所以要把所倾销的民主社会主义和名为社会主义实为新自由主义之类的货色，歪曲地引用几句马克思主义经典作家的话加以掩饰，就是为了以假乱真。然而，假就是假，“乱”的作用是很有限的。但不能等闲视之，任其泛滥。

（原载《马克思主义文摘》2014 年第 5 期）

科学社会主义的本质不能丢

周新城

一、共产主义就是要消灭私有制

170年前，马克思恩格斯在全世界共产党人的共同纲领《共产党宣言》里，庄严地宣布："共产党人可以把自己的理论概括为一句话：消灭私有制。"[①]共产党的最终目标是实现共产主义，这个"产"是指生产资料，这个"共"是指共同占有。共产主义就是指生产资料公有。实现生产资料共同占有，必然要消灭私有制，这是同一件事情。消灭私有制，建立公有制，这是共产党人不能忘记的初心，也是共产党人必须牢记的使命。忘记这一条，就意味着背叛，不能称之为共产党员。

然而改革开放以来，有一些号称"共产党员"的人，却竭力批判消灭私有制的思想，主张私有化。他们从西方经济学的"经济人假设"出发，认为人的本性是自私的，公有制违背了人的本性，注定是要失败的，同自私的本性相适应的是私有制，因而私有制是永恒的，不可能消灭。于是他们喊出了"私有制万岁"的口号。他们认为，"人间正道私有化"，改革就是推行私有化。这种思想是那么"深入人心"，以致当赤裸裸地反党反社会主义的新自由主义分子张五常在一个经济管理部门召开的干部会上介绍"改革经验"时，狂妄地叫嚷"我一句话就可以把共产主义驳倒：人的本性是自私的"，"大陆的共产经验一败涂地"，"唯一的出路是私有化"，在座的身为领导干部的共产党员不仅不予以反驳，相反，却把张五常的讲话结集公开出版。这在共产党领导下的社会主义中国，岂不是咄咄怪事！真不知道这些身为领导干部的共产党员入党时宣誓"为共产

① 《马克思恩格斯选集》，第1卷，第286页，北京，人民出版社，1995年版。

主义奋斗终生”是真心还是假意！

有人在翻译问题上做文章，说翻译翻错了，不应该译为“消灭私有制”，应该译为“扬弃私有制”，意思是私有制是消灭不了的，必须吸收其精华，抛弃不合理的东西。为什么不能消灭私有制？他们语焉不详了，大体上还是人的本性是自私的、私有制符合人的自私本性那一套。不过由于打着学术的旗号，还颇能唬人。对此，我国著名翻译家、理论家、原中央编译局副局长顾锦屏同志专门撰文予以批驳。他从多方面论证，译为“消灭私有制”是符合原意的，完全正确的。这些人想为私有制辩护，就说自己的思想，把自己的思想强加到马克思、恩格斯头上，拉大旗当虎皮，这种做法实在是令人不齿。

二、消灭私有制是社会发展的客观必然趋势

空想社会主义者曾经提出过消灭私有制的主张。身处封建主义制度开始瓦解、资本主义制度初现端倪的历史时代的托马斯·莫尔，对资本原始积累的野蛮手段和残暴行径深恶痛绝，对横遭圈地之祸而颠沛流离的劳动人民深表同情。他认为，私有制是万恶之源。在对人类社会向何处去的探索中，他构思了一个以公有制为基础，人人劳动，共同生产，共同占有，没有压迫、没有剥削，丰衣足食，道德高尚，人人无忧无虑的理想王国。他在《乌托邦》一书中详细描述了这个理想王国。这本书开创了空想社会主义的先河，启迪了整整一代空想社会主义者。后来圣西门、欧文、傅立叶等进一步发展了莫尔的思想，形成了影响深远的空想社会主义思想体系。马克思高度评价了空想社会主义的历史功绩，对它在资本主义初期就洞察这个制度的弊病，预见公有制取代私有制的历史趋势，天才地猜测未来理想社会制度的基本特征，予以充分肯定。空想社会主义是马克思主义形成的一个重要思想来源。但马克思恩格斯也指出空想社会主义是在资本主义发展初期，刚刚登上政治舞台的、不成熟的工人阶级的思想。他们是从人的理性出发，抨击资本主义社会的全部基础，提出未来社会的积极主张，描绘对未来社会的幻想的。这些主张不是建立在分析现实的物质生产关系的基础上的，而是诉诸人的伦理道德观念，因而是不科学的、历史唯心主义的。同时他们找不到实现理想的力量，拒绝一切政治行动，他们总是向整个社会呼吁，主要是向统治阶级呼吁，认为只要人们理解他们的思想体系，就可以建立新社会。他们的社会主义是一种空想，不可能实现的。马克思

恩格斯指出，空想社会主义的意义，“是同历史的发展成反比的，阶级斗争越发展和越具有确定的形式，这种超乎阶级斗争的幻想，这种反对阶级斗争的幻想，就越失去任何实践意义和任何理论依据。”①

马克思恩格斯运用他们发现的历史唯物主义和剩余价值学说，吸收空想社会主义的积极内容，创立了科学社会主义，论证了消灭私有制、建立公有制是人类社会发展的客观规律，是历史的必然趋势。他们不是从人的善良愿望出发来批评资本主义的罪恶，设计新社会的方案的。他们认为，“道义上的愤怒，无论多么入情入理……总不能把它看作证据，而只能作象征。”②“共产主义是从资本主义中产生出来的，它是历史地从资本主义中发展出来的，它是资本主义所产生的那种社会力量发生作用的结果。”③他们是从分析资本主义实际存在的物质生产关系出发，得出消灭私有制的结论的。

他们的理论逻辑是这样的：随着资本主义的发展、社会分工的加深、经济联系的密切化，使得生产越来越具有社会的性质。每一件产品都不是单个工人个人的产物，而是由一群工人共同生产出来的，生产出来的产品供社会消费，生产上需要的物资由社会提供，各个生产单位密切联系在一起，整个国民经济融合成为一个有机的整体。生产力的这种性质，客观上要求由社会占有生产资料，并按照社会的需要调节整个国民经济的运行。但是，在资本主义条件下，生产资料是由资本家私人占有的，生产的目的是追逐剩余价值。资产阶级私有制妨碍了具有社会性质的生产力的这种客观要求的实现，生产方式同占有方式发生了矛盾，生产方式起来反抗占有方式。生产社会性与私人资本主义占有之间的矛盾就成为资本主义的基本矛盾。这个矛盾是资本主义社会一切弊病的总根子。为了解决这个矛盾，必须用生产资料公有制取代资本家的私有制。恩格斯对此有过精辟的分析，他说：“现在，由于大工业的发展，第一，产生了空前大规模的资本和生产力，并且具备了能在短时间内无限制提高这些生产力的手段；第二，生产力集中在少数资产者手里，而广大人民群众越来越变成无产者，资产者的财富越增加，无产者的境遇就悲惨和难以忍受；第三，这种强大的，容易增长的生产力，已经发展到私有制和资产者远远不能驾

① 参见《马克思恩格斯选集》，第1卷，第304页，北京，人民出版社，1995年版。
② 《马克思恩格斯选集》，第3卷，第492页，北京，人民出版社，1995年版。
③ 《列宁全集》，第31卷，第81页，北京，人民出版社，1985年版。

驭的程度，以致经常引起极其剧烈的震荡。只有这时废除私有制才不仅可能，甚至完全必要。”[①]马克思也形象地表达了这一思想，他说：“资本的垄断成了与这种垄断一起并在这种垄断之下繁盛起来的生产方式的桎梏。生产资料的集中和劳动的社会化，达到了同它的资本主义外壳不能相容的地步。这个外壳就要炸毁了。资本主义私有制的丧钟就要响了。剥夺者就要被剥夺了。”[②]

可见，马克思恩格斯认为，消灭私有制、建立公有制，是生产力的社会性质及其发展的客观要求，是社会发展的规律，是历史的必然趋势。

三、所有制问题是共产主义运动的基本问题

《共产党宣言》旗帜鲜明地提出：共产主义运动的基本问题是所有制问题。马克思恩格斯是十分重视所有制问题的，所以他们把自己的理论概括为一句话：消灭私有制。

改革开放以来一度出现了一种倾向，即竭力淡化以至否定生产资料所有制的意义。一时间“不问所有，只问所用”的论调颇为流行。仿佛什么公有制、私有制都是无所谓的，无关紧要，只要能够发展经济就行了。有人主张：“主义不能当饭吃，公有制又不能打粮食”，那都是虚的，不管用，把经济搞上去，才是实的。不要问姓“公”姓“私”，导致不要问姓“社”姓“资”，也就是不要问社会制度性质这样的政治问题，同时也导致经济学研究中一系列问题的失误，例如，对分配领域的问题，总的倾向是不从生产资料所有制出发进行研究，仅仅围绕具体分配政策做文章，这就是马克思批评过的“庸俗社会主义”倾向。然而公有制有公有制的分配方式，私有制有私有制的分配方式，离开所有制，怎么能够说得清楚分配问题呢？淡化甚至不问所有制问题，这种看法政治上是错误的，学术上是说不通的。

四、生产资料所有制是马克思主义的一个非常重要的概念，淡化不得

人类要生存和发展，必须进行物质生产。在生产过程中，人们不仅和自然界发生关系，而且人们相互之间也结成一定的社会关系即生产关系。不同其他人发生社会关系的孤立的个人是无法生存的。任何生产都是在一定生产关

---

① 《马克思恩格斯选集》，第1卷，第238页，北京，人民出版社，1995年版。
② 《马克思恩格斯选集》，第2卷，第269页，北京，人民出版社，1995年版。

系中进行的。离开生产关系，就不会有物质生产。生产关系的总和就是决定社会上层建筑的经济基础。

在物质生产过程中人与人之间发生的经济关系是多种多样的，生产关系是一个具有多层次内容的复杂的系统。在这个系统中，生产资料所有制起着决定性的作用，它是整个生产关系的基础。在有人占有生产资料、有人丧失生产资料的社会里，谁占有生产资料，他在生产过程中就占有优势，他可以利用占有的生产资料，无偿地占有丧失生产资料的人剩余劳动创造的产品。这就是剥削。在劳动者共同占有生产资料的社会里，人人在生产资料面前是平等的，谁都不能凭借生产资料获得收入，这就为消灭剥削奠定了基础。生产是为占有生产资料的人服务的，生产资料所有制决定了生产的目的，也决定了劳动过程中和分配过程中人与人之间经济关系的性质。一个社会的性质，从经济上说，正是取决于生产资料所有制的形式。离开所有制，就无法认识经济关系的本质，也就无法判断社会的性质。

恩格斯总结人类社会发展的历史，指出社会革命虽然是政治行动，但归根到底是为了改变生产资料所有制。他说："迄今的一切革命，都是为了保护一种所有制以反对另一种所有制的革命。它们如果不侵犯另一种所有制，便不能保护这一种所有制。在法国大革命时期，是牺牲封建的所有制以拯救资产阶级的所有制"。"的确，一切所谓政治革命，从头一个起到末一个止，都是为了保护一种财产而实行的，都是通过没收(或者也叫作盗窃)另一种财产而进行的。"[①]这段话，确切地阐明了生产资料所有制在人类社会发展中的决定性作用。

所以，马克思恩格斯在《共产党宣言》中提出，"共产主义革命就是要同传统的所有制关系实行最彻底的决裂。"[②]列宁也强调这一点，他说："工人阶级要获得真正的解放，必须进行由于资本主义生产方式的全部发展而必然要产生的社会革命，即消灭生产资料私有制，把它们变为公有财产。"[③]他们总是强调所有制问题，强调要消灭私有制。淡化所有制，是违反马克思主义的。

毫无疑问，消灭私有制不可能一蹴而就，需要随着条件的成熟逐步实现。

---

① 《马克思恩格斯选集》，第 4 卷，第 113 页，北京，人民出版社，1995 年版。

② 《马克思恩格斯选集》，第 1 卷，第 286、293 页，北京，人民出版社，1995 年版。

③ 《列宁文稿》第 1 卷第 72 页。

恩格斯在回答“能不能一下子就把私有制废除”这一问题时指出，不能一下子就完全消灭私有制，“正像不能一下子就把现有的生产力扩大到实行财产公有所必要的程度一样。”“只有创造了所必需的大量生产资料之后，才能废除私有制。”[①]一般讲，在经济文化落后的国家里进行社会主义革命和建设，由于生产力水平比较低下，发展又很不平衡，决定了私有制经济在一定范围内对国民经济的发展还具有积极作用。在实际生活中，就不能完全消灭私有制，不能实行单一的公有制。例如我国正处在社会主义初级阶段，生产力的性质和水平决定了我们只能实行公有制为主体、多种所有制经济共同发展的基本经济制度，对私有制经济还要实行鼓励、支持和引导的政策。但是，应该指出，第一，私有制的存在和发展，绝不是因为私有制是“符合人性”的先进的生产关系，而是由生产力落后这种状况所决定的；第二，将来随着生产力的发展，我们是要彻底消灭私有制的，这一目标无需隐瞒。利用私有制，发展经济，为最终消灭私有制创造条件，这是历史的辩证法。忘记了最终目标，就不是合格的共产党员。

五、当前，围绕要不要坚持和发展公有制、逐步消灭私有制的斗争，集中表现在如何对待国有经济的问题上

改革开放以来，围绕着是坚持和发展公有制还是削弱公有制、推行私有化，理论界和实际工作中都存在着激烈的争论。争论的焦点是如何对待国有经济。这是好理解的，因为在社会主义条件下，国有经济是公有制的主要形式。

习近平总书记2016年10月10日在全国国有企业党的建设工作会议上，有一个重要讲话。这一讲话一开头就提出这样一个问题：“国有企业还要不要？”他说：

“我提出这个问题，不是无的放矢，也不是危言耸听，而是我们必须面对的一个很现实的问题。”

事实确实是这样的。

他接着说：

“在中国共产党领导和我国社会主义制度下，国有企业和国有经济必须不

① 《马克思恩格斯选集》，第1卷，第239页，北京，人民出版社，1995年版。

断发展壮大,这个问题应该是毋庸置疑的。然而,一段时间以来,社会上一些人制造了不少针对国有企业的奇谈怪论,大谈'国有企业垄断论',宣扬'国有企业与民争利','国企是不堪的存在',鼓吹'私有化'、'去国有化'、'去主导化',操弄所谓'国进民退'、'民进国退'的话题。特别是各种敌对势力和一些别有用心的人重点拿国有企业说事,恶意攻击、抹黑国有企业,宣扬'国企不破,中国不立',声称'肢解'是国有企业改革的最佳方式。醉翁之意不在酒!这些人很清楚国有企业对我们党执政、对我国社会主义制度的重要性,想搞乱人心、釜底抽薪。而我们有的同志也对这个问题看不清楚、想不明白,接受了一些模糊的、似是而非的甚至错误的观念。我们要善于从政治上看问题,决不能认为这只是一个简单的所有制问题,或者只是一个纯粹的经济问题,那就太天真了!"

我们要从政治上看待有关国有企业问题的争论。国有企业是中国特色社会主义的顶梁柱,没有国有企业,整个中国特色社会主义大厦是要垮塌的。

改革开放以来,总有一些"著名经济学家"主张中国特色社会主义不需要国有经济。说法不大一样,矛头指向却非常一致:改革必须消灭国有企业。各种妖魔化国有企业的言论,几乎成为舆论的主流,于是一段时间里,刮起了一股出卖国有企业的歪风,导致国有资产大量流失。

鼓吹社会主义不需要国有企业,最坚决、最激进的,也许要算吴敬琏了。他从新自由主义出发,怎么看国有企业都不顺眼,非要彻底消灭不可。十八届三中全会前夕,他评价我国的改革是"最好的时代,也是最坏的时代"。怎么说是最坏的时代?他说,搞了30多年的改革,结果形成了"半统制、半市场"的混合体制。[①] 为什么会形成这样的体制?除了没有实现彻底市场化之外,就是还保留了一些国有企业。他说,要彻底地改革,必须取消公有制的主要形式——国有经济。最可恶的是他制造了邓小平主张社会主义不需要有国有经济的谣言。吴敬琏在2013年10月16日接受凤凰网记者采访时说,"社会主义与否跟国有不国有没什么关系。为此我去查过《邓小平文选》,《邓小平文选》里就没有国有这个词。"[②]造谣、撒谎,连眼睛都不眨一下,这就是他的本

① 吴敬琏、马国川:《中国经济改革二十讲》,第3、4页,北京,生活·读书·新知三联书店,2012年版。
② 吴敬琏在2013年10月16日接受凤凰网记者采访的记录。

事。我们随便翻一下《邓小平文选》，就可以看到他是在信口开河。1985 年 8 月，在谈到改革必须坚持社会主义方向时，邓小平指出："社会主义有两个非常重要的方面：一是以公有制为主体，二是不搞两极分化。公有制包括全民所有制和集体所有制，现在占整个经济的百分之九十以上。"[①]这里他虽然没有直接讲国有经济，但谁都知道全民所有制经济就是国有经济。1982 年《宪法》第 7 条载明："国有经济，即社会主义全民所有制经济"。另外据《邓小平年谱》记载，1992 年 7 月 23、24 日，邓小平在审阅中共十四大报告时指出："社会主义经济以公有制为主体"，"公有制不仅有国有企业那样的全民所有制，农村集体所有制也属于公有制范畴。"[②]你不赞成国有经济，就说是你不赞成，把谣言造到邓小平身上，其人格之卑劣，可见一斑。

有一位省统计局副局长在解读十八届三中全会的《决定》时，公开说，国有企业确实是个"怪胎"，"官不官，民不民"，而且跟私营企业争夺资源，改了那么多年，问题不断。经过多年的改革，好像国有企业减少了，但不断派生出新的国有企业，而且原来的国有企业不断做大。他认为，中国改革应该接受科斯的忠告，彻底消灭国有企业，让私营企业自由竞争。这是"最重要的"。消灭国有企业的心情，溢于言表。而且是在中央坚决批判新自由主义的环境下，公然抬出新自由主义的老祖宗科斯来论证自己的主张。要按照新自由主义进行改革的顽固劲头还真不小。

一位曾经担任过国家经济体制改革委员会副主任的"经济学家"说，国有经济并不是社会主义，恩格斯批评过，如果说国有经济就是社会主义，那么俾斯麦就是社会主义者了，因为俾斯麦主张烟草国营。他强调，说国有经济是社会主义，那是"冒牌的社会主义"。他提出一个社会主义的新定义："民有、民营、民享"，这新三民主义才是社会主义。他主张消灭国有经济，实行私有化，也就是他们所说的"民营化"。这里，他是在公然歪曲恩格斯的思想。恩格斯实际上要说的是，不是任何国有化都是社会主义，国有经济的性质取决于国家的性质。这是有道理的。国有经济，古已有之。封建社会的国有经济，例如汉武帝的盐铁官营，那是为地主阶级统治服务的，属于封建主义性质；资本主义

---

① 《邓小平文选》，第 3 卷。第 138 页。北京，人民出版社，1993 年版。
② 《邓小平年谱(1975—1997)》(下)，第 1349 页。北京，中央文献出版社，2004 年版。

社会的国家是总资本家，资本主义的国有化并没有改变资本的属性，没有改变雇佣和剥削工人的关系，这种国有经济是属于资本主义性质的。在社会主义国家里，无产阶级专政的国家代表了全体劳动人民的利益，它掌握生产资料所有权，运用这些生产资料为人民谋福利，这时国家所有制就是全民所有制，就是社会主义的。这位“经济学家”通过歪曲恩格斯的原意，为消灭国有经济、推行私有化制造舆论。其用心极其险恶。

社会主义社会必须由无产阶级专政的国家来掌握生产资料，建立国有经济，这是马克思、恩格斯提出来的。

上面讲过，马克思恩格斯根据生产关系一定要适合生产力性质的规律，提出公有制取代私有制，即消灭私有制、建立公有制是一种客观必然性。那么，生产资料社会主义公有制采取什么形式呢？在社会主义条件下，哪个组织能够代表整个社会来占有生产资料、调控整个国民经济的运行呢？显然只有无产阶级专政的国家。这是因为，无产阶级专政的国家代表了全体劳动人民的根本利益，它是工人阶级和其他劳动人民以及一切拥护社会主义的阶层的总代表。所以，马克思恩格斯在《共产党宣言》里，宣布无产阶级取得政权以后，“将利用自己的政治统治，一步一步地夺取资产阶级的全部资本，把一切生产工具集中在国家即组织成为统治阶级的无产阶级手里”[①]。社会主义社会建立国家所有制是具有客观必然性的。所有社会主义国家在革命胜利以后都把国家所有制确定为生产资料社会主义公有制的主要形式，其依据就在这里。主张消灭国有企业，从理论上讲，这是违反马克思主义基本原理的，也是违反社会发展规律的，是逆历史潮流而动的思想和行为。

喧嚷消灭国有经济的衮衮诸公，有的是声名显赫、社会影响颇大的“著名经济学家”，有的是身居高位、掌握实权的领导干部，他们绝大多数是共产党员。真不知道他们读到《共产党宣言》里消灭私有制、建立以国有经济为主要形式的公有制经济的论断，是什么心情？这不是直接打他们的脸吗！

六、多种经济成分共同发展是社会主义初级阶段的特殊现象，不能凝固化、永恒化

经常有人以我国存在多种所有制经济共同发展、对私有制经济的发展实

① 《马克思恩格斯选集》，第1卷，第286、293页。

行鼓励、支持和引导的政策为根据，提出社会主义应该是多种所有制并存的社会，不应该消灭私有制。这种看法是错误的。

社会主义制度的经济基础是公有制，这是我国宪法上写着的。中国现在实行公有制为主体、多种所有制经济共同发展，是社会主义初级阶段特有的现象。

我们读一下做出我国尚处在社会主义初级阶段这一论断的十三大决议吧。决议指出，我国是在半封建半殖民地基础上建立社会主义制度的，经济文化比较落后，需要一个相当长历史时期来实现别的国家在资本主义条件下已经实现了的工业化、社会化。我国还处在社会主义初级阶段。生产力落后，发展又不平衡，生产资料公有制所需要的具有社会性质的生产力，在许多地区、部门还不具备。因此，我们不能实行单一公有制，还需要有非公有制经济作为社会主义经济的补充。公有制为主体、多种所有制经济共同发展，是社会主义初级阶段的基本经济制度。可见，私有制的存在是社会主义初级阶段的特点，并不是社会主义的一般特征。社会主义是要消灭私有制的，不能把社会主义初级阶段的特殊现象凝固化、永恒化。

社会主义初级阶段的特点是，在所有制结构上，公有制为主体、多种所有制经济共同发展，既有社会主义性质的公有制经济，又有私有制经济（其中主要的是资本主义性质的私营经济、外资经济）；在分配领域，既有由公有制决定的按劳分配（这是主要的），又有由私有制决定的按要素分配（这是次要的），因而在一定范围内还存在剥削、两极分化现象；在生产目的方面，既有满足人民需要的生产，又有追逐剩余价值的生产；在经济运行中，既有社会主义经济规律在起作用，又有资本主义经济规律在起作用。一句话，既有社会主义因素，又有资本主义因素，两种因素并存，相互矛盾斗争着。社会主义初级阶段不是一种稳定的社会经济形态，而是一个处于过渡状态的社会。社会主义初级阶段的发展有两种方向、两种前途。一个是随着生产力的发展，生产社会化程度的提高，不断增大社会主义因素，逐步向社会主义较高阶段发展，最终实现共产主义；另一种方向、前途，就是倒退到资本主义去。这里决定性的问题两种因素的力量的消长。关键是我们朝着哪个方向工作。如果听任消灭国有经济、推行私有化的主张泛滥，并付诸实践，倒退到资本主义去的情景完全可能出现。这不是耸人听闻，而是现实的危险，国际共产主义运动中已经有这样的先例。社会主义初级阶段不是凝固不变的，它总是要变化的，不可能万岁。

在充满矛盾和斗争的社会主义初级阶段，更加显示出理想、信念的重要性。“革命理想高于天”，我们必须坚定马克思主义信念，牢记共产主义理想。共产主义是远大的理想，是未来的事，但也是现实的。应该把我们的现实纲领与最高纲领统一起来，我们根据实际情况采取的每一项措施，应该都是朝着共产主义迈进的一步。不忘实现共产主义的初心，牢记消灭私有制的使命，严格履行入党宣誓的为共产主义奋斗终身的誓言，踏踏实实地工作，《共产党宣言》里“消灭私有制”的庄严宣告，一定能够实现。

（原载求是网微博《旗帜》2018 年 1 月 11 日）

改革开放以来新马克思经济学综合学派的若干理论创新

程恩富

改革开放以来，有舆论说马克思主义经济学家一贯保守僵化而没有理论创新，甚至还有舆论说马克思以后的马克思主义经济学家没有提出任何新概念和新理论。事实上，我国改革开放的主要经济成就均是马克思主义及其中国化经济理论指导的结果，其中既有党的领袖创立的中国特色社会主义经济理论体系的决定作用，也有学术界创立的新马克思经济学综合学派(以下简称"新马派")等马克思主义经济学者的重要贡献。而改革开放过程中过去或现在存在的较严重问题，大多是西方经济理论和政策负面影响的结果。本文限于篇幅，只选择地略述新马克思经济学综合学派相对最重要的十大理论创新。

一、社会主义三阶段论

一般认为，改革开放以来有两个基石性理论最为重要，一是社会主义初级阶段理论，二是社会主义市场经济理论。而新马克思经济学综合学派在这两个基石性理论方面均有前瞻性创新。

从 1988 年开始，笔者发表的《关于划分社会经济形态和社会发展阶段的基本标志——兼论我国社会主义社会初级阶段的经济特征》等一些论著中[①]，强调对划分社会主义社会发展阶段的标志或标准要作整体考察，既要看到生

① 程恩富:《关于划分社会经济形态和社会发展阶段的基本标志——兼论我国社会主义社会初级阶段的经济特征》,《复旦大学学报》1988 年第 1 期;程恩富:《社会主义三阶段论》,广东:广东高等教育出版社,1991 年;程恩富:《社会主义发展三阶段论》,《江西社会科学》1992 年第 3 期。

产力的终极作用和间接或终极标志，又要看到生产关系的直接作用、直接标志，并认为由生产力引起的生产关系或经济制度的部分质变形成社会主义三个阶段（这与主要直接从GDP和生活水平来划分社会主义发展阶段的观点可以并存），即初级阶段经济制度＝多种公有制主体（私有制辅体）＋市场型按劳分配主体（按资分配辅体）＋国家（计划）主导型市场经济；中级阶段＝多种公有制＋多种商品型按劳分配＋国家主体型计划经济（市场调节辅体）；高级阶段＝单一全民公有制＋产品型按劳分配＋完全计划经济；共产主义＝单一全民公有制＋产品型按需分配主体（个别供不应求的新消费品按劳分配）＋完全计划经济；现代资本主义经济制度＝私有制为主体＋按资分配主体＋国家指导型市场经济。这一新理论客观界定了不同社会及其发展阶段，有益于理论自洽地揭示社会主义初级阶段与共产主义远大制度目标的本质联系，说明初级社会主义是科学社会主义的初级形态。

二、社会主义市场经济论

党中央决定建立和发展社会主义市场经济体制，是完全正确的，也是有学理基础和支撑的。可以说，改革开放40年来我国社会主义市场经济理论的建立和健康发展，都与“新马派”代表性学者所给予的前瞻性理论分析和政策建言有内在联系。[①] 1988年1月，笔者发表论文提出：“当市场体系和市场机制真正发育成熟和完善的时候，这种经济体制实质上是一种新型的计划调控下的市场经济体制。”[②]1989年下半年，社会各界关于计划与市场的关系又进入新一轮的争论高潮，中央文件此时的新提法是建立计划经济与市场调节相结合的商品经济体制，而笔者认为这一表述不准确，因为虽然计划与市场可以并存，但整个经济体制不可能既是计划经济，又是商品经济，所以1990年发表的文章依然主张“市场经济”的提法。之后，笔者于1992年9月发表的一文中，针对认为市场经济与马克思主义相矛盾的错误观点，明确指出：“我向来认为，以马克思没有使用过‘商品经济’和‘市场经济’为理由，否定商品的生产、分

① 张杨：《论“新马派”著名学者对构建社会主义市场经济理论的重要贡献》，《当代经济研究》2018第11期。

② 程恩富：《关于划分社会经济形态和社会发展阶段的基本标志——兼论我国社会主义社会初级阶段的经济特征》，《复旦大学学报》1988年第1期。

配、交换和消费的总和等于商品经济,否定社会化商品经济等于市场经济,这种观点不符合《资本论》的全部分析逻辑,与科学地研究当代资本主义和社会主义的经济运行并无益处。”由此深一步提出:“我们在理论上既可以使用‘商品经济’一词表达‘市场经济’的含义,也可以批判地使用西方经济学曾加以规定过的‘市场经济’一词。但考虑到经济学术语的国际通用性,今后必须更多地采用‘市场经济’的概念。”[①]“新马派”著名学者于祖尧、刘国光比笔者更早地提出“缩小”“社会主义市场经济”“社会主义市场取向改革”的思想。[②]

三、新的活劳动创造价值一元论

从1995年开始,笔者发表一些论著,逐步形成“新的活劳动创造价值一元论”[③],认为依据已有商品经济、市场经济的实践和马克思关于活劳动创造为市场交换而生产的商品价值,以及纯粹为商品价值形态转换服务的流通活动不创造价值的科学精神,可以推断,凡是直接为市场交换而生产物质商品和精神商品以及直接为劳动力商品的生产和再生产服务的劳动,其中包括自然人和法人实体的内部管理劳动和科技劳动,都属于创造价值的劳动或生产劳动。这一“新的活劳动创造价值论”与西方经济学“按生产要素贡献分配论”有本质区别,不仅没有否定马克思关于“活劳动创造价值假设”的核心思想和方法,而且恰恰是遵循了马克思研究物质生产领域价值创造的思路,并把它扩展到一切社会经济部门后所得出的必然结论。具体说来,一是生产物质商品的劳动、从事有形和无形商品场所变更的劳动、生产有形和无形精神商品的劳动、从事劳动力商品生产的服务劳动,都是创造价值的生产性劳动。二是劳动生产力变化,可能引起劳动复杂程度和社会必要劳动量的变化,从而引起商品价值量的变化。三是与上述“新的活劳动创造价值论”密切相关的是“全要素财富说”和“按要素贡献分配形质说”,共同构成了关于创造商品和财富的完整理论。四是“多产权分配说”,即多种产权关系决定了按资和按劳等多种分配方式。公有制范围内的工资,既是劳动力价值或价格的转化形式,也是市场型按劳分

---

① 程恩富:《借鉴西方经验建立有计划主导的市场经济体制》,《财经研究》1992年第9期。

② 于祖尧:《试论社会主义市场经济》,《经济研究参考资料》1979年第3期;陈江、胡浩:《刘国光谈海南经济发展战略》,《瞭望周刊》1988年第13期。

③ 程恩富:《生产性管理活动都是创造价值的生产劳动》,《社会科学》1995年第7期;程恩富、顾钰民:《新的活劳动价值一元论——劳动价值理论的当代拓展》,《当代经济研究》2001年第11期。

配的实现形式。

四、利己利他双性经济人论

西方经济学自英国近代亚当·斯密、西尼尔和约翰·穆勒以来，一直到当代美国的哈耶克、弗里德曼和布坎南，只把“自私人”即“经济人”作为探究人类经济行为和市场经济的始点、基点和定点，并由此推演出整个经济学体系和经济进化史。这种“完全自私经济人论”包含三个基本命题：(1)经济活动中的人是自私的，即追求自身利益是驱策人的经济行为的根本动机；(2)经济活动中的人在行为上是理性的，具有完备或较完备的知识和计算能力，能视市场和自身状况而使所追求的个人利益最大化；(3)只要有良好的制度保证，个人追求自身利益最大化的自由行动会无意而有效地增进社会公共利益。

从20世纪90年代中期开始，笔者与张五常教授等商榷，并提出“利己利他双性经济人论”。这一“新经济人论”是依据人类实践和问题导向，并受马克思的思想启迪，其方法论是整体主义、唯物主义和现实主义的。它对应“完全自私经济人论”，也包含三个基本命题：(1)经济活动中的人有利己和利他两种倾向或性质；(2)经济活动中的人具有理性与非理性两种状态；(3)良好的制度会使经济活动中的人在增进集体利益或社会利益最大化的过程中实现合理的个人利益最大化。可以说，这一新理论可以很好地诠释人类一切经济活动和经济行为。①

五、资源需要双约束论

现代西方主流经济学的重要理论之一是资源有限与需要(欲望)无限。从辩证思维和假定的一致性或对称性来分析，尽管西方经济学对资源与需要相互关系的描述有一定的道理，但仍然存在明显的逻辑缺陷，因为这实际上是用“稀缺”来定义“资源”的，不稀缺的就不算资源，资源一词已内含着稀缺性，因而再说资源是稀缺的，无疑于同义反复。况且，需要在一定条件下也是有限的，而且是在市场经济中能实现的需要，还是专指有货币支付能力的需要即需求，并非指人们脱离现实生产力水平和货币状况的空想性需要。

---

① 程恩富：《公平、效率与经济人分析——与张五常先生商榷之二》，《学术月刊》1996年第1期。

笔者批判地改造西方主流学者上述理论的必然结果，是创新现代马克思主义政治经济学的“资源和需要双约束论”，即假设在一定时期内资源和需要都是有约束的，因而多种资源与多种需要可以形成各种选择或替代组合，进而在一定的双约束条件下实现资源的高效配置和需要的极大满足。这样的理论假设反映现实全面，论证逻辑严密，可以清晰地将需要分为三类：一是脱离现有经济条件的无约束欲望或需要；二是符合现有经济条件的合理欲望或需要；三是具有货币支付能力的需要即需求。研究后两类需要是经济学科的主要任务之一。其缘由是在一定时期内，可利用的资源不能完全满足人们不断增长的合理需要，供给与需求的总量和各类结构也会经常失衡，这就要善于作出各种资源与各种需要在某种条件下不同的选择性组合，使资源相对得到最佳配置，需要相对得到最大满足。“资源和需要双约束论”的内在要求，是通过科技和管理的改进等途径来实现各种资源的高效利用和最佳配置，是通过有效需求和合理需要的总量和结构的科学调节等途径来实现各种需求的最大满足，是通过资源的高效利用和最佳配置来不断满足日益增长的社会有效需求和合理需要。①

六、公平效率互促同向变动论

从 1996 年开始，针对库兹涅茨所描述的“倒 U 型假说”“效率优先假设”“公平与效率高低反向变动假设”等西方理论，笔者撰文认为，经济学意义上的公平，是指有关经济活动的制度、权利、机会和结果等方面的平等和合理。②经济公平具有客观性、历史性和相对性。公平或平等不等于收入均等或收入平均。经济公平的内涵大大超过收入平均的概念。检视包括阿瑟·奥肯和勒纳在内的国际学术界流行思潮，把经济公平和结果平等视为收入均等化或收入平均化，是明显含有严重逻辑错误的。

“公平与效率互促同向变动假设”表述的是，经济公平与经济效率具有正反同向变动的交促互补关系，即经济活动的制度、权利、机会和结果等方面越是公平，效率就越高；相反，越不公平，效率就越低。当代公平与效率最优结合

① 程恩富：《现代马克思主义政治经济学的四大理论假设》，《中国社会科学》2007 年第 1 期。

② 程恩富：《公平、效率与经济人分析——与张五常先生商榷之二》，《学术月刊》1996 年第 1 期；程恩富：《公平与效率交互同向论》，《经济纵横》2005 年第 12 期。

的载体之一是市场型按劳分配。按劳分配显示的经济公平，具体表现为含有差别性的劳动的平等和产品分配的平等。这种在起点、机会、过程和结果方面既有差别，又是平等的分配制度，相对于按资分配，客观上是最公平的，也不存在公平与效率哪个优先的问题。尽管我国法律允许按资分配这种不公平因素及其制度的局部存在，但并不意味着其经济性质就是不存在无偿占有他人劳动的公平分配。可见，按劳分配式的经济公平具有客观性、阶级性和相对性。同时，只要不把这种公平曲解为收入和财富上的“平均”或“均等”，通过有效的市场竞争和国家政策调节，按劳分配不论从微观还是宏观角度来看，都必然直接和间接地促进效率达到极大化。这是因为，市场竞争所形成的按劳取酬的合理收入差距，已经能最大限度地发挥人的潜力，使劳动资源在社会规模上得到优化配置。国内外日趋增多的正反实例也表明，公平与效率具有正相关联系，二者呈此长彼长、此消彼消的正反同向变动的交促关系和互补性。在初级社会主义分配制度上，以按劳分配为主体，按资分配为补充或辅体；在高度重视效率的同时更加注重社会公平，建立和完善公平与效率的和谐互动机制；当前特别要强调收入和财富分配上的“提低、扩中、控高、打非”。这些基于“公平与效率互促同向变动假设”的论断和政策具有一般意义和科学性。

七、公有制高绩效论

与西方理论宣扬的“私有制高效率论”“公地悲剧论”等错误观点不同，笔者基于研究中外马克思主义和现实而形成的学术定力始终认为，无论从全社会的宏观视域，还是从企业的微观视域分析，总体上公有制肯定比私有制效率要高，因而在不少论著中提出，从马克思经济学中概括出来的“公有制高绩效论”，是指在计划经济条件下生产资料归全社会成员共同所有的公有制体系能达到社会绩效最大化；而从中国特色社会主义经济理论中概括出来的“公有制高绩效论”，是指在市场经济条件下生产资料全民所有制和集体所有制能达到社会绩效最大化。但其中均存在多种复杂的前提条件，如不存在严重的社会腐败，委托代理双方权责是合理的，国企承担额外社会义务需另行核算，政府的管理、政策和操作没出现大失误，选聘的经营者有较高素质，等等。① 只有

① 程恩富：《西方产权理论评析》，北京：当代中国出版社，1997 年；程恩富、方兴起、郑志国：《马克思主义经济学的五大理论假设》，北京：人民出版社，2012 年。

大体同时具备这些前提条件，社会主义公有制与计划经济或市场经济的结合才能呈现高绩效。倘若过去或现实生活中搞好社会主义公有制的前提条件缺失而导致某些低绩效现象，并不能证明计划经济或市场经济的条件下公有制经济不可行。基于这一理论，社会主义社会初级阶段的所有制结构必须坚持公有制为主体、国有制为主导、多种所有制经济共同发展，而绝不能搞私有化或民营化。否则，一旦私有经济的比重在国民经济中超过必要的限度，在私有资本积累规律的作用下，必然引起失业率增加、财富和收入两极分化、经济增长和发展缓慢等一连串不良经济现象和由此派生的社会不和谐。须知当今世界经济的基本矛盾是经济不断社会化和全球化，与生产要素的私人所有、集体所有和国家所有的矛盾，与国民经济和全球经济的弱政府状态或低秩序状态的矛盾。这个基本经济矛盾通过各种具体矛盾和中间环节，导致资本主义国家的次贷危机、金融危机、财政危机和经济危机。可见，初级社会主义基本经济制度和市场经济能有机结合的理论基础是“公有制高绩效论”。

八、市场国家功能性双重调节论

在从 1990 年开始发表的一系列论著中①，笔者分析“以市场调节为基础”的五大功能优势，主要是直接调节企业和个人的市场机制的短期配置功能、微观均衡功能、信号传递功能、技术创新功能和利益驱动功能，其功能劣势在于市场调节目标偏差、程度有限、速度缓慢、成本高昂；“以国家调节为主导”的五大功能优势，主要是调节宏观经济的国家机制的宏观制衡功能、结构协调功能、竞争保护功能、效益优化功能和收入重分功能，其功能劣势在于国家调节偏好主观、转换迟钝、政策内耗、动力匮乏。两者的各自功能优势决定了各自的基础性和主导性作用，而各自的功能劣势决定了需要利用两者所存在的对立统一的辩证关系，充分认识两者的功能互补性、效应协同性、机制背反性。市场调节是整个社会经济活动的普遍联系形式，从微观引向宏观，而国家调节（特指政府和人大两大主体，党的意志也应通过政府和人大来落实）是规范整个社会经济活动的目标导向和政策体系，从宏观引向微观，两者可以建立起高效和灵活的调控机制。

① 程恩富:《构建“以市场调节为基础、以国家调节为主导”的新型调节机制》,《财经研究》1990 年第 12 期。

笔者认为，市场在一般经济资源配置中可以起决定性作用，并应更好地发挥国家在微观中观宏观宇观经济中的调节作用；应加强事先事中事后的全过程监管，建立强市场和强政府的“双强”格局；质疑市场与政府的作用完全是此消彼长的“对立关系论”，也不赞成第一次市场调节和第二次政府调节的时间上的“两次调节论”，而是坚持市场与国家“功能性双重调节论”的观点。

九、大文化经济论

传统西方经济学和政治经济学都是以物质生产和流通为研究出发点和范围的，但随着经济发展与文化发展的日益融合，在20世纪70年代，一些发达国家开始研究文化与经济的各种联系，并开始探讨文化产业发展的经济学问题。在我国，由于社会主义市场经济理论的确立和市场经济体制的运行，文化活动具有了日益显著的经济性质和产业特点，因而笔者从20世纪80年代末开始构建大文化经济学体系，研究文化领域的经济现实问题，1993年开始刊发一些论著[①]，目的在于拓展传统政治经济学的研究范围，同时创立一门“大文化经济学”的交叉新兴学科。与“文艺经济学”“服务经济学”不尽相同，“大文化经济学”的研究范围涵盖文艺、教育、新闻出版、收藏等非物质经济领域。

笔者认为，文化经济学以文化经济活动中的微观和宏观经济行为为研究对象，揭示文化的生产、交换、分配和消费领域中的运行机制及发展规律。文化活动属于非物质生产领域。文化经济学的研究内容所要揭示的关系主要有以下几方面：一是通过对文化与经济、文化资源、文化劳动、文化供求、文化投资、文化消费、文化市场、文化商品价格、文化产业与事业等问题的研究，揭示文化生产与市场经济共生互动的关系；二是通过对文化生产及其满足人们对文化需求的研究，揭示文化发展与实现人的全面发展之间的内在关系；三是通过对文化生产与产业结构变化之间联系的研究，揭示文化发展与现代化发展之间的关系；四是通过对文化生产力所表现出的自身软实力的研究，揭示文化软实力与增强综合国力之间的关系。通过研究，较早地提出了“文化与市场经济的共生互动效应观”“文化生产力与文化生产关系矛盾运动观”“文化商品二因素特性观”“文化劳动特性观”“文化商品价值与使用价值特性观”等新见解。

---

① 程恩富主编：《文化经济学》，北京：中国经济出版社，1993年。

十、知识产权优势论

笔者从2003年开始撰文[①]，在有扬有弃地分析西方经济学关于比较优势和综合竞争优势两种优势的基础上，提出并论证中国必须重点地突出培育和发挥第三种经济优势——“知识产权优势”或“知识产权型竞争优势”。所谓知识产权优势，是指培育和发挥拥有自主知识产权的经济优势，是相对于比较优势、竞争优势而言的第三种优势。它避免了笼统的竞争优势的理论缺陷，而突出了以技术和品牌为核心的经济优势或竞争优势。这不仅应体现在我国的高新技术产业部门及具有战略意义的产业部门，必须掌握自主研究、自主开发、具有自主知识产权的核心技术，建立以自主知识产权为基础的标准体系，而且还应体现在我国传统的民族产业或低端产品部门，包括劳动密集型产业部门，也必须塑造在国际上具有一定影响力的民族品牌和名牌。

要实现我国出口产品的结构升级，就必须以国际经济综合竞争为导向，将现有的比较优势转化为竞争优势，而其中的关键就在于创造和培育我国的知识产权优势或知产型竞争优势。在这个既充满机遇又充满挑战的时代，我国要最大限度地获取贸易发展的动态利益，更好地通过对外贸易促进产业结构的良性调整，就必须以知识产权优势理论作为应对经济全球化和发展对外贸易的战略思想，在结合比较优势与竞争优势的基础上，大力发展控股、控技（尤其是核心技术和技术标准）和控牌（尤其是名牌）的“三控型”民族企业集团，突出培育和发挥知识产权优势，转变对外经济发展方式，早日真正打造出中国的世界工厂而非世界加工厂，并完成从科技大国向科技强国、贸易大国向贸易强国、经济大国向经济强国的转变，并在扩大对等开放和经济安全的基础上实现和合作共赢。

十一、新帝国主义论

从20世纪90年代中期开始，笔者陆续发表了关于经济全球化的两重性定义、当代基本经济矛盾和金融经济危机若干具体矛盾、当代资本主义经济金

---

① 程恩富、丁晓钦：《构建知识产权优势理论与战略——兼论比较优势和竞争优势理论》，《当代经济研究》2003年第9期。

融化等若干新观点[1]，其中感觉最有新意的是在列宁《帝国主义是资本主义最高阶段》基础上，概括出21世纪新帝国主义的五大特征：(1)生产和流通的国际化和资本集中的强化，形成富可敌国的巨型垄断跨国公司；(2)金融垄断资本在全球经济生活中起决定性作用，形成畸形发展的经济金融化；(3)美元霸权和知识产权垄断，形成不平等的国际分工和两极分化的全球经济和财富分配；(4)"一霸数强"结成的国际资本主义寡头垄断同盟，形成内外剥削和压迫的金钱政治、军事同盟和庸俗文化的经济基础；(5)全球化资本主义矛盾和各种危机时常激化，形成当代资本主义垄断性和掠夺性、腐朽性和寄生性、过渡性和垂危性的新态势。

笔者认为，新帝国主义是资本主义从自由竞争、一般私人垄断、国家垄断发展到国际垄断的新阶段。从现阶段国际正义力量和国际阶级斗争的曲折发展来判断，21世纪是新帝国主义占主导地位的时代，是世界劳动阶级进行新的"伟大革命"和建设的时代，是资本主义和新帝国主义向社会主义过渡的时代。

（原载《政治经济学评论》2018年第9卷第6期）

① 程恩富、高建昆：《当代西方国家金融与经济危机中的四大矛盾分析》，《河北经贸大学学报》2016年第3期。

应当重视《资本论》宏观经济理论的研究和应用

何干强

2016年12月的中央经济工作会议认为，我国宏观经济运行出现“重大结构性失衡”[①]，这是一个需要人们高度关注的问题。中央领导同志在1999年就提出，“目前经济生活中的问题，根本的是结构不合理，结构调整缓慢”；[②] 2005年又指出，“盲目投资导致产能过剩的不良后果正在显现”，“产业结构调整的任务相当艰巨”；[③]此后，又反复要求调整好宏观经济结构，足见问题由来已久。习近平总书记在党的十八届三中全会上，要求全党，“要有强烈的问题意识，以重大问题为导向，抓住关键问题进一步研究思考，着力推动解决我国发展面临的一系列突出矛盾和问题。”[④]如何消解当下经济运行的“重大结构性失衡”，就是必须确立的“问题意识”，而要解决好这个重大问题，最紧要的就是在实际经济工作中，确立马克思主义经济学的科学指导地位。

一段时间以来，有人认为，现在发展市场经济，需要有“现代经济学”来指导；马克思的《资本论》是主张计划经济的，已经过时了。于是他们照搬西方资产阶级宏观经济学，有的用凯恩斯主义关于投资、消费、外贸“三驾马车”原理，从市场需求方面提出调结构主张；有的则用新自由主义的供给学派理论，从市场供给方面提出调结构主张。而坚持应用马克思主义经济学的学者则认为，真正能够指导中国解决“重大结构性失衡”问题的，只能是《资本论》的宏观经

---

① 《中央经济工作会议在北京举行》,《人民日报》2016年12月17日。

② 江泽民:《大力调整经济结构,促进产业优化升级》,中共中央文献研究室编,《十五大以来重要文献选编》中册,人民出版社2001年版,第1070页。

③ 胡锦涛:《搞好宏观调控,促进科学发展》,中共中央文献研究室编,《十五大以来重要文献选编》下册,人民出版社2008年版,第70页。

④ 习近平:《关于〈中共中央关于全面深化改革若干重大问题的决定〉的说明》,《人民日报》2013年11月16日01版。

济理论;本文拟对此进行论证,向经济学界抛砖引玉。

一、马克思主义经济学的宏观经济概念

(一)应当赋予宏观经济概念唯物史观的科学含义

1. 宏观经济这个概念来自西方资产阶级经济学[①]

西方资产阶级宏观经济学的奠基人是英国经济学家约翰·梅纳德·凯恩斯。[②] 我国有的老一辈经济学家曾不太主张使用"宏观经济"概念,认为西方宏观经济学并不是科学的理论,马克思的代表作《资本论》以唯物史观为指导,研究"资本主义生产方式以及和它相适应的生产关系和交换关系"[③],其中研究了资本主义国民经济总体运动,在研究方法、范畴原理和理论逻辑上,与西方宏观经济学有原则区别,没有使用过宏观经济概念,如果我们使用它,就可能与西方宏观经济学划不清界限。这种担心不无道理。不过,现在大多数马克思主义经济学者都使用宏观经济这个概念了。这是因为,对于资产阶级经济学使用的描述经济现象的经济范畴,经过改造是可以借用的。实际上,《资本论》中的许多描述经济现象的范畴,在资产阶级经济学中都出现过,但是马克思用唯物史观对它们进行了"术语的革命"[④],赋予了新的内容,就把它们纳入到工人阶级的科学经济理论体系来了。

2. 宏观经济概念经过内涵的改造是可以使用的

现在宏观经济这个概念得到广泛使用,有两个原因:一是在汉语中,"宏观经济"概念与《资本论》所说的"社会总资本的运动"、"社会总资本的流通过程"、"全年社会总产品的流通"、"社会再生产过程的复杂具体的形式"[⑤]等科学表述,在所描述的现象形态上,都是指一个社会的国民经济总体运动,而使

---

① 我国有学者指出,"宏观经济学这个术语是挪威资产阶级经济学家弗里希(R. Frisch)于1933)年提出的"(参见张培刚、厉以宁著:《微观宏观经济学的产生和发展》,湖南人民出版社1986年版,第14页)。另有美国学者奥利弗·布兰查德认为,"宏观经济"一词直到1941年才在经济学文献中出现;而"宏观经济学"一词出现在1946年(参见[英]布莱恩·斯诺登、霍华德.R.文 著,佘江涛、魏威、张风雷译:《现代宏观经济学:起源、发展和现状》,凤凰出版传媒集团、江苏人民出版社2009年版,第614页)。

② 按照西方学者的说法,宏观经济研究的"所有学派在界定自己时",都承认自己的理论与凯恩斯宏观经济思想的联系,要么是某种发展,要么是复活。见[英]布莱恩·斯诺登,霍华德.R.文著,佘江涛、魏威、张风雷译:《现代宏观经济学:起源、发展和现状》,凤凰出版传媒集团、江苏人民出版社2009年版,第13页。

③ 《资本论》第1卷,人民出版社2004年版,第8页。

④ 《资本论》第1卷,人民出版社2004年版,第32页。

⑤ 《资本论》第2卷,人民出版社2004年版,第392、455、512页。

用“宏观经济”概念对表述这种现象有简略的好处;二是随着我国经济学对外学术交流的扩展,使用在概念形式上有共性的词汇,有助于相互沟通。至于概念形式相同而内涵有本质区别,可以通过“术语的革命”阐释清楚。因此,虽然西方宏观经济学是不科学的理论,但是这不等于“宏观经济”这个概念就不可使用;虽然《资本论》没有使用过“宏观经济”这个概念,也不等于宏观经济学就专属于西方经济学。

然而,仍然有必要强调,我们使用“宏观经济”概念,借鉴的只是概念的外延形式,而绝不是照搬西方宏观经济学的思想方法和理论内容。当代中国特色的社会主义宏观经济学,理应对“宏观经济”概念的内容进行科学扬弃。

(二)宏观经济概念的科学内含

1.应规定宏观经济为历史的范畴

宏观经济这个概念是不适用于描述人类社会的自然经济形态的。原始社会以氏族、部落为单位,经济规模很小,称不上“宏观”。奴隶制、封建制社会,虽然已有较为广阔的国家地域范围,但是,那时的社会以自给自足的自然经济为主,各经济单位之间并未结成社会性分工的依赖关系,所谓“鸡犬之声相闻、老死不相往来”,乃是这种经济形态的生动写照。那时虽有商品交换和市场,但是市场的商品、货币交换,主要起调剂生产和生活余缺的作用,并未成为连接各行各业的中介,更未成为生产的前提条件;城邦之间的经济活动也未构成相互依赖的社会经济整体,因此还不存在社会生产的总体联系,也就不宜使用宏观经济范畴来概括。只有到商品生产普遍化的社会,各行各业的社会分工以市场为中介,形成彼此依赖的经济整体,这时,宏观经济概念才有了反映社会经济总体形态的实际含义。

2.应规定宏观经济有一定空间范围

宏观经济是有边界的。就社会的总体经济形态而言,可以指一国范围;也可以指多国构成的大区域范围,如亚洲社会;甚至可以指全世界的范围。但是,由于当今人类社会是由一个个具有独立经济利益的国家构成的,研究多国构成的区域经济或所有国家构成的世界经济,都需要以分析单个国家的经济为基础。所以,从形式逻辑关于概念要遵守同一律的规定来看,把宏观经济规定为表述一国总体经济为宜。超出一国范围的区域经济,可以直接说某区域经济,如东北亚区域经济、欧盟经济体经济、亚太区域经济等;分析全球范围的经济，可以直接说世界经济。至于像中国这样幅员辽阔的国家，包含着若干省、市的区域经济，即使有的地域面积超过一些小国家，也不宜称之为宏观经济。

可见，纳入马克思主义经济学的宏观经济概念，是一个在商品生产普遍化的独立国家才有实际意义的经济范畴，它既是一个历史的范畴，也是一个反映一国经济总体形态的范畴。

二、《资本论》包含丰富的宏观经济理论

（一）《资本论》全卷都包含宏观经济的科学论述

1. 马克思是科学宏观经济学的开创者

在用唯物史观赋予宏观经济概念科学内涵的意义上，应当说，马克思是人类思想史上科学宏观经济学的开创者。仅从《资本论》第1卷到第3卷，有关篇的标题，如第1卷的“商品流通”、“货币流通”、“资本的积累过程”，第2卷的“社会总资本的再生产和流通”，第3卷的“利润转化为平均利润率”、“利润率趋向下降的规律”、“商品资本和货币资本转化为商品经营资本和货币经营资本（商人资本）”、“利润分为利息和企业主收入。生息资本”、“超额利润转化为地租”、“各种收入及其源泉”等，就已经显示出大量的宏观经济议题。其实，《资本论》篇篇都有对宏观经济运动的分析。

可见，早在凯恩斯之前，马克思就系统地揭示了资本主义的宏观经济运动规律，其中包括商品生产普遍化社会的宏观经济一般的运动规律。可以认定，宏观经济理论是马克思科学经济理论的重要组成部分。

2.《资本论》宏观经济理论的主要内容

可以把《资本论》丰富的宏观经济理论简要梳理成以下方面：

(1)揭示资本主义宏观经济的运动规律和各经济层面的内在联系。马克思在《资本论》1至3卷中，运用唯物史观的辩证法，先揭示商品、货币流通这些国民经济表层领域的运动规律；再深入揭示以这些表层运动为前提的国民经济深层领域的资本或剩余价值生产和流通过程；然后在揭示这些本质层面的客观规律基础上，再上升到国民经济的现象层面，揭示涉及分配领域的工商业利润、银行业利息和土地领域的地租的运动规律，在此过程中，揭示出为什么在资本主义私有制基础上，宏观经济运动必定要爆发周期性经济危机。《资

本论》这种由表及里、由现象到本质，又由里及表、由本质回到现象的理论逻辑；在论述中从一般到特殊、从个别到整体、从分析到综合的方法，真实地反映出资本主义宏观经济运动的客观辩证法，揭示出宏观经济运动的规律体系。《资本论》还深刻揭示出对立与统一、量变与质变、否定之否定这些辩证法的一般规律在资本主义宏观经济运动中的表现；并运用现象与本质、特殊与一般、原因与结果、形式与内容、可能性与现实性、偶然性与必然性等辩证法的一般范畴或要素，揭示出宏观经济内部多层关系的来龙去脉和辩证关系。其中包含资本主义宏观经济体系中的商品流通、货币流通和资本流通的相互关系，社会再生产各部类之间的价值补偿和实物补偿的相互关系，社会再生产与货币流通的相互关系，对外贸易与社会再生产的相互关系、商业信用与银行信用的相互关系，虚拟经济与现实经济的相互关系，地租与宏观经济运动的相互关系，社会生产力与社会消费力之间的相互关系，人与自然之间对立统一的物质循环关系，物质生产和人口生产的相互关系；特别是在生产力的物质技术基础、生产资料所有制、社会收入分配、阶级关系与市场供求这些方面的相互关系等。而这一系列经济关系，都蕴含商品生产普遍化社会的某种程度的一般性，都值得结合社会主义市场经济的宏观调控实践，深入领会。

(2)科学阐释一国宏观经济与别国经济、世界市场的关系。《资本论》论述了与此相关的一系列经济范畴和原理。在一般商品流通关系方面，有世界市场、国际分工、世界劳动平均单位、国际价值、世界货币、货币的相对价值、国际信用制度等范畴或原理；在一国内部社会总资本流通关系方面，有固定资本补偿与对外贸易、国际资本流动与国内货币流通等关系的原理；在国家之间的经济利益关系方面，提出了“国家实力和国家优势”[①]的概念，阐释了国民工资差异的比较方法、资本主义生产方式与殖民制度的关系、生产力先进国家与落后国家之间的国际贸易关系等原理，揭示了在资本主义占主导的国际经济关系中，一般流通关系背后的不合理国际分工和不平等国际经济利益关系等。这些重要思想和方法，乃是指导我们分析当代国际经济关系，科学推进社会主义

---

① 《资本论》第3卷，人民出版社1975年版，第885页。查德文原版，此处为“der nationalen Macht und des nationalen Uebergewichts”，“Nationalen”这个词首要意思是指“民族的、国家的”。《资本论》第3卷，人民出版社2004年版，第887～888页，译为“国民实力和国民优势”。笔者认为，国际之间的“国民实力”比较，含有平均的单个人实力比较的意思；而“国家实力”比较，则是指国家整体实力的比较。因此本书采用1975年版的译文。

市场经济的对外开放,维护本国国民经济利益和国家经济安全的理论基础。

(3)从宏观上揭示人与土地之间的物质循环规律。《资本论》对资本主义生产方式破坏"人和土地之间的物质循环",进行了深刻揭露和批判,把这种循环称之为"调节社会生产的规律"[①],即宏观经济运动应遵循的客观规律。遵循这个规律,才能维护作为人类生存和生产基本条件的生态环境(清洁的空气、饮用水等),才能实现今天人们所说的人口、资源和环境的可持续发展。在唯物史观看来,土地是"人类劳动的一般对象",也是劳动者"原始的食物仓"和"原始的劳动资料库"[②],而只有遵循人与土地之间的物质循环规律,才能使土地始终能为人类提供基本生产要素,因此,这个规律是比生产力发展规律更基本的规律。要全面地认识宏观经济运动,必须把它纳入重要的研究视野。

(4)以唯物史观为指导对宏观经济进行数理分析。《资本论》的宏观经济数理分析是贯彻全卷的。在唯物史观指导下,始终把宏观经济的性质分析和经济数量分析结合在一起。在数理分析上,对有的经济联系直接提出了数学公式,有的则用语言做出了阐释。不难发现,在相同宏观经济现象的分析上,《资本论》的数理分析比西方经济学的数理分析更为科学、准确。例如,弗里德曼的货币数量分析公式是恒等式,看不出商品流通与货币流通的因果关系;而马克思阐述的商品流通中的货币量规律,则明确商品流通是因,货币流通是果;[③]并区分了金属货币流通量和纸币流通量,揭示了通货膨胀的发生机理。特别要重视的是,马克思的经济数理分析具有全面性和深刻性。他在劳动价值论的基础上,深入分析了关于商品相对价值形式的数量变动规律,由此全面揭示出引起商品价格水平变动的各种经济因素的作用;在剩余价值规律基础上,从社会总产品出发,区分了生产消费和个人消费、资本流通和一般流通,并根据劳动二重性的原理,从数量上揭示了社会再生产的前提条件和实现条件,揭示出社会再生产的固定资本补偿机制,社会扩大再生产的货币积累和实际积累的平衡机制;还深刻地揭示了资本有机构成对劳动力变动及其工资变动的影响、平均利润率下降规律;等等。这些反映宏观经济深层经济本质联系的

---

① 《资本论》(中共中央编译局根据马克思修订的法文版第 1 卷翻译),中国社会科学出版社 1983 年版,第 517 页。

② 《资本论》第 1 卷,人民出版社 2004 年版,第 209 页。

③ 参见陈其人著:《货币理论与物价理论研究》,上海人民出版社 2002 年版,第 142～147 页。

数理分析，在西方宏观经济学中是见不到的。

以上方面足以说明，《资本论》确实包含丰富的宏观经济理论。那种马克思主义经济学缺乏适用于市场经济的宏观经济学的说法，是肤浅的、没有根据的。

（二）纠正对《资本论》宏观经济理论的片面理解

新中国在计划产品经济体制时期[①]，经济学界曾受传统经济管理体制观的束缚，往往撇开商品、货币和资本一般流通关系来研究宏观经济。当时尽管注重研究和应用《资本论》第2卷第3篇“社会总资本的再生产和流通”；但主要研究“再生产”，注重的是各产业部门生产要素之间的比例关系，却几乎不研究“流通”，也就很少关注在这一篇中，马克思揭示的货币流回规律和社会再生产实现之间的内在关系。[②] 当然，关于社会再生产比例关系的研究本身，十分必要和重要，但是，撇开货币流回规律来研究，就显著地降低了《资本论》对于社会主义市场经济条件下宏观调控实践的指导价值；并导致了一种错觉，认为《资本论》的社会再生产理论只适用于计划经济，而不适用于市场经济。更值得提出的是，由于局限在《资本论》第2卷第3篇研究《资本论》的宏观经济理论，这就忽视了《资本论》全卷丰富的宏观经济论述，忽视了《资本论》揭示宏观经济运动规律的全面性和系统性。这乃是把《资本论》科学的丰富的宏观经济理论束之高阁，转而关注不科学的西方宏观经济学的重要原因之一。这些认识误区显然需要纠正。

三、重视《资本论》对资产阶级宏观经济思想的批判

（一）《资本论》批判了资产阶级宏观经济思想的五大教条

《资本论》原著的标题，“资本论”与“政治经济学批判”是平行的，这充分体现出《资本论》贯穿辩证法的科学特征。马克思指出，“辩证法不崇拜任何东西，按其本质来说，它是批判的和革命的。”[③]为此，《资本论》在创立科学的工

① 应当把“计划经济”与“计划产品经济”两个概念区分开来。前者反映社会化大生产的客观规律，要求国民经济管理遵循按比例发展的客观要求；而后者指用自然经济的产品经济观来认识国民经济运行，由此形成高度集中的、以指令性计划为特征的经济管理体制。我们要扬弃的是计划产品经济体制，而不应否定计划经济。

② 关于货币流回规律，本文下面再具体论述。

③ 《资本论》第1卷，人民出版社2004年版，第22页。

人阶级政治经济学的同时，深刻地批判了资产阶级经济学的主观性、表面性、片面性（庸俗性）、虚伪性（欺骗性）和对资本主义制度的辩护性；其中批判了资产阶级宏观经济思想的五大教条：

1. 认为“商品流通必然创造买和卖的平衡”的“萨伊教条”[①]

萨伊（1767～1832）认为，每一次的卖，同时就是买，反过来也是一样；因此，卖者会把买者带到市场上来。按照这种说法，商品流通或市场本身就没有矛盾、充满和谐。《资本论》则科学地揭示出，以货币为中介的商品流通，买和卖这两个行为并不同时发生，是会分离的，这与产品的直接交换有本质区别。萨伊不明白这个道理。实际上，即使是与小生产相联系的简单的商品流通，由于商品流通包含的多种内在矛盾，也包含着危机的可能性；[②]马克思详细论证了，在私有制为基础的资本主义经济中，商品流通这种危机的可能性必然成为现实性，形成周期性危机。

2. 把土地、资本和劳动这三种要素说成是和谐并存的收入分配源泉的“另一个萨伊教条”

这又称之为萨伊的“三位一体公式”[③]或者“按要素分配论”。马克思以科学的劳动价值论和剩余价值论为基础，深刻揭示出，土地是自然物质；资本作为价值体是死劳动，其生产资料形式是物资形态，它们都不可能创造价值，更不会自动创造出地租和利润（或利息）；而工人的活劳动本身并没有价值，只有劳动的凝结才形成价值。因此，“三位一体”教条或“按要素分配论”，在理论上把根本没有因果关系的东西硬联系起来了；抽掉了资本、雇佣劳动和土地所有权的社会形式，在政治上则充满剥削阶级的辩护性；“它宣布统治阶级的收入源泉具有自然的必然性和永恒的合理性，并把这个观点推崇为教条。”[④]如果相信“按要素分配论”，就永远也不可能消除私有制造成的社会收入的两极分化现象。

① 《资本论》第1卷，人民出版社2004年版，第135页。
② 《资本论》第1卷，人民出版社2004年版，第135页。
③ 《资本论》第3卷，人民出版社2004年版，第921页。
④ 《资本论》第3卷，人民出版社2004年版，第941页。

3. 认为“商品价格按货币增减的比例而涨跌”的“李嘉图教条”[①]

本来，如果金属货币的价值已定，那么按照劳动价值论，一定时期的商品的总价格就决定按照一定流通速度流通的金属货币量；超过商品流通需要的金属货币量，就会退出流通，成为储藏货币；反过来，如果商品流通所需要的金属货币量不足，储藏货币就会转为流通手段进入商品流通，或者用生产的金属货币来补充流通需要增加的货币量。可是，李嘉图(1772～1823)却倒因为果，认为，如果流通中金属货币量增加，一定量商品的总价格就相应地上涨；反过来，流通中的金属货币量减少，商品的总价格就相应地下降。马克思深刻地指出，李嘉图抹煞了“货币除了流通手段的职能以外的一切其他职能”[②]，不懂货币还有储藏手段、支付手段等职能，并混淆了金属货币流通和纸币流通，混淆了金属货币流通和信用货币(银行券)的流通。当时英国的中央银行用李嘉图教条制定货币发行政策，用金属货币规律来调节银行券的发行，以为这样做可以消除商业危机，结果反而加剧了危机。[③] 李嘉图乃是西方经济学货币数量论的鼻祖。

4. 把所谓劳动基金看作固定不变量的“边沁教条”[④]

边沁(1748～1832)把社会总可变资本的物质存在，即它所代表的工人生活资料的总量，称之为劳动基金，把它虚构为社会财富中的一个由自然界限决定的固定量，认为全社会被雇佣的工人多了，工人的工资就必然会下降。按此教条，工人的贫困是由绝对人口过剩产生的，减少人口才能够恢复平衡。按此教条，要提高工人阶级的收入，从这方面扩大有购买力的需求，是不可能的。马克思深刻地揭示出，在社会再生产过程中，资本家阶级的剩余价值在满足它们个人消费之后，必然要资本化，即转化为追加的不变资本和可变资本，全社会可变资本量的变化，这是由资本主义生产关系决定的，而绝不是由自然规律决定的；边沁教条完全掩盖了资本剥削关系是工人阶级的贫困化的原因。

---

① 《资本论》第3卷，人民出版社2004年版，第619～629页；《马克思恩格斯全集》第13卷，人民出版社1962年版，第163～164页。

② 《马克思恩格斯全集》第13卷，人民出版社1962年版，第164页。李嘉图认为金属货币无论多少都会停留在商品流通中，完全没有看到货币还具有储藏手段的职能。

③ 《资本论》第3卷，人民出版社2004年版，第619～629页。

④ 《资本论》第1卷，人民出版社2004年版，第703～705、809页。这种观点认为，工人平均工资是这种固定的劳动基金除以工人人口的结果。

5. 认为工资、利润、地租三种收入决定价值的"斯密教条"[①]

斯密(1723~1790)认为,在全社会的再生产中,每种商品的价值即产品价值(c+v+m)通过交换最终会分解为利润、工资和地租,即(v+m),这就把产品价值中的不变资本价值c丢掉了。这就是在资产阶级经济学中影响面很广很深的斯密教条。尽管说,斯密在研究社会再生产涉及社会总产品的价值构成时,又不得不把c偷偷地引了进来;在阐述固定资本与流动资本时,表露出一些关于社会再生产的科学思想,但是,斯密教条却使他陷于理论上的矛盾,终究不能弄清资本主义的社会再生产实现问题。马克思吸收了斯密经济思想的科学成分,批判了斯密教条。指出研究社会再生产,要从社会总产品∑(c+v+m)出发,必须解决好社会再生产中生产资料即不变资本(包括固定资本和流动资本)的补偿问题,并结合货币流回规律,科学揭示出社会简单再生产和社会扩大再生产的实现条件。并深刻指出,斯密犯错误的主要原因,一是他不懂得劳动二重性的科学原理,不懂生产消费与个人消费的区别,因而把年产品价值∑(c+v+m)和年价值产品∑(v+m)混为一谈;二是他不懂得资本流通与简单流通(包括劳动力商品的流通)的区别;三是把一般商品生产和资本主义商品生产混为一谈。

上述五大教条都属错误的宏观经济思想。马克思把它们称之为教条,是因为它们在资产阶级经济学中的影响十分深广。现在看来,这些教条一直沿袭到了当代。这些教条体现出资产阶级经济学的通病,《资本论》对此做了深刻地揭示:它们在基本指导思想上都贯彻唯心史观,认为资本主义经济制度是最合理的、永恒的;都不懂具有一定历史特征的生产方式是与之相适应的交易方式的基础,都以"满脑袋都是生意经"的资产阶级眼界,把信用经济和货币经济当成资本主义经济的特征,都不明白劳动力成为商品,资本在生产过程中剥削工人创造的剩余价值,这才是资本主义经济的历史特征;[②]都不懂生产商品的劳动具有抽象人类劳动和具体有用劳动的二重性,因而都不能从商品的价值和使用价值两方面来进行宏观经济分析;都不懂商品流通和资本流通的共性、联系和区别,只用简单商品流通的眼光来分析社会总资本的运动;都离开

① 《资本论》第1卷,人民出版社2004年版,第682页,注(32);《资本论》第2卷,人民出版社2004年版,第401~427页。

② 参见《资本论》第2卷,人民出版社2004年版,第36~37、132~133页。

资本主义生产资料私有制这个经济基础，也就是离开资本主义生产关系，来解释资本主义的分配关系，并掩盖或回避剩余价值体现的剥削关系；都以单个资本家获得利润最大化为分析前提，都站在维护资本主义经济制度和资产阶级利益的立场上。马克思的这些深刻、科学的批判，应当引起我们的高度重视，并深入理解。只有这样，在实际经济工作中才能确立《资本论》宏观经济理论的指导地位。

（二）深刻认识现代西方宏观经济学的弊病

现代资产阶级宏观经济经济学依然沿袭《资本论》批判过的上述教条。这里着重评析凯恩斯主义和供给学派的严重弊病及其危害，因为它们近年来对我国经济学界的负面影响不可小觑。

1. 必须破除对凯恩斯主义的迷信

有西方学者指出，凯恩斯之后的西方宏观经济学有不少改进和发展，先后产生“新古典综合”、货币主义（代表人物弗里德曼）、新古典宏观经济学、实际经济周期理论、新凯恩斯主义、后凯恩斯主义和奥地利学派等多个流派；但是，这些理论并没有超越凯恩斯的基本理论，这些流派的学者都承认自己的理论与凯恩斯理论存在着联系。① 这就告诉我们，认清现代西方宏观经济学的弊病，关键是要认清凯恩斯理论的弊病。

我国马克思主义经济学家对凯恩斯理论历来持辩证分析的态度，还出版了有关专著，既肯定凯恩斯理论具有某些合理成分，如承认资本主义经济存在“有效需求不足”，否定“市场机制万能”，“把货币经济和实物经济结合起来”进行总量分析等；又明确指出，凯恩斯站在唯心主义和资产阶级立场上，“实际是从简单流通出发来研究资本主义宏观经济运行”；所谓的“凯恩斯革命”实质是“为了拯救资本主义”②。然而，近些年来，有些人却认为，在社会主义市场经济条件下，宏观经济调控不能不借助于凯恩斯理论。于是凯恩斯主义“三驾马车”的宏观经济政策话语，频频见诸报刊。其实，只要深入研究《资本论》，就可以认定，马克思对资产阶级宏观经济思想的批判同样适用于凯恩斯。凯恩斯宏观经济理论是不科学的，存在严重错误的。主要是：

---

① ［英］布莱恩·斯诺登、霍华德·R.文 著，佘江涛、魏威、张风雷译：《现代宏观经济学：起源、发展和现状》，凤凰出版传媒集团、江苏人民出版社 2009 年版，第 27、13 页。

② 参见丁冰著：《原凯恩斯主义经济学》，经济日报出版社 2006 年版，第 11、92～95、292～298 页。

(1)沿袭了"斯密教条"。凯恩斯的宏观经济分析从工资、利润和利息构成的国民收入出发,这就体现出,他只是分析社会总价值产品$\sum(v+m)$,而不是从社会总产品$\sum(c+v+m)$出发,也就丢掉了生产资料(不变资本$\sum c$)如何补偿这个在社会再生产中的最重要的问题。凯恩斯分析市场总供给和总需求的关系,排斥了社会再生产中生产资料生产部类体现不变资本的企业之间的Ⅰc=Ⅰc的交换关系。[①] 因此,凯恩斯理论不可能解决社会总产品价值的各组成部分,如何从价值和使用价值两方面实现再生产补偿的问题。

(2)"三驾马车"的宏观经济调节政策思路是片面的。它是斯密教条的具体体现。所谓追加"投资"增加有效需求,由于丢掉了不变资本$\sum c$,并且不从生产领域调节社会再生产比例关系的平衡,这就不可能从根本上解决市场总供给和总需求的平衡。所谓"消费拉动"经济增长,只能在消费对生产的反作用上有某种合理性,其实决定市场需求即有购买力的"消费力"的,是生产关系决定的分配关系;离开生产关系谈消费拉动经济,颠倒生产与分配、分配与消费的因果辩证关系,因而不能真正"拉动"消费。所谓"外贸"拉动,把外贸这种外因的作用,当成国民经济内因的直接作用,这种混淆容易导致国内产业结构的失衡。

(3)指导数理分析的"总储蓄=总投资"恒等式是错误的。凯恩斯把这个公式明确解释为,"社会上所有的人的总储蓄必然要等于社会上现行的新投资。"[②]新投资即追加投资,可见,这个恒等式实际含义是"社会总储蓄=追加总投资"。公式中的"追加总投资"相当于马克思所说的社会扩大再生产中的"实际积累";社会总储蓄,却除了用于追加投资的储蓄,即马克思所说的"货币积累",还必然包含企业固定资本折旧基金积累、居民消费储蓄等在内的实际上并不用于追加投资的储蓄,显而易见,这两者是不可能恒等的。《资本论》揭示出,只有在属于剩余价值组成部分的、用于追加投资的"货币积累",与用于购买追加生产资料和劳动力的"实际积累"平衡或相等时,才能满足社会扩大

---

① 这从凯恩斯关于国民收入的收支流程图可以明显看出,这张图上只有企业和居民的收支关系。这类似于马克思的Ⅰ(v+m)+Ⅱ(v+m)=Ⅱ(c+v+m)交换关系,却没有Ⅰc=Ⅰc。参见高鸿业:《译者导读》,[英]约翰·梅纳德·凯恩斯,高鸿业译:《就业、利息和货币通论》(重译本),商务印书馆2002年版,第19页。

② [英]约翰·梅纳德·凯恩斯著,高鸿业译:《就业、利息和货币通论》(重译本),商务印书馆1999年版,第89页。

再生产的要求。[①] 因此,即使"社会总储蓄等于追加总投资",宏观经济也是不能实现扩大再生产的。

(4)维护资本主义私有制为前提的宏观经济理论必然对宏观经济调节无效。凯恩斯认为,通过"充分就业"就能达到提高市场有效需求,解决总供给与总需求的失衡。但是,他指出这种充分就业的"就业量决定于总需求与总供给函数的交点",这个交点以资本家的"预期利润会达到最大化"为前提。[②] 可见,凯恩斯理论是维护资本主义私有制经济基础的,是以维护资本家阶级对工人阶级的剥削程度最大化为前提的。这就注定他的理论根本不能消除社会收入的两极分化,也就不可能消除资本主义经济的基本矛盾,从而不可能消除周期性的经济危机。上世纪70年代资本主义经济爆发"滞胀"(经济停滞和通胀同时)大危机,证明凯恩斯主义治标不治本,它只能起掩盖并加深生产社会化和私人所有制这个资本主义基本矛盾,因而必然会使这种对抗性矛盾产生的危机,以更严重的形式爆发出来。在2007年由美国"次贷"危机为发端,至今仍未出现转机的世界金融、经济危机中,发达资本主义国家纷纷采用凯恩斯主义的财政、货币政策"救市",并未见效,又再次证实凯恩斯主义不是科学理论,而且对于宏观经济调控实践有害无利。因此,其决不应当搬用到中国来。

2. 必须认识供给学派的弊病

西方供给学派属于新自由主义经济学,兴起于上世纪70年代,是在凯恩斯宏观调控政策失效时产生的。供给学派沿袭萨伊教条,认为"从整体上看,生产者在生产过程中会创造出对它们的产品的需求。"[③]主张从供给方面提高人们的储蓄、投资的能力和积极性,以推动经济增长,走出宏观经济的"滞胀"困境。为此,他提出了对企业减税、控制货币信贷、刺激私人投资等宏观经济调控政策。上世纪80年代初,美国里根政府曾采纳这些建议,但是,虽然一时缓和了通货膨胀,但是政府的税收却并没有增加,财政赤字反而加大了。于是供给学派被美国政府疏远,风光不再。[④]

供给学派宏观调节的主要政策是减税。但是,用《资本论》的宏观经济理

① 参见《资本论》第2卷,人民出版社2004年版,第556页。
② 参见凯恩斯著,高鸿业译:《就业、利息和货币通论》,商务印书馆2004年版,正文第30页。
③ 转引自高鸿业、刘凤良主编:《20世纪西方经济学的发展》,商务印书馆2004年版,第136页。
④ 参见高鸿业、刘凤良主编:《20世纪西方经济学的发展》,商务印书馆2004年版,第137~138页。

论分析，这种政策对于解决经济结构失衡必然是无效的。政府对企业降税，固然能减轻企业成本，有利于增加私人企业主利润，但是这也同时助长企业之间“大魚吃小魚”的自发性无序竞争。而全社会的各种产业，都是由一定企业构成的，在产业结构(各产业生产要素的比例关系)已经失衡的情况下，公平地降低所有企业税率，绝不可能改变失衡的产业结构。而降低企业税收，却势必降低国家的财政收入。须知，国家为了调节失衡的宏观经济，这时却正需要增加财政支出，然而普遍地降税，却降低了国家实施财政政策进行宏观经济调控的能力，等于雪上加霜。这就是西方供给学派用减税调节宏观经济无法解决的矛盾，也是供给学派对宏观经济结构调整无效的原因。

面对我国宏观经济出现的“重大结构性失衡”，一些学者眼见搬用凯恩斯主义失效，于是转而搬用供给学派的理论。它们要求减少政府行政干预、完善市场机制体制，通过减税增加生产要素供给数量和质量、增强企业的效率与活力，减少市场无效供给，扩大有效供给等政策主张、乍一看来不无道理，但是，用《资本论》的宏观经济理论来分析，它们所谈的“结构调整”主张，主要集中在流通领域的交易方式上，几乎没有涉及调结构的主要内容，即如何促进生产领域社会各产业生产要素之间比例关系的平衡。完善市场机制体制和增强企业活力固然重要，但是《资本论》已经充分论证，资本主义经济发展史也证实，市场机制本身只能通过周期性的危机，即社会生产力的周期性损失，来迫使产业结构适应价值规律。夸大市场机制作用，鼓吹市场机制万能，这正是新自由主义经济学的显著特征之一。这些主张对于解决结构失衡问题，可以说文不对题。习近平总书记专门批评了一些人把中央提出的“供给侧结构性改革”，等同于西方供给学派的错误观点，它强调，“我们讲的供给侧结构性改革，同西方经济学的供给学派不是一回事，不能把供给侧结构性改革看成是西方供给学派的翻版，更要防止有些人用他们的解释来宣扬‘新自由主义’，借机制造负面舆论。”[①]这是很有针对性、很及时的。

总之，只要认真领会《资本论》对资产阶级宏观经济思想的批判，就可以得出，搬用现代西方宏观经济理论，对中国调结构必定无效。要从根本上解决当

① 习近平：《在省部级主要领导干部学习贯彻党的十八届五中全会精神专题研讨班上的讲话》，人民日报 2016 年 5 月 10 日第 1～2 版。

下宏观经济"重大结构性失衡"问题,促进国民经济走上良性循环和可持续发展之路,唯有认真理解并应用《资本论》的科学宏观经济理论。

四、应用《资本论》指导宏观经济调控

(一)坚决维护公有制的主体地位

1.深刻认识所有制在宏观经济结构中的基础地位

应用《资本论》指导宏观经济调控,涉及诸多领域。本文拟从所有制、国民经济综合平衡和国际经济关系这三个主要方面谈些认识。首先要强调,维护社会主义基本经济制度规定的公有制经济的主体地位,这是调整好宏观经济结构的基础。

《资本论》贯彻唯物史观,全面揭示了资本主义社会的经济结构,其中包含着商品生产普遍化社会的宏观经济一般结构。主要包括:(a)商品流通(又可进一步分为商品流通和货币流通)、(b)生产资料所有制、(c)生产的社会分工(产业结构)、(d)人与自然的关系和(e)社会总资本三种形态(货币资本、生产资本和商品资本)的结构关系这五个基本层面。其中生产资料所有制是整个经济结构的基础。马克思指出,"生产条件的所有者同直接生产者的直接关系——这种关系的任何当时的形式必然总是同劳动方式和劳动社会生产力的一定的发展阶段相适应",乃是"整个社会结构"的"隐藏着的基础"①。引文中的"直接关系",就是指的生产资料所有制或生产关系。

马克思精辟揭示了市场供求关系(商品流通)、生产的社会分工和生产资料所有制这几个层面之间的内在联系。他不是停留在市场流通层面分析供求关系,而是注重揭示流通与生产之间的内在联系,揭示市场供求关系取决于生产供给和人们收入决定的购买力;决定生产供给和购买需求的,实际上都是生产资料所有制。这是因为,生产的支配权和收入的分配权都是由生产资料所有者掌握的。所以,在宏观经济中,生产领域的社会分工状况或产业结构的状况,取决于资本家阶级或生产资料所有者阶级的生产支配权和控制权;而市场需求者的收入或购买力状况取决于分配关系,"一定的分配关系只是历史地规

① 《资本论》第3卷,人民出版社2004年版,第894～895页。引文中的黑体为引者所加。

定的生产关系的表现”[①]，因而也取决于生产资料所有制。可见，对于市场供求结构状况起决定作用的，不是流通领域和分配领域本身的因素，而是直接生产过程中的生产资料所有制，而生产资料所有权的占有关系乃是所有制的核心。明白了所有制在经济结构中的基础地位，也就找到了解决宏观经济“重大结构性失衡”问题的科学路径，弄清调整所有制关系对于调整总体经济结构的关键地位。

2. 振兴公有制经济才能从根本上解决“重大结构性失衡”问题

遵循《资本论》关于所有制是宏观经济结构乃至整个社会结构的基础这个重要原理，我国经济结构的重大失衡，无疑应当从所有制层面寻找原因。事实上，上世纪末以来我国经济结构失衡逐步加重的过程，正是社会主义基本经济制度被削弱的过程，两者成正相关。第三次全国经济普查的数据显示，到2013年末，公有制经济在第二、三产业的所有制结构中的比重已明显小于私有制经济。[②] 这说明在这些产业中，公有制主体地位已经不再。而私有制经济比重超过了社会主义基本经济制度的规定，资本主义经济规律的作用力就必然加大，这就必然导致市场无序竞争加剧、收入两极分化和经济结构失衡。这正是在新自由主义影响下的“私有化”改制造成的危害。近些年来，有些经济学者和经济管理干部却认为，公有制经济比重下降，民营经济（私营经济）比重上升，这是经济体制改革本该达到的目的，因为只有私营经济才适应市场经济，才有效率；至于出现居民收入两极分化，可以通过政府财政的“再分配”来缩小。这种观点其实使用民主社会主义的“私有制加公共财政二次分配”的资产阶级改良主义作辩护，是完全站不住脚的。因为国民收入的再分配是由初次分配决定的，而后者则是由所有制或生产关系决定的。在市场经济条件下，只要坚持私有制的经济基础，生产社会化和生产资料私人占有制的基本矛盾就必然起决定作用，宏观调控就必然无效。

---

① 参见《资本论》第3卷第10章“一般利润率通过竞争而平均化”、第51章“分配关系和生产关系”，《资本论》第3卷，人民出版社2004年版，第207～217、998～1000页。

② 据2014年12月16日发布的全国第三次经济普查数据，2013年末，我国公有制企业从业人员在公布数据的第二、第三次产业九个行业（从业人员占所有行业的91.5%）中，按加权平均计算的占比计算，只占7.5%；如果把“股份制和其他企业”中的一半算成公有资本控股（实际上可能不到一半），公有制企业的从业人员也只占25.5%。参见何干强：《振兴公有制经济刻不容缓》，《中国社会科学内部文稿》2015年第5期；公开发表于《河北经贸大学学报》2016年第1期。

因此，只有遵循宪法关于社会主义基本经济制度的庄严规定，坚决贯彻习近平总书记关于“壮大国有经济”和“做强做优做大国有企业”的重要指示，尽快振兴包括国有经济和城乡集体经济的整个公有制经济，使之真正成为所有制结构中的主体，我们的国家才能真正掌控国民经济这个主导力量，有效地实施宏观经济调控；才能引导非公有制经济服从以人民为中心的共同利益和科学社会主义的大目标，使国民经济运行形成全国一盘棋，从而及时解决宏观经济运行中的各种不良问题，不断促进国民经济稳定运行和可持续发展。

(二)努力实现国民经济综合平衡

1. 坚持国民经济综合平衡是对《资本论》宏观经济理论的具体应用

老一辈无产阶级革命家陈云在1956年曾提出“社会主义的统一市场”的重要范畴，此后，从实践角度阐释了国民经济应当坚持“综合平衡”的重要理念[①]，并取得实践成效。这是对《资本论》的宏观经济理论创造性的应用，必须继承和发展。

认真研读《资本论》原著，可以知道，马克思揭示了商品流通与货币流通、产业结构与商品流通之间的因果联系，指出货币流通“是由商品本身的形式变换引起的”[②]，“货币运动只是商品流通的表现”；[③]以后又进一步把商品流通层面的这种因果联系扩大到以货币流通为中介的社会再生产领域，揭示了宏观经济运动中的货币流回规律，即“当再生产(无论是简单的还是规模扩大的)正常进行时由资本主义生产者预付到流通中去的货币，必须流回到它的起点(无论这些货币是他们自己的，还是借来的)。这是一个规律”[④]。这个客观规律揭示出，在宏观经济运动中，必然存在“产业结构→商品流通→货币流通”的因果链条。这样，在产生了中央银行的历史条件下，只要社会再生产各部门比例关系平衡，那么中央银行的货币信贷就必定平衡，即贷放投入的货币必然通过还款流回到银行。国民经济“综合平衡”理念，正是对这种内在联系，结合国民

① 参见《陈云文选》，人民出版社1995年版，第13、211、244～245页。

② 《资本论》第1卷，人民出版社2004年版，第137～138页。

③ 《资本论》第1卷，人民出版社2004年版，第138页。

④ 《资本论》第2卷，人民出版社2004年版，第511页；关于货币流回规律，马克思在该卷第3篇多处提到，另见第446、459、507、533页。

经济管理的具体阐释。陈云指出,在国民经济管理中,应当努力在财政收支、银行信贷、社会购买力和物资供应(包括财力和基本建设规模)这几个重要方面,实现综合平衡,“只要财政收支和信贷是平衡的,社会购买力和物资供应之间,就全部来说也会是平衡的。”[①]这就是说,财政收支平衡、银行信贷(包括货币和货币资本的借贷关系、外汇收支关系)平衡,乃是市场购买力和物资供应(包括生产资料和消费资料的供应)之间实现平衡的表现或标志。这意味着,如果能够遵循社会再生产按比例发展规律,促进市场购买力和物资供应之间的平衡,就能促进财政收支关系和信贷关系实现平衡。

由此可见,促进国民经济综合平衡乃是在存在商品货币关系的条件下,遵循社会再生产按比例发展规律的实践形式。在社会主义市场经济的新历史条件下,是绝不应当淡化或抛弃国民经济综合平衡的。为此,不但要纠正那种搬用西方宏观经济学制定货币政策和财政政策来调控宏观经济的倾向,而且要更加自觉地应用和发展国民经济综合平衡这种实践形式;按照这种指导思想来制定宏观经济调控具体政策,才能真正实现科学地调结构、促发展。

2.遵循货币流回规律维护金融稳定和金融秩序

近年来,金融领域出现某种不稳定现象,应用《资本论》论述的货币流回规律原理来分析,原因是很清晰的,这正是宏观经济出现的重大结构性失衡在金融领域的表现。因此,要促进金融稳定,就必须着眼于调整生产领域的产业结构,抓好国民经济综合平衡,而不宜孤立地谈金融体制改革。从维护国家金融秩序的要求看,也需要重视理解货币流回规律。因为在社会总资本的运动(∑W—∑G—∑W…∑P…∑W)的过程中,要保持流通环节(∑W—∑G—∑W)畅通,除了产业结构比例关系平衡之外,货币越统一(国内法定使用同种货币),银行管理越集中,就越有利于遵循货币流回规律,越有利于通过中央银行的货币流回状况,观察整个宏观经济的运行状态。这就意味着,只有坚持金融机构国有化,并由中央银行代表人民利益,自上而下,集中统一管理各类、各级银行,统一管理货币流通,才能有利于宏观经济调控。因此,新中国已经建立起的中央银行为核心的集中统一管理的国有金融管理体制,这无疑是宏观经济调控的有利条件,只能改善和巩固,绝不应当被削弱。但是,近些年有人

① 《陈云文选》第3卷,人民出版社1995年版,第52~53页。

却一再鼓吹发展私人银行，乃至鼓吹引进外国战略性金融资本来促进所谓“金融深化”改革，美其名为“提高金融效率”，还有人放言“影子银行”①有存在的合理性。这些主张其实都是以阻碍货币流回规律实现的，对国家的宏观经济调控有害无益。虽然生产领域在公有制占主体地位的条件下，可以支持和引导发展私营经济，但是，这不应当推广到金融领域，也就是不应当发展私人银行，尤其不应当允许“影子银行”的存在，更不应当引入外国金融资本入股中国银行系统。原因就在于，一是这违背马克思揭示的货币流回规律的客观要求，对宏观经济调控不利；二是这会扰乱国家对金融秩序的绝对维护。毫无疑问，社会主义国家的银行，应当完全集中于代表人民整体利益的国家手中。

（三）坚持扩大对外开放和维护国家经济安全的统一

1.用《资本论》的宏观经济理论指导扩大对外开放

社会主义市场经济是对外开放的经济。中国作为发展中国家，进一步扩大经济对外开放，这是通过“占有资本主义制度所创造的一切积极的成果”②，实现跨越式发展的正确战略。而这离不开科学的宏观经济理论指导。《资本论》对一国宏观经济与世界市场的关系有丰富的论述。提出了反映国际经济关系的世界货币、国际价值、世界劳动平均单位、货币的相对价值、国际分工、世界市场、汇兑率、国际信用制度、国家实力、国家优势等一系列范畴和原理；其中一些范畴如信用制度、汇兑率（汇率）虽然与西方经济学概念相同，但是都进行了建立在劳动价值论上的“术语革命”，在含义上有原则区别。《资本论》还揭示了一国宏观经济运动与世界市场的辩证关系：一方面，一国资本运动具有联系世界市场、扩大世界市场的必然要求；劳动生产率高的国家可以从世界市场获取更多的优惠，“投在对外贸易上的资本能提供较高的利润率”③；如果一国的社会再生产发生产业部门之间或固定资本补偿上的比例关系失衡，对外贸易“能起补救作用”④等。另一方面，又论证了世界市场的激烈竞争和无序性，会对一国宏观经济形成负作用；一国资本主义经济危机一旦发生，外贸

① 影子银行是不透明的金融投资业务和投资工具，包括非法银行及其合法银行中的理财产品、不披露信息的互联网借贷平台等，这些业务在合法的资产负债表上得不到反映，因此是对法制监管的逃避。影子银行通常承诺对投资的较高利率，它助长投机，扰乱金融秩序。

② 《马克思恩格斯选集》第3卷，人民出版社1995年版，第762、769页。

③ 《资本论》第2卷，人民出版社2004年版，第264页。

④ 参见《资本论》第2卷，人民出版社2004年版，525页。

就会把社会再生产比例失衡的祸害“推入更广的范围”[①]，由一国经济危机导致世界经济危机等。这些重要原理，对于我们辩证地处理国际经济关系，趋利避害，具有重要指导意义。

在当代世界经济中，发达资本主义国家在科技人才、先进技术、制造能力、人均资源占有等许多方面，仍然据国际竞争优势地位；而帝国主义发展到与国家政权融合的国际金融垄断资本为基础的新阶段，它们对经济实力不断增强的我国，更是虎视眈眈，包藏祸心。这样，我国在对外经济开放中，就不能不增强维护国民经济独立自主和国家经济安全的自觉性，这涉及对外贸易、利用外资和国际经济合作诸多方面，都需要我们重视应用《资本论》的有关原理。

2. 坚持国家对汇率的科学控制

国家是否应当放弃控制汇率？搬用西方金融理论的学者认为，汇率应当市场化，即由国际市场关系来决定，国家不应当干预汇率。这种观点与某些发达资本主义国家反对中国成为所谓“汇率操纵国”的声音，是一致的。但是，应用《资本论》的汇率理论分析，在当代汇率已是国别纸币比价关系的历史条件下，国家则必须干预或控制汇率。

汇率是不同国家的货币在一定时点相互兑换的比例关系。《资本论》揭示出，汇率的本质关系是两国货币所含国际价值的比例关系，而货币的国际价值是用世界货币的黄金来表现的。在宏观经济运动中，一国对别国的汇率的形成，是由(a)国别货币的国际价值含量的变动、(b)商品进出口价值额的变动、(c)国际相互投资额的变动、(d)其他场合需要支付世界货币这些因素，综合起作用的结果，这也就是一国汇率形成机制的科学含义。可见，认为汇率由外汇市场供求关系决定，这种观点是片面的，没有真正弄清外汇市场背后起作用深层因素和形成机制。在当代，虽然“世界货币”职能，已经由国别纸币来充当，但是《资本论》揭示的汇率的本质关系和形成机制的原理绝没有过时，只不过在当代汇率的条件下，现象与本质之间的中介因素增多了，增加了可能引发国别纸币发生通货膨胀的因素。根据《资本论》关于只有贵金属金(或银)才能承担世界货币职能、国别纸币的国际价值只能由黄金这种世界货币来表现的原理，世界货币由国别纸币来充当，即所谓“黄金非货币化”(实际是世界货币非

---

① 参见《资本论》第2卷，人民出版社2004年版，525页。

黄金化)，这并不是一种历史的进步，而是一种违背客观经济规律的经济现象。正因为这种违背，才导致了不同国别的纸币究竟含多少国际价值量的难以确定，造成了当今国际汇率关系出现不统一、不公平的混乱状态。这种对客观规律的违背，祸首是头号帝国主义国家美国。在上世纪70年代，美国陷入第二次世界大战之后的严重经济危机，只好在国内被迫放弃美元的金本位；但是为了维持自己世界经济霸主的地位，美国控制国际货币基金组织，规定国际贸易也完全停止金本位制；同时，用“石油美元”的方式，强制推行纸币美元替代黄金作为世界货币。① 可见，以国别纸币的关系来表现汇率，这是以美国为首的发达资本主义国家，为了挽救资本主义经济制度，而强加于世界各国的经济形式。正因为这违反客观经济规律，所以美国只有通过超经济的霸权手段才能推行。

必须充分认识，在使用纸币“世界货币”的条件下，国别纸币的国际价值是不可能得到客观表现的，因而国家之间也就难以产生客观的、公平的汇率。而美国则可以通过大量发行充当世界货币的纸币美元，来弥补自身的财政赤字，同时通过纸币美元的贬值，来冠冕堂皇地无偿占有那些使用和储藏纸币美元的国家的物质财富，并促成对美国自身有利的汇率。由此，维护纸币美元的世界货币地位，反对别的国家控制相关汇率，这归根到底是为了维护美国金融垄断资产阶级的根本利益。

在这种情况下，处于国际经济关系中弱势地位的发展中国家，唯有发挥国家的宏观经济管理职能，自觉捍卫民族经济主权和利益，抵御美国等发达资本主义国家主导汇率关系，才有可能控制好本国与发达国家之间的汇率关系。② 而这离不开《资本论》关于汇率形成机制因果关系的原理的科学指导，即：促进国内社会再生产比例关系的平衡→在此基础上，促进主要由国际贸易(进出口)、国际资本流动(外资引进和对外投资)综合形成的国际收支平衡→基本稳定的汇率。其中，促进社会再生产比例关系的平衡，或者说着眼于独立自主的

---

① 20世纪70年代以来，美国控制最大的产油国沙特阿拉伯以及其他石油输出国组织(OPEC欧佩克)的国家，规定石油市场必须以纸币美元计价和结算。这样一来，凡是要购买石油的国家，就不能不用有真实价值的商品换回纸币美元，并把纸币美元作为储备货币(世界货币的储藏货币形式)。可见，是美国强迫别国承认美元纸币充当世界货币的。

② 目前中国的人民币汇率制度，实行的是以市场供求为基础、参考一篮子货币、有管理的浮动汇率制度。

民族经济社会分工比例关系的平衡，这是实现汇率基本稳定的宏观经济基础。[①]

由此可见，反对国家控制汇率的主张，初看似乎很尊重市场的客观作用，其实，这否定了纸币条件下汇率关系必然存在的主观性和有利于发达资本主义国家的不公平性，是完全错误的主张。我们的国家政府绝不能听从这些主张，而应当从维护国民经济独立自主和国家安全出发，理直气壮地控制好国际经济关系中的汇率。

3. 用《资本论》原理认识人民币资本账户的管理

涉及外国资本进出的人民币资本账户的汇兑是否应当放开？西方新自由主义经济学鼓吹完全放开，如美国经济学家麦金农宣扬，“资本项目的外汇自由兑换通常是经济市场化最优秩序的最后阶段。”[②]我国一些经济学者照搬这种理论，主张人民币资本账户要尽快彻底放开。然而，应用《资本论》来分析，把发展中国家的国际收支资本账户的开放或自由兑换，说成是完成市场化改革的最后阶段或标志，这对发展中国家来说，是极具危害性的判断标准。

《资本论》揭示了商品流通（包含货币流通）与资本流通的共性、联系与区别。[③] 本质区别是，商品、货币流通体现等价值平等交换；而资本流通体现生产资料所有制关系，以追求剩余价值或利润为目的。在国际经济关系中，国际商品、货币流通和国际资本流通同样具有这种本质区别，前者被记录在国际收支表的经常项目中，涉及的主要是用于国际贸易等价交换关系中的外汇兑换；而后者被记录在国际收支表的资本项目中，在外汇与本国货币兑换的形式下，实质内容是外国资本进出本国，这就是人民币经常项目的外汇自由兑换，同人民币资本项目的外汇自由兑换的本质区别。因此，主张放开资本项目的外汇自由兑换，实质是主张放任外国资本自由进出本国。

然而，根据马克思揭示的国际价值规律和社会再生产规律，劳动生产率较低的国家如果放任劳动生产率高的外国投资自由进出，这必然给本国造成两大不利后果，一是让外国资本的高端商品占领本国市场，并让外资掌控本国的

---

① 参见何干强：《用〈资本论〉原理指导认识和控制汇率》，福建师范大学学报（哲学社会科学版），2017年第2期。

② 周庭煜等译，[美]罗纳德·I.麦金农著：《经济自由化的秩序——向市场经济过渡时期的金融控制》，上海三联书店、上海人民出版社1997年版，第14页。

③ 参见何干强：《唯物史观的经济范式及其应用》，中国经济出版社2008年版，第82～85页。

民族制造业，控制本国经济；二是本国的产业结构势必由于外国资本的自由出入，而处于无规律的变动中，发生失衡。因此，发展中国家的资本账户完全开放，必须有基本经济前提，一是劳动生产率平均水平已经达到发达资本主义国家的水准，可以真正与之实现平等竞争；二是必须建立起有效宏观调控机制，能够维护独立自主的国民经济体系和国家经济安全。2008 年以来，中国经济在世界经济危机中没有受到致命伤害，不能不说，重要原因之一是没有过早开放人民币资本账户的外汇自由兑换。显然，在中国尚不具备上述基本经济前提的情况下，硬要人民币资本账户彻底开放，这对国家经济安全具有极大的危害性。而科学地深化国际金融体制改革，就应当把生产领域和货币流通领域的改革结合起来，努力创造资本账户开放的基本经济前提，一方面，应当在促进金融管理为实体经济服务的同时，在人民群众中大力提倡独立自主、自力更生、艰苦创业的精神，努力发展高新科学技术，创造越来越多的民族品牌，促进劳动生产率水平尽快赶上发达资本主义国家；另一方面，必须创造出一套宏观经济监管方法，实现外国资本进出本国与本国宏观经济产业结构平衡相统一。

马克思在《资本论》中提出过一个简要而深刻的唯物辩证法的方法论原理："问题与解决问题的手段同时产生。"①正确的宏观经济调控唯有建立在科学认识和正确处理社会主义市场经济宏观运动矛盾关系的基础上。而这需要科学的理论指导。只要我们在科学理论指导下，弄清了当前宏观经济发生"重大结构性失衡"的真实问题所在，就一定能够找到解决问题的方法。让我们沿着马克思的理论道路继续前进，努力在实际经济工作中，促进现阶段的市场经济社会分工制度和社会主义公有制基础有效结合，推动国民经济运行走上协调运行和科学发展的轨道，为开创中国特色的社会主义宏观经济学贡献力量！

（原载《中国社会科学院研究生院学报》2017 年第 4 期）

① 《资本论》第 1 卷，人民出版社 2004 版，第 107 页。

科学认识和正确处理政府与市场关系

何自力

使市场在资源配置中起决定性作用和更好发挥政府作用，是我们党对社会主义市场经济条件下市场和政府作用的基本定位。科学把握和正确处理政府与市场的关系，对于进一步完善社会主义市场经济体制具有十分重要的指导意义。

一、社会主义市场经济实现了政府作用与市场作用的有机统一

将社会资源有效分配到社会生产不同部门，是人类社会生产活动的首要任务。社会资源的分配有两种方式，一种是市场调节，一种是政府调节（或计划调节）。在现实的经济运行中，单纯依靠市场调节或政府调节配置资源均属于特例，通常情况是政府与市场结合在一起共同进行资源配置。由于社会制度、文化传统、自然禀赋的不同，政府与市场结合的方式存在较大差异，并由此派生出形态各异的经济体制，产生了不尽相同的资源配置效果。

资本主义市场经济是资本主义私有制与市场调节的结合体，生产什么、为谁生产、生产多少及怎么生产都是在利润最大化动力驱使下由私人资本决定的。在资本主义市场经济中，政府也在资源配置中发挥作用，但是这种作用不可能改变私人资本的支配地位，无法克服资本主义生产方式的基本矛盾，因而会周期性爆发经济危机。上世纪 70 年代以来，受新自由主义思潮的影响，西方资本主义国家纷纷削弱政府干预，导致去工业化和产业空心化，制造业严重衰竭，金融业过度膨胀；中产阶级没落，两极分化和贫富差距急剧扩大。2008 年国际金融危机爆发正是资本主义基本矛盾激化的结果，也是资本主义市场经济高度依赖市场机制自发作用、极端轻视和削弱政府干预的直接后果。资

本主义市场经济严重扭曲了政府与市场关系，资源配置效率低下，并不像西方经济学教科书里描述的那般美妙。

社会主义计划经济是计划调节与社会主义公有制相结合形成的集中计划经济体制，苏联东欧国家和改革开放前的中国都曾实行这一体制。该体制以快速实现工业化为目标，实行单一公有制，主要利用行政手段管理国民经济，商品货币关系和价值规律只起形式的和辅助的作用。集中计划经济体制在迅速推进工业化进程，初步建立现代工业体系和国民经济体系，改变经济和社会发展落后面貌，提高人民生活水平方面发挥了重要作用。但是，该体制的缺陷也很突出：片面发展重工业，轻视农业和轻工业的发展，国民经济比例关系失调；排斥市场、商品货币和价值规律，企业经济效益低下。

党的十一届三中全会以来，我们党在深刻总结我国社会主义建设和世界经济发展的经验教训基础上，开启了建设中国特色社会主义的伟大实践，探索政府与市场结合的新形式。党的十四大创造性提出建立社会主义市场经济体制的改革目标，为我国探索对政府与市场关系新的科学定位指明了方向。此后，我们党对政府与市场关系的认识不断深化。党的十八届三中全会明确提出使市场在资源配置中起决定性作用和更好发挥政府作用，这是我们党对政府与市场关系认识的一个新突破，标志着社会主义市场经济发展进入了一个新阶段。正是通过不懈地改革探索，我国经济取得了举世瞩目的伟大成就，综合国力显著提高，人民生活极大改善。实践证明，我国的社会主义市场经济体制是符合现阶段中国国情的，它实现了政府作用与市场作用的有机统一，充分体现了生产关系一定要适应生产力发展状况这一客观规律的要求。

二、我国实现了社会主义市场经济条件下政府与市场关系的一系列成功结合

如何处理好政府与市场的关系，是我国经济体制改革的核心问题。经过多年的探索和实践，我国已经建立了社会主义市场经济体制的基本架构，在处理政府与市场关系方面积累了成功经验，体现为以下几个方面的结合。

社会主义公有制与市场经济相结合。实现公有制与市场经济的融合，是坚持社会主义市场经济改革方向的必由之路。公有制与市场经济实现融合，关键是使企业特别是国有企业成为市场的主体。经过多年的深化改革，国有

资产监管体制已经实现了公共管理职能和出资人职能的分离，国有企业成为了市场中独立的法人实体；全国90%以上的国有企业完成了公司制股份制改革；公司治理结构改革深入推进，股东会、董事会、经理层和监事会等机构不断完善，党的领导得到加强；劳动、人事、分配等制度改革逐步深化，经理人市场化选聘机制开始运行，全员劳动合同制、全员竞争上岗和岗位工资为主的基本工资制度普遍建立。可以说，国有企业经营机制已基本得到转换，市场竞争能力不断提高，总体上与市场经济实现了融合。

释放市场活力与集中力量办大事的政治优势相结合。改革开放以来，我们坚持和完善公有制为主体、多种所有制经济共同发展的基本经济制度，促进各种经济成分在市场上展开平等竞争，市场活力得到有效释放。同时，我们坚持公有制的主体地位和国有经济的主导作用，使我们党和政府拥有强大的集中决策、组织动员和统筹协调能力，形成了中国特色社会主义所独有的最大限度整合社会资源、集中力量办大事的体制机制优势。市场活力充分释放与集中力量办大事的制度优势相结合，是中国经济取得巨大历史性成就的重要制度原因。

市场激活微观经济与政府稳定宏观经济相结合。在社会主义市场经济体制中，我们把放开搞活企业作为改革的抓手，让企业成为独立的市场主体，在明晰产权的基础上，根据供求规律和竞争规律进行自主决策，谋求最大利益。政府不再直接干预企业，而是着力保持宏观经济的稳定，将经济快速增长、实现充分就业、稳定物价、优化产业结构、实现国际收支平衡作为宏观调控的目标，同时创新宏观调控方式，建立了需求管理与供给管理相结合、全面调控与精准调控相结合、区间调控与相机调控相结合的宏观调控框架，为宏观经济平稳运行和社会供求在总量、结构上保持平衡提供了有力的制度保证。

市场提供产业变迁动力与政府引领产业变迁方向相结合。为实现国民经济各个产业部门的比例更加协调，推动产业升级换代，我们强化了市场在产业变迁中的优胜劣汰和激发创新作用，依靠市场力量推动产业结构调整和发展动力转换，为经济运行提质增效提供强大动力。同时，政府凭借信息掌握充分、资源动员能力强大的独特优势，可以通过产业政策确定产业结构调整的重点和产业变迁的方向，比如：促进产业兼并重组，优化产业组织结构；降低企业运营成本，提高企业供给能力；扶持战略性新兴产业和现代服务业，优化产业结构；减少无效和低端供给，扩大有效和中高端供给，增强供给结构对需求变化的适应性和灵活性等。

市场激励自由竞争与政府加强监管优化服务相结合。市场竞争可以优化生产，增强产品的多样性和异质性，最大限度地满足人民日益增长的物质文化需要，但如果竞争是无序的，则会抵消效率，不利于资源配置效率的提升。我们在使市场在资源配置中起决定性作用的同时，充分发挥政府的市场监管职能，依法对市场主体进行监督和管理，形成了统一、开放、竞争、有序的现代市场体系。与此同时，政府还着力提供公共产品和服务，加强公共设施建设，建立社会保障制度，努力促进就业，大力发展教育、科技、文化、卫生、体育等公共事业，为公众参与社会经济、政治、文化活动提供保障和创造条件，为维护公平正义，实现共享发展提供强大保证。

市场提高效率与政府保障公平相结合。在社会主义市场经济条件下，效率主要是通过收入分配形成的动力激发出来的。市场调节初次分配，适当拉开收入差距，有利于激发不同生产要素所有者参与市场竞争的积极性和主动性，实现资源的合理配置，提高整个经济运行的效率。公平则主要是通过政府的再分配功能实现的。充分发挥政府的再分配调节功能，保护合法收入，调节过高收入，取缔非法收入，理顺分配关系，使发展成果更多、更公平惠及全体人民，使全体人民在学有所教、劳有所得、病有所医、老有所养、住有所居上持续取得新进展，维护公平正义，逐步实现共同富裕。

三、在深化改革中进一步健全和完善政府与市场的关系

在新的历史条件下，我们也要清醒认识到，我国政府与市场的关系还没有完全理顺，政府既存在越位也存在缺位，市场在资源配置中的决定性作用还没有充分发挥。我们必须不断完善政府与市场的关系，推动社会主义市场经济体制更加成熟、更加定型。

给市场主体提供更大的活动空间。为进一步释放市场活力，政府监管部门要继续着力放松对市场主体的准入管制，大大简化企业登记注册程序，有力推动大众创业、万众创新；深化行政审批制度改革，凡是市场机制能有效调节的经济活动都应当取消审批，凡是由地方管理更方便有效的经济社会事项都应当下放地方和基层管理；提升政府监管意识，落实监管责任，改变重审轻管、

有权无责的现象，破除“懒政”“怠政”不良政风；加强信用体系建设，通过相关制度约束市场主体的行为，提高违法成本。

建立公平开放透明的市场体系。建立市场决定价格的机制，凡是能由市场形成合理价格的都交给市场，政府不进行不当干预；建立和完善政府权力清单制度，做到“法无授权不可为”；制定市场准入负面清单，做到“法无禁止皆可为”；积极推进国内贸易流通体制改革，建设法治化营商环境；实行统一的市场监管，清理和废除妨碍全国统一市场和公平竞争的各种规定和做法；建立健全社会诚信体系，褒扬诚信，惩戒失信；健全优胜劣汰市场化退出机制，完善企业破产制度；强化节能节地节水、环境、技术、安全等市场准入标准；建立健全防范和化解产能过剩长效机制。

优化政府组织机构。政府要加强发展战略、规划、政策、标准等的制定和实施；着力保持宏观经济稳定，加强和优化公共服务，保障公平竞争，维护市场秩序，推动可持续发展，促进共同富裕；优化政府组织机构设置，按照决策权、执行权、监督权既相互制约又相互协调的原则科学配置行政职责，规范行政权力运行机制，推动形成权责统一、分工合理、决策科学、执行顺畅、监督有力的行政管理体制。

健全宏观调控体系。使市场在资源配置中起决定性作用，不是要政府无所作为，而是要政府更好地作为。要站在新的历史起点上认识和确定宏观调控的任务，建立和完善适应经济发展新常态的宏观调控框架。着力保持经济总量平衡，促进经济结构协调和生产力布局优化，减缓经济周期波动影响，实现经济持续健康发展；高度关注经济发展质量、效益以及民生、生态等指标，统筹做好稳增长、促改革、调结构、惠民生、防风险等各项工作；健全以国家发展战略和规划为导向、以财政政策和货币政策为主要手段的宏观调控体系，推进宏观调控目标制定和政策手段运用机制化，增强宏观调控前瞻性、针对性、协同性。

（原载《求是》2017 年第 3 期）

“共产主义”的科学含义不容歪曲

——评某教授关于“共产主义”的奇谈怪论

郝贵生

针对党内某些领导者和部分党员，以及一些媒体不再讲或很少讲“共产主义”概念及其话题的现象，习近平总书记 2015 年 1 月在与中央党校第一期县委书记研修班学员座谈时的讲话中再次强调，共产主义仍然是中国共产党人的努力方向，广大共产党员必须要树立共产主义理想、信仰。由此受到全党大多数同志的拥护和欢迎，部分主流媒体发表了多篇有关方面的好文章，但同时也听到个别对“共产主义”曲解、歪曲的声音。2015 年 9 月 24 日，中央党校某教授在其微博中发表的“左转倒退正是歪曲共产主义理想”就是这样一篇歪曲“共产主义”科学含义的典范文章。

一、对中国共产党人和大多数人民群众对“共产主义”含义的理解作了错误、歪曲的描绘和解读

该文说，对共产主义，“多年来，中共和中国社会的解说含混不清，就可能字面理解，以己之见解释马克思恩格斯”。她接着说，对“共产主义”中国人最普遍的说法是：社会财富极大丰富，各尽所能各取所需。她认为这种理解十分肤浅、片面和扭曲。笔者认为，这是该教授对我们党，也是对绝大多数中国人民理解认识“共产主义”的极大污蔑和歪曲。

就中国共产党人和大多数接受过马克思主义教育的普通群众来说，对共产主义的理解是没有错误的。我们党的历史上特别是建国以后出版的几乎各种马克思主义基本理论的教材中，阐述“共产主义”含义时都讲到，“共产主义”

有三种含义：第一，共产主义是一种理想、制度。这种制度是生产力高度发展、物质财富极大丰富、生产资料公有制度、各尽所能按需分配。消灭阶级、消灭剥削，人的自由全面发展等。第二，共产主义是一种理论即唯物史观为指导的关于资本主义灭亡、社会主义胜利，最终实现共产主义制度和无产阶级解放的马克思主义理论。第三，共产主义是一种运动，即无产阶级和劳动人民在共产党领导下消灭私有制度，建立社会主义社会、最终消灭阶级、消灭剥削的实现共同富裕的共产主义制度的现实的运动。社会主义是共产主义的第一阶段，不可避免地在经济、政治、道德等多方面都存在旧社会的痕迹。社会主义实行公有制经济和各尽所能、按劳分配的原则。就是在近些年出版的绝大多数马克思主义教材中也都是这样讲的。这种解读完全符合马克思恩格斯对“共产主义”的认识。该教授怎么能够说，多年来中共和中国社会对“共产主义”的解说是“含混不清”呢？是“字面理解，以己之见”解释马克思恩格斯呢？你究竟有什么根据这样说呢？

不排除现实生活中个别人由于种种原因对“共产主义”存在肤浅、扭曲认识。如该文中所说，把共产主义单纯理解为只是“社会财富极大丰富，各尽所能各取所需”，但这只是个别人的理解，绝对不是如该文所说的“中国人最普遍的说法”，更不是中国共产党和中国社会对“共产主义”的认识。该文在这里把肤浅、扭曲的个别人对“共产主义”的错误理解强加给大多数中国人民，强加给中国共产党和整个中国社会，这不是典型的对中国共产党和中国人民的污蔑和歪曲吗？

二、把“共产主义”本质内涵唯一归结为“人的自由全面发展”思想是对《共产党宣言》和恩格斯论述的错误、歪曲的解读

该文污蔑歪曲中国共产党和中国人民对“共产主义”作了错误的理解。那么该文究竟如何理解“共产主义”的“本质内涵”呢？该文说，马克思恩格斯说的共产主义本质内涵就是《共产党宣言》第二章最后所说的“自由人的联合体”思想即“在那里，每个人的自由而全面的发展是一切人自由发展的条件”。而且还认为，这是恩格斯多年后确认的。这种看法是对《共产党宣言》及恩格斯论述作了彻头彻尾的歪曲解读。

大家知道，马克思恩格斯 1848 年所写的《共产党宣言》就是针对当时社会

中对"共产主义"形形色色的歪曲、污蔑和诋毁而写的全面阐发"共产主义"科学内涵的马克思主义公开问世的第一部理论著作，实质就是共产主义宣言。该文引证《共产党宣言》的论述说明马克思、恩格斯"共产主义"本质含义是对的。但《共产党宣言》是一篇完整、系统的著作，其阐发的主要观点是多方面的，特别是阶级斗争观点（"至今一切社会的历史都是阶级斗争的历史。"），两个绝大多数观点（"过去的一切运动都是少数人的或者为少数人谋利益的运动，无产阶级的运动是绝大多数人的、为绝大多数人谋利益的运动。"），两个必然观点（"资产阶级的灭亡和无产阶级的胜利是同样不可避免的。"），无产阶级政党观点（"共产党人不是同其他工人政党相对立的特殊政党。他们没有任何同整个无产阶级的利益不同的利益，……共产党人始终代表整个运动的利益。""共产党人的最近目的是和其他一切无产阶级政党的最近目的一样的：使无产阶级形成为阶级，推翻资产阶级的统治，由无产阶级夺取政权。"），消灭私有制观点（"共产党人可以把自己的理论概括为一句话：消灭私有制。"），无产阶级专政观点（"工人革命的第一步就是使无产阶级上升为统治阶级，争得民主。"），两个决裂观点（"共产主义革命就是同传统的所有制实行最彻底的决裂；毫不奇怪，它在自己的发展进程中要同传统的观念实行最彻底的决裂。"）；等等。而"人的自由全面发展"思想只是《宣言》中的主要观点之一，同时它与《宣言》的其他观点也有内在的逻辑上的必然联系。在这些观点中，哪一个是最主要观点或者说是核心观点，思想理论界确实有很大分歧。一般都把"两个必然""消灭私有制"或"两个决裂"看作核心思想。2008 年，人大高放教授在《北京日报》发表文章指出，只有"人的自由全面发展"思想才是《宣言》的核心思想。针对高放等人的片面思想，笔者 2013 年在《马克思主义研究》杂志发表了《如何认识〈共产党宣言〉中的核心思想》一文。笔者着重阐发了《宣言》一书最重要的一、二章内容及其内在逻辑联系。第一章着重是从历史发展的客观规律的角度阐发了马克思主义的阶级斗争观点、社会基本矛盾观点，并运用这一观点分析认识资本主义产生、发展、灭亡的历史必然性观点，由此说明共产主义的本质是历史发展客观规律性的结果，是资本主义私有制为社会主义公有制取代的必然结果。第二章着重是从无产阶级政党的历史主动性和实践能动性阐述共产主义的含义的。明确指明共产党人的根本任务和最高纲领就是"消灭私有制"，就是实现两个最彻底的决裂。马克思主义的认识论认为，作为改造世界的物质实践活动既包括改造客观世界,也包括改造主观世界。如果说共产党人"消灭私有制"的最高纲领是改造客观世界的话,那么第二章结尾所阐发的"人的自由全面发展"就是突出强调改造人的主观世界即人自身的素质、能力的全面发展。而"两个决裂"既包括改造客观世界,也包括改造主观世界。两章的逻辑联系是:第一章所阐发的"阶级斗争"、"两个绝大多数"和"两个必然"思想正是第二章"无产阶级政党"、"消灭私有制"、"两个决裂"、"人的自由全面发展"等思想的客观依据、客观前提。而第二章"无产阶级政党"、"消灭私有制"、"两个决裂"、"无产阶级专政"、"人的自由全面发展"等主要思想正是第一章"阶级斗争"、"两个绝大多数"、"两个必然"思想逻辑推导的必然结果,是社会存在决定社会意识的必然结果,是社会生活和社会发展规律在无产阶级头脑中的自觉的科学的反映。所有这些观点之间都存在着内在的不可分割的必然的逻辑联系。恩格斯在他所写的《反杜林论》第一版《序言》中曾经说过,不要忽略他所提倡的各种见解之间的内在联系。因此我们在理解《共产党宣言》的基本思想或共产主义的基本思想时,也不应该忽略这些基本思想的内在逻辑联系。后人在解读《宣言》思想时,可以从某一视角把《宣言》或共产主义的核心思想归结为某一思想,但不能把这一思想孤立起来,且绝对化,完全与书中其他基本观点割裂或绝对对立起来,根本否定书中其他基本观点。当我们把《宣言》的核心思想归结为"消灭私有制"思想时,必须承认这一思想的客观依据是"阶级斗争"和"两个必然"思想,在强调共产党人在"消灭私有制",实现社会主义公有制的过程中,也必须把人的自我发展、改造提到极其重要位置上来。当把"人的自由全面发展"思想作为《宣言》或"共产主义"的核心思想时,也必须承认马克思主义的"阶级斗争"和"两个必然"思想,必须承认"消灭私有制"和"两个决裂"思想。如果以"人的自由全面发展"思想作为《宣言》或"共产主义"的核心思想,而完全否定、排斥"阶级斗争"、"两个必然"、"消灭私有制"和"两个决裂"等思想,实际就是把马克思主义"人的自由全面发展"思想绝对化。列宁说,真理往前跨进一步,就会变成谬误。而该文中把"共产主义"的本质含义唯一归结为"人的自由联合体"思想,而只字不提马克思主义的"阶级斗争"、"两个必然"、"消灭私有制"、"两个决裂"等其他基本观点,实际上就是把马克思主义的这些基本观点完全排除在"共产主义"科学含义之外,就只剩下孤零零的"人的发展"一条基本原理了。这条原理也就变成了谬误。因为在她看来，“共产主义”如果包含“阶级斗争”、“两个必然”、“消灭私有制”、“两个决裂”这些思想，那就是片面的，是对马克思恩格斯思想的“含混不清”、“以己之见”的理解，是中国共产党左的所谓“错误”的理论依据。依据这种观点理解“共产主义”，中国共产党人就要“左转倒退”。所以她要坚决批判这种所谓的“荒谬”观点。该文这种论点及其论证方法是对《共产党宣言》全书和“共产主义”科学含义的极端错误的解读和歪曲。

该文为了给自己的论点提供理论依据，指出恩格斯晚年在一封信中曾经确认《宣言》关于“人的自由全面发展”思想那段话是《宣言》的核心思想或“共产主义”的本质内涵。恩格斯确实说过《宣言》中关于“人的自由全面发展”那段话在《宣言》中和科学社会主义学说中的极其重要的地位，但恩格斯从来没有把这段话同《宣言》全书的其他基本观点割裂或绝对对立起来。无论是1846年恩格斯与马克思合写的《德意志意识形态》、《宣言》写作之前恩格斯独立写的《共产主义基本原理》，以及《宣言》本身的写作，还是恩格斯晚年的全面系统阐述马克思主义三个组成部分的大部头著作《反杜林论》以及晚年的大量书信中，都一再强调和阐发科学社会主义的阶级斗争、两个必然、消灭私有制和两个决裂等基本思想。把马克思、恩格斯在特定条件下讲的某一句话孤立起来并绝对化，同时割裂或根本否定马克思主义的其他基本原理，是马克思主义发展史上马克思主义的敌人反对、歪曲、修正马克思主义的一种惯用的卑鄙的手段和方法。该文实际是步其后尘，重新捡起这套手法根本否定和歪曲“共产主义”的科学内涵。

三、歪曲《共产党宣言》中的“人的自由全面发展”思想本身的内在含义

笔者不同意该教授把“共产主义”本质内涵唯一归结为“人的自由全面发展”思想，并不否认“人的自由全面发展”思想是“共产主义”本质内涵之一，而且认为是极其重要的内容。笔者同该文的分歧表现在对“人的自由全面发展”思想本身内在含义的理解上。

该文把马克思恩格斯所说的共产主义与“人的自由全面发展”完全划等号，且认为其“有两个根本含义：一是所谓自由人的联合体，就是人作为具有独立性的主体而联合起来而相互合作，而不应是依附于任何人或物的被控制被

奴役的对象。二是每个人的自由全面发展是前提性条件。马恩强调的是'每个人',抛开'每个人'这个前提,回避'自由而全面发展'去讲共产主义理想,不仅曲解背离马恩的共产主义本意,而且已经带来党内思想混乱。"这是把马克思这一极其重要的基本原理简单化、抽象化、片面化。

人的发展思想是马克思主义理论中一个极其重要观点,早在1846年马克思恩格斯合写的《德意志意识形态》一书中就有大量论述,因《共产党宣言》只是一个宣言式的著作,不可能对每一个重要观点详细阐发。《宣言》之后的马恩著作特别是《资本论》和《反杜林论》关于人的发展论述也相当多。因此理解《宣言》中这段论述必须结合马恩其他著作中的基本内容。同时该内容也极其丰富,笔者这里结合马克思恩格斯其他著作内容简要概括《宣言》这段话的基本思想。

第一,"人的发展"中的"人"根据马克思关于人的本质、人性的理论,是具体历史的人,而不是抽象的人。未来共产主义社会的人的发展主要指掌握生产资料的真正做社会主人的彻底摆脱阶级关系的人的自由发展。离开对生产资料的共同占有的私有制下的人,绝不是马克思的"人的发展"思想。马克思《1844年经济学哲学手稿》中揭露的资本主义私有制下的劳动异化的人能有真正的"人的自由全面发展"吗?

第二,社会主义是共产主义的第一阶段,其"消灭私有制"、真正实现生产资料公有制的过程需要改造人本身,需要人的发展。马克思说:"共产主义意识普遍地产生还是为了实现事业本身,使人们普遍地发生变化是必需的。""私有制只有在个人得到全面发展的情况下才能消灭,因为现存的交往形式和生产力是全面的,所以只有全面发展的个人才可能占有它们,即才可能使它们变成自己的自由的生活活动。"①

第三,人的自我改造和全面发展也离不开改造外部世界即"消灭私有制"的实践活动。人的"这种变化只有在实际运动中,在革命中才有可能实现。革命之所以必需,不仅是因为没有任何其他的办法能够推翻统治阶级,而且还因为推翻统治阶级的那个阶级,只有在革命中才能抛掉自己身上的一切陈旧的

① 《马克思恩格斯全集》第3卷,人民出版社1960年版,第516页。

肮脏东西,才能成为社会的新基础"[①]。私有制下的社会共同体是虚幻的、冒充的共同体,是一个阶级反对另一个阶级的联合,对少数个人来讲是自由的,但对大多数人来说,是桎梏,是没有真正的自由和发展。只有在消灭了私有制的真正的社会共同体中,"个人才能获得全面发展其才能的手段,也就是说,只有在共同体中才可能有个人自由。……在真正的共同体的条件下,各个人在自己的联合中并通过这种联合获得自己的自由"[②]。因此这里所说的联合体必须是人民共同占有生产资料基础上的联合,由此才能真正摆脱人对物和他人的奴役和依赖,而私有制基础的社会不可能存在这样的联合体,也只能是马克思《资本论》中所说的人对物的依赖阶段。

第四,"消灭私有制"过程与人的自我改造、自由而全面的发展是同步进行的。马克思恩格斯说,无产阶级"非常清楚地知道:只有改变了环境,他们才会不再是'旧人',因此他们决心一有机会就坚决地去改变这种环境。在革命活动中,在改变环境的同时也改变着自己"[③]。"现代的个人必须去消灭私有制,因为生产力和交往形式已经发展到这样的程度,以致它们在私有制的统治下竟成了破坏力量,同时还因为阶级对立达到了极点。最后,我们曾指出,私有制和分工的消灭同时也就是个人在现代生产力和世界交往所建立的基础上的联合。"不可避免的"消灭私有制"的共产主义革命"本身就是个人自由发展的共同条件"[④]。

第五,只有彻底消灭阶级和阶级对立,才能做到人的自由全面发展。《宣言》第二章倒数第二段中说:"如果无产阶级在反对资产阶级的斗争中一定要联合为阶级,如果说通过革命使自己成为统治阶级,并以统治阶级的资格用暴力消灭旧的生产关系,那么它在消灭这种生产关系的同时,也就消灭了阶级对立的存在条件,消灭了阶级本身的存在条件,从而消灭了它自己这个阶级的统治。"正是讲完这段话后,《宣言》才讲了那段最为著名的"人的自由发展的联合体"的论述。而消灭阶级必须经过消灭阶级存在的经济基础即私有制才能做到。

---

① 《马克思恩格斯选集》第1卷,人民出版社1995年版,第91页。
② 《马克思恩格斯选集》第1卷,人民出版社1995年版,第119页。
③ 《马克思恩格斯全集》第3卷,人民出版社1960年版,第234页。
④ 《马克思恩格斯全集》第3卷,人民出版社1960年版,第516页。

第六,“每个人的自由发展是一切人的自由发展的条件”的实质是说每个人的发展互为条件,发展结果互为条件,发展过程也是互为条件。或者说是大多数人的共同发展,是共同体的集体的人的发展。离开大多数人、离开真正的共同体的发展,就根本不存在孤零零的一个人的抽象发展。正如马克思恩格斯所说:“在共产主义社会中,即在个人的独创的和自由的发展不再是一句空话的唯一的社会中,这种发展正是取决于个人间的联系,而这种个人间的联系则表现在下列三个方面,即经济前提,一切人的自由发展的必要的团结一致以及在现有生产力基础上的个人的共同活动方式。因此,这里谈的是一定历史发展阶段上的个人,而决不是任何偶然的个人,以至于不可避免的共产主义革命就更不用说了,因为它本身就是个人自由发展的共同条件。”①

第七,人的自由全面发展的主要内容一是价值观的发展,二是认识和改造世界能力的发展。《宣言》中阐发的“两个绝大多数”思想就是无产阶级的价值观,毛泽东把它概括为“为人民服务”,也就是集体主义的价值观。人的发展的具体内容首先就表现为“为人民服务”思想的逐步确立,表现为与私有观念为核心的剥削阶级观念的彻底决裂。辩证唯物主义认为,自由是对必然性的认识和对客观世界的改造,人的自由发展实际就是人的对自然和社会规律的掌握和改造世界的能力的提高。共产主义就是人从必然王国向自由王国的飞跃。而这种自由能力的提高只有在无产阶级改造世界的实践活动中才能做到。用毛泽东的话说,就是在生产斗争、阶级斗争和科学实验的实践活动中才能做到。离开改造客观世界特别是“消灭私有制”的实践活动,就根本谈不上人的自由全面发展。

因此,《宣言》中阐发的“人的自由全面发展”思想内容极其丰富,与马克思主义其他基本观点有内在联系。该文解读简单化、孤立化、抽象化。其解读的哲学依据不是唯物史观,而是抽象的人道主义即唯心史观、普世价值观。其解读过程实际是变相地把马克思主义的内容偷换为资产阶级可以接受的东西,是在马克思主义旗号下传播资产阶级和反马克思主义的内容。

---

① 《马克思恩格斯全集》第3卷,人民出版社1960年版,第516页。

四、错误解读和歪曲"共产主义"思想在中国共产党历史上的积极作用

该文不仅从理论上歪曲"共产主义"的科学含义,而且对中国共产党历史也作了歪曲的解释。

(一)歪曲中国共产党人的社会主义改造

中国共产党人夺取政权之后,必然按照《共产党宣言》中所说的"无产阶级将利用自己的这种统治,一步一步地夺取资产阶级的全部资本,把一切生产工具集中到国家即成为统治阶级的无产阶级手里",即建立社会主义的生产资料的全民所有制经济。20世纪50年代初期的生产资料的社会主义改造正是在"共产主义"科学含义指导下进行的。这即使在彻底否定毛泽东晚年错误与实践的1981年的《决议》对这段历史也给予充分肯定。如《决议》中说:"从一九四九年十月中华人民共和国成立到一九五六年,我们党领导全国各族人民有步骤地实现从新民主主义到社会主义的转变,迅速恢复了国民经济并开展了有计划的经济建设,在全国绝大部分地区基本上完成了对生产资料私有制的社会主义改造。在这个历史阶段中,党确定的指导方针和基本政策是正确的,取得的胜利是辉煌的。"而该文认为,当时的领导人把马克思所说的"剥夺剥夺者"简单理解为就是搞"共产","就是穷人瓜分富人的财产,就像水泊梁山好汉'劫富济贫'。50年代初期的生产资料所有制社会主义改造,就是因打着实现共产主义的旗号而获得正当性。"这不是典型地对中国共产党人的生产资料的社会主义改造运动的彻底否定吗?中国共产党人遵照《共产党宣言》中"消灭私有制"思想,建立社会主义公有制同历史上农民起义的"劫富济贫"、"均田免赋"有本质的区别。"劫富济贫"、"均田免赋"本质仍然是私有制,是小农经济平均主义的表现,其与共产党人的"消灭私有制",建立公有制思想差之十万八千里。一个堂堂的中央党校大教授历史知识怎么如此贫乏呢?且把这种社会主义改造也污蔑为"共产"实际是"抢劫别人财富"。这与国民党污蔑中国共产党人追求共产主义大目标是搞"共产共妻"、是"土匪的抢劫"行为不完全是一个腔调吗?与《共产党宣言》中马克思恩格斯所批判的资产阶级攻击共产党人"消灭私有制"就是"要消灭个人挣得的、自己劳动得了的财产,要消灭构成个人的一切自由、活动和独立的基础的财产"的腔调不完全一样吗?希望作为中

国共产党最高学府的中央党校教授认真读一读《共产党宣言》第二章马克思恩格斯批判资产阶级攻击污蔑共产党人“消灭私有制”思想的七大谬误中的前两条谬误吧！马克思说，资本家的财产、资本归根结底是社会全体成员集体劳动的产物，是资本家剥夺工人的产物。社会主义就是要“剥夺剥夺者”，“把资本变成公共的、属于社会全体成员的财产。这并不是把个人财产变成社会财产。这里所改变的只是财产的社会性质，它将失掉它的阶级性质”。“我们要消灭私有制，你们就惊慌起来。但是，在你们的现存社会里，私有财产对十分之九的成员来说已经被消灭了。……总而言之，你们责备我们，是说我们要消灭你们的那种所有制，的确，我们是这样做的。”

另外，该文还污蔑恩格斯晚年对“剥夺剥夺者”的观点“事实上在思想上已经有所改变”。请问该教授，恩格斯什么时候，在哪一篇著作和书信中讲过，恩格斯改变了“剥夺剥夺者”的思想呢？如果说恩格斯有所改变的话，只是要根据各个国家、各个历史时期改变“剥夺剥夺者”的方式、方法，而不是根本否定和改变“剥夺剥夺者”的行为本身。该教授为了给自己的论点提供理论依据，竟然捏造恩格斯虚假的所谓“历史事实”。

（二）污蔑中国共产党人对“人的自由全面发展”思想“丢置不论”

该文歪曲中国共产党人只是把“共产主义”理解为“物质丰富”，“所以特别关注物质财富，而恰恰把人的自由而全面发展的实质含义丢置不论了”，“回避‘自由而全面发展’去讲共产主义理想，不仅曲解背离马恩的共产主义本意，而且已经带来党内思想混乱”。这恰恰又是对中国共产党人的污蔑。

“共产主义”的特征之一确实包括“物质财富极大丰富”，共产党人夺取政权完成生产资料的社会主义改造之后，加大力度发展生产力是完全必要的，正如《宣言》中所说：“并且尽可能多地增加生产力的总量。”我们制定的发展国民经济的五年计划不正是按照这种指导思想去做的吗？以毛泽东为首的中国共产党人从来没有“丢置不论”或者“回避”人的发展思想。毛泽东在建党、建军、建国的整个过程中，在重视改造客观世界的同时，也特别重视主观世界的改造，重视人的发展。红军时期召开的古田会议以及“三大纪律八项注意”的制定、延安整风运动、“两个务必”和“不当李自成”思想的提出都说明我们党特别重视人的发展问题。毛泽东反复批评党内的主观主义、官僚主义和严重的脱离群众现象，多次强调学习哲学，学习唯物辩证法和认识论。难道这些都不是对人的自由而全面发展的高度重视吗？请问该教授，真正的中国共产党人究竟什么时候对人的发展“丢置不论”或者“回避”呢？

中国共产党也确实有一些人“丢置不论”和“回避”了人的发展，他们单纯追求物质财富，而置共产党人的为人民服务的核心价值观于不顾，且竭力宣扬“人本性自私论”，导致形形色色的剥削阶级观念猖狂泛滥，渗透到中国当代社会各个领域、各个角落，导致整个社会是非、美丑、善恶观念的彻底颠倒，导致大量扭曲的“单向度”人的出现，并由此腐蚀了大批领导干部、知识分子和普通党员群众。几十年来中国人的基本素质特别是道德素质的大倒退以及官场愈演愈烈的大面积腐败现象正是党内某些人片面追求物质财富的发展观而对人的发展“丢置不论”的结果。该教授把某些人抛弃“人的发展”的荒谬思想及行为强加给以毛泽东为首的中国共产党人，正是其历史虚无主义的表现。

五、当今倡导“共产主义”的现实意义

习近平同志讲话中提到的共产主义理想和努力方向，笔者认为有极其重要的现实意义。

第一，共产主义是一种理想、一种制度，因此要求共产党人必须信仰共产主义理想，必须坚信“两个必然”，必须把“消灭私有制”、实现没有剥削、压迫，共同富裕，实行各尽所能按需分配的共产主义制度作为自己的奋斗目标。当然，现在我国还处在社会主义初级阶段，距离共产主义远大目标还有很长一段路，但中国共产党人在追求中华民族伟大复兴的同时，不能忘记共产主义的远大目标。每个共产党员在入党誓词中都宣誓过，要为共产主义事业而奋斗。因此，是否真正为共产主义事业而奋斗就成为当今判别真假共产党员的最主要最根本的标准。

第二，共产主义也是理论，因此要求共产党人必须高举共产主义理论旗帜。共产主义理论与马克思主义理论完全是同义语，因此为共产主义事业奋斗的中国共产党人必须学习、研究、掌握马克思主义、列宁主义、毛泽东思想的基本理论，学习、研究、掌握中国特色社会主义理论体系，自觉运用马克思主义立场、观点、方法来认识中国和世界当今一切经济、政治、文化等各种社会现象。同时必须批判一切反马克思主义的错误思潮。

第三，共产主义是一种运动，因此要求共产党人必须正视国际国内仍然存

在无产阶级和资产阶级、社会主义和资本主义道路的尖锐激烈的阶级斗争事实，必须投身到建设中国特色社会主义的实践中，投身到反对资本主义复辟、巩固社会主义制度的实践中去。必须对当今中国和世界形形色色的“围剿”共产主义的新的幽灵给予有力的回击和批判。中国共产党人应该强调改革，但这种改革只能是社会主义制度的自我调整和完善，而不是把公有制改为私有制。以这种或那种所谓理由竭力维护少数人的根本利益，搞私有化改革，以及否认和歪曲“共产主义”科学含义的人不是真正的共产党人。

第四，共产主义包含着人的自由全面发展。因此要求任何共产党人必须自觉把改造世界观和发展自己提到极其重要的地位上来，自觉抵制和批判以私有观念为核心的形形色色的剥削阶级观念的影响，自觉批判普世价值、新自由主义、历史虚无主义等剥削阶级的世界观和思想意识，自觉树立和永远保持为人民服务的无产阶级的人生观、价值观，自觉树立辩证唯物主义和历史唯物主义的世界观、历史观，自觉树立做社会主人的民主意识，最大限度地团结和联合绝大多数人民群众，为实现富强、民主、文明、和谐的社会主义现代化和共产主义的远大目标努力奋斗！

（原载《中华魂》2016年第4期）

《资本论》与中国特色社会主义政治经济学

——纪念《资本论》第一卷出版 150 周年

邱海平

《资本论》是马克思主义政治经济学的经典著作，是享誉世界的伟大名著。《资本论》第一卷德文版出版于 1867 年，至今 150 周年了。《资本论》第二、三卷由恩格斯根据马克思生前留下的大量手稿进行编辑并分别出版于 1885 年和 1894 年。《资本论》的出版，标志着马克思主义政治经济学理论体系的形成，在马克思主义理论形成和发展史中具有十分重大的意义。恩格斯指出，马克思一生有两个伟大的理论发现，即唯物史观和剩余价值理论(剩余价值理论是马克思的全部政治经济学的核心理论)，马克思的这两个理论发现，使社会主义从空想变成了科学。列宁指出，自《资本论》发表以来，唯物史观不再是一种假说，而是被证明了的原理。因此，从一定意义上来说，《资本论》是马克思主义的百科全书。

2014 年以来，习近平总书记多次阐述中国特色社会主义政治经济学的若干重大问题，提出各级党委和政府必须认真学好用好马克思主义政治经济学的重大现实任务，指明全面深化经济体制改革必须坚持中国特色社会主义政治经济学的重大原则，同时批判马克思主义政治经济学“过时论”，提出了创建和完善中国特色社会主义政治经济学理论体系的重大理论任务。

作为中国特色社会主义理论体系最重要的组成部分，中国特色社会主义政治经济学是当代中国的马克思主义政治经济学，是经典马克思主义政治经济学的继承和发展。因此，必须深入研究《资本论》对于构建中国特色社会主义政治经济学的现实指导意义。本文着重讨论三个方面的问题。

一、在揭示社会经济运动规律之外，中国特色社会主义政治经济学应更加着眼于分析中国现实运行状况及其矛盾问题，进而提出建设性对策

第一个问题是《资本论》与中国特色社会主义的研究目的问题。

之所以首先讨论研究目的这个问题，是因为正确地理解中国特色社会主义政治经济学的研究目的，对于如何构建中国特色社会主义政治经济学具有十分重要的意义。就《资本论》的研究目的和中国特色社会主义政治经济学的研究目的的关系来说，毫无疑问，它们在本质上是一致的，即都是为无产阶级和劳动人民服务的经济学。但是，我们还必须认识到马克思当年的理论任务与我们现在的理论任务的历史性差别。

马克思在《资本论》第一卷序言中明确地指出："本书的最终目的就是揭示现代社会的经济运动规律"。我们应该进一步看到，《资本论》其实还有一个更深层的目的，就是通过揭示资本主义生产方式的发展规律，从而说明资本主义生产方式或经济制度的历史性，进而论证无产阶级革命的必然性，最终为无产阶级阶级革命提供理论基础。那么，中国特色社会主义政治经济学面临的根本任务是什么呢？或者说中国特色社会主义政治经济学的研究目的是什么呢？这是我们首先必须弄清楚的问题。

中国特色社会主义政治经济学与《资本论》在研究目的上存在着一种辩证关系：一方面，作为一种社会科学理论，中国特色社会主义政治经济学的研究目的就是揭示中国特色社会主义社会经济运动规律，因而，在揭示经济规律这一点上，中国特色社会主义政治经济学与《资本论》是完全一致的；但是另一方面，中国特色社会主义政治经济学与《资本论》面临的任务又是存在着重大差别的，具体来说，《资本论》的任务是为无产阶级革命提供理论基础，而中国特色社会主义政治经济学的任务是为中国特色社会主义经济建设和发展提供理论支持和政策服务。

另外，马克思在《资本论》中考察的是发展到他那个时代的资本主义生产方式或经济制度，而且马克思是把当时的资本主义生产方式或经济制度理解为一种成熟的资本主义生产方式或经济制度的。然而，今天的中国特色社会主义，仍然是初级阶段的社会主义。这就决定了中国特色社会主义的某些社

会经济运动规律有可能表现得不是十分充分。从根本上来说，客观实践发展的成熟程度决定了理论本身的成熟程度。假如我们承认这一点，那么就不能要求中国特色社会主义政治经济学完全像《资本论》那样，只是揭示社会经济运动规律，而是必须在探索中国特色社会主义社会经济运动规律的基础之上，更加着眼于分析中国现实运行状况及其存在的矛盾和问题，进而提出进一步改革和发展的建设性对策。只有这样，中国特色社会主义政治经济学才能体现出科学性、现实性与建设性的有机统一，才能使中国特色社会主义政治经济学更好地服务于中国特色社会主义实践的需要。

二、中国特色社会主义政治经济学，一方面要坚持马克思主义理论为指导，另一方面也要突出社会主义的实践性、创造性和民族性

第二个问题是《资本论》与中国特色社会主义政治经济学的研究对象问题。

《资本论》的研究对象是资本主义生产方式以及和它相适应的生产关系和交换关系。那么，马克思是如何研究"资本主义生产方式以及和它相适应的生产关系和交换关系"的呢？难道脱离开一定国家的具体经济过程就可以认识"资本主义生产方式以及和它相适应的生产关系和交换关系"吗？显然不能。事实上，马克思在前引那句话的后面紧接着指出："到现在为止，这种生产方式的典型地点是英国。因此，我在理论阐述上主要用英国作为例证。"在《资本论》第一卷英文版序言中恩格斯指出："这个人的全部理论是他毕生研究英国的经济史和经济状况的结果。"马克思和恩格斯的论述表明，《资本论》关于资本主义生产方式的一般理论，主要来源于马克思对于英国经济现状及经济史的研究。当然，在研究现实经济材料的同时，马克思又是通过对资产阶级古典政治经济学的批判和继承来创立自己的政治经济学理论的。

"中国特色社会主义政治经济学"这个概念和范畴的独特之处，就在于第一次明确地将"中国特色社会主义"确定为一门学科即社会主义政治经济学的直接研究对象。这一点至少在中国经济理论史上恐怕还是第一次，这是一个重大的理论认识上的突破。其创新性首先表现在，这个概念非常明确地重新恢复和突出了马克思主义政治经济学的科学研究方法，即通过对一定具体国家经济过程的研究，进而揭示一定社会经济形态的运动规律。

具体来说，中国特色社会主义政治经济学一方面坚持马克思主义理论的指导，但另一方面又更加突出了社会主义的实践性、创造性和民族性，贯彻的是一种一切从实际出发的彻底的唯物主义方法论和理论指导性与实践创造性并重的思想方法，体现着从特殊性上升到普遍性以及普遍性和特殊性辩证统一的逻辑。而一般意义上的社会主义政治经济学则更多地贯彻的是一种从理论到实践的思想方法，更多地体现着将理论运用于现实的逻辑，更多地采用一种规范的思维方法，更多地侧重说明社会主义"应该如何"；而中国特色社会主义政治经济学则需要更多地分析现实的社会主义究竟如何巩固和发展，发展的形式、道路和规律是什么等等问题。从这些方面来看，"中国特色社会主义政治经济学"这个范畴的提出，是社会主义认识论和方法论上的又一次重大飞跃，具有十分重大的理论意义和实践价值。

中国特色社会主义的进一步发展，在客观上要求我们既不能照搬照抄马克思主义政治经济学，更不能照搬照抄西方经济学尤其是西方主流经济学理论。当然，这样的理解决不排斥中国特色社会主义政治经济学对于马克思主义理论的进一步坚持和运用，更不排斥对于一般意义上的社会主义政治经济学理论的进一步发展，也不排除对于西方经济学中的有用成分和中国传统文化优秀部分的借鉴和吸收。

三、全球化背景下，"国家"应成为中国特色社会主义政治经济学的核心范畴和逻辑起点；通过建构新的国家理论，创建起整个中国特色社会主义政治经济学理论体系

第三个问题是《资本论》与中国特色社会主义政治经济学的方法论问题。

众所周知，以《资本论》为代表的马克思经济学理论体系是以新的历史唯物主义哲学的创立为前提的。同样，今天我们要创立一个完全不同于现有各种理论体系的新的政治经济学理论体系，同样必须以一定的新的历史哲学为前提。

长期以来，人们对于马克思的历史唯物主义的理解存在着一定的教条主义倾向，具体表现在，一方面运用唯物史观强调"生产力标准"，用以解释中国为什么要改革开放，为什么要实行市场经济体制，为什么要发展非公有制经济，为什么只能搞初级阶段的社会主义而不能搞高级阶段的或完全的社会主

义;而另一方面,却不能彻底贯彻同一个"生产力标准"来解释中国为什么要搞公有制和社会主义。因而,存在着明显的理论缺陷和逻辑上的不一致。

新中国成立以来的实际历史过程是,不是在发达的生产力基础上建立社会主义生产关系和相应的上层建筑,相反,它是通过政治革命先建立起一定的上层建筑(即新民主主义性质的国家),然后再去建立社会主义的生产关系(即生产资料公有制,国有制和集体所有制),并以这种独特的"路径"去发展中国的社会生产力。中国现代社会的发展与演进,具有一种完全不同于"生产力决定生产关系、经济基础决定上层建筑"这种"范式"的"发展逻辑"。

这里涉及到一个重要的理论问题,即中国现代社会的"发展逻辑"与"生产力－生产关系－上层建筑"这样的"理论范式"不一致。问题的关键在于,我们必须科学地认识历史唯物主义理论及其与人类社会历史发展的关系,其中最重要的是这样两点:一、历史唯物主义理论揭示的是人类社会历史发展的一般规律,而不是具体国家的发展规律;二、从历史唯物主义理论的形成来看,它主要是从西欧国家的历史中总结出来的,而不是基于世界历史而总结出来的。

因此,中国特色社会主义政治经济学理论体系的构建和创新发展,必须以对历史唯物主义理论的科学认识为前提,必须坚持以对近代以来的世界体系及其对中国社会发展轨迹的深刻影响的分析作为出发点,必须通过创立一个新的历史发展理论和分析框架才能对中国的独特发展道路进行科学的解释。在一个全球化的世界中,对于任何一个民族而言,在"社会"与"世界"之间,"国家"就是必然的"桥梁"与"中介"。在理论上,也就不能简单地运用"生产力－生产关系－上层建筑"这个"决定与反作用"分析范式,仅仅从中国社会内部的社会生产力出发,去解释中国的生产关系和上层建筑,而是应该把近代以来的世界历史对于中国社会发展所形成的外部约束和重大影响与中国社会自身的历史条件结合起来。这样一来,"国家"也就必然成为中国特色社会主义政治经济学的重要范畴和逻辑起点。

中国现有的全部经济制度,一开始就是以新的"国家"的形成为前提的。直到今天,中国社会的所有现象,离开了"国家"几乎都无法得到合理的解释。即使是现在实行市场经济体制,承认了市场机制在配置资源中起决定性作用的前提下,这一点也没有根本的改变。当代中国以及整个现代中国的社会主义,其特色正在于它天然地与"国家"紧密地联系在一起。正像马克思认为"资本”是资本主义所有经济范畴中的“普照的光”一样，“国家”在中国也是一种“普照的光”，它应该成为中国特色社会主义政治经济学的“核心范畴”和逻辑起点。把“国家”作为中国特色社会主义政治经济学的“起点范畴”，以全球化为背景和前提，对现代中国的国家性质、结构与职能，国家与生产资料所有制及其结构的关系、国家与物质生产力的发展的关系等展开全面的研究，创建一个新的国家理论，进而对中国的所有制结构、市场、企业、劳动、土地所有权、对外经济关系等等现象和范畴进行科学的研究与说明。只有这样，中国特色社会主义政治经济学才能作为一个全新的“理论范式”构建起来。

综上可见，《资本论》对于创建中国特色社会主义政治经济学理论体系具有重要的现实指导意义。在新的历史条件下，深入学习和研究《资本论》，仍然是我们构建中国特色社会主义政治经济学的必修课。

（原载《大众日报》2017年7月12日）

必须重视毛泽东关于社会主义政治经济学的意见

周新城

1959年12月10日到1960年2月9日，毛泽东带领身边工作人员，一起阅读苏联政治经济学教科书(社会主义部分)，边读边议，发表了许多重要的、启迪性的意见。今天，在大家热烈讨论中国特色社会主义政治经济学的时候，必须重视毛泽东对社会主义政治经济学发表的意见，把其作为我们讨论的指导思想。

一、社会主义政治经济学应该随着社会主义经济建设实践的发展而逐渐成熟起来

毛泽东在读苏联政治经济学教科书时说："写出一本社会主义、共产主义政治经济学教科书，现在来说，还是一件困难的事情。有英国这样一个资本主义发展成熟的典型，马克思才能写出《资本论》，社会主义社会的历史，至今还不过四十多年，社会主义社会发展还不成熟，离共产主义的高级阶段还很远。现在就要写出一本成熟的社会主义、共产主义政治经济学教科书，还受到社会实践的一定限制。"他说："看来，这本书没有系统，还没有形成体系，这也是有客观原因的，因为社会主义经济本身还没有成熟，还在发展中，一种意识形态成为系统，总是在事物运动的后面。因为思想、认识是物质运动的反映。"①理论著作，尤其是成体系的教科书，绝不是几个秀才关在书斋里拍脑袋能够写出来的，它是实践的总结。没有成熟的实践，就不会有成熟的理论著作。毛泽东批评苏联的政治经济学教科书"看起来是书生的话，不是革命家的话"，"表明

① 《毛泽东读社会主义政治经济学批注和谈话》，中华人民共和国国史学会印，1997年，第803～804、152～153页。

经济学家不懂得实践，他们对经济问题不很内行”[①]。就是说，他批评这本书不是从实践中总结出来的。毛泽东说的是社会主义、共产主义社会的政治经济学，但用到中国特色社会主义政治经济学上来，大概也可以这么说。中国特色社会主义，从1982年党的十二大提出到现在，不过35年时间，从十一届三中全会提出改革开放算起，也不过近40年时间。这么点时间的实践，经验还不够丰富，很多带规律性的问题，现在还看不清楚。在这种历史条件下，的确还很难写出一本像样的中国特色社会主义政治经济学来。

毛泽东明确指出：“政治经济学研究的对象，主要是生产关系。”[②]生产关系是同生产力、上层建筑密切联系在一起的，生产力决定生产关系，生产关系对生产力又有巨大的反作用；经济基础决定上层建筑，上层建筑对经济基础也有巨大的反作用。因此，“要研究清楚生产关系，就必须一方面联系研究生产力，另一方面联系研究上层建筑对生产关系的积极作用和消极作用。当然，在政治经济学的研究中，生产力和上层建筑这两方面的研究不能太发展了。生产力的研究太发展了，就成为自然科学、技术科学了；上层建筑的研究太发展了，就成为阶级斗争论、国家论了”。他主张：“要以生产力和生产关系的平衡和不平衡、生产关系和上层建筑的平衡和不平衡，作为纲，来研究社会主义社会的经济问题。”[③]

毛泽东还指出：政治经济学研究应该从分析矛盾出发。他说：“当作一门科学，应当从分析矛盾出发，否则就不能成其为科学。”他认为，苏联这本政治经济学教科书，最大的缺点是，“说明问题不从分析矛盾出发”。“不承认矛盾的普遍性，不承认矛盾的发展和转化，不承认社会主义社会发展的动力还是矛盾，怕讲社会主义社会有阶级斗争。这本书的缺点就在这里。”[④]他批评说：“教科书只说社会主义社会的特点是‘团结一致，十分稳定’，不说社会主义社会内部的矛盾；说精神上政治上的一致，是社会主义国家强大的社会发展动力，不说社会矛盾是社会发展的动力。这样一来，矛盾的普遍性这个规律，在他们那里就被否定了，辩证法在他们那里就中断了。没有矛盾就没有运动。

---

① 《毛泽东读社会主义政治经济学批注和谈话》，中华人民共和国国史学会印，1997年，第402页。

② 《毛泽东读社会主义政治经济学批注和谈话》，中华人民共和国国史学会印，1997年，第804页。

③ 《毛泽东读社会主义政治经济学批注和谈话》，中华人民共和国国史学会印，1997年，第422页。

④ 《毛泽东读社会主义政治经济学批注和谈话》，中华人民共和国国史学会印，1997年，第712、742～743页。

社会总是运动发展的。在社会主义时代，矛盾仍然是社会运动发展的动力。因为不一致，才有团结的任务，才需要为团结而斗争。如果总是十分一致，那还有什么必要不断进行团结的工作呢？”①

毛泽东提出：“没有哲学家头脑的作家，要写出好的经济学来是不可能的。马克思能够写出《资本论》，列宁能够写出《帝国主义论》，因为他们同时是哲学家，有哲学家的头脑，有辩证法这个武器。”②从哲学的高度，始终运用唯物辩证法来研究经济问题，这是毛泽东经济思想的一大特点。

毛泽东告诉我们，政治经济学是研究生产关系的，不是像有的人说的那样是研究经济发展问题，即生产力问题。甚至把中国特色社会主义政治经济学说成中国的发展经济学。这就把研究对象搞错了。

但是，我们不能孤立地研究生产关系。必须在生产力与生产关系、经济基础与上层建筑的矛盾运动中研究生产关系。要善于联系生产力和上层建筑来研究生产关系，从中发现生产关系发展的规律性。

我们来看一看中国特色社会主义生产关系的状况。

中国特色社会主义是我们党把马克思主义基本原理同中国具体实际相结合的结晶。这“中国具体实际”指的是什么？按照党的十七大和十八大的说法，它既包括中国国内的实际，也包括当前我国所处的国际环境的实际。后者主要影响中国的对外经济联系。我们着重考察国内的实际。

就国内来说，我们最大的国情是：我国尚处在而且在一段时间里仍将处在社会主义初级阶段。中国特色社会主义政治经济学，在一定意义上，实质上就是中国社会主义初级阶段政治经济学。它的主要特点是由社会主义初级阶段产生的。所以，中国特色社会主义政治经济学在一定范围内，即对落后国家建设社会主义这个范围内，具有普遍意义。因为落后国家的社会主义很难越过初级阶段，直接进入发达阶段。

生产资料所有制社会主义改造基本完成、社会主义制度建立起来以后，有一段时间里我们对我国社会主义处在什么发展阶段上缺乏清醒的认识。改革开放以来，我们仔细研究了这个问题，在党的十三大上作出了明确的回答：我

---

① 《毛泽东读社会主义政治经济学批注和谈话》，中华人民共和国国史学会印，1997年，第803页。

② 《毛泽东读社会主义政治经济学批注和谈话》，中华人民共和国国史学会印，1997年，第273页。

国还处在社会主义初级阶段。这是一个十分重要的论断。

十三大是怎么论证这个问题的呢？

十三大的决议指出，我们的社会主义是脱胎于半殖民地半封建社会，生产力水平远远落后于发达资本主义国家，这就决定了我们必须经历一个很长的初级阶段，去实现别的许多国家在资本主义条件下实现的工业化和生产的社会化、现代化。

社会主义初级阶段包括两层含义：第一，我国已经是社会主义社会，我们必须坚持而不能离开社会主义。坚持社会主义，在经济上就是要坚持生产资料公有制。第二，我国的社会主义还处于初级阶段，我们必须从这个实际出发，而不能超越这个阶段。十三大详细描述了当时中国的实际情景："我国当前的情况是，一方面，以生产资料公有制为基础的社会主义经济制度、人民民主专政的社会主义政治制度和马克思主义在意识形态领域中的指导地位已经确立，剥削制度和剥削阶级已经消灭；另一方面，人口多、底子薄，人均国民生产总值仍居于世界后列。突出的景象是：十亿多人口，八亿在农村，基本上还是用手工工具搞饭吃；一部分现代化工业，同大量落后于现代水平几十年甚至上百年的工业，同时存在；一部分经济比较发达的地区，同广大不发达地区和贫困地区，同时存在；少量具有世界先进水平的科学技术，同普遍的科技水平不高，文盲半文盲还占人口近四分之一的状况，同时存在。生产力的落后，决定了在生产关系方面，发展社会主义公有制所必需的生产社会化程度还很低。"①从这一实际情况出发，十三大提出，在经济方面，社会主义社会并不要求纯而又纯，必须"要在以公有制为主体的前提下，发展多种经济成分"②。

公有制为主体，多种所有制经济共同发展，这种所有制结构是中国特色社会主义政治经济学最大的特点，也是根本的特点。这是分析一切具体经济问题的根本依据。它决定了生产过程中人与人之间的关系，也决定了分配关系。

公有制经济为主体，非公有制经济为补充，意味着在社会主义初级阶段既有社会主义的因素，又有非社会主义因素（其中主要的是资本主义因素），社会主义初级阶段是社会主义与资本主义两种因素并存的社会，既有公有制经济，

① 《十三大以来重要文献选编》(上)，人民出版社 1991 年版，第 10 页。
② 《十三大以来重要文献选编》(上)，人民出版社 1991 年版，第 10 页。

又有私有制经济;既有按劳分配,又有按要素分配;既有以满足人民需要为目的的生产,又有以追逐剩余价值为目的的生产,既有社会主义经济规律在起作用,又有资本主义经济规律在起作用。这大概就是说我国的社会主义"还不够格"的原因。

既然存在社会主义与资本主义两种因素,怎么能叫社会主义社会呢?毛泽东告诉我们一个分析社会性质的方法论原则。他说,在一个存在多种矛盾的综合体里,总有一个主要矛盾,它规定着、制约着其他矛盾的存在和发展,事物的性质就是由主要矛盾的性质决定的。社会主义初级阶段存在两种因素,归根结底都是由生产力水平不高、发展又不平衡造成的,这是不可避免的。但社会主义性质的公有制占主体地位,社会主义经济规律在整个经济运行过程中起主导作用,这就决定了我国社会性质是社会主义的。

中国特色社会主义政治经济学必须论证社会主义初级阶段存在社会主义因素与资本主义因素的客观条件,说明它的客观必然性,同时要阐明两者的相互关系以及发展趋势:一方面,它们之间存在合作的关系,各自为建设中国特色社会主义作出自己的贡献;另一方面,这两种因素,性质不同,它们之间必然存在矛盾和斗争。这种矛盾和斗争集中表现在两种因素争夺主体地位上。随着非公有制经济的发展、壮大,它们不安于补充地位,竭力想转变成主体。学术界散布的各种把国有经济妖魔化的言论,鼓吹私营经济效率高、私营企业主是"社会最能干的精英",都是为争夺主体地位制造的舆论。他们争夺主体地位的斗争是得到西方国家支持的。在这方面国内外资产阶级是相互支持的。

社会主义因素与资本主义因素这两种性质不同的生产关系并存以及它们之间的矛盾和斗争,应该成为中国特色社会主义政治经济学研究的关键问题。从静态来说,我国出现的一切经济现象,归根结底是由这个问题造成的,不抓住两种因素并存及其矛盾和斗争,就不可能揭示经济现象背后的本质;从动态来说,这种矛盾和斗争,关系我国社会的发展方向和前途。两种因素并存及其斗争,使得社会主义初级阶段确实存在朝哪儿走的问题,存在着两条道路的斗争。斗争的结局取决于两种因素的力量对比。这个问题并没有得到最终解决,也许在整个社会主义初级阶段将一直存在。中国特色社会主义政治经济学不能回避这种矛盾和斗争,因为它是客观存在的,而应该正面阐述如何处理这种矛盾和斗争,从中得出一些带规律性的结论。

社会主义初级阶段是一个不断变化和发展的社会，它具有过渡性，而不是僵化的、凝固的。问题是往哪儿变，无非是两条道路：或者向社会主义的较高级阶段发展，未来发展到共产主义；或者像苏联东欧国家那样倒退到资本主义去。这个问题尖锐地摆在我们面前，躲是躲不开的，我们应该正视它，把它当作一个重大问题来研究。全部经济工作都要明确一条：我们是把当前的现实纲领与最高纲领统一起来的，我们所采取的任何措施都是向最高纲领迈进的一步，而不是背离最终目标。坚持马克思主义为指导，坚持共产主义这一最终奋斗目标，坚定我们的理想信念，就可以保证社会主义初级阶段向较高级阶段发展，而不会像苏联东欧国家那样倒退到资本主义去。

二、写社会主义政治经济学应该从所有制出发

毛泽东在读苏联政治经济学教科书时，肯定了教科书从所有制出发的写作方法。他说："苏联教科书的整个结构是从所有制变革开始的，这样一种写法，原则上是可以的……我们写社会主义政治经济学，也可以从所有制出发"。"马克思研究资本主义经济，也主要研究资本主义的生产资料所有制，研究生产资料的占有方式如何决定产品的分配。在资本主义社会，生产的社会性和占有的私人性质是基本矛盾，这个矛盾表现为商品的两重性。所以，马克思从商品出发，来揭露商品这种物与物的关系所掩盖的人与人、阶级与阶级的关系。在社会主义社会，商品虽然还有两重性，但是由于生产资料公有制的建立，由于劳动力已经不是商品，社会主义商品的两重性已经不同于资本主义商品的两重性，人与人的关系已经不再被商品这种物与物的关系所掩盖。如果照抄马克思的方法，从商品出发，从商品的两重性出发，来研究社会主义经济，反而可能把问题模糊起来，不容易使人了解。"①

马克思恩格斯是十分重视所有制的。按照历史唯物主义原理，人们要生活，就必须进行物质生产。人们作为单个孤立的个人是不可能从事物质生产的，必须组织成一定的社会关系才能生产。在物质生产的社会关系中，谁占有生产资料，他就处于优势地位。他可以凭借生产资料的所有权，驱使丧失生产资料的劳动者进行劳动，并无偿地占有劳动者创造的剩余产品。生产资料所

① 《毛泽东读社会主义政治经济学批注和谈话》，中华人民共和国国史学会印，1997年，第804、805页。

有制是生产关系体系的基础，也是整个社会关系的基础。一个社会的性质，从经济上说，就是由占主体地位的所有制性质决定的。所以，马克思恩格斯在《共产党宣言》里谈到工人阶级乃至全人类获得解放的共产主义运动时，强调所有制问题是共产主义运动的“基本问题”[①]，“共产主义革命就是同传统的所有制实行彻底的决裂”[②]。他们提出：“共产党人可以把自己的理论概括为一句话：消灭私有制。”[③]

恩格斯总结人类社会发展的历史，指出社会革命虽然是政治行动，但归根到底是为了改变生产资料所有制。他说：“迄今的一切革命，都是为了保护一种所有制以反对另一种所有制的革命。它们如果不侵犯另一种所有制，便不能保护这一种所有制。在法国大革命时期，是牺牲封建的所有制以拯救资产阶级的所有制……的确，一切所谓政治革命，从头一个起到末一个止，都是为了保护一种财产而实行的，都是通过没收（或者也叫作盗窃）另一种财产而进行的。”[④]这段话确切地阐明了生产资料所有制在人类社会发展中的决定性作用。

研究中国特色社会主义政治经济学，必须把所有制问题放到首位。一切淡化所有制的想法都是错误的。“不问所有，只问所用”，是会把整个研究工作引到邪路上去的。

由于分配直接关系人们的切身利益，在实际经济生活中，人们往往更关心分配问题。以至有的经济学家提出，应该确立分配问题在经济学中的中心地位。这种看法是违反马克思主义的。生产决定分配，不就对象来说是如此（只有生产出了产品，才能进行分配），而且就分配方式来说，也是由生产方式决定的。分配，作为生产关系体系的一个组成部分，是由所有制决定的。离开了所有制，分配问题是说不清楚的。马克思曾经批评拉萨尔主义者把社会主义描绘成主要围绕着分配问题兜圈子，这是“仿效资产阶级济学”的“庸俗社会主义”。

毛泽东十分重视马克思主义的生产决定分配、生产方式决定分配方式的

---

① 《马克思恩格斯选集》第1卷，人民出版社1995年版，第307页。
② 《马克思恩格斯选集》第1卷，人民出版社1995年版，第293页。
③ 《马克思恩格斯选集》第1卷，人民出版社1995年版，第286页。
④ 《马克思恩格斯选集》第4卷，人民出版社1995年版，第113页。

原理。他在读苏联社会主义政治经济学教科书时，对研究分配问题提出了一个重要的方法论原则：必须从生产资料所有制出发来研究分配问题，即联系生产条件的分配来研究消费品的分配。他批评教科书撇开生产资料的分配（也就是生产资料所有制）来谈论消费品的分配，并把消费品分配当作决定性的动力这种观点，指出："这是一种分配决定论的错误观点。就以分配问题来说，按照马克思《哥达纲领批判》中所说的，分配首先是生产条件的分配，生产资料在谁手里，这是决定性的问题。生产资料的分配决定消费品的分配。教科书在这里不讲生产资料的分配，只讲消费品的分配，并且把消费品的分配当作决定性的动力，这是对马克思上述正确观点的一种修正，是理论上的一种极大的错误。"这实际上也是我们目前在分配问题上常见的错误研究方法。

在市场经济问题上，我们也应该把所有制放到首位。市场经济只是发展生产的方法、调节经济的手段，关键是谁来用这种方法、手段，为什么目的来运用这种方法、手段。这就是所有制问题。相对于所有制来说，市场经济是第二位的、从属的。不能撇开所有制，就市场经济研究市场经济。一定要记住，我们的市场经济前面还有"社会主义"四个字。这不是画蛇添足，可有可无，而是画龙点睛，点明了我国市场经济的性质。我们要研究的是，市场经济是怎样在公有制基础上运转的，它怎样为巩固和发展公有制经济服务。

总之，中国特色社会主义政治经济学必须重视所有制问题，把所有制作为研究的出发点。

他批评苏联政治经济学教科书，说："这本书的写法不好，总是从概念入手。研究问题，要从人们看得见、摸得到的现象出发，来研究隐藏在现象背后的本质，从而揭露客观事物的本质的矛盾。"这本书"是先下定义，不讲道理。定义是分析的结果，不是分析的出发点。研究问题应该从历史的分析开始"①。

毛泽东对写作政治经济学著作提出了一个原则，即必须具有战斗性。他指出："写书要有批评对象，就会有生气。这本书，没有展开对错误观点的批判，所以看起来很沉闷。"②客观上存在各种反马克思主义的东西，存在马克思

① 《毛泽东读社会主义政治经济学批注和谈话》，中华人民共和国国史学会印，1997年，第712、742、743页。

② 《毛泽东读社会主义政治经济学批注和谈话》，中华人民共和国国史学会印，1997年，第170页。

主义与反马克思主义的斗争，有应该批评的批评对象。马克思主义是革命的、批判的，它是在同各种反马克思主义思潮进行斗争中发展的。毛泽东号召学习鲁迅的战斗精神和方法，鲁迅的文章是投枪、匕首，是同敌人战斗的。中国特色社会主义政治经济的形成和发展过程中，几乎每一个问题都遇到反马克思主义思潮尤其是新自由主义思潮的干扰，我们在研究中国特色社会主义政治经济学的时候，不能不同新自由主义进行斗争。如果回避争论，平铺直叙，不回答读者思想上的疑惑，那种著作是没人要看的。

毛泽东关于社会主义政治经济学的意见，对我们研究中国特色社会主义政治经济学是具有指导意义的。我们应该重视他的意见，认真学习毛泽东读苏联政治经济学教科书的批注和谈话，并把其贯彻到中国特色社会主义政治经济学的研究工作中去。

（原载《世界社会主义研究》2017 年第 4 期）

澄清质疑共产主义的三个理论困惑

赵　磊

习近平在十九届中央纪委二次全会上指出:“要深刻认识共产主义远大理想和中国特色社会主义共同理想的辩证关系,既不能离开发展中国特色社会主义事业、实现民族复兴的现实工作而空谈远大理想,也不能因为实现共产主义是一个漫长的历史过程就讳言甚至丢掉共产主义远大理想。”①既不能“空谈共产主义远大理想”,也不能“讳言甚至丢掉共产主义远大理想”。这个认识充分体现了辩证唯物主义和历史唯物主义的基本逻辑,有很强的现实针对性和问题导向意义。毋庸讳言,当下存在的问题,主要还不是“空谈远大理想”,而是“讳言甚至丢掉共产主义远大理想”。如何辩证地把握好并处理好“不能空谈”与“不能讳言”以及“不能丢掉”的关系,有许多问题需要进行思考,有很多误区必须澄清,有很多任务尚待完成。本文针对当下有关共产主义的认识误区,着重讨论三个理论困惑:(1)共产主义要“消灭私有制”,何需隐瞒?(2)共产主义要“消灭分工”,为何可能?(3)共产主义的“劳动份额”,如何计量?这三个问题有着内在的关联,故本文放在一起加以讨论。

一、共产主义要“消灭私有制”,何需隐瞒

2018年年初,周新城同志的文章《共产党人可以把自己的理论概括为一句话:消灭私有制》在互联网上发表后,引发了广泛讨论。分歧的焦点在于:现在提“消灭私有制”这个共产主义目标,是不是不合时宜?言外之意,现阶段共产党人必须隐瞒自己的观点和意图。笔者认为,虽然中国特色社会主义必须

---

① 《全面贯彻落实党的十九大精神要以永远在路上的执着把从严治党引向深入》,《人民日报》2018年1月12日。

坚持“两个毫不动摇”，即毫不动摇巩固和发展公有制经济和毫不动摇鼓励、支持、引导非公有经济发展，但是这“两个毫不动摇”与共产党人的“不忘初心”并不矛盾，与坚守共产主义理想信念并不矛盾。马克思恩格斯明确指出：“共产党人不屑于隐瞒自己的观点和意图。”[①]正因为如此，在《共产党宣言》中，他们旗帜鲜明地公开宣布：“共产党人可以把自己的理论概括为一句话：消灭私有制。”[②]对于把私有制视为神圣天条的阶级社会而言，“消灭私有制”必然引发剥削阶级的恐慌。于是，“旧欧洲的一切势力，教皇和沙皇、梅特涅和基佐、法国的激进派和德国的警察，都联合起来了”，展开了声势浩大的“神圣围剿”[③]。面对围剿，《共产党宣言》做出了公开回答。在笔者看来，马克思恩格斯对“神圣围剿”的揭露和批判，今天依旧闪烁着真理的光辉。下面结合《共产党宣言》的有关论述，看看那些指责共产主义“消灭私有制”的种种谬误所在。

其一，有人指责：“共产党人要消灭劳动挣来的财产。”在《共产党宣言》中，马克思恩格斯说：“有人责备我们共产党人，说我们要消灭个人挣得的、自己劳动得来的财产，要消灭构成个人的一切自由、活动和独立的基础的财产。好一个劳动得来的、自己挣得的、自己赚来的财产！你们说的是资产阶级财产出现以前的那种小资产阶级的、小农的财产吗？那种财产用不着我们去消灭，工业的发展已经把它消灭了，而且每天都在消灭它。[④]

事情很清楚，在优胜劣汰、弱肉强食的市场竞争法则下，那些“劳动得来的、自己挣得的、自己赚来的财产”，天天都在被资本消灭；那些“小资产阶级的、小农的财产”，天天都在被资本家吞噬。请问那些口口声声“私有财产神圣不可侵犯”的人，请问那些发誓要“保护私有财产”的人，这样的“消灭”难道不正是资本主义的现实吗？

其二，有人指责：“共产党人要消灭中产阶级的财产。”在《共产党宣言》中，马克思恩格斯说：“或者，你们说的是现代的资产阶级的私有财产吧？但是，难道雇佣劳动，无产者的劳动，会给无产者创造出财产来吗？没有的事。这种劳动所创造的是资本，即剥削雇佣劳动的财产，只有在不断产生出新的雇

---

① 《马克思恩格斯选集》第1卷，北京：人民出版社，2012年，第435页。
② 《马克思恩格斯选集》第1卷，北京：人民出版社，2012年，第414页。
③ 《马克思恩格斯选集》第1卷，北京：人民出版社，2012年，第399页。
④ 《马克思恩格斯选集》第1卷，北京：人民出版社，2012年，第414页。

佣劳动来重新加以剥削的条件下才能增加起来的财产。现今的这种财产是在资本和雇佣劳动的对立中运动的。”①

“中产阶级”的兴起，是当代资本主义的显性特征。但是“中产阶级”并不等于资本家阶级，“中产阶级”的扩大也不等于雇佣劳动关系的削弱和消亡。有一种流行观点认为，“由于当代的雇佣劳动者持有股票、存款、汽车，所以他们也是有产者、资本家”。把劳动者手中的股票、存款、汽车等价于资本家垄断的生产资料，进而鼓吹资本主义已经进入人人都是资本家的“人民资本主义”时代，这种抹杀雇佣劳动关系的说辞掩盖不了资本剥削的客观事实②。

其三，有人指责：“消灭资本主义私有制，就是侵犯人权。”在《共产党宣言》中，马克思恩格斯说：“做一个资本家，这就是说，他在生产中不仅占有一种纯粹个人的地位，而且占有一种社会的地位。资本是集体的产物，它只有通过社会许多成员的共同活动，而且归根到底只有通过社会全体成员的共同活动，才能运动起来。因此，资本不是一种个人力量，而是一种社会力量。因此，把资本变为公共的、属于社会全体成员的财产，这并不是把个人财产变为社会财产。这里所改变的只是财产的社会性质。它将失掉它的阶级性质。”③“共产主义并不剥夺任何人占有社会产品的权力，它只剥夺利用这种占有去奴役他人劳动的权力。”④

“人权先生”看见没有？共产主义并不剥夺任何人占有社会产品的权力，它只剥夺利用这种占有去奴役他人劳动的权力，也就是只剥夺资本家利用对生产资料的占有来奴役雇佣劳动者的权力。可见，“消灭私有制”恰恰体现了对每个社会成员享有人权的尊重。问题的要害在于，把少数资本家独占的资本变为公有财产，并不是把个人财产变为社会财产，而是把属于社会全体成员的财产物归还原主。这里改变的，只是财产的社会性质而已。

其四，有人指责：“公有制养懒人，私有制才有效率。”在《共产党宣言》中，马克思恩格斯说：“有人反驳说，私有制一消灭，一切活动就会停止，懒惰之风就会兴起。这样说来，资产阶级社会早就应该因懒惰而灭亡了，因为在这个

① 《马克思恩格斯选集》第1卷，北京：人民出版社，2012年，第414—415页。
② 参见赵磊：《质疑“告别无产”》，《江汉论坛》2002年第6期。
③ 《马克思恩格斯选集》第1卷，北京：人民出版社，2012年，第415页。
④ 《马克思恩格斯选集》第1卷，北京：人民出版社，2012年，第416页。

社会里是劳者不获，获者不劳的。所有这些顾虑，都可以归结为这样一个同义反复：一旦没有资本，也就不再有雇佣劳动了。”①

改革和完善公有制的运营模式，是发展中国特色社会主义的题中之义。在国有企业的改革实践过程中，如何构建科学有效的现代企业制度尚有许多难题需要破解。然而有一种倾向值得警惕：昨天指责“公有制没有效率”，今天又指责“国企太赚钱”。这种否定公有制的逻辑显然是站不住脚的。实践证明，公有制的建立和展开历经艰难曲折，公有制自身优势的发挥也需要逐渐的探索过程。如何在“毫不动摇巩固和发展公有制经济”的基础上，改革国有企业在管理上的官僚主义弊端，的确值得进一步探索②。

其五，有人指责：“这个时候宣扬‘消灭私有制’，客观上会引发国家政策可能调整的猜测，动摇人们对私有财产受法律保护的信心。”在《共产党宣言》中，马克思恩格斯说：“我们要消灭私有制，你们就惊慌起来。但是，在你们的现存社会里，私有财产对十分之九的成员来说已经被消灭了；这种私有制之所以存在，正是因为私有财产对十分之九的成员来说已经不存在。可见，你们责备我们，是说我们要消灭那种以社会上的绝大多数人没有财产为必要条件的所有制。总而言之，你们责备我们，是说我们要消灭你们的那种所有制。的确，我们是要这样做的。”③

我们套用《共产党宣言》的写作口吻来回答：私人资本天天都在吞噬和消灭他人的私有财产，你们从来不惊慌。共产党人提出最终要消灭资本家的私有制，你们就惊恐万分。我们不禁要问，在一个共产党领导的社会主义国家，在一个把马克思主义作为指导思想的国家，在一个以共产主义为共产党员理想信念的国家，为什么就不能容忍把“消灭私有制”作为共产主义的远大目标来追求呢？问题的要害在于，共产党人无须隐瞒共产主义的最终目标。在西方资本主义国家，“私有制神圣不可侵犯”也是被明确写入了宪法的。他们肯定担心这样做会引起雇佣劳动的“猜测”。既然共产党要不忘初心，那么消灭人剥削人、人压迫人的雇佣劳动制度，消灭这个制度基础上的资本家私有制，

① 《马克思恩格斯选集》第1卷，北京：人民出版社，2012年，第417页。
② 参见赵磊：《中国企业的管理水平还很落后》，《管理学刊》2012年第1期。
③ 《马克思恩格斯选集》第1卷，北京：人民出版社，2012年，第416页。

就必须是共产党人的最终目标和远大理想。至于怎么消灭、如何消灭，程恩富教授等学者已经做了全面分析[1]，不再赘述。

其六，有人指责："共产主义的远大理想要一步一个脚印去实现，把最终目标与现实倡导混为一谈，危害很大。"在《共产党宣言》中，马克思恩格斯说："共产党人的理论原理，决不是以这个或那个世界改革家所发明或发现的思想、原则为根据的。这些原理不过是现在的阶级斗争、我们眼前的历史运动的真实关系的一般表述。废除先前存在的私有制关系，并不是共产主义所独具的特征。一切所有制关系都经历了经常的历史更替、经常的历史变更……共产主义的特征并不是要废除一般的所有制，而是要废除资产阶级的所有制。但是，现代的资产阶级私有制是建立在阶级对立上面、建立在一些人对另一些人的剥削上面的产品生产和占有的最后而又最完备的表现。从这个意义上说，共产党人可以把自己的理论概括为一句话：消灭私有制。"[2]

马克思恩格斯这段论述清楚表明：其一，一切所有制关系都经历了经常的历史更替，没有永恒不变的所有制。其二，共产党人要消灭的是资产阶级的私有制这一最后而又最完备的所有制，而不是一般的所有制，这难道还有什么不清楚的吗？由此可见，所谓"把最终目标与现实倡导混为一谈"的说法，实在是没有道理。马克思主义所说的"消灭私有制"，是指私有制作为历史范畴最终必然被公有制代替的客观趋势。恩格斯在《共产主义原理》中明确指出："能不能一下子就把私有制废除呢？答：不，不能，正像不能一下子就把现有的生产力扩大到为实行财产公有所必要的程度一样。因此，很可能就要来临的无产阶级革命，只能逐步改造现今社会，只有创造了必需的大量生产资料之后，才能废除私有制。"[3]私有制的存亡并不取决于人们的主观意愿。在这个问题上，马克思主义经典作家从来都是清醒的。因为私有制不是靠"法令"消灭的，而是靠"条件"消灭的，这个条件的出现和成熟是不以人的主观意志为转移的。正因为私有制的消亡是历史发展的客观趋势，所以共产党人有充分的理论自信把"消灭私有制"写在自己的旗帜上。

---

① 参见程恩富、段学慧：《资本论中关于共产主义经济形态的思想阐释》，《经济纵横》2017 年第 4、5 期。

② 《马克思恩格斯选集》第 1 卷，北京：人民出版社，2012 年，第 413—414 页。

③ 《马克思恩格斯文集》第 1 卷，北京：人民出版社，2009 年，第 685 页。

二、共产主义要“消灭分工”，为何可能

在有关共产主义实现条件的争论中，有一个颇有市场的疑问：“分工能消灭吗?”本来有关马克思分工理论的解读和把握，在学界基本上已经达成共识，并无太大分歧[①]。问题是随着西方经济学在国内经济学教学、研究中占据主流地位，马克思的分工理论尤其是马克思关于“消灭分工”的理论，逐渐被边缘化。在这样的语境下，马克思关于“消灭分工”的理论，不仅成为西方经济学否定马克思主义科学性的重要证据，而且成为映衬西方经济学关于“分工能提高效率”这一常识的反面教材。显然，如果马克思关于“消灭分工”的理论只是一种没有任何根据的空想，那么共产主义也就失去了存在的基本条件。因此，重温马克思的分工理论，澄清有关“消灭分工”的理论误区，很有必要。

我们先来看看马克思恩格斯的说法。在《德意志意识形态》中，马克思恩格斯说：“我们从这一大堆赘述中只能得出一个结论：上述三个因素即生产力、社会状况和意识，彼此之间可能而且一定会发生矛盾，因为分工使精神活动和物质活动、享受和劳动、生产和消费由不同的个人来分担这种情况不仅成为可能，而且成为现实，而要使这三个因素彼此不发生矛盾，则只有再消灭分工。”[②]

这段话的意思是，在阶级社会，生产力与生产关系之间、经济基础与上层建筑之间，为什么一定会发生不可调和的矛盾？根源就在于“分工”的存在。正是由于分工的存在，才把人类划分为剥削阶级与被剥削阶级。为了说明分工与所有制之间的关系，马克思恩格斯紧接着指出：“与这种分工同时出现的还有分配，而且是劳动及其产品的不平等的分配(无论在数量上或质量上)；因而产生了所有制，它的萌芽和最初形式在家庭中已经出现，在那里妻子和孩子是丈夫的奴隶。家庭中这种诚然还非常原始和隐蔽的奴隶制，是最初的所有制，但就是这种形式的所有制也完全符合现代经济学家所下的定义，即所有制是对他人劳动力的支配。其实，分工和私有制是相等的表达方式，对同一件事

① 参见王磊:《马克思分工理论研究综述》,《海南师范大学学报》(社会科学版)2016 年第 12 期。

② 《马克思恩格斯选集》第 1 卷，北京：人民出版社，2012 年，第 162—163 页。

情，一个是就活动而言，另一个是就活动的产品而言。”[①]所以，要从根本上消除剥削阶级与被剥削阶级之间的阶级矛盾，结论是：只有消灭分工。马克思恩格斯上面论述的核心思想一言以蔽之，就是回答了这个问题：“为什么要消灭分工？”由此，也引申出了两个需要追问的问题：其一，分工能消灭吗？其二，怎么消灭分工？这两个追问，不仅是西方主流经济学攻击马克思主义的常见说辞，也是很多马克思主义者缺乏理论底气的软肋所在。

那么，马克思恩格斯是怎么回答这两个追问的呢？在《德意志意识形态》中，马克思恩格斯有一段经典的论述：“只要分工还不是出于自愿，而是自然形成的，那么人本身的活动对人说来就成为一种异己的、同他对立的力量，这种力量压迫着人，而不是人驾驭着这种力量。原来，当分工一出现之后，任何人都有自己一定的特殊的活动范围，这个范围是强加于他的，他不能超出这个范围：他是一个猎人、渔夫或牧人，或者是一个批判的批判者，只要他不想失去生活资料，他就始终应该是这样的人。而在共产主义社会里，任何人都没有特殊的活动范围，而是都可以在任何部门内发展，社会调节着整个生产，因而使我有可能随自己的兴趣今天干这事，明天干那事，上午打猎，下午捕鱼，傍晚从事畜牧，晚饭后从事批判，这样就不会使我老是一个猎人、渔夫、牧人或批判者。”[②]

这段经典论述所展现出来的逻辑清楚地表明：(1) 共产主义要消灭的并不是生产力维度的“分工”(技术层面的分工)，而是生产关系维度的“分工”(社会等级层面的分工)；(2) 共产主义要消灭的不是分工本身，而是分工的形式；(3) 共产主义要消灭的是“固定而且强迫的分工”——旧的分工，由此建立起“自愿而全面发展的分工”——新的分工。由此可见，“消灭分工”的思想并非马克思恩格斯的主观愿望，而是基于历史唯物主义的科学结论。

对于马克思恩格斯“消灭分工”(实际是说“消灭旧分工”)的思想，现代和当代的庸人很不以为然。从现存世界既有的“旧分工”的眼界出发，他们根本无法想象“新分工”何以可能，更无法理解“新分工”在未来社会代替“旧分工”的必然性。在他们看来，“旧分工”的消亡是历史的倒退，是文明的解体，是礼

---

① 《马克思恩格斯选集》第1卷，北京：人民出版社，2012年，第163页。
② 《马克思恩格斯选集》第1卷，北京：人民出版社，2012年，第165页。

崩乐坏。他们之所以拒绝接受未来社会要“消灭分工”的结论，乃是因为他们心中有一个永远也无法释怀的心结，那就是：“消灭分工”的思想与“分工能提高效率”的经济规律相悖。对于这个责难，笔者着重强调三点看法。

第一，“旧分工”只能随着经济社会的发展而逐渐趋于消亡。众所周知，分工是生产力发展的产物。如同分工的出现是生产力发展的必然产物一样，“旧分工”的消亡也是生产力发展的必然结果。支配这个过程的力量，是物质生产力的发展，是社会实践活动的必然性逻辑，而不是人的主观意志或善良愿望。正如列宁在谈到消灭官僚特权时所说：“日益简化的监督职能和填制表报的职能将由所有的人轮流行使，然后将成为一种习惯，最后就不再成其为特殊阶层的特殊职能了。”[①]可见，“旧分工”的消亡并不取决于人们的主观意愿，而是生产力发展所带来的必然结果。

第二，分工的确提高了效率，但是对于分工与效率的关系要作辩证的、历史的理解。在人类历史的演化进程中，社会分工不是一开始就存在的，分工的内容和形式也是不断发展演化的。从历史唯物主义的逻辑看来，“旧分工”必然被“新分工”所取代。因为随着生产力以及社会经济文化的发展，“旧分工”将越来越不适应新的生产力的性质，并成为生产力进一步发展的障碍。在这种情形下，“旧分工”不仅不会促进效率的提升，反而会阻碍效率的进一步提升。因此，“旧分工”的消亡与“新分工”的产生，不仅与提高效率并不矛盾，而且也是不可抗拒的历史必然趋势。

第三，人的自由全面发展与“旧分工”的消亡，是同一过程的两个方面。由此产生的问题是，人的自由全面发展将如何突破人与人之间的差异和界限？很多人认为，即使“旧分工”不符合人类追求平等的理想信念，但是人与人总是有差别的。别说长相不一样，就是学历和技能也不一样，个人智商和个人禀赋之间的差异怎么可能消除？对此，马克思指出：“搬运夫和哲学家之间的差别要比家犬和猎犬之间的差别小得多，他们之间的鸿沟是分工掘成的。”[②]绝对消灭一切生理和社会差别当然是不可能的，但是生理和社会差别越来越小不仅可能，而且也是必然的。因为，姑且不说应从“大数法则”来看缩小差别的效

① 《列宁选集》第3卷，北京：人民出版社，1995年，第154页。
② 《马克思恩格斯选集》第1卷，北京：人民出版社，2012年，第238页。

果，即便从当代科学技术的发展水平来看，人类自由全面发展的趋势也是可以确定和预期的。

这里要强调的是，上述三点看法不仅是马克思主义理论逻辑的展开，而且已经被人类社会发展的历史逻辑所证实。在农业社会，帝王这个职业以及“劳心者”这个职业通常是按血缘关系来分配的，“龙生龙凤生凤，老鼠儿子打地洞”乃是整个社会公认的、天经地义且不容置疑的真理。在中国封建社会，除了极少数通过科举考试的农家子弟能够“朝为田舍郎，暮登天子堂”，农民这个职业基本上是世袭的——你爷爷是农民，你家世世代代就是农民。在古代西方国家，情况亦是如此。马克思曾引用过斯密在《国富论》中的一段话：“这类职业被看作只适宜于奴隶，而市民则不准从事这类职业。就连没有这种禁令的国家如雅典和罗马，事实上人民也不从事今天城市居民的下层阶级通常所从事的各种职业。”[①]总之，在农业社会，士农工商以及贵族与黔首的等级分工，被视为合情合理的事情，谁要敢挑战这种依据血缘关系来继承的社会分工，那就是大逆不道，就是“谋逆之罪”，要被凌迟、腰斩、灭九族。

当历史进入近代工业社会以后，政治权力分配的原则不再是“血缘关系”，而是“民主政治”——资产阶级的形式民主在本质上仍是“不民主”的，但比起封建社会的“世袭制度”已有很大进步。进入工业社会以来，不仅政治权力的分工有了很大的演化，经济领域的分工也发生了不小变化。虽然雇佣剥削关系仍然存在，“人力资产专用性”的制约仍然存在，但是在农业、工业、服务业之间的产业分工中，不断转换行业、频繁变换职业，越来越成为当代劳动者生存的常态。值得注意的是，在互联网时代，“跨界”成了时代的鲜明特征，“跨界产品”“跨界职业”越来越广泛，越来越深入，越来越常态化。以至于早上跑网约车，上午做文员，下午当健身教练，晚上做家教，同时还开了一家网店，已经不是稀有的个案。虽然裙带关系在职业选择中的重要性仍然不容忽视，但随着科技以及社会经济的进步，按血缘关系分配职业的观念已经越来越没有市场了。

其实，人类生理上的差异也在逐步缩小。且不说一个整容手术就可以改

① 《马克思恩格斯文集》第8卷，北京：人民出版社，2009年，第241页。

变人类的外观相貌，科学家已经证明，随着计算机技术、生物工程、人工智能、生命科学的发展，人类掌握专业技术的能力和范围已经越来越广阔。当代科学家在人的手臂皮肤上植入一个小小的芯片，人类就可以和具有百科全书储存的电脑联网，不仅可以拥有“大数据”，还可以进行“云计算”。有关人体芯片的报道，在媒体上早已不是新闻。据 2017 年 4 月 25 日央视新闻频道报道：科学家预测，在未来 8 至 10 年，脑机（人脑和电脑）互联将成为现实。之后，人脑的智能将与电脑的升级一起提升和进化。这就意味着人的“全面发展”在生理上的局限将会被突破。一旦突破成为现实，人的生理差异和禀赋上的差异将不再是制约“全面发展”的障碍。

有一个案例真实地验证了科技发展突破人类生理限制的可能性。2012 年底，美国麻省理工学院媒体实验室设立了一个与贫困相关的网络试验项目。他们带着 20 台平板电脑，来到埃塞俄比亚温奇村的一群孩子面前。这些孩子从 4 岁到 12 岁，一共有 20 个人。该村没有电，没有电话，没有人会识字。这群文盲孩子会怎样掌握这些电脑呢？逻辑上讲，如果没有老师的教育，他们需要一个很漫长的进化过程才能了解这些电脑。可是他们给了世界一个惊奇：不到 5 分钟，有些孩子就拆开了包装，并且找到了开机键，开始使用开关程序；不到 5 天，无须他人引导，每个孩子都可以运行 40 多个程序，熟练使用游戏、电子书、绘画程序。令美国麻省理工学院媒体实验室创始人、《数字化生存》的作者尼古拉斯·尼葛洛庞蒂印象最深刻的是，“六个月后，这些孩子就破解了电脑。令人震惊，他们真的是破解了，破解得很深：不仅是进入一些工具，而且转移了一些代码”[①]。这个案例清楚地表明，随着科技的发展：(1) 人类学习各种生存技能的路径越来越宽广；(2) 人类跨界掌握生存技能的专业障碍越来越少；(3) 人类综合各种生存技能的能力越来越高。

综上所述，只要生产力的发展和科技的提升没有止境，那么人的“自由全面发展”就不是问题。当然，“全面发展”与“自由发展”是相辅相成的，二者都

---

① 参见央视纪录片《互联网时代》第九集《世界》，http://tv.sohu.com/20140902/n404003414.shtml?txid=19b06d0609b2eda1bcef9b6ce824056a。

必须建立在“闲暇时间”不断扩展的基础上[①]。在此不再赘述。总之，马克思主义关于“消灭分工”的思想以及“人的全面自由发展”的论断并非空想，而是有着坚实客观依据的科学结论。

三、共产主义的“劳动份额”，如何计量

共产主义在消灭了私有制以后，有一个问题不能回避：人们的劳动贡献（劳动份额）将如何计量？这个问题包含三个需要回答的疑问：第一，为什么要计量劳动份额[②]？第二，劳动份额能够计量吗？第三，劳动份额怎么计量？在笔者看来，如果自然力全面替代了人力，如果劳动不再是财富的源泉，那么价值概念将趋于消亡，劳动价值论也就退出了历史舞台，劳动份额的计量也就失去了意义。正如马克思所说：“一旦直接形式的劳动不再是财富的巨大源泉，劳动时间就不再是，而且必然不再是财富的尺度，因而交换价值也不再是使用价值的尺度……于是，以交换价值为基础的生产便会崩溃。”[③]因此，未来社会的“财富尺度决不再是劳动时间，而是可以自由支配的时间。以劳动时间作为财富的尺度，这表明财富本身是建立在贫困的基础上的”[④]。

对于“自由时间”的价值，马克思有非常深刻的认识。马克思说，随着交换价值关系趋于消亡，人类的“个性得到自由发展，因此，并不是为了获得剩余劳动而缩减必要劳动时间，而是直接把社会必要劳动时间缩减到最低限度”[⑤]。顺便指出，马克思对自由时间的思考，受到过一本小册子的启发，马克思关于“自由时间本身就是价值”的著名论断，就来自于这本小册子，即《根据政治经济学基本原理得出的国民困难的原因及其解决办法，致约翰·罗素勋爵的一封信》。在《剩余价值理论》中，马克思专门介绍了这本几乎没有人知道的小册子。这本小册子关于“自由时间就是财富”的论断，深受马克思的赞赏，并被马克思所引述：“一个国家只有在不为资本而不支付任何利息的时候，只有在劳动 6 小时而不是劳动 12 小时的时候，才是真正富裕的。财富就是可以自由

① 参见赵磊：《“马克思承诺”的再证明》，《马克思主义研究》2012 年第 8 期。
② 参见赵磊：《劳动价值论的历史使命》，《学术月刊》2005 年第 4 期。
③ 《马克思恩格斯选集》第 2 卷，北京：人民出版社，2012 年，第 783—784 页。
④ 《马克思恩格斯选集》第 2 卷，北京：人民出版社，2012 年，第 787 页。
⑤ 《马克思恩格斯选集》第 2 卷，北京：人民出版社，2012 年，第 784 页。

支配的时间，如此而已。”①

但是请注意，在价值关系消亡的过程中存在一个过渡阶段，这个过渡阶段也是私有制逐步被公有制取代的阶段，其社会形态可以定义为共产主义的初级阶段，或社会主义的中级、高级阶段。在这个阶段，商品价值关系并未完全消亡，私有制和资本还在一定范围内存在，社会成员的个人消费品还不能完全“按需分配”，而只能遵行“按劳分配”的基本原则。换言之，人们的劳动贡献或劳动份额势必成为产品分配的基本依据。那么“按劳分配”又将如何落实呢？按照马克思设想，通过对劳动份额进行直接计量(比如劳动券或纸的凭证)，就可以实现按劳分配。关于“劳动份额”的计量，马克思有一段发人深省的设想：

“让我们换一个方面，设想有一个自由人联合体，他们用公共的生产资料进行劳动，并且自觉地把他们许多个人劳动力当作一个社会劳动力来使用……这个联合体的总产品是一个社会产品。这些产品的一部分重新用做生产资料。这一部分依旧是社会的。而另一部分则作为生活资料由联合体成员消费。因此，这一部分要在他们之间进行分配。这种分配的方式会随着社会生产机体本身的特殊方式和随着生产者的相应的历史发展程度而改变。”②

马克思的上述设想只能是理论原则，而不是行动的教条。实践证明，按劳分配的路径和方法需要在实践中不断探索和反复试错。问题在于，如何正确把握马克思有关“按劳分配”的设想，这是社会主义政治经济学必须搞清楚的重大理论问题。针对马克思关于“劳动份额”计量的论述，笔者的看法如下。

第一，根据马克思的劳动价值论，既然商品价值的实体是劳动，劳动是评估商品价值大小的根本依据，那么劳动贡献，或者说劳动份额的大小又是如何计量的呢？众所周知，劳动的内涵是人类劳动的生理耗费，也即人的脑力和体力的耗费。用生理耗费来界定劳动这个范畴，也就是对劳动的定性，这应该没有什么歧义。问题是，如何对劳动进行定量呢？换言之，人的生理耗费的大小是怎么计量的呢？在现实经济活动中，人的脑力和体力的耗费量是无法直接

---

① 《马克思恩格斯全集》第35卷，北京：人民出版社，2013年，第228页。

② 《马克思恩格斯文集》第5卷，北京：人民出版社，2009年，第96—97页。

计量的——既不能用汗液多少或细胞数量的增减来计量，也不能用人体卡路里的消耗量来计量，抑或是用脑细胞或肌肉细胞的代谢数量来计量。人类在经济活动中的生理耗费的大小，只能通过劳动时间来间接计量。所以马克思说："劳动本身的量是用劳动的持续时间来计量，而劳动时间又是用一定的时间单位如小时、日等作尺度。"[①]

第二，在商品经济活动中，劳动份额的计量是通过价值计量来实现的，而价值计量又是借助于价值形式来实现的。在商品经济活动中，人们之所以必须计量价值（这种计量只能通过价值形式或价格的计量来完成），是因为生产者的劳动必须形成或转化成价值，才能被社会承认，私人劳动才能转化为社会劳动。总之，物化在商品中的劳动必须借助价值形式才能表现出来，劳动时间只能通过价值形式才能得到计量。问题的关键在于价值形式的发展，价格关系的确立，为价值计量提供了可行的手段。但是在这里，价值内容（劳动）与价值形式（货币）之间是"不一致"的。这个不一致不仅在于价值量与价格量的不一致，而且还在于价值本质（人与人的关系）被价值形式（物与物的关系）所掩盖。

第三，在关于劳动价值论的定性分析中[②]，我们可以看到，对商品货币关系的存在构成根本威胁的，不是马克思的阶级斗争理论，而是生产力的不断发展。进而言之，侵蚀并动摇商品货币关系存在基础的，是自然力取代人力不断深化拓展的历史趋势。当然，商品货币关系的消亡将经历一个相当漫长的"过渡时期"。在这个过渡时期内，劳动份额仍然需要计量。劳动份额之所以仍然需要计量，是因为整个社会还必须掌握两个基本信息：一是"生产者个人在共同劳动中所占份额"是多少？以此衡量生产者个人对社会的贡献度。二是"生产者个人在共同产品的个人消费部分中所占份额"是多少？以此作为生产者个人获得个人消费品的依据。这也就是马克思所说："我们假定，每个生产者在生活资料中得到的份额是由他的劳动时间决定的。这样，劳动时间就会起双重作用。劳动时间的社会的有计划的分配，调节着各种劳动职能同各种需要的适当的比例。另一方面，劳动时间又是计量生产者个人在共同劳动中所

① 《马克思恩格斯选集》第1卷，北京：人民出版社，2012年，第99页。
② 参见赵磊：《劳动价值论的历史使命》，《学术月刊》2005年第4期。

占份额的尺度,因而也是计量生产者个人在共同产品的个人消费部分中所占份额的尺度。"①

第四,在共产主义的初级阶段,劳动份额的计量已经不同于商品经济中的价值计量,这个不同在于:其一,一旦商品货币关系趋于消亡,那么劳动就越来越不需要通过价值关系迂回地表现出来;其二,由于不需要借助价值关系来表现劳动,因而不仅产品中耗费的劳动是"一目了然"的,而且每个人的劳动是全社会劳动的一个部分也是"一目了然"的。换言之,在商品经济中,产品价值作为劳动的结果并不是"一目了然"的。但是,在未来共产主义社会初级阶段中,产品中所包含的劳动则是"一目了然"的:一方面,产品是劳动的物质表象;另一方面,劳动是产品的内在本质——正因为无须价值作为中介,所以"产品是劳动的表象"与"劳动是产品的本质"就是"一致"的,或者说是"合二为一"的。因此,本质就不再被迂回的假象所掩盖。这也就是马克思说的:"在那里,人们同他们的劳动和劳动产品的社会关系,无论在生产上还是在分配上,都是简单明了的。"②所谓"简单",就是说私人劳动没有必要借助价值关系才能被证明是社会劳动;所谓"明了",就是说产品的内在本质没有被产品的物质外观所掩盖。

第五,由此可见,只有在这个时候,劳动不再被异化,劳动作为"人的类本质"不再被产品价值的表象所遮蔽,劳动产品在现象上直接就呈现出劳动的本质。这时,直接计量劳动不仅成为可能,而且越来越成为普遍现象。比如,中国20世纪的人民公社。虽然这种公有制由于超越了当时的生产力状况,在某些方面呈现出了"过左"的倾向,其中的经验教训值得认真讨论;但是人民公社曾经实行过的"工分制",笔者以为可以作为直接计量劳动份额的有益尝试。顺便指出,与商品经济必须通过价格来间接计量价值相比,未来社会的直接计量劳动,仍然是劳动在形式上的计量而已。比如,劳动的计时和计件其实都是劳动在表现形式上的计量而已(计时,是熵在空间上的增加;计件,是物质在空间上的变化)。只不过,此时劳动在形式上的计量,并不会遮蔽劳动产品的内在本质——这个本质即"个人劳动在共同劳动中所

① 《马克思恩格斯文集》第5卷,北京:人民出版社,2009年,第96—97页。
② 《马克思恩格斯文集》第5卷,北京:人民出版社,2009年,第96—97页。

占份额”。之所以说“不会遮蔽”，就在于个人劳动在共同劳动中所占份额的关系是“简单明了”的，是清清楚楚的。也只有在“简单明了”的社会关系中，人们才能够无须借助价值关系从而直接计量劳动。于是，被价值关系异化的劳动才会实现“去蔽”，从此进入“澄明之境”。所谓“蔽”，是遮挡、掩盖、蒙蔽的意思；所谓“去蔽”，就是去除遮蔽；所谓“澄明之境”，就是“敞开本真”，让内在规定从此敞亮起来。

（原载《马克思主义研究》2018年第4期）

第二辑

新自由主义的经济“成绩单”

李　文

20 世纪 70 年代末 80 年代初，新自由主义正式走到历史前台，由经济思潮逐步转化为一整套政策主张和一系列改革实践，进而被西方作为主导性的治理范式推向全球。如今 30 多年过去了，新自由主义付诸实践的效果究竟如何？它交出了一份怎样的经济“成绩单”？弄清这个问题，对我们进一步认识新自由主义的本质和危害，具有重要的警醒意义。

一、新自由主义的兴起及基本政策主张

作为一种经济学说，新自由主义起源于 20 世纪二三十年代，但由于其保守的立场及不切实际的政策主张，长期被西方学界边缘化，也无法获得当局的青睐。60 年代末 70 年代初，西方国家出现经济增长停滞和通货膨胀并存的“滞胀”局面且日趋严重，战后一直处于主流地位的凯恩斯主义宏观经济政策失效。于是，国际垄断资本选择了符合它们最大利益的新自由主义理论作为新的官方经济学。

撒切尔夫人和里根先后于 1979 年和 1981 年在英美两国上台执政后，实施私有化、放松市场管制、“金融去监管化”等自由化改革，进而在西欧掀起了 80 年代的私有化浪潮。进入 90 年代后，随着“华盛顿共识”的出笼，新自由主义的理论体系趋于完备成型，具体转化为以自由化、私有化、市场化为核心和标志的政策纲领。此后，在一些西方国家和国际组织的推动下，新自由主义迅速向拉美、原苏东社会主义国家和亚非发展中国家蔓延开来。

20 世纪 80 年代中后期，在拉美一些国家爆发债务危机之际，美国迫使阿根廷等国接受以新自由主义为基础的“贝克计划”；此后，美国政府及其主导下

的国际金融机构还更多地利用贷款的附加条件，强制拉美国家进行新自由主义经济改革。80年代末90年代初发生剧变后，原苏东地区一些国家在美国的支持下纷纷重用以盖达尔为代表的新自由主义者，全面执行"休克疗法"等新自由主义政策。在亚洲，受美国影响并在美国会议员和知名学者的游说下，泰国、韩国、印度尼西亚、菲律宾等国从90年代初开始推行新自由主义改革。在非洲，80年代中后期，埃及等国家为了获得国际金融机构的贷款，被迫接受新自由主义结构调整方案。

就其核心而言，以"华盛顿共识"为代表的新自由主义政策主张可以概括为"三化"，即自由化、私有化和市场化。自由化，就是主张推行自由贸易，放松甚至取消金融管制，全面开放金融领域。私有化，就是主张一切财产应属于私人，对国有企业及公共服务实行普遍私有化。市场化，就是反对政府干预，主张让市场机制自发调节包括生产要素、私人产品和公共产品在内的一切社会资源。

二、新自由主义泛滥的经济后果

新自由主义政策推行前期，西方发达国家的"滞胀"困境有所缓解，一些拉美国家也一度恢复了短暂的经济增长。然而，与有限的成绩相比，它带来的问题更多、矛盾更严重，并很快以不同形式先后在各国爆发。

（一）经济增长减速甚至陷入衰退

拉美新自由主义改革的首要目标是恢复经济增长，结果却令人失望。20世纪90年代后，拉美经济增长呈现明显的前高后低、逐步衰退的态势：1991—1994年，经济增长率不足4%；1998年后由于接连发生经济危机或金融动荡，1999年和2001年的经济增长率仅为0.5%和0.3%。据联合国拉美经济委员会公布的数字，拉美在世界经济总量中所占比例在1960年为8%，到21世纪初仅为4%。

在原苏东地区，俄罗斯实行转型的10年里经济大幅下滑：1989年，俄罗斯的国内生产总值（GDP）是中国的两倍多，而10年后仅为中国的1/3。到2003年，在26个原苏东地区国家中，只有7个国家的GDP超过了1990年的水平，其中格鲁吉亚和摩尔多瓦2003年的GDP只有1990年的40%左右。世界银行的一份报告也不得不承认，这次"转型萧条"要比20世纪30年代大萧条造成的后果更为严重，相当于发生了一次大规模战争。

1997 年亚洲金融危机时，印尼曾邀请国际货币基金组织进行干预，可在这一年却经历了历史上最严重的衰退，负增长达到 12.8%。泰国、韩国、菲律宾等国家也在亚洲金融危机中蒙受重大损失，有些国家的经济甚至倒退了十多年。

作为发达国家新自由主义政策实践的始作俑者，英美两国的经济也在世纪之交走向衰退。互联网虚拟经济泡沫破裂不久，美国似乎走出了经济低谷，一度被视为新自由主义的最佳范例。然而，2008 年金融危机的爆发，标志着美国新自由主义模式再次遭到致命性重创。

（二）私有化造成国有资产流失和经济主权削弱

大规模的私有化造成了巨大的社会和经济损失。1993—1996 年为俄罗斯私有化的高潮时期，而这一期间私有化的收入只占其 GDP 的 0.02%—0.04%、政府预算收入的 0.13%—0.16%。据统计，俄罗斯在私有化期间的损失总计约合 1.7 万亿美元，相当于其 1996 年 GDP 的 4.2 倍、第二次世界大战期间损失的 2.5 倍。

大规模的私有化以及迅速的自由化、市场化，使那些推行新自由主义政策国家的产业很快向私人资本特别是外国资本集中。1992 年，阿根廷由外资控制的银行资产仅占 12%，到 1997 年就上升到 52%。伴随着金融自由化，阿根廷的外债迅速增长，金融主权受到削弱，最终导致 2001 年爆发金融危机，进而发生波及全国的社会动乱。在外资的控制以及进口商品的冲击下，拉美国家的民族工业遭到严重损害，国家经济安全大为削弱，政府应对危机的能力大大降低。曾被标榜为推行新自由主义典范的埃及，随着国有企业、国有银行的集中出售，以及对国际资本流动监管的放松，民族工业日益衰退，成为名副其实的"依附经济"，贫困化和两极分化现象日趋严重。这些经济问题成为埃及动荡、穆巴拉克倒台一个重要的深层次原因。

东欧大部分国家的经济，尤其是工业和银行业也为外国资本所控制，丧失了主导权。在匈牙利、波兰、克罗地亚、捷克、爱沙尼亚、斯洛伐克、斯洛文尼亚这 7 个国家中，有 4 个国家外国资本占银行业资本的 65%以上；外资对这些国家工业的控制程度也很高，有 3 个国家超过了 50%。外资的涌入并没有为东欧带来经济繁荣，以匈牙利为例，在私有化运动期间，经济增长不进反退，尤其是在1990—1993年间,GDP下降了近20%。

（三）失业问题凸显

实行新自由主义政策后,许多国家以降低通货膨胀率、稳定经济和市场化为由,限制工会权利,解除对劳动力市场的管制,结果出现失业率居高不下的问题。比如,英国的失业率在1979年撒切尔夫人上台时为4.5%,到1981年猛增至9.1%,1985年更高达13%。美国失业率在1948—1973年间平均不足4.8%,而1974—1999年间则为6.6%。在拉美,高失业率与经济萧条相伴:20世纪90年代后期,巴西、阿根廷、智利、玻利维亚等国失业率平均都在7%以上,到本世纪初,拉美平均失业率达到9%以上,其中阿根廷2002年失业率高达23%。

（四）全球范围结构失衡和金融泡沫膨胀

新自由主义政策的实施,在一定程度上导致世界范围有效需求增长缓慢甚至减少,进而出现严重的生产能力相对过剩现象。美国制造业的产能利用率在1948—1980年间平均为82.9%,而在新自由主义泛滥时期平均只有78.1%,到金融危机发生后的2009年更是下降到66.2%。欧洲的情况和美国类似。拉美的产能利用率在20世纪最后20年也在低位徘徊。过剩的生产资本为获利而转入非实体经济领域,催生了大量资产泡沫。

在新自由主义泛滥时期,经济全球化和美元霸权使世界经济积累了严重的结构性矛盾。在过去的几十年里,美国从国外大量进口,产生了愈演愈烈的贸易逆差。从2003年开始,其经常账户赤字超过5000亿美元,2006年甚至高达8000亿美元。而顺差国家则积累了大量以美元资产为主的外汇储备,为保值增值又回投到美国金融市场,推动美国资产价格上涨。

随着全球资本过剩和经济失衡不断加剧,金融泡沫加速膨胀。金融自由化解除了对金融部门的管制,更为各种金融欺诈、投机铺平了道路。在新自由主义泛滥时期,几乎所有的西方市场经济模式国家都出现了经济金融化的现象。比如,美国金融业在国内总利润当中所分割的比重越来越大,从20世纪80年代初的不足20%上升到30%左右,并在本世纪初一度达到45%,而同期制造业利润的比重则大幅下降。

（五）金融危机和经济危机频发

发展中国家和新兴市场国家推行新自由主义的后果之一,就是发生了一连串的经济和金融危机。以拉美为例，1994 年，墨西哥爆发金融危机；1998—1999 年，巴西在亚洲和俄罗斯金融危机的冲击下出现严重货币危机；2001 年，阿根廷因经济衰退和债务问题引发了金融危机；2002 年，巴西和乌拉圭又陷入金融动荡。

在第二次世界大战结束后的近 30 年时间里，美国等西方国家没有出现过一次严重的金融危机，没有一个重要的金融机构破产。而 20 世纪 80 年代以来，每隔 10 年左右就会发生一次较大的金融危机，大型金融机构破产也不时发生。此次由美国次贷危机引发的国际金融危机，甚至使欧洲国家也普遍深陷主权债务危机。危机爆发后，全球 GDP 在 2009 年下降了 2.2%，失业率为 6.6%，失业人口总数近 2.12 亿人，比 2007 年增加了 3400 万人。

在危机的发源地美国，经济总量跌幅达到了 4.2%，失业率从 4.4%上升到 10%，失业人口从 673 万上升到 1535 万。危机中，大量家庭失去住房。据估计，从危机爆发到 2014 年 3 月，已经有 500 万套住房被银行收回。按照美国官方统计，美国贫困人口在 2010 年达到了史无前例的 4618 万，大约每 7 个美国人中就有一个人处于贫困之中。

很多推行金融自由化和利用金融业的发展推动经济繁荣的国家受到沉重打击。冰岛人均收入一度排世界首位，但随着国际金融危机的爆发，其金融体系遭受沉重打击，货币大幅贬值，外债高筑，国家濒临破产。危机还广泛波及亚洲、东欧、拉美、非洲的许多国家和地区。在原苏东地区，2009 年整个地区产出下降近 6%，拉脱维亚、乌克兰、立陶宛、亚美尼亚甚至出现了超过 14%的经济大倒退。

三、对新自由主义的反思和纠正

新自由主义交出的这份经济“成绩单”，深刻地揭示出它内在的重大缺陷。随着新自由主义经济后果的逐渐显现，对它的批评和反思越来越多，一些曾经将其奉为救世良方的国家也在不同程度上改变和纠正了原有的一些政策做法。

诺贝尔经济学奖获得者斯蒂格利茨撰文指出：新自由主义一直是为某些利益集团服务的政治信条，从来没有得到经济学理论的支撑。曾长期担任政府智囊的日本经济学家中谷岩，由新自由主义的急先锋转变为忏悔者，批评新自由主义让世界蒙受了巨大灾难。巴西理论家多斯桑托斯将里根经济学称为“灾难政治经济学”，认为拉美国家“落入了新自由主义陷阱”。即使是致力于维护资本主义制度的西方政要，也开始反思新自由主义的错误和危害。在2009年二十国集团峰会闭幕新闻发布会上，英国首相戈登·布朗公开宣布了“华盛顿共识”的终结。2009年2月，澳大利亚总理陆克文专门撰文批判新自由主义，指出“本次危机正是过去30年来自由市场理论主宰经济政策的最终恶果”。

广大民众也在亲身经历中逐步认识到新自由主义的危害。2011年秋季，美国“占领华尔街”运动的抗议者们高举“我们是99%”的标语，抗议华尔街贪婪无止境、指责政府救助少数金融机构而使多数人陷入经济困境。这一行动不断升级，并迅速蔓延至英国、法国、西班牙、日本等80多个国家和地区。2012年，分布在世界四大洲19个国家的大学生联合签名，呼吁取消以新自由主义经济学为主流的标准课程设置。

从实践来看，在率先启动新自由主义变革的英国，撒切尔主义早已衰落。20世纪90年代后期，英国在陷入经济衰退后即疏远了新自由主义模式，西欧诸国也藉由“第三条道路”与之拉开距离。进入21世纪后，英国的保守党、工党更是公开表示与新自由主义划清界限。由于新自由主义改革效果不佳，1998年的美洲国家首脑会议，明确提出了以强调国家在社会发展进程中的作用、减少经济改革的“社会成本”等为核心内容的“圣地亚哥共识”，以替代“华盛顿共识”。经过对新自由主义政策的抵制和纠正，拉美正在逐步走向经济自主和复苏。在俄罗斯，随着1998年金融危机的爆发，“休克疗法”陷于破产。甚至连当年参与主持“休克疗法”改革的盖达尔，后来也不得不承认“改革是失败的”。普京任总统后，采取一系列有力措施，加强国家对经济的干预，反击寡头对经济的控制，实际上宣告了新自由主义改革在俄罗斯的终结。

（原载《求是》2014年第16期）

必须旗帜鲜明地批判新自由主义

周新城

一、驳私有化的种种言论

新自由主义一个核心观点是私有化。吴敬琏是最典型的了，他鼓吹“彻底改革”，攻击我国改革不彻底。他主张的彻底改革的“底”，就是彻底私有化。只要还有一点公有制经济，他就认为改革不彻底。他提出，社会主义同有没有国有经济（作为全民所有制经济的国有经济是社会主义公有制的主要形式）没有关系。这显然是违背马克思主义的。马克思恩格斯在《共产党宣言》里指出，共产主义运动的基本问题是所有制问题，无产阶级取得政权以后，必须没收资产阶级的生产资料，建立社会主义公有制经济。[①] 我国宪法第六条明文规定，“社会主义经济制度的基础是生产资料的社会主义公有制，即全民所有制和劳动群众集体所有制。”社会主义是建立在公有制基础上的，没有了公有制经济那还能叫社会主义社会吗？这是马克思主义的起码常识。

（一）私有制是一定生产力水平条件下的产物，私有制不是永恒的

新自由主义“彻底私有化”的理论依据是“人的本性是自私的”，“经济人假设”是一切私有化主张的理论前提。

按照“经济人假设”，新自由主义强调私有制是永恒的，不可能消灭的。他们的逻辑很简单：既然人的本性是自私的，那么，只有追逐私利的私有制才符合人的本性；既然自私自利是人亘古不变的本性，那么，私有制也应该是永恒的。消灭私有制乃是违反人的本性的空想。相应地也可以得出结论：公有制不符合人的本性，是注定搞不成的，即使勉强建立了公有制，最终也会因为不

① 《马克思恩格斯选集》，第1卷，第293页，北京，人民出版社，1995年版。

符合人的本性而必然垮台。张五常所说的“大陆共产经验一败涂地”的结论，所依据的不是我国解放以后经济发展的事实，而是按照这样的思维逻辑推论出来的。也正是根据私有制符合人的本性、是永恒的这一观点，我国国内学术界（甚至一定程度上还在改革的实践中）兴起了一股私有化的浪潮。某些经济学家提出，由于公有制不符合人的本性，所以在公有制下，人是不会有积极性的，因而注定是低效率的。只有实行私有化，把公有财产量化到个人，人们才会关心自己的生产资料的保值和增值（即某些经济学家所说的“连股就连心”），才有可能提高经济效率。他们认为，私有制“实在是社会进步和经济发展的需要”，所以，一些经济学家公开喊出“人间正道私有化”、“私有制万岁”的口号。

把私有制永恒化的观点是错误的，违反社会发展的历史事实的。在人类社会发展的历史长河中，私有制并不是一开始就存在的。在原始社会，存在的是原始公社的公有制，而没有私有制。私有制的出现，是由生产力发展的状况所决定的。当生产力的发展，产生了剩余产品，有人可以凭借所掌握的生产资料无偿地占有他人剩余劳动的产品，这时，私有制就出现了。将来到了共产主义社会，生产力高度发展，可以充分满足生产和生活需要，可以实行按需分配，到那时，将彻底地消灭私有制。可见，私有制有一个产生、发展和消灭的过程，它是一种历史现象，而不是由“人的自私本性”所决定的永恒的现象。

对于历史上存在的生产资料私有制，必须作具体分析。私人占有生产资料，是要利用这些生产资料来进行生产的。而要进行生产，就要把生产资料与劳动力结合起来，形成一定的生产关系。生产资料所有者凭借所掌握的生产资料同劳动者发生的经济关系，就是所有制关系。我们一定要用生产力与生产关系的相互关系的历史唯物主义原理来看待私有制的问题。人类社会历史上存在过不同的私人占有生产资料的方式，即不同的私有制形式。有奴隶主私有制、地主私有制、资产阶级私有制，也有劳动者个体私有制。对这些不同形式的私有制，我们应该放到具体历史条件下去考察，看它是促进生产力的发展，还是束缚生产力的发展，据此来确定我们的态度。我们以奴隶制为例。原始公社瓦解以后，人类社会进入奴隶社会。在奴隶主占有生产资料的条件下，奴隶主把奴隶当作会说话的工具，从人身上占有奴隶，对奴隶进行惨无人道的压迫和剥削。对于这种行为，从现代人的道德角度看，理所当然应该受到鞭挞和声讨。但是，讲一些泛泛的谴责言词、发泄一下高尚的义愤是无济于事的。如果深入研究一下，我们不得不承认，在奴隶制取代原始公社的那个历史条件下，这种私有制形式，尽管对奴隶的剥削十分残酷，但它却是进步的现象。当时由于生产力极其低下，剩余产品极为稀少，只有残酷地剥削奴隶，才使得少数奴隶主有可能摆脱繁重的体力劳动，专门从事脑力劳动，这成为生产力的进一步发展、科学文化的昌盛的必要条件。正如恩格斯指出的：只有奴隶制才"使古代世界的繁荣，使希腊文化成为可能。没有奴隶制，就没有希腊国家，就没有希腊的艺术和科学。没有奴隶制，就没有罗马帝国。没有希腊文化和罗马帝国所奠定的基础，也就没有现代的欧洲"。他充分肯定奴隶制这种残酷的、野蛮的剥削制度的历史作用，甚至认为在一定意义上，"没有古代的奴隶制，就没有现代的社会主义"①。当然，奴隶主私有制这种历史的积极作用是有限的、短暂的，对奴隶进行残酷剥削的制度使得奴隶毫无积极性，他们用故意毁坏生产工具、大批逃亡以及大规模的奴隶起义等方式进行反抗。随着生产力的发展，这种剥削制度逐渐成为生产力的桎梏，封建制度取代奴隶制就成为不可避免的了。

对于作为人类社会最后一种私有制形式——资产阶级私有制，我们也应该采取这种历史的态度。在资本主义取代封建主义的时候，资产阶级私有制大大促进了生产力的发展。马克思恩格斯在揭露资产阶级对工人阶级的剥削的残酷性的同时，充分肯定了资本主义私有制的历史的积极作用。他们在《共产党宣言》里指出："资产阶级在它的不到一百年的阶级统治中所创造的生产力，比过去一切世代创造的全部生产力还要多，还要大。"②但是，随着资本主义的发展和资本的积累，生产社会性与私人资本主义占有之间的矛盾日益尖锐化，资产阶级私有制逐渐变成生产的桎梏。解决资本主义基本矛盾的唯一办法是用公有制取代私有制，这时，私有制的丧钟就敲响了。正是依据社会发展的这一规律性，马克思恩格斯代表工人阶级的根本利益，在《共产党宣言》中庄严地宣布："共产党人可以把自己的理论概括为一句话：消灭私有制。"③全世界共产党人为实现消灭私有制这一理想进行了坚持不懈的斗争。当然，这

① 《马克思恩格斯选集》，第3卷，第524页，北京，人民出版社，1995年版。
② 《马克思恩格斯选集》，第1卷，第277页，北京，人民出版社，1995年版。
③ 《马克思恩格斯选集》，第1卷，第286页，北京，人民出版社，1995年版。

一理想不能一蹴而就，需要随着条件的成熟逐步推进。譬如，在我国社会主义的初级阶段，由于生产力的落后，资本主义性质的经济成分和个体经济对国民经济的发展还有着积极作用，因而在政策上还需要予以鼓励、支持和引导。我国实行公有制为主体、多种所有制经济共同发展的基本经济制度，是符合我国国情的，必须长期坚持。但是对于共产党人来说，在为现阶段目标奋斗的同时，时刻都不能忘记我们的长远目标——最终实现彻底消灭私有制、彻底消灭阶级和剥削的共产主义社会制度。我们现在的努力是朝着最终实现共产主义这一最高纲领前进的。不为实现党在社会主义初级阶段的纲领努力奋斗，不是合格的共产党员；忘记最高纲领，不努力为彻底消灭私有制创造条件，同样不是合格的党员。对于共产党员来说，消灭私有制这一最终目标是不能动摇的。应该看到，我们是根据生产力落后这一具体国情，允许资本主义性质的私有制和个体经济存在，支持并鼓励它们在一定范围内发展的，而不是从“经济人”假设出发，抽象地、无条件地赞扬私有制。我们决不是主张私有制永远存在下去，决不是主张私有制万岁，而是利用非公有制经济来发展生产力，为最终彻底消灭私有制创造条件。这是历史的辩证法。忘记了这一点，就忘记了根本。

（二）驳私有制才有效率论

新自由主义主张私有制永恒论，所讲的具体理由是，只有私有制才有效率。这个理由是从“经济人”假设推理出来的：既然人的本性是自私的，追求个人利益便是经济发展的唯一动力，因而只有符合人的本性的私有制才有发展的动力，才是有效率的。如果消灭了私有制，人就没有积极性了，没有动力了，当然也就没有效率了。其实，这是一种美化私有制、为私有制辩护的资产阶级理论。所有资产阶级学者都竭力鼓吹私人产权制度是唯一有效率的制度，把这一条作为研究经济问题的不言而喻的信条，似乎无须加以论证。马克思恩格斯在《共产党宣言》中就专门批判了这个信条。早在19世纪中叶有人就说：“私有制一消灭，一切活动就会停止，懒惰之风就会兴起。”据此反对公有制、反对社会主义。马克思恩格斯反驳道：“你们的观念本身是资产阶级生产关系和所有制关系的产物，正像你们的法不过是奉为法律的你们这个阶级的意志一样，而这种意志的内容是由你们这个阶级的物质生活条件来决定的。”“你们的利己观念使你们把自己的生产关系和所有制关系从历史的、在生产过程中是暂时的关系变成永恒的自然规律和理性规律，这种利己观念是你们和一切灭亡了的统治阶级所共有的。”①站在资产阶级立场上，用在私有制基础上产生的利己观念来观察问题，当然只能得出私有制即个人拥有生产资料的产权才有效率的结论，而永远不会理解也不愿理解公有制即劳动者共同占有生产资料这种所有制的发展动力。对于一个普通工人来说，在公有制基础上当家作主、相互之间建立平等互助合作的关系、实行按劳分配，与私有制条件下的被雇佣、被剥削的地位相比，其积极性、主动性显然要高得多。如果我们不健忘的话，不妨回顾一下20世纪五六十年代，那个时候广大职工出于主人翁的自豪感和责任感，出于对社会主义的由衷热爱和执着追求，出于对国家美好前景的热烈憧憬，焕发出的积极性和主动精神令市侩庸人为之咂舌。可惜，这种积极性在“大跃进”中被严重地浪费了，在“文化大革命”中被极大地破坏了。但是，这至少说明社会主义公有制经济在调动劳动群众的积极性、主动性上，确实具有不同于以往剥削社会的独特优势。这一点也是囿于资产阶级经济学的人所无法理解的。

有人认为，只有生产资料归个人所有，个人才会关心生产资料的保值和增值，个人才会有积极性，生产才会有效率，因而主张把公有财产量化到个人。其实，在人类历史上，只有在个体小私有制的情况下，生产资料才真正归个人所有和使用。按照这些人的逻辑，个体经济应该是效率最高的。然而世界各国经济发展的历史证明，个体小私有制的效率并不高，也正因为此，它不可避免地为资本主义所摧毁。在今天的资本主义企业里，从事生产经营的企业领导人常常不是企业的所有者，而是由董事会聘任的经理人员，他们并不是因为企业是自己的私有财产才去关心生产资料的正确使用和增值的，而是有其他的经济的和非经济的动机。这些企业的工人就更不是因为企业属于自己所有才去劳动的。按照这些人的逻辑，广大劳动者不占有生产资料的资本主义经济，其经济效率应该低于个体经济，然而事实恰恰相反，只有少数人占有生产资料的资本主义企业的效率比之个体经济不知要高多少倍！

显然，我们必须用马克思主义的生产关系与生产力的相互关系的原理来说明哪一种所有制形式具有经济效率的问题：一种生产关系，当它适合生产力

---

① 《马克思恩格斯选集》，第1卷，第289页，北京，人民出版社，1995年版。

的性质的时候,它就能促进生产力的发展,就是有效率的;当它不适合生产力的性质的时候,它就束缚生产力的发展,就是没有效率的。事情并不像执迷于私有化的人想象的那么简单,仿佛只要私人占有生产资料,就能促进经济的发展,就能提高经济效率,而无须分析它是否适合生产力的性质。在我国,在生产力已经具有社会性质的地方,与生产力的这种性质相适应的是生产资料公有制。在这种条件下,实行私有化,把生产资料分散归私人所有,是一种倒退行为,是不可能提高经济效率的。

有人提出,保护私有制,社会才能进步,经济才能发展。这是一种反马克思主义的历史唯心主义的说法。他们忘记了私有制不管还要存在多长时间,在历史的长河中终归只是暂时的现象,而不是永恒的。某种私有制形式,当它适合生产力的性质时,可以推动经济的发展;当它不适应生产力发展的要求时,就会成为经济发展、社会进步的障碍。在当今历史的条件下,生产社会化程度空前提高,就整体来说,资本主义私有制早已阻碍生产力的发展,已经成为历史发展的绊脚石。一再发生的经济危机早就证明了这一点。社会主义取代资本主义,公有制取代私有制,已是社会发展的必然趋势。我们并不否认在社会主义初级阶段,资本主义性质的私有制在一定范围内还有积极作用,然而这种积极作用只有在以公有制为主体的条件下才能显示出来。如果没有公有制为主体,没有社会主义国有经济为主导,如果资本主义私有制占统治地位,那就必然使得生产社会性与私人资本主义占有之间的矛盾越来越尖锐,社会就会出现生产无政府状态,而且两极分化会越来越严重,资产阶级与无产阶级的对立和斗争会越来越加剧,在这种情况下,就会出现俄罗斯改革时期那样的政局动荡、经济凋敝、社会不稳的状态。

"经济人假设"、私有制永恒,这套理论,对我国经济改革起了极坏的作用。一股股私有化浪潮,就是以此为依据的。按照这种理论,社会主义的经济基础——生产资料公有制就无法存在,整个社会制度的性质就会发生根本性的变化。旗帜鲜明地批判"经济人假设"、私有制永恒论,捍卫公有制,是经济学界一项十分迫切的任务。

(三)围绕国有经济问题,马克思主义与新自由主义进行了激烈的斗争

改革开放以来,围绕着国有经济(公有制的主要形式)问题,马克思主义与

新自由主义存在着激烈的争论。

根本的分歧是要不要国有经济？习近平总书记 2016 年 10 月 10 日在全国国有企业党的建设工作会议上发表重要讲话，讲话一开头就提出一个问题："国有企业还要不要？"这是一个原则问题。老实说，这是舆论界关于国有企业的一切争论的总根子：闹私有化的人，主张改革就是要消灭国有经济的人，正是从不要国有经济出发的；主张改革要搞好国有企业的人，主张要做强做优做大国有企业的人，就是从要国有企业出发的。习近平总书记说："我提出这个问题，不是无的放矢，也不是危言耸听，而是我们必须面对的一个很现实的问题。"事实确实是这样的。他接着说："在中国共产党领导和我国社会主义制度下，国有企业和国有经济必须不断发展壮大，这个问题应该是毋庸置疑的。然而，一段时间以来，社会上一些人制造了不少针对国有企业的奇谈怪论，大谈'国有企业垄断论'，宣扬'国有企业与民争利'，'国企是不堪的存在'，鼓吹'私有化'、'去国有化'、'去主导化'，操弄所谓'国进民退'、'民进国退'的话题。特别是各种敌对势力和一些别有用心的人重点拿国有企业说事，恶意攻击、抹黑国有企业，宣扬'国企不破，中国不立'，声称'肢解'是国有企业改革的最佳方式。醉翁之意不在酒！这些人很清楚国有企业对我们党执政、对我国社会主义制度的重要性，想搞乱人心、釜底抽薪。而我们有的同志也对这个问题看不清楚、想不明白，接受了一些模糊的、似是而非的甚至错误的观念。我们要善于从政治上看问题，决不能认为这只是一个简单的所有制问题，或者只是一个纯粹的经济问题，那就太天真了！"

习近平指出："国有企业是中国特色社会主义的重要物质基础和政治基础，关系公有制主体地位的巩固，关系我们党的执政地位和执政能力，关系我国社会主义制度。"

为什么我们要国有企业，要做强做优做大国有企业呢？这是因为社会主义国家建立和发展国有经济是社会发展客观规律的要求。改革开放以来，总有一些人主张社会主义不需要国有经济。说法不大一样，矛头指向却非常一致：改革必须消灭国有企业。各种妖魔化国有企业的言论，几乎成为舆论的主流，于是一段时间里，刮起了一股出卖国有企业的歪风，导致国有资产大量流失，某些私营企业主的第一桶金就来源于此。这一点，是任谁也否定不了的。

鼓吹社会主义不需要国有企业，最坚决、最激进的，也许要算吴敬琏了。

他从新自由主义出发，怎么看国有企业都不顺眼，非要彻底消灭不可。十八届三中全会前夕，他评价我国的改革是“最好的时代，也是最坏的时代”。怎么说是最坏的时代？他说，搞了30多年的改革，结果形成了“半统制、半市场”的混合体制。[①] 为什么会形成这样的体制？除了没有实现彻底市场化之外，就是还保留了一些国有企业。他说，要彻底地改革，必须取消公有制的主要形式——国有经济。最可恶的是他制造了邓小平主张社会主义不需要有国有经济的谣言。吴敬琏在2013年10月16日接受凤凰网记者采访时说，“社会主义与否跟国有不国有没什么关系。为此我去查过《邓小平文选》，《邓小平文选》里就没有这个国有这个词。”[②]造谣、撒谎，连眼睛都不眨一下，这就是他的本事。我们随便翻一下《邓小平文选》，就可以看到他在信口开河。1985年8月，在谈到改革必须坚持社会主义方向时，邓小平指出：“社会主义有两个非常重要的方面：一是以公有制为主体，二是不搞两极分化。公有制包括全民所有制和集体所有制，现在占整个经济的百分之九十以上。”[③]这里他虽然没有直接讲国有经济，但谁都知道全民所有制经济就是国有经济。《宪法》第7条载明，“国有经济，即社会主义全民所有制经济”。另外据《邓小平年谱》记载，1992年7月23、24日，邓小平在审阅中共十四大报告时指出：“社会主义经济以公有制为主体”，“公有制不仅有国有企业那样的全民所有制，农村集体所有制也属于公有制范畴。”[④]你不赞成国有经济，就说是你不赞成，把谣言造到邓小平身上，其人格之卑劣，可见一斑。有一位省统计局副局长在解读十八届三中全会的《决定》时，公开说，国有企业确实是个“怪胎”，“官不官，民不民”，而且跟私营企业争夺资源，改了那么多年，问题不断。经过多年的改革，好像国有企业减少了，但不断派生出新的国有企业，而且原来的国有企业不断做大。他认为，中国改革应该接受科斯的忠告，彻底消灭国有企业，让私营企业自由竞争。这是“最重要的”。消灭国有企业的心情，溢于言表。而且是在中央坚决批判新自由主义的环境下，公然抬出新自由主义的老祖宗科斯来论证自己的主张。要按照新自由主义进行改革的顽固劲头还真不小。

---

① 吴敬琏、马国川：《中国经济改革二十讲》，第3、4页，北京，生活·读书·新知三联书店，2012年版。
② 吴敬琏在2013年10月16日接受凤凰网记者采访的记录。
③ 《邓小平文选》，第3卷，第138页，北京，人民出版社，1993年版。
④ 《邓小平年谱(1975—1997)》(下)，第1349页，北京，中央文献出版社，2004年版。

一位曾经担任过国家经济体制改革委员会副主任的“经济学家”说，国有经济并不是社会主义，恩格斯批评过，如果说国有经济就是社会主义，那么俾斯麦就是社会主义者了，因为俾斯麦主张烟草国营。他强调，说国有经济是社会主义，那是“冒牌的社会主义”。他提出一个社会主义的新定义：“民有、民营、民享”，这新三民主义才是社会主义。他主张消灭国有经济，实行私有化，也就是他们所说的“民营化”。这里，他歪曲了恩格斯的思想。恩格斯实际上要说的是，不是任何国有化都是社会主义，国有经济的性质取决于国家的性质。这是有道理的。国有经济，古已有之。封建社会的国有经济，例如汉武帝的盐铁官营，那是为地主阶级统治服务的，属于封建主义性质；资本主义社会的国家是总资本家，资本主义的国有化并没有改变资本的属性，没有改变雇佣和剥削工人的关系，这种国有经济是属于资本主义性质的。在社会主义国家里，无产阶级专政的国家代表了全体劳动人民的利益，它掌握生产资料所有权，运用这些生产资料为人民谋福利，这时国家所有制就是全民所有制，就是社会主义的。这位“经济学家”是拉大旗当虎皮，歪曲恩格斯的原意，为消灭国有经济、推行私有化制造舆论。其用心极其险恶。

（四）社会主义社会必须由无产阶级专政的国家来掌握生产资料，建立国有经济，这是马克思、恩格斯提出来的

大家知道，马克思创立了历史唯物主义和剩余价值学说，使社会主义从空想变成科学。与空想社会主义不同，马克思、恩格斯提出人类社会必然由资本主义过渡到社会主义的问题，并不是基于伦理道德观念，也不是诉诸人类的理性，而是在分析资本主义社会实际存在的矛盾基础上得出的结论。随着资本主义的发展、资本的积累、生产的集中，使得生产越来越具有社会的性质：每一件产品都不是个人生产出来的，而是由一群工人生产的；生产的产品不是生产者个人消费的，而是供社会消费的；生产上需要的物资，也不是自己生产的，而是由社会提供的。整个国民经济逐渐融合成为一个各个企业相互依赖的整体。生产力的社会性质客观上要求由社会占有生产资料，由社会按照全体人民的利益组织国民经济的运行。但是，在资本主义社会里，生产资料归资本家个人所有，生产的目的是追逐剩余价值，因而使得具有社会性质的生产力的这种要求无法实现。这样，资本主义社会就产生了生产社会性与生产资料的私人资本主义占有之间的矛盾，生产方式起来反抗占有方式，这就是资本主义的

基本矛盾。这一矛盾，是资本主义社会一切弊端的总根子，在资本主义范围内是无法克服的，它只有通过革命，用社会主义取代资本主义，用公有制取代私有制，才能得到解决。资本主义基本矛盾敲响了私有制的丧钟，生产资料公有制取代资本主义私有制成为一种客观的规律性，资本主义必然灭亡、社会主义必然胜利成为历史发展的必然趋势。

马克思、恩格斯指出，未来的社会主义社会的经济基础是生产资料公有制，因为只有社会占有生产资料，才能够与生产力的社会性质相适应。在公有制基础上组织生产，这正是社会主义制度同资本主义制度的“具有决定意义的差别”所在。[①]

那么，生产资料社会主义公有制采取什么形式呢？在社会主义条件下，哪个组织能够代表整个社会来占有生产资料、调控整个国民经济呢？显然只有无产阶级专政的国家。这是因为，无产阶级专政的国家代表了全体劳动人民的根本利益，它是工人阶级和其他劳动人民以及其他一切拥护社会主义的阶层的总代表。马克思恩格斯在《共产党宣言》里，宣布“共产党人可以把自己的理论概括为一句话：消灭私有制”，“共产主义革命就是同传统的所有制关系实行最彻底的决裂”，建立生产资料公有制。在实际工作中怎么实现这一要求呢？他们提出，“无产阶级将利用自己的政治统治，一步一步地夺取资产阶级的全部资本，把一切生产工具集中在国家即组织成为统治阶级的无产阶级手里”。[②] 社会主义社会建立国家所有制是具有客观必然性的。所有社会主义国家在革命胜利以后都把国家所有制确定为生产资料社会主义公有制的主要形式，其依据就在这里。主张消灭国有企业，从理论上讲，这是违反马克思主义基本原理的，也是违反社会发展规律的。

我们再来看看我国国有企业建立与发展的历史。早在新民主主义革命时期，在解放区就有少量的公营企业。全国解放前夕，我们党提出了没收官僚资本归国家所有、建立社会主义性质的国营经济的政策，并且明确在新中国，国营经济是整个国民经济的领导成分，要大力发展国营经济。在1949年召开的七届二中全会上，毛泽东就确定，进城以后关于恢复和发展生产的问题，必须

---

① 《马克思恩格斯选集》，第4卷，第693页，北京，人民出版社，1995年版。

② 《马克思恩格斯选集》，第1卷，第286、293页，北京，人民出版社，1995年版。

把国营工业生产放在第一位，批评了“主要地不是帮助国营企业的发展，而是帮助私营企业的发展”的糊涂观念。随着国民经济的恢复，我国开展大规模经济建设，要建立和发展具有高度社会化性质的大工业，尤其是要建设像苏联援助的156项那样的大工程，这时以私有制为基础的农业、手工业、私营工商业不适应生产力发展的需要了。党中央及时提出了过渡时期总路线，即实现社会主义工业化，实现农业、手工业、私营工商业的社会主义改造（“一化三改”）。总路线一项重要内容就是，通过国家资本主义形式，逐步把资本主义性质的私营工商业改造成为社会主义全民所有制性质的国营经济。到1956年基本上完成了这项任务，这件事情，虽然存在要求过急、形式单一、工作过粗的弊病，总体上说，正像邓小平指出的那样，“工作做得很好”。正是通过“三大改造”，我国建立了社会主义基本经济制度，不仅促进了经济的发展，也为后来的改革开放提供了政治前提和制度基础。自从三大改造基本完成以后，国有经济就一直牢牢保持了对整个国民经济的控制力和影响力，发挥着主导作用，成为我国社会主义事业的强大支柱。我国经过60多年的奋斗，根本改变了积贫积弱的局面，一跃成为世界第二大经济体，这同强大的国有经济是分不开的。

习近平总书记总结我国社会主义发展60多年的经验，明确指出：“国有企业特别是中央管理企业，在关系国家安全和国民经济命脉的主要行业和关键领域占据支配地位，是国民经济的重要支柱，在我们党执政和我国社会主义国家政权的经济基础中也是起支柱作用的，必须搞好。”①

无论从理论上说，还是从历史和现实的实际情况看，我国建立和发展全民所有制性质的国有经济，均符合社会发展的规律，显示出巨大的优越性。那些消灭国有经济的主张，不仅理论上是错误的，违背社会发展规律，也不符合历史发展的实际，是一种历史虚无主义的表现。社会主义是以公有制（国家所有制是公有制的主要形式）为基础的，不是建立在那位“经济学家”杜撰的“民有、民营、民享”基础上的，他的新三民主义不是社会主义，而是私有化，是破坏社会主义的。

① 《人民日报》，2014年8月19日。

(五)理直气壮地宣传把国有企业做强做优做大。习近平总书记提出,要搞好国有企业,把国有企业做强做优做大。我们应该理直气壮地宣传这一思想

第一,发展全民所有制的国有经济,是生产关系一定要适合生产力性质这一客观规律的要求,是符合社会发展规律、符合历史发展趋势的。上面讲过,马克思运用历史唯物主义原理,分析了资本主义基本矛盾,得出资本主义私有制已经束缚生产力发展的结论,按照生产力的社会性质,必须用公有制取代私有制。在社会主义初级阶段,由于生产力水平不高,我们实行公有制为主体、多种所有制经济共同发展的基本经济制度,随着生产力的发展,生产的社会化程度不断提高,总的发展趋势应该是,公有制(尤其是全民所有制)的比重不断扩大。未来我们要彻底消灭私有制,这是大方向,不能忘记,忘记了,就不是合格的共产党员。

中国特色社会主义已经进入了一个新时代。自党的十三大提出社会主义初级阶段的理论以来,经过 30 多年的发展,我国的社会经济面貌发生了很大的变化。虽然总的来说我国仍然处在社会主义初级阶段这一基本国情没有根本改变,但同十三大描述的情况相比较,变化还是不小的。最大的变化是,我国生产力大大发展了,一跃成为世界上第二大经济体;生产社会化程度大大提高了,十三大指出的“发展社会主义公有制所必需的生产社会化程度还很低”的局面,有了很大的改观。生产力的发展、生产社会化程度的提高,客观上要求大力发展公有制经济尤其是发展国有经济。在这种情况下,提出做强做优做大国有经济是历史发展的必然要求,这是理直气壮的。生产力发展了,反而要求“国退民进”,搞私有化,是违反客观规律的。不注意发展壮大国有经济,闹私有化,最终是要受到规律惩罚的。经济规律是客观的,不以人们意志为转移。我们不能干违反客观经济规律的事。

第二,做强做优做大国有企业是巩固共产党执政基础的需要。每一个政党、每一个阶级执政必须有自己的经济基础。经济基础决定上层建筑,没有自己的经济基础,政权是不牢固的。共产党是工人阶级政党,必须把代表工人阶级根本利益的公有制作为自己执政的经济基础。不积极发展全民所有制的国有经济,推行私有化,后果是十分可怕的。一旦没有了公有制,共产党丧失了自己执政的经济基础,还能够继续掌握政权吗?设想一下,假如我们搞了私有化，我们的政权怎么维持和运转呢？公有制经济消灭了，只有私营经济了，我们的政权势必不能靠公有制经济缴纳税收、上缴利润来维持，而只能靠私营经济来养活了。拿了人家的钱就要为人家办事，这是完全可以理解的。在这种情况下，共产党只有两个出路：一是改变党的性质，改成为资产阶级服务的资产阶级政党，这也许可以继续执政，但这个党和政权就是资产阶级性质的了，不能再搞社会主义了；二是如果还想坚持党的无产阶级先锋队性质，还想搞社会主义，那时在经济上占优势的资产阶级就不会容忍你继续执政了，必然要把你赶下台。只要你相信经济基础决定上层建筑，上层建筑必须为经济基础服务的道理，这两种情景，是可以想象得到的。这绝不是危言耸听，而是现实的危险。

我们党看到了这种危险。江泽民在国有企业改革的座谈会上特地指出："社会主义公有制的主体地位决不能动摇，否则我们党的领导地位和我们社会主义的国家政权就很难巩固和加强。"[①]如果"把国有资产大量量化到个人，并最终集中到了少数人手中，那样，我们的国有资产就有被掏空的危险，我们的社会主义制度就会失去经济基础。那时，中国将会是一个什么样的局面？我们靠什么来坚持社会主义制度，靠什么来巩固人民的政权，靠什么来保证实现全体人民的共同富裕？"[②]搞私有化绝没有好下场，它会导致葬送整个中国特色社会主义事业的。

习近平总书记也指出，从政治上看，我们党要做"任凭风浪起，稳坐钓鱼台"。就要有关键时刻听指挥、拉得出，危急时刻冲得上、打得赢的基本队伍。国有企业及其广大党员、干部、职工就是这样的队伍。关键时刻，国有企业及其广大党员、干部、职工是靠得住的。国有企业是我们党执政兴国的重要支柱和依靠力量。如果把国有企业做小了，搞垮了，搞没了，公有制主体地位、国有经济主导作用还怎么坚持？工人阶级领导地位还怎么坚持？共同富裕还怎么实现？我们党的执政基础和执政地位还怎么巩固？中国特色社会主义还怎么坚持和发展？对这些问题，我们一定要想清楚。不能稀里糊涂跟着喊口号，更不能中别人的圈套！

---

① 江泽民：《论有中国特色社会主义（专题摘编）》，第51页，北京，中央文献出版社，2002年版。
② 见《人民日报》1999年7月1日。

我们坚持发展公有制(尤其是国有经济)、坚持把国有企业做强做优做大，绝不搞私有化的政治理由就在于此。

第三，做强做优做大国有企业，才能巩固和增强公有制的主体地位，保证我国社会保持社会主义性质。我国正处在社会主义初级阶段，公有制为主体、多种所有制经济共同发展是我们的基本经济制度。在多种所有制经济并存的情况下，怎么保证我国社会的社会主义性质呢？毛泽东告诉我们，在一个存在多种矛盾的矛盾综合体里，必然有一个是主要矛盾，它规定着、制约着其他矛盾的存在和发展，事物的性质正是由主要矛盾的性质决定的。所以，哪种所有制经济占主体，决定着整个社会制度的性质。公有制在所有制结构中占主体地位，是社会保持社会主义性质的根本保证。而国有经济起主导作用，是公有制为主体的重要标志，按照十五大的说法，公有制为主体，一是国有资产在社会总资产中占优势，二是国有经济具有控制力和影响力，在整个国民经济中起主导作用。没有国有经济的主导作用，就谈不上公有制为主体。如果国有经济被削弱，甚至被私有化了，国有经济的主导作用就不复存在，公有制的主体地位就会丧失，社会主义也就保不住了，社会就会改变颜色。我们在多种所有制经济共同发展的情况下，必须做强做优做大国有企业，这样才能增强公有制的主体地位，社会主义才是巩固的。可以说，越是多种所有制经济共同发展，越要强调增强公有制的主体地位、加强国有经济的主导作用，越要重视把国有经济做强做优做大。

第四，做强做优做大国有经济，才能加强国有经济的主导作用。宪法规定，国有经济在整个国民经济中应该起主导作用。这主导作用，表现在两个方面，一是在整个国民经济的运行中，它能够控制经济运行的方向；二是在各种所有制的相互关系中，它能够鼓励、支持非公有制经济发展，并引导非公有制经济的发展方向。做强做优做大国有企业，国有经济才有能力控制和影响整个国民经济按照预定方向运行，才有能力对非公有制经济进行鼓励和支持，才有能力引导非公有制经济朝着有利于社会主义的方向发展。市场经济讲的是经济实力，口头上说得再多也是不管用的。在市场竞争中，没有强大的经济实力，有谁会理你呢？文件上讲的国有经济的主导作用是会落空的。只有做强做优做大国有企业，国有经济才有可能履行宪法规定的在整个国民经济中起主导作用的职责。

第五,做强做优做大国有企业,是实现共同富裕的基础。共同富裕是一种分配方式、分配原则,而不是具体的分配政策。共同富裕是由公有制决定的。在社会主义条件下,公有制的建立,人们在生产资料面前是平等的,任何人都不可能凭借占有的生产资料来参与分配,人们参与分配的标准只有一个:都按照劳动的数量和质量获得消费品,因而随着生产力的发展,人人都改善生活,人人都提高生活水平。这就叫共同富裕。共同富裕是同剥削、两极分化相对立的,存在剥削、两极分化,就不可能有共同富裕。公有制排除了剥削和两极分化,为共同富裕奠定了基础。公有制基础上才能实现共同富裕,私有制基础上只会导致剥削和两极分化,决不可能实现共同富裕。因此,只有积极发展全民所有制的国有经济,才能达到逐步实现共同富裕的目的。有人一方面侈谈共同富裕,一方面却鼓吹私有化,这不是南辕北辙了吗?有人认为,不消灭私有制,不发展公有制,只要调整一下分配政策就可以实现共同富裕,这是民主社会主义的思想,而不符合科学社会主义的原理。

做强做优做大国有企业,是宪法赋予国国家机关的神圣职责。宪法第七条规定:"国家保障国有经济的巩固和发展。"一段时间里,某些国家机关不关心国有经济的发展,一提到改革,就是为发展私营经济创造条件,看到国有经济有所发展,就谴责说"国进民退"了。他们在实际工作中,不断削弱国有经济,甚至推行私有化,这是违反宪法的行为,必须纠正。

做强做优做大国有企业,是事关党和国家前途命运的大事。我们应该旗帜鲜明地宣传,并在实际工作中坚决贯彻执行,而不应该有任何顾虑和犹豫。做强做优做大国有企业,没有任何理亏的地方。在这个问题上要理直气壮,不能吞吞吐吐,含含糊糊。

(六)驳各种妖魔化国有经济、推行私有化的言论

在改革开放过程中,一些"著名经济学家"从新自由主义的"经济人假设"、私有制永恒出发,炮制了许多否定公有制、妖魔化国有经济的"理论",诸如公有制没有效率,国有企业是垄断,阻碍经济的发展,国有经济与民争利,国有经济必须退出竞争性领域,公有制产权不明晰、无法与市场经济相容,等等,不一而足。诸如此类言论,充斥报章杂志,一时间,公有制,尤其是国有经济被搞臭了。在这种舆论环境下,私有化就变成有道理的了,似乎势在必行。对于这些由新自由主义引申出来的言论,我们必须认真对待,一一予以澄清。

国有企业没有效率论。这是20世纪80—90年代最流行的看法。一些经济学家利用改革过程中国有企业出现的暂时困难，大做文章，喧嚷国有企业注定缺乏效率，理应消灭，必须实行私有化。

国有企业的效率问题，在改革开放前是没有争议的。那时国有企业创造了许多辉煌业绩，这是谁也否认不了的。习近平总书记在国有企业党建工作会议上强调："我要非常明确地说，我国国有企业为我国经济社会发展、科技进步、国防建设、民生改善作出了历史性贡献，功勋卓著！功不可没！这是绝对否定不了的！如果没有长期以来国有企业为我国打下的重要物质基础，就没有我国的经济独立和国家安全，就没有人民生活的不断改善，就没有我国今天在世界上的地位。"

到了20世纪80—90年代，国有企业出现许多困难。一些"著名经济学"抓住这个问题大做文章，闹得沸沸扬扬。我们应该实事求是地分析其原因。改革开放以来，一段时间里国有企业确实遇到许多困难。这主要是因为，国有企业原来的经营机制、管理方法，是按照计划经济这种运行机制设计的。生产什么、生产多少，由国家通过指令性计划规定，生产上需要的物资由国家调拨，生产出来的产品，由国家包销。创造的利润，上缴国家，需要的资金，由国家拨给。企业只是一个计划执行单位，既没有经营自主权，也没有经济责任。这种体制是符合当时历史条件的，起过历史的积极作用。随着改革开放的开展，根据生产力发展的需要，计划的作用日益缩小，市场调节的范围不断扩大。到党的十四大，明确了经济体制改革的目标是建立社会主义市场经济体制，整个经济运行机制发生了根本性的变化。这时国有企业的经营机制、管理方法，显然不适应整个经济运行机制的需要了，迫切需要转型。在转型过程中，出现由于不适应新机制需要所造成的困难是难免的。此外，我们在政策上也存在一些国有企业难以承受的问题，例如"拨改贷"，国有企业利润上交给国家，但生产经营上需要的资金，国家不再拨给，而靠银行贷款取得，使得国有企业资产负债率急剧上升；税收政策向私营企业、外资企业倾斜，国有企业的税率高于非公有制经济成分，私营经济、外资经济享有各种优惠，改革的成本主要压在国有企业身上。加上国有企业的历史包袱沉重，包括离退休职工的负担、企业办社会的负担，短期内摆脱不了。所有这些，使得一些国有企业陷于困境。但这并不是国家所有制造成的，这些困难，主要是具体的经营机制、管理方法以及具体政策层面上产生的，而同公有制本身没有必然的联系。它仅仅表明国有企业必须改革，而不能证明国有经济注定没有效率。

二、在市场经济问题上必须划清马克思主义与新自由主义的界限

市场经济问题是新自由主义的重要内容。批判新自由主义，必须科学地分析新自由主义有关市场经济的理论，划清马克思主义与新自由主义的界限。

由于我国经济体制改革是由传统的计划经济体制转变为社会主义市场经济体制（有时概括为“市场导向的改革”），而新自由主义也是强调市场的作用，有人就分不清楚两者的界限了，认为“都讲市场嘛，有什么区别啊”。这成为批判新自由主义的思想障碍。因此，从理论上讲清楚马克思主义与新自由主义在市场经济问题上的原则区别，是保证改革沿着正确方向开展的重要前提。

新自由主义一大特点是，它鼓吹市场经济万能论，反对国家调控。它是迷信市场的市场原教旨主义，主张完全、彻底的市场化。新自由主义继承了亚当·斯密的让市场这只“看不见的手”来自发地调节经济活动的思想，以及萨伊的供给会自动创造需求，通过价格机制的调节作用整个经济会自动导致平衡的思想，认为自由市场经济能够顺利地解决一切经济问题，使得经济资源获得最佳配置，为个人谋得最多的福利，并防止严重的、全面的经济危机发生。在政策上，新自由主义要求创造一切条件，让市场自发地发挥调节作用，反对政府对国民经济的任何调节，主张政府职能最小化，同时反对社会福利制度，反对工会维护工人利益的活动。

改革开放以来，新自由主义在我国经济学界一度甚嚣尘上，在一些人的头脑里，否认市场经济与社会主义基本制度相结合的必要性和可能性，同时反对国家任何调控。在他们看来，所有这些似乎是不言而喻的、无可争辩的，因而也无须论证。在对三十多年来改革进程进行反思、总结经验教训时，有人反对批判新自由主义，他们的理由是，新自由主义是主张市场经济的，批判新自由主义，实际上就是反对市场取向的改革。他们声称，反思改革就是反对市场取向的改革，主张回到计划经济的老路上去。这是一种似是而非的说法，但颇能迷惑人。因此，我们有必要对此作一点分析。

（一）建立社会主义市场经济体制是中国共产党的伟大创举

1992年，党的十四大明确提出，我国经济体制改革的目标是建立社会主

义市场经济体制。自此我国经济体制改革进入了一个新的阶段。回顾我国建立和完善社会主义市场经济体制的历程，我们可以看到，建立社会主义市场经济体制，的确是马克思主义的社会主义政治经济学史上一个伟大的创举，它提出并解决了一系列重大理论问题和实际问题，为我国经济的发展开辟了广阔的前景。三十多年来我国经济迅速发展，证明了社会主义市场经济体制的正确性。但是，不可否认，在建立和完善这一经济体制的过程中，我们不断受到各种错误思潮，尤其是新自由主义的干扰，这种干扰至今还没有完全排除。在社会主义市场经济体制问题上，划清马克思主义与新自由主义的界限，仍是经济学界的一项重要任务。

大家知道，马克思恩格斯曾经提出，随着资本主义私有制的消灭，生产资料归全社会所有，商品货币关系将不再存在，市场也将消失，让位于计划。“一旦社会占有了生产资料，商品生产就将被消除，而产品对生产者的统治也将随之被消除。社会生产的无政府状态将为有计划的自觉的组织所代替。”[①]社会主义革命是在经济文化比较落后的国家里首先发生的。现实的社会主义国家面临着要不要利用商品生产和商品交换、要不要利用市场机制的问题。在世界社会主义范围内一度占统治地位的观点是，计划经济、市场经济是社会基本制度的范畴，认为市场经济是资本主义的本质，计划经济才是社会主义的基本特征，在这种情况下，就不可能提出在社会主义条件下发展市场经济、利用市场这种方法来发展经济。自十一届三中全会以来，我国在改革开放过程中，通过不断总结改革实践的经验，逐步扩大市场调节的范围，加强市场机制的作用，最后党的十四大明确提出，我国经济体制改革的目标是建立社会主义市场经济体制。在世界社会主义事业中，提出建立社会主义市场经济体制的问题，是一个理论创新。

我国提出社会主义市场经济体制，并不是像某些学者想象的那样是照搬新自由主义的结果。有的经济学家认为，我国的市场取向改革是在新自由主义指导下提出来的，说什么我国的经济体制改革一直在黑暗中摸索，只有受到西方经济学（尤其是新自由主义）的启迪，并运用它来分析中国的问题后，才提出了应当发挥市场的作用的思想。这种说法是不符合实际的。

---

① 《马克思恩格斯选集》，第3卷，第633页，北京，人民出版社，1995年版。

关于在社会主义条件下，要不要和如何利用商品生产、价值规律和市场的问题，马克思主义者曾经进行过艰苦的探索。决不能认为凡是进行市场取向的改革就必然是以新自由主义为指导，也决不能认为批判新自由主义就是反对市场取向的改革。要警惕某些人故意制造理论混乱，在市场经济与新自由主义之间划等号，利用人们对改革的认同感，在“不要否定改革”的旗号下，或者在“反对改革”这根棍子的吓唬下，抵制对新自由主义的批判。

我们回顾一下在社会主义条件下市场经济问题上马克思主义者认识的历史吧。

随着社会主义制度的建立，现实社会主义面临着要不要保留商品生产、要不要利用市场机制的问题。在这个问题上，列宁的思想经历一个变化的过程。在战时共产主义时期，列宁是主张消灭商品生产、消灭市场的。但列宁是一个伟大的彻底的唯物主义者，真正做到了一切从实际出发，总是实事求是地总结经验，纠正错误。战时共产主义时期结束，面对极其困难的经济形势和复杂的矛盾，列宁得出结论，在小农占优势的经济落后的国家里，不能企图消灭商品生产和商品流转，必须利用商品货币关系和市场来建设社会主义。他把商品交换提到首位，把它作为新经济政策的主要杠杆，认为工农业之间的商品交换是社会主义的真正牢固的经济基础，而且是建设社会主义的唯一可能的形式。他提出要“按商业化原则办事”，学会“做文明商人的本领”。列宁是社会主义商品经济和市场理论的奠基人。在马克思主义发展史上，他最早肯定社会主义社会还存在着商品货币关系，存在着商品生产和商品交换的“社会体系”，并把社会主义商品经济看作是一种特殊的商品经济。他明确指出，社会主义条件下的商品、货币的性质，它既具有商品货币的一般性，又具有与资本主义商品货币不同的新的特点，即它是建立在生产资料公有制基础上的，这种商品货币关系不是任其自流的，而是处于国家计划指导、监督之下。当然，列宁对社会主义条件下的商品货币关系和市场的认识有一个逐步深化的过程，经过多次反复，而且运用的概念也与我们今天使用的不完全一致。但不可否认的是，列宁关于社会主义商品经济和市场的论述是他对社会主义经济理论的重大贡献，值得我们认真学习和思考。

20 世纪 20 年代末、30 年代初，苏联生产资料所有制社会主义改造基本完成，一度否认社会主义社会存在商品货币关系的思想有所抬头。在 1934 年联共(布)十七大上,斯大林严厉批评了消除商品关系和消灭货币的思想,强调必须巩固苏联卢布和通过商品交换发展城乡之间经济联系。1952年斯大林在《苏联社会主义经济问题》一书中系统地阐述了他对社会主义制度下商品生产与价值规律的看法。他指出,在全民所有制与集体所有制两种所有制并存的条件下,商品生产是不可避免的,"为了保证城市和乡村、工业和农业的经济结合,要在一定时期内保持商品生产(通过买卖的交换)在这个为农民唯一可以接受的与城市进行经济联系的形式,并且要全力发展苏维埃商业"[①]。他说,并不是任何时候、任何条件下商品生产都会引导到资本主义的,不能把商品生产与资本主义生产混为一谈,这是两种不同的东西。他认为,在苏联只有消费品是商品,生产资料不是商品,它只保留着商品的"外壳"。他提出,在社会主义制度下,价值规律是存在的,发生着作用。但价值规律作用的范围受到了严格的限制,价值规律在个人消费品的商品交换领域保持着调节者的作用,而对生产领域则没有调节的意义,只是具有影响。"价值规律只是在资本主义制度下,在存在着竞争、生产无政府状态、生产过剩危机的情况下,才能是生产的调节者。"[②]这表明,斯大林虽然承认社会主义社会存在商品生产和价值规律,但反对市场对生产的调节作用,他只是要求在计划工作中考虑价值规律的影响。在苏联,这种承认商品生产但反对市场的观点,直到20世纪80年代初,一直是占统治地位的观点。60年代围绕着"利别尔曼建议"开展的有关经济改革的讨论,还专门对"市场社会主义"进行了批判。

斯大林《苏联社会主义经济问题》中关于社会主义商品生产和价值规律的观点,应该放到马克思主义经济思想发展的历史进程中,结合当时的条件进行评价,而不能用现在的认识对历史上的观点加以苛求。毛泽东在20世纪60年代初指出,这本书"正确的方面是主要的……也有一些写得不妥当,再有一些恐怕他自己也没有搞清楚。不要轻易否定这本书"[③]。

新中国成立以后,毛泽东也对社会主义制度下的商品生产和价值规律进行了探索。1958年,他针对某些人急于消灭商品货币关系的观点,明确指出:"现在要利用商品生产、商品交换和价值法则,作为有用的工具,为社会主义服

---

① 《斯大林文选》,第580页,北京,人民出版社,1962年版。

② 《斯大林文选》,第589页,北京,人民出版社,1962年版。

③ 毛泽东:《读社会主义政治经济学批注和谈话》,第25页,中华人民共和国国史学会,1998年印。

务。”“必须肯定社会主义的商品生产和商品交换还有积极作用。调拨的产品只是一部分，多数产品是通过买卖进行商品交换。”[①]他批评有人把商品生产同资本主义生产混为一谈，说他们“没有分清社会主义商品生产和资本主义商品生产的区别，不懂得在社会主义条件下利用商品生产的作用和重要性。这是不承认客观法则的表现，是不认识五亿农民的问题”。他提出，“要有计划地大大发展社会主义商品生产”[②]。他认为，不仅消费品，而且一部分生产资料也是商品。他强调要利用价值规律为社会主义建设服务，提出“价值法则是一个伟大的学校”的名言，认为只有利用价值规律，“才有可能教会我们的几千万干部和几万万人民，才有可能建设我们的社会主义和共产主义。否则一切都不可能”[③]。他主张在制定和实施计划时充分考虑和利用价值规律的作用，但不赞成市场的自发调节。

在我国党和国家的领导人中，长期主管财政经济领导工作的陈云同志，在社会主义条件下计划与市场的关系以及利用市场调节的问题上，提出了精辟的、富有创见的论点。早在1956年，陈云在党的八大上，就提出了著名的“三个主体、三个补充”的经济体制构想，即在工商业经营方面，以国家经营为主体，个体经营为辅；在生产计划方面，以计划生产为主体，自由生产为辅；在统一的市场中，以国家市场为主体，自由市场为辅。他指出，“全国的工农业产品的主要部分是按照计划生产的，但是同时有一部分产品是按照市场变化而在国家计划许可的范围内自由生产。计划生产是工农业生产的主体，按照市场变化而在国家计划许可的范围内的自由生产是计划生产的补充。因此，我国的市场，绝不会是资本主义的自由市场，而是社会主义的统一市场。在社会主义的统一市场里，国家市场是它的主体，但是附有一定范围内国家领导的自由市场。这种自由市场，是在国家领导之下，作为国家市场的补充，因此它是社会主义统一市场的组成部分”[④]。这一构想得到毛泽东的肯定，并受到与会代表和一些外国人士的赞扬。

党的十一届三中全会以后，在改革开放的形势下，陈云根据社会主义经济

① 《毛泽东文集》，第7卷，第435、436页，北京，人民出版社，1999年版。
② 《毛泽东文集》，第7卷，第437、438页，北京，人民出版社，1999年版。
③ 《毛泽东文集》，第8卷，第34页，北京，人民出版社，1999年版。
④ 《陈云文选》，第3卷，第13页，北京，人民出版社，1995年版。

建设正反两方面的经验，补充、完善、发展了原有的观点，为我国探索计划与市场相结合的问题，提供了新的认识。1979 年 3 月，他专门写了一份《计划与市场》问题的提纲，指出："六十年来，无论苏联或中国的计划工作制度中出现的主要缺点，只有'有计划按比例'这一条，没有在社会主义制度下还必须有市场调节这一条。"[①]由于这个原因，我们的计划太死，缺少市场自动调节部分，因而"生产不能丰富多彩，人民所需日用品十分单调"。他认为"整个社会主义时期"必须有两种经济：计划经济部分和市场调节部分。他所说的"市场调节"，是指"按价值规律调节，在经济生活的某些方面可以用'无政府'、'盲目'生产的办法来加以调节"。他认为，这种市场调节是在国家总体调控下起作用的，它"只能是有益的补充"，而不会导致整个社会生产的无政府状态。

陈云指出："问题的关键是，直到现在我们还不是有意识地认识到这两种经济同时并存的必然性和必要性，还没有弄清这两种经济在不同部门应占的比例。"[②]他把计划与市场的关系比作鸟和笼子的关系。他说："搞活经济是在计划指导下搞活，不是离开计划指导的搞活。这就像鸟和笼子的关系一样，鸟不能捏在手里，捏在手里会死，要让它飞，但只能让它在笼子里飞。没有笼子，它就飞跑了。如果说鸟是搞活经济的话，那么，笼子就是国家计划。"[③]"当然，'笼子'大小要适当，该多大就多大。""'笼子'本身也要经常调整，比如对五年计划进行修改。但无论如何，总得有个'笼子'。"[④]

对陈云关于社会主义条件下还必须有市场调节以及计划与市场的关系等思想，应该结合当时的历史条件进行评价。他的这些思想，从理论上说，是对社会主义市场经济的有益探索，是对马克思主义关于商品经济和市场经济的理论的丰富和发展；从实践上说，他的思想在我国从传统的计划经济体制向社会主义市场经济转变过程中起到了中介作用。

应该指出，全面地、系统地提出社会主义市场经济理论的，是邓小平同志。他关于市场经济的理论，我们在下面阐述。

我们讲这一段历史，是想说明，不要一说市场经济，仿佛就是新自由主义

① 《陈云文选》，第 3 卷，第 244、245 页，北京，人民出版社，1995 年版。
② 《陈云文选》，第 3 卷，第 245 页，北京，人民出版社，1995 年版。
③ 《陈云文选》，第 3 卷，第 320 页，北京，人民出版社，1995 年版。
④ 《陈云文选》，第 3 卷，第 320 页，北京，人民出版社，1995 年版。

的“专利”，仿佛只有新自由主义才讲市场经济似的。其实，马克思主义者在这个问题上一直在进行探索。我们今天在市场经济问题上的认识是继承和发展了历史上探索成果得出来的。

我国改革的历史也表明，提出建立社会主义市场经济体制，并不是接受新自由主义思想的结果，也就是说，我国建立社会主义市场经济体制，并不是以新自由主义为指导思想的。第一，建立社会主义市场经济体制的理论基础，是邓小平关于计划与市场的思想，这一思想是他运用马克思主义基本原理观察、分析现实经济生活得出的。邓小平指出，计划经济、市场经济都是发展生产的方法、调节经济的手段，它们属于运行机制的范畴。运用什么方法、手段，应该根据生产力发展的需要进行选择。这一论断，从根本上解除了把计划经济和市场经济看作是社会基本制度范畴的思想束缚，为建立社会主义市场经济创造了前提条件。第二，建立社会主义市场经济，是以我国改革开放的实际经验为实践基础的。把社会主义市场经济体制确定为我国经济体制改革的目标，是党的十四大根据邓小平理论，总结我国改革的实践提出来的。十四大指出，改革十多年来的实践表明，“市场作用发挥比较充分的地方，经济活力就比较强，发展态势也比较好。我国经济要优化结构，提高效益，加快发展，参与国际竞争，就必须继续强化市场机制的作用”①。可见，建立社会主义市场经济体制是我们党把马克思主义的基本原理同中国实际相结合进行探索的成果，是对马克思主义的丰富和发展。这同新自由主义是不相干的。

把市场经济同资本主义制度结合起来，即搞资本主义市场经济，人类已经有几百年的历史了；把计划经济同社会主义制度结合起来，即搞社会主义计划经济，自社会主义社会建立以来，也有了几十年的经验。这些都是大家熟悉的。把社会主义基本制度同市场经济这种运行机制结合起来，在社会主义条件下发挥市场机制对资源配置的决定性作用，这是前无古人的，是中国共产党人的伟大创造。改革开放三十多年的实践表明，这一创造是成功的（尽管还存在许多问题需要从理论上和实践上进一步解决）。党的十七大指出，“把坚持社会主义基本制度同发展市场经济结合起来”，是我国加快实现现代化、巩固和发展社会主义的一项宝贵经验。

---

① 《十四大以来的重要文献选编》（上），第18页，北京，人民出版社，1995年版。

但是，围绕着社会主义市场经济问题存在着许多分歧，有的还属于原则性的分歧，需要运用马克思主义加以分析，以明辨是非。大体上有以下几个问题：一、市场经济有没有社会制度属性？要不要在市场经济前面加"社会主义"四个字？二、市场经济与社会主义基本经济制度是什么关系？是基本经济制度决定市场经济的运转，还是相反？市场经济要不要为社会主义基本经济制度服务？三、社会主义基本制度能不能同市场经济相结合，即公有制同市场经济是否相容？四、社会主义基本制度如何同市场经济相结合，建立社会主义市场经济是不是可以照搬西方的市场经济？五、社会主义市场经济体制是否排斥计划，即要不要把市场经济同国家宏观调控结合起来？围绕着这些问题，马克思主义与新自由主义进行着激烈的斗争。我们必须运用马克思主义政治经济学基本原理，给予正确的回答。

（二）关于市场经济问题的讨论应该以邓小平理论为指导

十八届三中全会通过的《关于全面深化改革若干重大问题的决定》提出，深化经济体制改革，要"使市场在资源配置中起决定性作用"。这一提法，引发了关于市场经济的性质、地位、作用的新一轮热烈讨论。

有人是从新自由主义的市场经济万能论出发来理解这一论断的，他们故意把"使市场在资源配置中起决定性作用"中的"资源配置"四个字删去，篡改成"市场起决定性作用"，仿佛市场在一切领域都应该起决定性作用。有一篇自称是解读三中全会精神的文章（作者是经济工作领导机关负责人）说："提出市场起决定性作用，就是改革的突破口和路线图，基本经济制度、市场体系、政府职能和宏观调控、财税金融、土地制度、生态文明等方面的改革，都要以此为标尺，需要摸着石头过河的改革也有了原则和检验尺度。"这是"深化经济体制改革以及引领其他领域改革的基本方针"。他还明确地说，政府应该放弃调节经济的职能。[①] 按照他的解读，"市场起决定性作用"是全面的、无所不包的，任何领域都要由市场来决定。

有人则担心市场作用大了、起决定性作用了，会导致资本主义。他们的思想深处仍旧是认为市场经济是资本主义的东西，市场经济不能搞多了，搞多了就会变成资本主义。

---

① 杨伟民：《句句是改革，字字有力度》，《人民日报》2013年11月5日。

为了正确理解我国市场取向改革的问题、包括十八届三中全会提出的“使市场在资源配置中起决定性作用”的问题，我们必须依据邓小平理论，尤其是他关于市场经济的理论来进行分析。毕竟邓小平是我国改革开放的总设计师，我国经济体制改革是按照他设计的蓝图开展的，他的关于市场经济的思想是我国建立社会主义市场经济体制的理论基础。可以说，离开邓小平理论的指导，改革就会走上邪路。在讨论有关市场经济的性质、地位、作用范围等问题时，我们必须把邓小平理论作为是非对错的判断标准。

我们重温一下邓小平关于市场经济的论述吧。

改革开放前，我国的政治经济学教科书都认为，市场经济、计划经济都是基本制度的范畴，它们反映了社会制度的本质。市场经济是资本主义特有的东西，计划经济才是社会主义的本质特征。这种思想严重束缚了我国改革的步伐，使得我们不敢运用市场经济来调节经济活动，怕多用了市场经济，就走上了资本主义道路。

邓小平对社会主义政治经济学的一大贡献就是，他明确指出，市场经济、计划经济不是基本制度的范畴，而是属于运行机制的范畴，是资本主义、社会主义都可以运用的发展生产的方法、调节经济的手段。这就解放了我们的思想，使得我们能够在改革过程中充分发挥市场的作用，利用市场经济这种方法、手段来发展经济。

早在改革开放刚刚开始的 1979 年，邓小平在会见美国不列颠百科全书出版公司编委会副主席吉布尼和加拿大麦吉尔大学东亚研究所主任林达光等的谈话时，他就指出：“说市场经济只存在于资本主义社会，只有资本主义的市场经济，这肯定是不正确的。社会主义为什么不可以搞市场经济，这个不能说是资本主义。”“社会主义也可以搞市场经济”，这是社会主义利用这种方法来发展社会生产力，不会影响整个社会主义，不会回到资本主义。社会主义市场经济“虽然方法上基本上和资本主义社会相似，但也有不同”，它“归根结底是社会主义的，是社会主义社会的”[①]。

1985 年邓小平又鲜明地指出：“社会主义和市场经济之间不存在根本矛盾。问题是用什么方法才能有力地发展社会生产力。我们过去一直搞计划经

① 《邓小平文选》，第 2 卷，第 236 页，北京，人民出版社，1994 年版。

济，但多年的实践证明，在某种意义上说，只搞计划经济会束缚生产力的发展。把计划经济和市场经济结合起来，就更能解放生产力，加速经济发展。”“要发展生产力，靠过去的经济体制不能解决问题。所以，我们吸收资本主义中一些有用的方法来发展生产力。现在看得很清楚，实行对外开放政策，搞计划经济和市场经济相结合，进行一系列的体制改革，这个路子是对的。”“我们发挥社会主义固有的特点，也采用资本主义的一些方法（是当作方法来用的），目的就是要加速发展生产力。”[①]

1987 年党的十三大召开前夕，邓小平进一步指出：“为什么一谈市场就说是资本主义，只有计划经济才是社会主义呢？计划和市场都是方法嘛。只要对发展生产力有好处，就可以利用。它为社会主义服务，就是社会主义的；为资本主义服务，就是资本主义的。”[②]根据邓小平的意见，十三大报告明确了社会主义的经济体制应该是计划与市场内在统一的体制。

1990 年底，他在同几位中央领导的谈话中强调，“我们必须从理论上搞懂，资本主义与社会主义的区分不在于是计划还是市场这样的问题。社会主义也有市场经济，资本主义也有计划控制。……计划和市场都得要”[③]。1991 年初，他在视察上海时的谈话中再一次强调：“不要以为，一说计划就是社会主义，一说市场就是资本主义，不是那么回事，两者都是手段，市场也可以为社会主义服务。”[④]

1992 年初，邓小平在视察南方的谈话中，更加明确地指出：“计划多一点还是市场多一点，不是社会主义与资本主义的本质区别。计划经济不等于社会主义，资本主义也有计划；市场经济不等于资本主义，社会主义也有市场。计划和市场都是经济手段。”[⑤]

邓小平这一系列讲话，把市场经济的有关问题说得非常清楚了。这些讲话，在 20 世纪 90 年代是耳熟能详的。我们之所以不厌其烦地引用这些话，是因为时至今日，每当讨论到有关市场经济的具体问题，人们往往把邓小平这些话置诸脑后，忘记运用他关于市场经济的基本思想来分析问题了。看来，重新

---

① 《邓小平文选》，第 3 卷，第 148、149 页，北京，人民出版社，1993 年版。
② 《邓小平文选》，第 3 卷，第 203 页，北京，人民出版社，1993 年版。
③ 《邓小平文选》，第 3 卷，第 364 页，北京，人民出版社，1993 年版。
④ 《邓小平文选》，第 3 卷，第 367 页，北京，人民出版社，1993 年版。
⑤ 《邓小平文选》，第 3 卷，第 371 页，北京，人民出版社，1993 年版。

学习邓小平这些思想是很有必要的。

我认为，把邓小平有关市场经济的思想概括起来，就是要牢牢把握住一点，即：市场经济是发展生产的方法、调节经济的手段。既然是方法、手段，那么，资本主义可以用，社会主义也可以用，这就同把市场经济看作是资本主义本质特征的传统观念区别开来了；既然是方法、手段，那么，能够促进生产力发展，我们就用，不能促进生产力发展，我们就不用，这就同新自由主义的市场经济万能论区别开来了；既然是方法、手段，那么决定性的是谁来运用、为什么目的来运用这种方法、手段，这就可以明确市场经济是从属于基本经济制度的，从而与新自由主义把市场经济的地位抬高到第一位的错误观点区别开来了。

（三）市场经济必然要同一定的社会基本经济制度结合在一起，因而有姓“社”姓“资”的区别

市场经济是发展生产的方法、调节经济的手段，那么它有没有社会制度的属性呢？有没有社会主义市场经济、资本主义市场经济的区别呢？记得1992年党的十四大前夕，在讨论十四大报告稿时，就有人给中央写信，反对“社会主义市场经济体制”的提法，说什么“市场经济就是市场经济，市场经济没有社会主义、资本主义的区别。没有什么‘社会主义市场经济体制’。如果一定要加个形容词，那就叫现代市场经济体制好了。”现在像那位学者那样公开反对“社会主义市场经济体制”提法的人不多了，但这种看法，至今仍或隐或显地存在。比如，有的“著名经济学家”开口闭口讲市场经济，就是不提“社会主义”四个字，不讲社会主义市场经济。回顾20多年来关于社会主义市场经济的讨论，正如刘国光同志批评的，有一种倾向，即把市场经济同社会主义割裂开来，市场经济讲多了，社会主义讲少了，甚至不讲了。

毫无疑问，市场经济，作为发达商品经济基础上的一种经济运行机制，有它自己固有的内容。例如，进入市场的主体（企业）应该是拥有自主经营权、自负盈亏的经济实体，它能够根据市场上供求关系的变化自主地做出经营决策，并对决策的后果负责；绝大多数产品的价格由市场供求关系来决定，而不是由国家来规定；有比较完整的市场体系，包括商品市场、资本市场、技术市场、劳动力市场，各个经济领域市场都能发挥作用；有一系列与市场经济相配套的法律、规章制度和社会保障体系；等等。没有这些内容，市场经济就无法正常运行；没有这些内容，也就不成其为市场经济了。这是各种社会制度下的市场经

济的共性，也就是邓小平所说的社会主义市场经济“方法上基本上和资本主义社会相似”的含义。

但是，任何经济运行机制都是在一定生产资料所有制基础上运转的，它不可能脱离所有制独立地存在、孤立地运转。市场经济作为发展生产的方法、调节经济的手段，必然要有一个行为主体来使用它，它必然要为使用它的行为主体的利益服务。离开行为主体，方法、手段是不可能存在的。这个行为主体就是占有生产资料的经济单位。概括地说，市场经济不是在公有制基础上运转，就是在私有制基础上运转；不是为公有制服务，就是为私有制服务。而所有制是一个社会的基本经济制度，生产资料公有制是社会主义社会的基本经济制度；生产资料资产阶级私有制是资本主义社会的基本经济制度。所以，换句话说，在当今历史条件下，市场经济不是同社会主义基本经济制度相结合，就是同资本主义基本制度相结合；不是为社会主义基本经济制度服务，就是为资本主义基本经济制度服务。市场经济是离不开所有制（即基本经济制度）的。

从哲学上讲，共性寓于特殊性之中。我们在理论上可以把同类事物中共同的东西抽象出来进行认识和分析，但在现实生活中，没有脱离了特殊性而独立存在的共性。打个比方说，我们可以把各种具体水果（苹果、橘子、梨、香蕉等等）中共性的东西抽象出来，把它概括为水果，但在市场上能够买到的，只能是具体的水果。脱离具体的苹果、橘子、梨、香蕉等等的抽象水果，在实际生活中是不可能存在的，是买不到的。同样，我们可以把在资本主义、社会主义等不同社会里运行的市场机制中共同的东西抽象出来，认识它运行的共同规律性，但在现实生活中，能够实际存在的市场经济总是同一定的所有制、一定的社会基本经济制度结合在一起的。世界上没有脱离基本经济制度而独立存在的抽象的市场经济。

市场经济同社会基本经济制度的结合，并不是简单地拼装在一起，而是相互之间存在着从属关系的有机结合。其中基本经济制度是第一位的、决定性的，作为方法、手段的市场经济是第二位的、从属的，它要反映基本经济制度的特点和要求，它的运行要为巩固和发展基本经济制度服务。从这个意义上讲，市场经济是有社会制度属性的。市场经济同资本主义基本制度相结合，为资本主义基本制度服务，它就是资本主义市场经济；市场经济同社会主义基本制度相结合，为社会主义基本制度服务，它就是社会主义市场经济。在现实生活中，市场经济的“社会主义”、“资本主义”这类前置词是不可或缺的。从这个角度说，市场经济是有姓“社”姓“资”的区别的。

1994年江泽民在天津考察时，明确指出：“我们搞的市场经济是同社会主义基本制度紧密结合在一起的。如果离开了社会主义基本制度，就会走向资本主义。”他针对某些人提出的为什么市场经济前面要加“社会主义”四个字的疑问，特地强调：“我们搞的是社会主义市场经济，‘社会主义’这几个字是不能没有的，这并非多余，并非画蛇添足，而恰恰相反，这是画龙点睛。所谓‘点睛’，就是点明了我们的市场经济的性质。西方市场经济符合社会化生产、符合市场一般规律的东西，毫无疑义，我们要积极学习和借鉴，这是共同点。但西方市场经济是在资本主义制度下搞的，我们的市场经济是在社会主义制度下搞的，这是不同点。而我们的创造性和特色也就体现在这里。”[①]

所以，我们在研究市场经济问题时，不仅要研究市场经济这种方法、手段的一般特征，更重要的是要研究社会主义条件下市场经济运行的特殊性，即研究市场经济这种运行机制是如何同社会主义基本制度相结合的，它的运行如何反映基本经济制度的特点和要求，如何为巩固和发展社会主义基本经济制度服务。而这一点，恰恰是当前经济学研究的薄弱环节。

公有制是可以同市场经济相结合的。在讨论市场经济问题时，经常听到一种说法：市场经济同公有制（尤其是国有经济）不相容，要搞市场经济，必须实行私有化。有一位“著名经济学家”形象地表达这一思想：“市场经济增长一分，国有经济就萎缩一分；市场经济建成之日，就是国有经济消亡之时。”这是某些经济学家反对公有制、鼓吹私有化的一个重要论据。在中央召开专门研究国有企业改革的十五届四中全会前夕，《中国改革》杂志接连发表了三篇评论员文章，宣传“国有企业不能构成市场经济的主体”，把国有经济与市场经济的结合称之为“悖论”，提出改革必须走出“悖论”，结论是：“按照市场经济的根本要求，（国有企业）改革的出路只能是非国有化。”所谓“非国有化”，就是把国有资产量化到个人，实行私有化。这几篇评论员文章理所当然遭到中央领导人的批评。遗憾的是，我国实际负责经济改革工作的领导干部，也持有这样的观点。例如国家发展和改革委员会体改司司长就认为，公有制与市场经济不

---

① 江泽民：《论社会主义市场经济》，第202、203页，北京，人民出版社，2006年版。

相容，国有企业只能在市场之外的领域存在和发展。他说，近期“讨论国有企业、央企的边界，其实多年前已经形成共识，只有市场做不了或者不经济的领域，国有企业才可以参与，要大力发展民营经济，民营经济是基础和主体”①。

他们的逻辑是这样的：大前提，我们的改革是要把计划经济体制改成市场经济体制；小前提，公有制经济（尤其是国有经济）同市场经济不能相容，两者是对立的；结论自然是，私有化势在必行。非常遗憾的是，这些经济学家从来不从理论上论证，为什么市场经济同公有制不相容？而只是把这一点当作不容争辩的公理来推销。这说明这些经济学家缺乏理论修养，不讲道理，只是固执自己的偏见。

其实，邓小平从改革开放一开始就回答了这个问题。他明确说，市场经济是资本主义可以用、社会主义也可以用的方法、手段，社会主义同市场经济没有根本矛盾。社会主义是以公有制为经济基础的，这就等于说公有制基础上是可以运用市场经济这种方法、手段的，公有制是可以同市场经济相结合的。主张公有制同市场经济不相容的那些“著名经济学家”，在90年代的时候，总是标榜赞成邓小平理论的，甚至把邓小平理论称为马克思主义的“坐标”。然而他们对邓小平理论采取的是实用主义的态度，有选择性地摘取对他们有用的片言只语，不符合口味的就不提邓小平理论了。说市场经济同公有制不相容，就是一个典型例子。

我们从理论上分析一下公有制同市场经济相结合的问题。这个问题的实质是，市场经济这种运行机制，对进入市场的行为主体提出的要求是什么，公有制能不能满足这种要求。

在社会化生产的条件下，经济运行无非是两种方式：一是计划经济，一是市场经济。计划经济要求企业的生产经营活动完全听从国家统一安排，生产什么、生产多少，由国家下达指令性计划加以规定，企业只是计划执行单位，它既没有经营自主权，也没有经济责任，盈亏都由国家负责。市场经济这种经济运行方式则不同。市场经济是这样一种经济运行机制：企业生产什么、生产多少、怎样生产，不是由国家规定的，而是由企业从自身的经济利益出发，根据市场上商品供求关系，自主地作出经营决策。各种生产要素（包括生产资料、劳

---

① 《经济刺激周年 意见领袖展望宏观政策未来》，《第一财经日报》，2009年11月6日。

动力、技术等等)都通过市场进行配置。在市场经济这种运行机制中发挥作用的是价值规律、竞争规律、供求规律。建立市场经济有一个起码的前提,即进入市场交换的主体是独立的,拥有自主的经营决策权,并具有自己的经济利益,能够根据本身的利益对市场信号自主地做出反应。私有制是符合这一条件的,而且历史发展的事实是,在社会主义制度出现以前,市场经济一直是与私有制结合在一起、以私有制为基础的,人们很容易因此就认为,只有私有制才能搞市场经济。

社会主义革命在一些国家取得胜利以后,在相当长时期内,由于受国际国内形势的制约和人们思想认识上的局限,实行的是计划经济体制。在这种体制下,生产资料全民所有制一直采取"国家所有,国家直接经营、统负盈亏"这种实现形式。在生产上,企业生产什么、生产多少,由国家下达指令性计划加以规定,生产上需要的物资,由国家按照计划进行调拨,生产出来的产品,由国家统一包销;在财务上,生产所需要的资金,由国家拨给,企业获得的利润,基本上全部上缴国家,而亏损则由国家补贴。这样,企业就成为国家机关的附属物,没有经营自主权,也没有独立的经济利益,一切生产经营活动都与市场无关。公有制这种实现形式显然是与市场经济运行机制相排斥的。由于在社会主义国家里计划经济体制实行了几十年时间,人们习惯了这种公有制实现形式,这也容易给人们一种公有制不能搞市场经济的印象。然而这种印象是不正确的。

问题在于,公有制经济(尤其是国有经济)能不能塑造市场机制运行所需要的行为主体?如果公有制能够塑造这样的主体,它就可以同市场经济相结合;如果不能塑造这样的主体,它就同市场经济不相容了。

我国在改革开放以前,国有经济按照计划经济的要求,一直实行"国家所有,国家统一经营、统负盈亏"的体制。公有制的这种实现形式确实是同市场经济不相容的,它确实不能搞市场经济。但是公有制可以有不同的实现形式。早在1984年十二届三中全会通过的《关于经济体制改革的决定》就提出,以往的观念往往把全民所有同国家机构直接管理混为一谈,"根据马克思主义的理论和社会主义国家的实践,所有权同经营权是可以适当分开的。"《决定》要求国有经济进行改革,目标是"使企业真正成为相对独立的经济实体,成为自主经营、自负盈亏的社会主义商品生产者和经营者,具有自我改造和自我发展的能力，成为具有一定权力和义务的法人”[①]。这就是说，国有经济的改革是在保持生产资料归国家所有的前提下，由“国家统一经营、统负盈亏”改为“企业自主经营、自负盈亏”。国家所有制的实现形式实行这样的改革，就可以塑造市场机制运行的行为主体，就可以为建立市场经济体制创造前提条件。

所以，理解公有制（国家所有制）能不能同市场经济相结合的问题，从认识上说，关键是要把公有制本身与它的实现形式分开。我国的实践表明，同市场经济不相容的，不是公有制本身，而是在特殊历史条件下形成的“国家统一经营、统负盈亏”这种实现形式，只要通过改革，改变公有制的实现形式，改为“企业自主经营、自负盈亏”，公有制（国家所有制）就可以搞市场经济。

我国国有企业的改革正是按照这个思路进行的。经过30年的改革，我国已经有一大批国有企业按照市场经济的需要，改革了经营方式、管理方法、组织结构、领导制度、资本组织形式，在市场经济的大海中不断壮大、发展，有的还跻身世界500强。这方面的典型很多，例如中国建材集团、中国医药集团就是很好的例子。它们用实践证明了，公有制不仅可以同市场经济相结合，而且可以结合得很好。

顺便说一下，公有制可以搞市场经济，这是某些西方经济学家也承认的。记得1994年中央经济工作会议前夕，中央曾派记者采访西方12个诺贝尔经济学奖获得者，听取他们对中国经济改革的意见。在采访中，萨缪尔森就从理论上论证了公有制也可以实行市场经济。他说：“市场主体的最基本特征是自负盈亏，只要分清了企业的所有权和管理权，实现真正的自负盈亏，就可以形成一个正常的市场主体，而与其所有制性质并无直接关系，公有与私有都是没有区别的。”连国内主张私有化的经济学家最崇拜的科斯也说：“由于西方经济学的整个理论体系是以私有制已经存在为假定前提的，这就很容易推出私有制是市场经济唯一前提的结论。而我们现在所看到的市场经济的制度基础也只有私有制一种。但历史并没有对公有制基础上的市场经济作出证伪。”他还吹捧说：“如果中国能做到把公有制同市场经济结合起来，这才是真正的中国特色。”

理论与实践都表明，公有制与市场经济不相容、公有制不能搞市场经济的

---

① 《十二大以来重要文献选编》（中），第565、566页，北京，人民出版社，1986年版。

观点是站不住脚的。这种观点，从理论上说，它是退回到改革开放前的把市场经济看作是基本制度范畴的传统观念上去了，仿佛市场经济是资本主义制度的本质，只有资本主义才能实行市场经济；从政治上说，它是直接反对十四大的建立社会主义市场经济体制的决策，因为公有制与市场经济不相容，那等于说，不可能有社会主义市场经济体制。从经济上说，它是为私有化鸣锣开道的。某些经济学家至今还在使劲鼓吹这个观点，不过是为他们推行私有化制造舆论罢了。

（四）市场经济应该服从于、服务于基本经济制度

在讨论市场经济问题时，有人把市场经济抬高到决定一切的地位，一切都得听从市场的要求，进而提出市场经济应该成为基本经济制度改革的“标尺”、“原则”、“检验尺度”。

这就涉及经济学的一个基本理论问题。市场经济、所有制都是人与人之间的经济关系。作为一种经济运行机制的市场经济和作为基本经济制度的所有制结构，它们在经济关系体系中各自的位置是什么？它们之间是什么关系？是市场经济决定所有制结构，还是所有制决定市场经济这种方法、手段的运用？

我们先讲一些一般道理。在任何社会里，人与人之间的经济关系（也就是生产关系）的内容是多种多样的，它是一个多层次的、具有隶属关系的系统。概括来说，经济关系至少有两个层次的内容。

第一，是反映社会经济形态本质的人与人之间的经济关系。这类经济关系决定了生产的目的，决定了社会的阶级结构。每一种社会制度都有它自己固有的、与其他社会制度相区别的社会经济关系，这种社会经济关系构成了该社会制度的质的规定性，决定了它的特点和历史特殊性。所有制关系是这类经济关系的最重要部分。它体现在制度上，就是基本经济制度。

第二，是在具体组织生产、交换、分配、消费过程中发生的人与人之间的经济关系。这类经济关系反映在经济运行、资源配置的过程中，它说明的是各种生产要素相互结合的具体形式和特点，例如企业的经营形式和管理方法，调节经济运行的计划手段和市场手段等等。这类经济关系，体现在制度上，就是具体的体制、运行机制。

在经济关系（即生产关系）这一系统中，前者是决定性的、第一位的，因为

它决定着社会制度的性质；后者是从属的、第二位的，因为它虽有其相对独立的一面，但归根结底是前者的具体实现形式，是从属于前者的，必须反映前者的特点和要求。

所有制关系属于前者的内容，而且是其基础；市场经济则属于后者的内容。所有制与市场经济的关系是清楚的：所有制决定市场经济的性质和运行特点，而不是相反。

邓小平关于市场经济的思想包含了对这个问题的答案。他提出市场经济是发展生产的方法、调节经济的手段。既然市场经济是方法、手段，而方法、手段是不可能独立存在的，必然要由某个行为主体来运用它，怎么运用市场经济这种方法、手段，要由行为主体根据需要来定。行为主体从自己的利益出发，决定采用什么方法、手段，而不是方法、手段决定行为的主体。这点道理，应该是不难理解的。

我们再来看一看我们的基本经济制度（所有制结构）是怎么提出来的。我国正处在社会主义初级阶段。这有两个含义，第一，我们已经进入社会主义社会，而社会主义的经济基础是生产资料公有制，因而必须坚持公有制；第二，我国的社会主义还处于初级阶段，生产力不够发达，而且发展又不平衡，不可能实行单一的公有制，与多层次生产力水平相适应，我们还需要有非公有制经济作为社会主义经济的补充。正是把马克思主义关于生产力与生产关系相互关系的原理同我国社会主义初级阶段的实际相结合，我们党才提出并建立公有制为主体、多种所有制经济共同发展的基本经济制度的。只要是处于社会主义初级阶段，就必须实行这样的基本经济制度，这是具有必然性的客观规律。确立这样的所有结构同采用什么样的运行机制（是采用计划经济还是采用市场经济）没有关系。说实行市场经济了，就要改变所有制结构，那是毫无道理的，这只能说明持这种观点的人连最基本的经济学道理都不懂。

（五）社会主义市场经济体制不能照搬西方的市场经济

讨论社会主义市场经济问题，不仅要回答公有制能不能同市场经济相结合，还需要回答社会主义基本制度如何同市场经济相结合。

应该承认，自从党的十四大提出我国经济体制改革的目标是建立社会主义市场经济体制以来，对社会主义制度与市场经济如何结合这个问题，学术界还缺乏深入的研究。人们经常是采用“拼装”法，把社会主义制度与市场经济运行机制当作两个独立的零件拼在一起。例如,当人们谈到社会主义市场经济与资本主义市场经济的区别时,往往只是指出,社会主义市场经济是以公有制为主体,以按劳分配为主体,国家实行宏观调控把人民的长远利益与眼前利益、整体利益与局部利益结合起来。这实际上仅仅指出了社会主义制度与资本主义制度的区别,而没有指出社会主义条件下的市场经济与资本主义条件下的市场经济有什么区别,仿佛市场经济本身并没有发生什么变化。仿佛不管在什么社会制度下,市场经济都没有什么区别,也不会有区别。有的经济学家则明确指出,市场经济就是资本主义国家里搞的市场经济,社会主义市场经济就是在社会主义国家里把资本主义市场经济那一套搬过来。他们从来不研究也不想研究市场经济这种运行机制同社会主义制度相结合,它的具体实现形式会发生什么变化,即市场经济是如何适应和服从社会主义制度的本质要求的。然而资本主义市场经济本质上是反映和体现了资本主义基本制度的要求,是为资产阶级的利益服务的,照搬资本主义市场经济体制,长此以往,是会销蚀社会主义制度的。例如在社会主义公有制企业里,照搬资本主义市场经济条件下的企业管理方法,慢慢地就会把工人当作雇佣劳动者,削弱以至否定工人阶级的主人翁地位,否定全心全意依靠工人阶级的必要性,进而根本改变企业的社会主义性质。这种危险是客观存在的。

基本制度和运行机制是一个社会经济体系的两个层面的内容,它们都具有自己的固有的质的规定性。如果丧失了这种规定性,也就不成其为这个事物本身,就变成别的事物了。但是,无论是社会基本制度还是经济运行机制,也都有自己本质的具体实现形式。同样的本质,它的表现形式,适应外部环境的需要,可以是多种多样的。当基本制度与运行机制相结合时,这两个层面的质的内容并不会改变,但它们的具体实现形式却不能不适应对方的需要而发生一定的变化。没有这种适应对方需要的变化,它们就不可能有机地结合在一起。

社会主义市场经济是一个统一的有机整体,它是社会主义基本制度与市场经济运行机制的有机结合。在这个整体中,社会主义基本制度和市场经济机制的本质内容并没有变化,但两者在结合过程中,无论是社会主义制度还是市场经济机制,它们的具体实现形式都会发生一定的变化,从而相互渗透、相互影响、相互融合成为一个整体。社会主义的本质特征,如公有制、按劳分配,是不会改变的，改变了就不是社会主义制度了，就变成别的什么制度了；但这些本质特征的具体实现形式，却会随着它是与计划经济相结合还是与市场经济相结合而发生变化，没有这种变化两者就不可能相结合。同样，市场经济也有它自身的质的内容，例如，市场的主体是自主经营、自负盈亏的企业，企业根据市场的变化自行做出经营决策，商品价格要根据市场供求关系来确定，市场对资源配置起决定性作用，等等，这些内容是不能改变的，否定了这些内容，就不成为市场经济了，即变成别的运行机制了；但是，在社会主义条件下和在资本主义条件下，市场经济的这些本质的具体实现形式，会受到基本制度的影响并适应基本制度的要求而显示出不同的特点。社会主义基本制度和市场经济运行机制各自在坚持自身的本质特征的情况下，在具体实现形式方面相互适应对方的需要做出调整，才能形成作为一个有机整体的社会主义市场经济体制。

社会主义基本制度，从经济上说，最重要的就是生产资料公有制和按劳分配。这在整个社会主义时期是不会变化的。但是，社会主义这些本质特征的具体实现形式，在计划经济条件下和在市场经济条件下，显然会有一定的差别。在实行计划经济时，全民所有制采取的实现形式是国家所有，国家统一经营、统负盈亏。企业仅仅是计划执行单位，而没有经营自主权，也没有自己的独立的经济利益，因而它不可能成为市场的主体。当经济运行机制由计划经济转变为市场经济时，这种具体实现形式显然就不适应了，需要进行改革。与市场经济相适应的公有制具体实现形式是国家所有，企业自主经营、自负盈亏。在这种实现形式下，企业是一个相对独立的经济实体，可以成为进入市场运行的经济主体。有人看到国家统一经营、统负盈亏这种实现形式同市场经济的矛盾，就认为公有制与市场经济不相容，要搞市场经济就必须抛弃公有制，实行私有化，这种观点从理论上说，就是把公有制本身与它的具体实现形式混为一谈了。其实，与市场经济不相容的，不是公有制本身，而是它的国家统一经营、统负盈亏这种具体实现形式。只要把公有制的具体实行形式改为企业自主经营、自负盈亏，就可以与市场经济这种运行机制相适应了。这正是我们在由传统的计划经济体制转变为社会主市场经济体制过程中，对公有制进行改革的任务所在。

社会主义公有制在分配领域必须实行按劳分配原则，这是由公有制的性质以及目前的经济条件决定的，具有客观必然性。但是，按劳分配的具体实现形式，会由于经济运行机制的不同而发生一定的变化。在计划经济条件下，整个国民经济好像一个大工厂，各个企业只是它的下属车间，按劳分配是在全社会范围内统一进行的，国家根据劳动的数量和质量，对所有企业的工人统一规定每个行业、每个工种的工资。在市场经济条件下，由于企业具有独立性，是独立的商品生产者和经营者，所以按劳分配是分两阶段进行的。第一步，企业以自己的生产经营活动从市场上获得收入，这实际上是社会通过市场将总收入分配给企业。各个企业生产经营活动的效果不一样，反映了企业个别劳动耗费转化为社会必要劳动耗费的程度不一样，因而各个企业根据按劳分配原则获得的总收入也会有差别。第二步，再由企业按照每个劳动者的劳动数量和质量，将获得的总收入(进行了必要的扣除以后)分配给个人。按劳分配的原则是一样的，但随着运行机制由计划经济转为市场经济，按劳分配的具体实现形式显然是有差别的。

如果说社会主义基本制度在采用不同的运行机制时，它的具体实现形式必须做出相应的调整，否则无法同这种运行机制相结合的话，那么，同一运行机制在与不同的社会基本制度相结合时，它的具体实现形式更应该而且必然发生相应的变化。上面讲过，在社会经济关系体系中，社会基本制度是第一位的、决定性的，经济运行机制是第二位的、从属的。经济运行机制必须反映和体现基本制度的特点和要求，为巩固和发展社会基本制度服务。我们在建立社会主义市场经济体制的时候，必须认真研究市场经济这种运行机制如何适应社会主义基本制度的需要，即必须探索符合社会主义基本制度需要的、与资本主义条件下不相同的市场经济具体实现形式，而不是简单地照搬资本主义市场经济。只有找到适应社会主义制度的市场经济具体实现形式，才能把社会主义制度与市场经济真正结合起来，才能真正建立起社会主义市场经济。这是一项重要的任务。

同一个经济运行机制，当它与不同社会基本制度相结合的时候，适应基本制度的需要，它的具体实现形式必然要发生一定的变化。打一个比方：商品经济是几个社会制度共有的经济形式，它可以与不同生产方式相结合。但当商品经济与不同生产方式结合时，它的具体实现形式必然要根据生产方式的本质要求发生一定的变化，否则两者不能融合在一起。在简单商品经济条件下，商品是按价值进行交换的;到了资本主义社会,资本家要求等量资本获得等量利润,这时商品就不能简单地按价值交换了,价值必须转换成生产价格,在市场上商品只能按生产价格进行交换。商品经济的等价交换原则是一样的,但它的具体实现形式必须随着资本主义生产方式取代简单商品经济而发生变化。与此相类似,市场经济固有的本质内容(如价值规律、竞争规律、供求规律等等)在不同社会制度下是相同的,但它的具体实现形式却会随着社会基本制度的不同也应该而且必然发生变化,否则它不能实现与社会基本制度的结合。

应该承认,在社会主义条件下,市场经济应该采取什么样的具体实现形式,即与资本主义市场经济相比较,它的实现形式应该发生什么样的变化,才能反映和体现社会主义制度的特点和要求,这个问题,在学术界还没有认真开展研究,更没有形成完整的理论体系,而且在某些人的头脑里甚至不承认这个课题。但这是一个十分重要的问题,因为这个问题不解决,社会主义市场经济仍是把社会主义与市场经济作为两个互不影响的独立零件组装在一起,而不是一个有机整体。下面我们就几个问题提出一些看法。

关于竞争问题。市场经济是竞争经济,无论是在社会主义条件下,还是在资本主义条件下,只要实行市场经济,企业之间就必然是竞争关系。但是,私有制企业之间与公有制企业之间的竞争应该是有区别的。在私有制条件下,企业之间的竞争是你死我活的,资本的本性是最大限度地追逐剩余价值,资本家绝不会顾及其他资本家的利益。公有制企业之间,情况应该有所不同。在市场经济中,公有制企业是一个具有自己经济利益的独立实体,企业之间当然是竞争关系,但是由于都是国家所有,所有者是同一的,企业经营都是为全体人民谋利益,因而企业之间除了竞争关系外,还有合作的关系。社会主义市场经济应该建立一种机制,保证公有制企业之间实现既竞争又合作的关系。不应该把公有制企业之间的竞争搞成“你死我活”的关系。

关于知识产权保护问题。市场经济必须保护知识产权,否则会影响企业研发新技术的积极性,阻碍技术进步。资本家是唯利是图的,占领技术上游的企业必然严格封锁先进技术,利用知识产权保护,以便获得最大限度利润。在社会主义市场经济条件下,公有制企业也应该保护知识产权,但是,它们还面临一项共同的任务:尽快推广新技术,提高整个国民经济的效率,更好地满足人民的物质文化需要。不允许借口保护知识产权,妨碍新技术的推广和应用。

建立既保护知识产权又积极推广新技术这样的机制,才能反映公有制的特点和要求。

关于劳动力流动问题。在市场经济条件下,劳动力是按市场原则配置的,可以自由流动。但公有制基础上的劳动力流动机制应该与私有制基础上有所区别。私有制企业里,人们只是追求个人的经济利益,而在社会主义公有制企业里,个人利益与国家利益、集体利益应该统筹兼顾,而且当两者发生矛盾时,个人利益应该服从国家利益、集体利益。这是由公有制经济基础决定的新型利益关系。建立社会主义市场经济时,应该按照这种利益原则建立劳动力流动机制,而不能简单照搬资本主义国家里的劳动力流动机制。

关于分配机制问题。与马克思在《哥达纲领批判》中的设想不同,目前社会主义国家都存在商品生产,价值规律仍起调节作用,因此分配要通过市场进行。在这种情况下,分配的具体形式即具体的工资制度、奖励制度等等,公有制企业与私有制企业有着许多相同之处。但是,分配方式的性质是由生产方式(首先是由所有制性质)决定的,因而在公有制企业里和私有制企业里分配方式有着根本的区别。公有制企业实行按劳分配,私有制企业实行按要素分配。这不能不对分配的具体形式产生影响。我们需要探索在市场经济条件下公有制企业里按劳分配原则的具体实现形式,而不能简单地照抄照搬资本主义企业里的工资制度。

关于企业管理问题。在市场经济条件下,企业必须按照"自主经营、自负盈亏"的要求,建立企业管理制度。但是公有制企业的管理制度必须符合全民所有制的性质,因而同私有制企业有着原则的区别。首先,作为全民所有制的国有企业,企业管理必须坚持党的领导,国有企业的领导成员在管理中必须贯彻党的方针政策,而不是片面地追求利润;其次,国有企业的管理制度必须体现工人阶级的主人翁地位,全心全意依靠工人来搞好企业,企业内部建立平等互助合作的关系,排除雇佣与被雇佣的关系;最后,企业内部的分配制度必须体现按劳分配的原则,多劳多得,反对不劳而获,排除剥削关系,同时反对平均主义。在学习、借鉴资本主义企业管理制度时,不能照搬,必须注意扬弃体现资本家雇佣、剥削工人的内容。如果简单地照搬,反过来会影响、销蚀国有企业的全民所有制的性质的。

关于投资机制问题。在市场经济下,市场是资本这种生产要素配置的决定性机制。但在社会主义条件下资本配置方式与资本主义条件下是有原则区别的。资本主义国家里，私人企业的投资决策完全由资本家根据自己对市场情况的判断做出，因而就全社会来说，资本的配置完全是由市场自发地、盲目地调节的，处于无政府状态。社会主义社会则不同。由于公有制的生产资料是全民的财产，国家作为所有者必须对所有的国有资产的保值增值负责，因而国有企业的投资决策不能完全听任由市场自发地摆布，国家应该根据人民的整体利益和长远利益，对资本的配置进行宏观调控。国有企业不仅要根据市场的变化，而且要根据国家的产业政策和宏观调控的政策，来决定投资的方向，使各个部门的比例关系保持平衡，避免重复建设，防止盲目的无政府状态。

总之，市场经济这种运行机制，当它同社会主义制度相结合的时候，它的具体实现形式应该也必然发生一定的变化。研究市场经济在社会主义条件下的特殊的实现形式（而不是简单地照搬资本主义市场经济那一套），是当前理论界和实际经济工作者的一项重要的、迫切的任务，也是建立社会主义市场经济体制的一个关键问题。

我们的结论是，建立社会主义市场经济，绝不是社会主义基本制度与市场经济两者简单地拼装在一起，社会主义基本制度的具体实现形式必须适应市场经济的要求，而市场经济的具体实现形式也必须适应社会主义基本制度的要求，也就是说，社会主义制度与市场经济在各自坚持自身的本质内容的同时，它们的具体实现形式必须做出适应对方需要的调整。这样，社会主义市场经济才能作为一个有机的整体建立起来。

当前特别需要防止的是，把西方的资本主义市场经济的各种制度、做法照搬到我国来，一说市场经济就是资本主义市场经济那一套。仿佛只要坚持社会主义基本制度，再把资本主义市场经济运行机制搬过来，就是社会主义市场经济了，而不对资本主义市场经济中适应资本主义制度的东西进行扬弃，不根据社会主义制度的本质特征来探讨市场经济的具体实现形式。这样做，不仅不能建立社会主义市场经济体制，而且由于运行机制对社会基本制度的反作用，这种市场经济体制会与社会主义制度产生矛盾，甚至会最终毁坏社会主义制度。目前在某些地方，这种情况已经出现了征兆，必须引起重视。

（六）必须把市场的作用与政府的作用结合起来

新自由主义有一个特点：迷信市场的自发作用，主张经济活动完全交给市场进行调节,排斥国家的经济职能,即所谓“大市场、小政府”。吴敬琏是最典型的了,他要求彻底的市场化,只要还有一点政府干预,那就是改革还不彻底。十八届三中全会的《决定》公布以后,有的人就是按照新自由主义来解读的。《决定》说的是要“使市场在资源配置中起决定性作用”,他们把它篡改为“市场起决定性作用”,进而解读成政府应该放弃经济职能。如此推理,就把《决定》解读得面目全非了。

邓小平科学地界定了市场经济的作用。如上所说,他是把计划经济、市场经济当作发展生产的方法、调节经济的手段,既然如此,合适就用,不合适就不用。哪个时期、哪个地方适合用计划经济,就用计划经济;哪个时期、哪个地方适合用市场经济,就用市场经济。他从来没有说过,只能用一种手段,绝对不能用另一种手段。记得 1994 年夏在高校党建工作会议上,当时中央主管经济工作的朱镕基副总理应邀做经济形势报告,他曾针对市场经济万能论泛滥、丑化计划经济成为时髦的状况,一针见血地指出,邓小平从来没有否定计划经济。事实确实如此。例如,邓小平多次指出:“计划和市场都是方法嘛。只要对发展生产力有好处,就可以利用。”[①]他主张“计划和市场都得要”[②]。他说过“不要再讲计划经济为主”了,但从来没有讲过不要计划经济。在 1989 年政治动乱以后,他仍然强调:“我们要继续坚持计划经济与市场经济相结合,这个不能改。”[③]

可见,邓小平是主张计划经济与市场经济这两种方法、两种手段都应该用,一切从发展生产力这一实际需要出发,而不拘泥于某一种方法,某一种手段。他认为计划经济的优点是可以做到全国一盘棋,集中力量,保证重点,但只搞计划经济,就“把经济搞得死死的”。市场经济的优点是经济可以搞活,“不搞市场经济、连世界上的信息都不知道,是自甘落后”[④],但是,市场经济也有自身的弱点和消极方面。邓小平在总结多年经验后指出:“实际工作中,在调整时期,我们可以加强或者多一点计划性,而在另一个时候多一点市场调节,搞得更灵活一些。以后还是计划经济与市场调节相结合。”[⑤]根据邓小平

① 《邓小平文选》,第 3 卷,第 203 页,北京,人民出版社,1993 年。
② 《邓小平文选》,第 3 卷,第 364 页,北京,人民出版社,1993 年。
③ 《邓小平文选》,第 3 卷,第 306 页,北京,人民出版社,1993 年。
④ 《邓小平文选》,第 3 卷,第 364 页,北京,人民出版社,1993 年。
⑤ 《邓小平文选》,第 3 卷,第 306 页,北京,人民出版社,1993 年。

这些重要意见,党的十四大明确指出:社会主义市场经济体制,要注意发挥计划与市场两种手段的长处,“计划与市场两种手段相结合的范围、程度和形式,在不同时期、不同领域和不同地区可以有所不同”①。

党的十八大报告根据面临的新的形势,提出要全面深化经济体制改革,指出“经济体制改革的核心问题是处理好政府和市场的关系。必须更加尊重市场规律,更好发挥政府作用”②。十八届三中全会的《决定》,在强调要“使市场在资源配置中起决定性作用”的同时,明确指出:“我国实行的是社会主义市场经济体制,我们仍然要坚持发挥我国社会主义制度的优越性、发挥党和政府的积极作用。市场在资源配置中起决定作用,并不是起全部作用。发展社会主义市场经济,既要发挥市场作用,也要发挥政府作用,但市场作用和政府作用的职能是不同的。”③这就是说,市场作用与政府作用不是对立的、相互排斥的,而是相辅相成的。

应该把“尊重市场规律”与“发挥政府作用”两句话一起说,不能有片面性,只讲一个方面,不讲另一个方面。有人在解读三中全会精神时只强调市场的作用,忽视甚至完全否定政府的作用,这是不妥当的。

我们强调既要重视市场的作用又要重视政府的作用,是因为作为调节经济的两种手段,两者各自有优点,也有不足之处,因此各自有其发挥作用的最佳范围。

世界经济发展的历史证明,在商品经济的条件下,市场对微观领域的资源配置是最有效的。市场机制,第一,可以在价值规律支配下,促使企业不断改善经营管理,提高劳动生产率,降低物资消耗,提高资源使用效率;第二,可以在供求规律的支配下,把有限的社会资源配置到社会所需要的部门中去,做到产销对路;第三,可以在竞争规律的支配下,促使资源流向经济效益高的企业中去,从而提高整个社会资源的配置效益。市场配置资源的这些优点,已被我国经济体制改革的实践所证明。我国的改革一再证明:凡是市场在配置资源方面的作用发挥得比较充分的地方,经济发展速度就快,经济效益就好,经济

① 江泽民:《论社会主义市场经济》,第12页,北京,人民出版社,2006年版。

② 《中国共产党第十八次全国代表大会文件汇编》,第19页,北京,人民出版社,2012年版。

③ 习近平:《关于〈中共中央关于全面深化改革若干重大问题的决定〉的说明》,《人民日报》2013年11月16日。

实力就强，只有让市场在资源配置中起决定作用，才能真正做到经济增长率高、经济效益好。

但是，我们在强调充分发挥市场在资源配置中的作用的同时，也要清醒地看到市场本身也有其弱点和不足之处，这主要表现在以下几个方面：第一，市场调节具有短期性。市场通过价格的涨落所反映的社会需求是近期的社会需求，因而它不能进行长期的调节；第二，市场调节具有滞后性。只有某个部门出现了供过于求或供不应求的情况，才能促使企业退出或进入这个部门，这就不可避免地会造成资源的浪费；第三，市场调节具有不确定性。市场只能通过价格的涨落为企业指明社会需求的方向，价格涨落具有一定的偶然性，因而容易造成生产的盲目性；第四，市场调节缺乏全局性。市场调节是受企业的局部利益驱动的，难以协调局部利益和整体利益的关系。此外，在有些领域，市场调节是无效的，这就是西方经济学中所说的“市场失灵区”。例如，公共事业和基础设施建设等，市场是难以调节的。

正是由于市场调节具有上述种种缺陷，因此在社会主义市场经济条件下，还必须由政府对经济进行宏观调控，正确地发挥政府的作用。在确定我国经济体制改革的目标是建立社会主义市场经济体制的时候，江泽民就明确指出：“市场也有其自身的明显弱点和局限性。例如，市场不可能自动地实现宏观经济总量的稳定和平衡；市场难以对相当一部分公共设施和消费进行调节；在某些社会效益重于经济效益的环节，市场调节不可能达到预期的社会目标；在一些垄断行业和规模经济显著的行业，市场调节也不可能达到理想的效果。”因此，他说：“这就要求我们必须发挥计划调节的优势，来弥补和抑制市场调节的这些不足和消极作用，把宏观经济的平衡搞好，以保证整个经济全面发展。”他还指出：“在那些市场调节力所不能及的若干环节中，也必须利用计划手段来配置资源。同时，还必须利用计划手段来加强社会保障和社会收入再分配的调节，防止两极分化。”[①]这一分析是符合实际的、科学的，至今对我们的实际工作仍有指导意义。

既看到市场经济的长处又看到它的不足之处，在强调市场对资源配置的决定作用的同时要求更好地发挥政府的职能，这恰恰是我们同完全迷信市场

---

① 《江泽民文选》，第1卷，第201页，北京，人民出版社，2006年版。

的自发作用、主张市场经济万能论的新自由主义根本区别之一。

那么应该怎样划分政府职能和市场作用两者的边界呢?

大体上可以这么说:微观领域的资源配置,即企业的日常经营活动,应该由市场来调节。

政府不应干预企业的经营活动。改革开放前,我们实行计划经济体制,国家直接从事经营活动,结果经济缺乏活力,效率不高。事实证明,微观领域的活动,由市场进行调节比较有利。政府在经济领域的职能,主要属于宏观领域,概括说来大体有以下三个方面:第一,控制和协调宏观经济,包括保持总需求与总供给的总量平衡、优化产业结构等等。这一领域,依靠市场的自发作用来进行调节,不仅效率低下,而且往往会带来重大损失;第二,制定市场运转的规则,监管企业在市场中的活动;第三,保证公共服务,提供公共产品等等。

可见,政府与市场各自有自己的最佳作用范围,有所分工。从经济活动的角度讲,简单说来就是:微观领域应由市场进行调节,宏观领域应由政府调控。但是两者的作用又不是截然分开的,而是有着密切的联系。十三大有一个提法,即"国家调控市场,市场引导企业"。政府通过计划、财政、金融等手段调控市场活动的基本方向,然后由市场来调节企业的经营活动,落实政府规定的大政方针。

十八大以及十八届三中全会关于正确处理市场作用与政府作用的关系的论述,是对邓小平关于计划与市场关系的思想的继承和发展,也是对新自由主义只要市场作用、不要政府作用的市场经济万能论的有力批判。

经常有人提出一个问题:既然计划和市场都要用,为什么我们把经济体制改革的目标确定为建立社会主义市场经济体制呢?

党的十四大前夕,江泽民在解释为什么会从"计划与市场相结合的社会主义商品经济"、"社会主义有计划的市场经济"、"社会主义市场经济"这三种提法中,选择后者作为新的经济体制的提法时说:"有计划的商品经济,也就是有计划的市场经济。社会主义从一开始就是有计划的,这在人们脑子里和认识上一直是清楚的,不会因为提法中不出现'有计划'三个字,就发生是不是取消了计划的疑问。"[①]这清楚地表明,社会主义市场经济并不排斥计划性,从一定意义上说,它就是有计划的市场经济。

---

① 《江泽民文选》,第1卷,第202页。

值得注意的是，在建立社会主义市场经济体制过程中，有人强调“市场化”，仿佛改革就是全面彻底地实行市场经济。他们不仅在经济领域中完全否定计划的作用，否定国家的宏观调控职能，而且在非经济领域里也实行市场化，推行教育产业化、医疗市场化等等，甚至提出政治市场化、思想上市场化这样荒唐的主张，引起了思想混乱，导致人民的不满。这是新自由主义的市场经济万能论的反映。今后一段时间里，纠正这种由新自由主义的市场经济万能论带来的偏差，是深化改革的一项重要任务。

从世界经济发展的历史的角度来看，在当前条件下，宣扬市场经济万能论，推崇市场经济自发地、不受调控地发挥作用，是不符合经济发展的客观要求的。如果说在资本主义初期，由于封建主义国家干预经济，妨碍资本主义经济的发展，这时强调“看不见的手”的作用，强调国家只应该充当“守夜人”角色，主张自由放任的市场经济是有一定的积极作用的话，那么，随着资本主义的发展、生产的社会化程度的提高，各个部门、企业之间的经济联系越来越密切，整个国民经济联结成为一个整体，这时宏观经济的平衡就成为微观经济生存和发展的必不可少的前提。所以自进入 20 世纪以来，所有发达资本主义国家都在不同程度上提出和加强国家的宏观调控，都主张把国家宏观调控与市场经济结合起来。新自由主义的市场经济万能论，是国际垄断资产阶级推销给社会主义国家和不发达国家的，而他们自己是不实行的。俄罗斯和东欧原社会主义国家、阿根廷等第三世界国家接受新自由主义，按照市场经济万能论制定和推行改革措施，导致了严重的社会经济后果，这表明新自由主义宣扬市场经济万能论是抱有险恶政治用心的。

战斗正未有穷期。尽管我们党旗帜鲜明地提出批判新自由主义，要求划清马克思主义与新自由主义的界限，然而由于新自由主义盛行多年，一时很难清除，加上改革开放以来，私有制得到很大发展，新自由主义有着滋生的深厚土壤。一些经济理论工作者和实际经济工作者，深受新自由主义的影响，误导着我国的改革。批判新自由主义，仍是我国理论界一项十分艰巨的任务。

（原载《察网》2017 年 12 月 17 日，有删节）

新自由主义:通向灾难之路

——兼论新自由主义与自由主义的渊源和区别

何秉孟

党的十八届三中全会通过的《中共中央关于全面深化改革若干重大问题的决定》(以下简称《决定》),对我国未来七年全面推进经济体制、政治体制、文化体制、社会体制、生态文明体制以及党的建设制度等领域的改革作了全面、系统部署。《决定》在"全面深化改革的重大意义和指导思想"一节中庄重宣示:"全面深化改革的总目标是完善和发展中国特色社会主义制度,推进国家治理体系和治理能力的现代化";要"坚持党的领导,坚持党的基本路线,不走封闭僵化的老路,不走改旗易帜的邪路,始终确保改革正确方向";《决定》强调:"经济体制改革是全面深化改革的重点,核心问题是处理好政府和市场的关系,使市场在资源配置中起决定性作用和更好发挥政府作用。市场决定资源配置是市场经济的一般规律,健全社会主义市场经济体制必须遵循这条规律,着力解决市场体系不完善、政府干预过多和监管不到位问题。"

《决定》的通过及《决定》的上述庄重宣示,充分体现了以习近平同志为核心的党中央坚持党的基本路线,高举中国特色社会主义理论和改革开放的旗帜,排除来自右的、"左"的各种干扰,面对改革攻坚期和深水区的种种艰巨任务,义无反顾地要率领全党和全国人民闯关夺隘、攻坚克难,将完善和发展中国特色社会主义制度的改革全面、系统推向深入的雄伟胆略和坚强决心。

前进目标已经明确,改革蓝图也已绘就。现在的关键是朝着这个总目标把蓝图一步一步变为现实。我们必须清醒地看到,改革《决定》的敲定以及改革蓝图的绘制,是排除右的、"左"的种种干扰的结果;落实《决定》的过程,必然还会遇到各种阻力和干扰。我国三十多年的改革历程反复证明:每到改革关键时期,各种错误思潮便会冒出来,企图干扰乃至误导改革进程。我们学习、贯彻、落实十八届三中全会通过的《决定》,全面推进改革,既要警惕封闭僵化的"左"的倾向,更要抵制借口改革实则改旗易帜的右的干扰,当前,尤其需要继续批判和抵制新自由主义思潮。为此,我们有必要对新自由主义的本质、美国在全球推行新自由主义的效果等问题有一个基本的了解。

当前,思想、理论乃至意识形态领域的斗争极其复杂。肇始于美国的国际金融危机的发生,标志新自由主义思潮实践模式的破产,新自由主义思潮在思想理论界本来已成过街老鼠,但是就在这关键时刻,有人将新自由主义思潮同自由主义思潮捆绑在一起,试图搅浑水,以抵制、干扰对新自由主义的批判。为更好地认清和准确把握新自由主义的本质,将批判和抵制新自由主义的斗争引向深入,本文在论述为什么必须继续批判和抵制新自由主义的同时,对新自由主义思潮同自由主义思潮的渊源与区别也作一个简要论述,以就教于学界。

一、自由主义思潮:资产阶级的政治哲学

从源头上看,我们现在讨论的新自由主义,同近些年在我国思想理论领域泛滥的"历史虚无主义"等错误思潮似乎有所区别:歪曲、污蔑中国近现代革命史的"历史虚无主义"等思潮主要是土生土长的,而新自由主义主要是一种舶来品,是 20 世纪 80 年代初开始陆续传入我国的一种西方资产阶级的理论体系。

我们知道,西方资产阶级的理论库中,自由主义思潮占有极其重要的地位,而且,这种自由主义思潮非常庞杂,有各种各样的以"自由主义"命名,或者在"自由主义"的前面冠之以"新"或"新的"之类头衔的思潮和理论;它们的含义有些相近,但有些相互间虽具有某种渊源关系而含义却区别很大。我们在此讨论的新自由主义同自由主义思潮之间的关系,就属于后一种情况。

资产阶级自由主义思潮,发轫于十三、十四世纪欧洲中世纪兴起的文艺复兴时期,至今已 700 余年,可谓垂垂老矣。纵观这 700 余年中自由主义思潮的流变,粗线条地划分,我认为大致可分为三个阶段,即:13—16 世纪文艺复兴时期的人文主义阶段,17—19 世纪自由竞争资本主义时期的兴盛阶段,20 世

纪以来自由主义思潮的衰落阶段。

第一阶段的自由主义思潮:文艺复兴时期的人文主义。我们知道,文艺复兴发生于十三、十四世纪的西欧。13 世纪至 16 世纪,是史称“西欧最黑暗的中世纪时期”。就是在这个“最黑暗”的中世纪,宗教神权同封建特权相勾连,建立了一套森严的等级制度,上帝作为绝对的权威居于最顶层,基督教会成为奴役人们心灵的精神锁链,文学、艺术、哲学等一切都得遵循《圣经》教义,不能越雷池半步,否则,宗教法庭就要对其制裁,甚至处以极刑。在宗教神权和封建特权的双重高压下,文学艺术万马齐喑,学术科技死气沉沉,同人们可以自由发表各种学术见解、文学艺术达到很高成就的古希腊和古罗马形成强烈对比。这种强烈对比,唤醒人们对自由的强烈渴望与追求。再加上十四、十五世纪,在意大利北部的威尼斯、佛罗伦萨等城市,相继出现资本主义萌芽,而资本主义的商品、货币关系天生与自由特别是人的自由相联系。正是在这种背景下,在意大利,呼唤、提倡人的自由的思想运动像春风一样吹遍整个西欧,以人文主义为核心的文艺复兴运动由此兴起。在持续三、四百年的文艺复兴运动中,但丁、达·芬奇、莎士比亚等一批正在形成中的资产阶级的文学家、艺术家,打着复兴希腊、罗马古典文学艺术的名义,批判欧洲“最黑暗”的中世纪时期的宗教神权、封建特权或封建专制,提倡人的个性解放、人身自由、保障人权等,弘扬新兴资产阶级新的思想和新的文化,催生资本主义这一新的社会经济制度。这一阶段以人文主义为核心的自由主义思潮,可以说是资产阶级自由主义思潮的启蒙阶段。

第二阶段的自由主义思潮,是一种比较成熟的资产阶级政治理论和政治纲领。其核心价值范畴有个人自由、个人人身安全、公正、平等,以及参与选举、参与制定法律和享有法律规定的其他民主权利等。这一阶段自由主义思潮的主要代表人物不仅有资产阶级的文学家、艺术家,更有洛克、孟德斯鸠、亚当·斯密、康德和穆勒等资产阶级的哲学家、政治学家。这里特别值得一提的是亚当·斯密的独特理论贡献。亚当·斯密本是一位哲学家和政治理论家,早年执教于英国格拉斯哥大学,讲授道德哲学、逻辑学、政治哲学等课程;中年以后涉足经济学,用自由主义思潮的自由、平等等政治学的理念审视经济问题,1776 年出版《国民财富的性质和原因》(后人简称《国富论》)。这部巨著的面世,标志着英国古典经济学理论体系得以创立。所以可以说,亚当·斯密是古典经济学或古典政治经济学理论体系的最重要创立者。从此以后,斯密的以自由竞争、自由经营、自由贸易为核心理念的古典经济学指导自由竞争资本主义经济运行长达150多年。从这里我们可以看到,斯密等人创立的以自由竞争、自由经营、自由贸易等基本原则的古典经济学,虽然同自由主义思潮有一些渊源关系,但在内涵上两者间有重大差别,不属于同一学科范畴,一个属于经济学或政治经济学,一个属于政治学或政治哲学。下面我们将会看到,弄清楚这一点,对于我们把握新自由主义同自由主义思潮两者间的联系与差别极为重要。

自由主义思潮发展的第三阶段,也即19世纪末、20世纪初,该思潮开始步入走下坡路的阶段。19世纪末、20世纪初,资本主义由自由竞争阶段进入垄断阶段、帝国主义阶段后,资本主义的基本矛盾以及由基本矛盾所决定的其他各种矛盾日益尖锐,最突出地表现在三个方面:一是经济危机频繁发生;二是两极分化加剧,贫者愈贫、富者愈富,导致资产阶级同无产阶级、广大劳动者的矛盾越来越尖锐;三是帝国主义宗主国与殖民地、半殖民地之间的矛盾和斗争日趋激烈。由资本的本性所决定,当时资产阶级在应对这些矛盾与斗争时所选择的手段,是进一步加强剥削、掠夺和政治高压乃至残酷血腥的武力镇压。在由此所导致的血淋淋的现实面前,以宣扬自由、民主、平等、人权等价值理念为核心的自由主义思潮,失去了在昔日反对宗教神权、封建特权斗争中所具有的光环,变得不仅苍白无力,而且显得极其虚伪,从而在西方思想界、理论界遭遇到普遍的质疑、嘲笑与批评。从20世纪初起,自由主义思潮的影响力、号召力日渐式微,开始了走下坡路的旅程。突出标志之一是,自由主义思潮分化为形形色色且相互龃龉的流派。如,社会民主主义和新的自由主义、政治自由主义等等,其中,影响比较大的有两个流派,即自19世纪末、20世纪初开始先后浮出水面的社会民主主义、新的自由主义,同古典自由主义争夺思想乃至整个意识形态的主导权。

社会民主主义日渐兴起。社会民主主义是社会党(工党)国际解决社会矛盾、处理政治问题的基本政治理念。德国社会民主党当代首席社会民主主义理论家托马斯·迈尔认为,社会民主主义理论是从对古典自由主义内在矛盾的批评并试图解决其内在缺陷中产生、发展起来的;社会民主主义的主要理念,由德国工人领袖、同时也是德国工人运动中的机会主义分子斐迪南·拉萨尔于19世纪60年代中期提出。1864年，斐迪南·拉萨尔在柏林刑事法庭作题为“科学与工人”的辩护时指出：社会不平等源自人与人之间财富与能力的差别，因此，仅有“自由的机会本身是不够的，为了能从道义上对社会组织加以辩护，必须有进一步的利益原则，即共同与协调发展原则”。社会民主主义作为一种较为系统、成熟的理论体系，出现在此后约半个世纪的20世纪20年代，也就是在德国魏玛共和国时期，由宪法学家及政治学家赫曼·黑勒创立。赫曼·黑勒“倡导自由主义民主的政治理念，认为这是资本主义社会成功并合法转型的唯一道路。而且，他确信仅仅通过社会改革不可能克服社会和经济的不平等”，“自由主义民主必须进化成社会民主主义”，“只有当社会经济现实(公正)被视为一个普适性的基本原则，政治整合才能成功”；黑勒指出，实质公正的社会秩序建立在三个支柱之上：劳动公正领域、物品公正领域、全面的社会保障领域。他强调，“工人应该通过劳工组织参与决策过程，对财产权应有所限制”[①]。

社会民主主义理论自20世纪20年代成形至今已近百年。近百年来，这一理论经过多次修正主义浪潮(在欧洲社会党眼中，“修正主义”是褒义词)的冲击，其内涵逐步“转型”。托马斯·迈尔曾说：欧洲社会民主主义历史上出现过两次修正主义浪潮，不断推动社会民主主义转型；“在社会民主主义的历史中有过四个先后相继并且部分地也是同时描述这里所涉及的事物的名称：社会主义、民主社会主义或自由社会主义、社会的民主主义和社会民主主义”，“作为概念，‘社会民主主义’和‘社会的民主主义’，明确无误地把历史责任与民主和公正内在的、不可分割的联系结合起来”[②]。托马斯·迈尔评估社会党(工党)国际诸党一百余年来“转型”的情况时曾认为：“转型”最为成功的是瑞典社会民主党。因此，捋清楚瑞典社民党指导理念的“转型”过程，对于我们进一步认识当代欧洲社会党(工党)国际诸党的指导理念社会民主主义的自由主义本质具有重要意义。

瑞典社会民主党成立于1889年，成立初期，该党信奉的社会民主主义理

① 参见托马斯·迈尔：《从自由民主制与社会民主制的比较中看社会民主主义的基本价值和原则》，何秉孟、姜辉、张顺洪编著《欧洲社会民主主义的转型》，北京：社科文献出版社，2010年，第33～35页.

② 托马斯·迈尔：《社会民主主义的转型——走向21世纪的社会民主党》，殷叙彝译，北京：北京大学出版社，2001年，第1页。

念同科学社会主义在不少方面是相通的。1897年,在其第四次代表大会上通过的该党首份“党纲”宣告:“社会民主党不同于任何其他政党,旨在彻底改造资本主义社会的经济组织,实现工人阶级的社会解放。”从这里我们可以看到:第一,瑞典社民党是工人阶级的政党;第二,主张“彻底改造”资本主义的经济制度;第三,主张实现工人阶级的社会解放。虽然“彻底改造”是否意味着消灭资本主义的剥削制度以社会主义制度取而代之、所谓“实现工人阶级的社会解放”是否意味着建立一个以工人阶级为统治阶级的社会主义社会,并没有明确加以说明,但首份“党纲”的这几点宣示还是具有同科学社会主义相通的地方的。

随着马克思恩格斯的先后去世,在19世纪末、20世纪初,世界社会主义运动遭受了伯恩施坦修正主义浪潮的巨大冲击。

19世纪七八十年代,人类社会进入以电磁学、电力技术的广泛应用为主要标志的第二次科技革命时期,极大地提高了社会生产力,曾一度促进了世界资本主义的平稳发展,深刻影响到资本主义的生产方式——推动以自由竞争为特征的资本主义向垄断资本主义过渡。面对资本主义的这一发展变化,伯恩施坦不是运用马克思主义的立场、观点和方法去研究资本主义的新变化,沿着正确的方向去发展马克思主义,而是全面阉割马克思主义的革命灵魂,否认马克思主义关于资本主义制度必然被社会主义制度所取代的原理;反对无产阶级夺取政权,“炸毁”旧的国家机器,推翻资产阶级的统治,主张用“和平过渡”的手段过渡到“民主社会主义”,积极地“发展”资本主义民主、自由制度。伯恩施坦宣称:对科学社会主义“通则”和社会主义的最终目的“不感兴趣”,社会主义的最终目的“是微不足道的,运动就是一切”。

20世纪初,在伯恩施坦主义的影响下,瑞典社民党开始步入议会斗争时期,1914年成为瑞典议会第一大党,三年之后与自由党组成联合政府,开始了执政生涯;20年代还曾三次单独组阁,但因其在议会中没有占多数,根本无法实现其党纲规定的关于生产资料国有化的目标。这样,就在理论与实践上出现尖锐矛盾。该党理论家尼尔斯·卡莱比认为,所谓“社会主义”,不一定是以生产资料公有制为基本特征的经济社会制度意义上的;国家通过立法或相关的经济、社会政策对私人资本进行限制、引导,以使其符合“自由、公平、团结互助”等社会主义价值观的要求,也是“社会主义”。他的这些见解,被后人归结为“功能社会主义”。这里的“功能”，无非就是政治层面的“自由、公平、团结互助”的所谓“社会主义价值观”而已。这样，从形式逻辑上看，用“功能社会主义”改造该党首份“党纲”宣示的多少与科学社会主义有些相通的“社会主义”理念，使瑞典社会民主党摆脱了我们前面已经指出的理论与现实严重脱节的困境。也正因为这一点，使瑞典社会民主党信奉的理念割断了同科学社会主义本来就很脆弱的联系，“转型”到了社会民主主义的基点之上了。

第二次世界大战结束前夕，也即在瑞典社会民主党连续执政12年之后的1944年，该党召开代表大会，讨论工人运动的“战后纲领”。“战后纲领”指出：“社民党的目标是改造资本主义社会的经济组织，使生产的决定权掌握在人民手中”，社民党政府的“首要任务是协调各种经济活动”，使之成为在社会领导下的“计划性经济”；“战后纲领”主张将某些私人垄断部门收归国有，但其他“私人企业只要能够完成所给予的任务——在全面而有效地使用劳动力和生产资料情况下，给广大群众以技术上所能允许的最大好处，就可以像以往一样存在下去”，否则，政府将采取“计划性措施对其进行干预”。“战后纲领”还提出了充分就业、公平分配、经济民主以及社会福利等战后的经济政策目标。瑞典社民党的“战后纲领”同其1897年的首份“纲领”相比较，最大的不同在于：没有提“实现工人阶级的社会解放”；也不再反对资本主义私有制，“纲领”不仅在“改造资本主义的经济组织”的前面删去了“彻底”二字，而且明确提出了可以有条件地允许私人资本存在下去。这表明，瑞典社会民主党用“党纲”的名义将改良资本主义正式确定为党的目标。这样，就以党纲的形式肯定了20世纪20年代尼尔斯·卡莱比的理论观点，完成了该党在修正主义的第一次浪潮的冲击之下的最为本质的一次“转型”。

20世纪70年代发生的以“滞胀”为特征的世界资本主义经济危机，以及在此期间出现的以信息网络技术的发明和广泛应用为主要标志的第四次科技革命，推动资本主义由国家垄断向国际金融资本垄断过渡，适应国际金融垄断资本全球扩张需要的新自由主义开始在全球泛滥。这一事变，使经过改良的瑞典资本主义模式——“瑞典模式”也未能幸免于难。1976年，同样在“滞胀”危机中挣扎的瑞典举行大选，已连续执政44年的瑞典社会民主党首遭败绩，丢掉了执政地位。这迫使瑞典社会民主党进行“反思”，并在“反思”中实现社会民主主义进一步向右“转型”。2001年11月6日，瑞典社会民主党召开的第34次全国代表大会讨论并通过的该党第八份“党纲”,集中反映了瑞典社会民主党的指导思想社会民主主义受修正主义的第二次冲击而向右“转型”的内涵。

(1)彻底放弃了社会民主党工人阶级属性的立场,仅含蓄宣称“代表劳动的利益”。会后,该党领导人更是多次宣称:该党是跨越阶级与集团利益的多元化的“现代政党”[①]。

(2)宣称“夺取生产资料的所有权不再是决定性的因素”,“决定性因素是民主控制而不是所有权”,“社会民主党致力于建立一个以民主理想和人人平等为基础的社会”;在攻击革命必然导致专制的同时,大力推崇改良主义路线,认为改良“是建筑在民主参与和多数民众支持的改革基础上”的,社会民主党的目标就是通过改良“致力于建立一个以民主理想和人人平等为基础的社会”,也就是改良的资本主义。

(3)第八份“党纲”虽然仍并用“民主社会主义”和“社会民主主义”作为指导思想和基本价值观,但却宣称“民主社会主义”和“社会民主主义”理想等“来自先辈的文化遗产”,“经过后代人(瑞典社会民主党)经验的改造”,成为“以自由、平等和团结等为出发点”的价值观[②]。

由此可见,瑞典社会民主党的指导理念——转型后的社会民主主义,在本质上已进一步趋同于主张保障个人自由、民主、平等、人权等基本政治理念的自由主义思潮了;不同之处仅在于,它拓展了这些理念,强调:自由不只是个人的自由,也包含免于被歧视的自由、免于被控制了生产工具的资本家滥用政治权力的自由;平等不只是在法律面前的人人平等,基本的经济、文化、社会平等以及机会平等是个人发展的前提;自由与平等不是矛盾的,平等是自由发展的条件,两者密不可分;提倡团结互助,同情、支持遭受不公正和不平等待遇的弱者;等等。因此,瑞典社会民主党以实践社会民主主义所建构的被称为“瑞典模式”的社会,正如它们自己所反复申明的,是改良的资本主义[③]。综合以上分析,我们完全可以做出这样的判断:瑞典社会民主党的经过“转型”的指导

---

① 参见唐海军:《瑞典社会民主党的性质及主张》,《当代世界与社会主义》2005年第6期。

② 参见《瑞典社会民主工人党党纲——2001年11月6日威斯特罗斯代表大会通过》,高锋译,《当代世界社会主义问题》2003年第1期。

③ 参见何秉孟、姜辉、张顺洪编著:《欧洲社会民主主义的转型》,北京:社会科学文献出版社,2010年,第220、291、309页。

理论——社会民主主义，本质上已同资产阶级自由主义思潮没有多大区别了。

新的自由主义日渐崛起。新的自由主义，是20世纪初由英国学者霍布豪斯和霍布森等创立的资产阶级自由主义思潮内的一个学派。霍布豪斯和霍布森是20世纪最具影响的现代自由主义的政治思想家。新的自由主义将“自由”的内涵延伸为八大要素，即公民自由、财政自由、个人自由、社会自由、经济自由、家庭自由、民族自由和国际自由等；新的自由主义还强调：自由不是绝对的，法治是实现自由的第一步；自由有积极自由与消极自由之分，要变消极自由为积极自由；注重自由的社会意义，强调自由的社会整体性，主张国家应积极广泛干预政治、经济、社会等活动，缓和社会矛盾，维护、发展个人自由；提倡实行“混合经济”，在国家调控和自由竞争的前提下，把个人利益和公共利益相结合，促进社会发展；为实现公共利益，个人应当服从国家规划和对社会生活的干预；认为在国际社会中具有畏惧感或使他国畏惧的国家不会有真正的自由。由上可见，新的自由主义主要围绕政治上的“自由”做文章，算得上是名副其实的自由主义思潮。在20世纪二三十年代之后的近一个世纪里，虽然尚没有一个国家的社会党（工党）宣称将新的自由主义作为自己的指导思想，但实际上，这种思潮对现当代资本主义世界的中小资产阶级政党的影响还是很大的。自20世纪30年代之后的相当长的一段时期里，正是这种政治层面的所谓新的自由主义思潮，同凯恩斯主义这种经济理论搭档，成为不少欧洲国家政党特别是英国工党和保守党在相当长一个时期内的执政理念。如1945年，英国工党和保守党达成的“两党共识”即“巴茨克尔主义”[①]，其中关于“自由”“民主”“平等”“公正”的执政理念，就源自新的自由主义学派。这一学派关于“自由”的见解，不仅比古典自由主义要完善，而且胜过社会民主主义，以至欧洲有的学者认为，同社会党（工党）的政治理念——社会民主主义相比较，新的自由主义“更为接近社会主义”[②]。

从以上分析我们可以看到，现代自由主义思潮，不论是社会民主主义，还是新的自由主义，尽管同早期或古典自由主义思潮有些许差别，如：社会民主

---

① 由英国保守党政府财政大臣巴特勒和最大在野党的工党的财政发言人德茨克尔主持会谈并联署的“两党共识”。后来由英国刊物《经济学家》首次将这一共识用巴特勒名字的第一个字和德茨克尔的后三字组合成巴茨克尔主义以命名。

② 参见何秉孟、姜辉编著：《阶级结构与第三条道路——与英国学者对话实录》，北京：社会科学文献出版社，2005年，第146～148页。

主义更强调公平、平等,主张基本的经济、文化、社会平等乃至机会平等,提倡团结互助等等;新的自由主义拓宽了"自由"的内涵,并提倡实行"混合经济",主张国家对经济、政治、社会生活进行适当干预等等。但现代自由主义思潮同早期的或古典自由主义思潮一样,都只是在坚守自由、民主、平等、人权等基本价值理念,回避了对以生产资料私人占有为基础的资本主义经济制度进行彻底改造,以最终消灭私有制、消除剥削。所以,从本质上看,它们都主要是一种政治层面的资产阶级思潮,或者说是资产阶级的政治哲学。虽然这种政治层面或政治哲学层面的现代自由主义思潮,今天也已经不合时宜,正在走向衰落,特别是在美国肇始的国际金融危机的冲击下,按照社会民主主义这种现代自由主义思潮构建的"改良的"资本主义制度的欧洲诸国,无一例外地抵御不了金融危机的侵袭,先后陷入金融危机、主权债务危机、经济危机乃至社会危机,且已经六七年过去了,至今仍在危机深渊中挣扎,表明社会民主主义——这种现代的自由主义思潮已经走到了历史的尽头;但由于:一方面,自由主义思潮在历史上反对宗教神权和封建专制的斗争中是起过进步作用的。另一方面,从前面的分析中可以看到,自由主义尤其是现代自由主义思潮的某些理念,我以为即便在今天,似乎也不可全盘否定,如新的自由主义关于自由的一些观点、社会民主主义关于公平的一些见解,有些我们仍可批判地继承。而我们今天讨论的新自由主义——下面我们将会看到,从其诞生之日起,就是一种逆历史潮流而动的思潮,同政治层面的自由主义思潮有着巨大的差别。如果我们将新自由主义同自由主义思潮相混同,就不可能准确把握新自由主义的本质,就有可能看轻新自由主义的危险性、危害性!

二、新自由主义思潮:为国际金融垄断资本服务的经济学理论

那么,到底什么是新自由主义呢?

所谓新自由主义,是一种资产阶级经济学理论(它不是或者主要不是政治层面的理论)。它是20世纪30年代那种特殊的经济社会背景下资产阶级思想理论界滋生出的一个怪胎。所谓特殊的经济社会背景是,一方面,30年代初爆发的经济大危机席卷整个资本主义世界,彻底暴露了资产阶级古典经济学理论及其自由放任市场经济实践模式的弊端。在大萧条期间,多多少少从《资本论》中汲取营养的凯恩斯发表了一系列关于就业、投资、货币等的论著,

并于1936年出版代表作《就业、利息和货币通论》，开始了针对资产阶级古典经济学的“凯恩斯革命”；另一方面，苏联的以公有制为基础的、有计划按比例发展的社会主义经济蓬勃发展，显示出强大的生命力。这就从左、右两个方面对主张自由竞争、自由经营、自由贸易等为基本理念并主导自由竞争资本主义运行150多年的资产阶级古典经济学形成夹击之势。正是在这种背景下，以捍卫资产阶级古典经济学的自由竞争、自由经营、自由贸易等理念为己任的弗里德里希·奥古斯特·冯·哈耶克按捺不住，相继发表了《价格与生产》《储蓄的“悖论”》等文章，对主张在经济危机期间，政府实行扩张性财政，加大社会投入，提振社会需求，增加就业，以刺激资本投资，拉动经济增长的凯恩斯主义进行批判，绝望地为以自由竞争、自由经营、自由贸易等为基本理念的古典经济学辩护；同时，他还伙同他的老师、极端仇视社会主义的冯·米塞斯，挑起了同波兰经济学家奥斯卡·兰格关于经济计算问题的论战，借这场论战批判以公有制为基础、以保持政府宏观调控和有计划、按比例发展为基本特征的社会主义经济体制。由于哈耶克、米塞斯等的见解逆历史潮流，所以并未在当时欧洲的思想理论界搅起太大的波澜，但却成为新自由主义思潮及其头面人物哈耶克登上世界历史舞台的序幕。

20世纪30年代的资本主义经济大危机，推动资本主义由自由竞争阶段向国家垄断阶段转变；凯恩斯主义适应国家垄断资本的需要，取代资产阶级古典经济学而成为主导国家垄断资本主义运行的主流经济学。在这种背景下，逆历史潮流而动的、以复兴资产阶级古典经济学理论原则为己任并将这些理论原则推向极端的新自由主义理论，在政界甚至在理论学术界均遭遇冷遇，迫使哈耶克、米塞斯等新自由主义的中坚分子只好在直至20世纪70年代的近40年中，蛰伏于英国伦敦政治经济学院、美国芝加哥大学等学术机构，潜心将其“市场原教旨主义理论”系统化，并寻找时机，以图一逞。他们低调蛰伏40余年，这一天还终于让他们等到了……

20世纪中叶，饱受第二次世界大战战火摧残的各国人民，面对饥寒交迫，强烈渴望和平，企求发展，推动20世纪五六十年代成为在凯恩斯主义主导下的国家垄断资本主义恢复、发展的“黄金期”。但是，凯恩斯主义也改变不了资本主义经济的周期性规律。70年代，资本主义世界陷入长达10年之久的“经济低增长或经济停滞、高通胀、高失业”的所谓“两高一低”的“经济滞胀”。在以往,“高通胀”一般出现在经济复苏—高涨阶段,但此次却与高失业、经济停滞并存于危机、停滞阶段,这是国家垄断资本主义阶段技术进步、资本有机构成提高,导致实体产业资本利润率下降所形成的资本主义经济危机的一种新特征。面对资本主义的这一新的社会经济现象,凯恩斯主义束手无策,致使资本主义经济只能在“滞胀”危机中爬行整整十年。

持续的“滞胀”危机,迫使西方发达资本主义国家,特别是美英等国的资本向通过高杠杆操作可能获得高额利润的金融领域、资本市场流动,导致金融垄断资本急剧扩张、膨胀。在资本主义发展进程相当长的一个历史时期,金融资本一直是作为产业资本的“配角”而存在的,它为产业资本融资服务,而后从产业资本所获得的剩余价值中“分一杯羹”;进入20世纪70年代后,美英等国急剧膨胀了的金融资本再也不甘于“配角”地位,不仅利用实体产业深陷“滞胀”危机、负债累累之困境,通过提供贷款、并购等手段,逐步控制了产业资本,实现了经济的金融化,而且向政治权力领域渗透,从而推动美英资本主义由国家垄断向国际金融资本垄断阶段过渡。

金融资本较之实体产业资本更贪婪、更具冒险性。在20世纪70年代整整10来年的“滞胀”危机中急剧膨胀并逐步实现了对产业资本乃至国家政治决定权的控制的美英国际金融垄断资本,再也不满足于被调控、被监管和国内有限的市场了,力图摆脱监管自由流动、自由经营,乃至突破国界,在更广阔的全球空间、市场上攫取更丰厚的利润。此时的国际金融垄断资本,迫切需要一种理论取代主张宏观调控的凯恩斯主义,为其全球扩张提供理论支撑!长期蛰伏于学术界的哈耶克,凭借其敏锐的政治嗅觉把握住了这一机遇。哈耶克及其在英国伦敦学派、美国芝加哥大学学派中的弟子们利用“滞胀”危机对凯恩斯主义发起猛攻,说什么正是凯恩斯主义主导的政府对经济进行干预,以及政府为提振内需、过多投资社会事业、政府开支过大,才造成“滞胀”危机。在猛烈攻击凯恩斯主义的同时,极力鼓吹他们的将古典经济学的基本理念推向“市场原教旨主义”极端的“市场化、私有化、自由化和全球一体化”主张,哈耶克一伙的这些动作和极端理论主张,正好迎合了美英国际金融垄断资本的需要。

1975年,也就是在“滞胀”危机期间,玛格丽特·撒切尔夫人当选为代表英国国际金融垄断资本利益的保守党主席。不久,经英国经济事务研究所安排，撒切尔夫人即同哈耶克会面，此后哈耶克在英国的声望迅速升温；撒切尔夫人1979年当选为保守党首相后，哈耶克的声望更是急剧攀升。1979年，撒切尔夫人取代工党领袖伦纳德·詹姆斯·卡拉汉成为英国首相。上台伊始，她便将实际上是哈耶克为掌门人的新自由主义伦敦学派的理论，冠以“撒切尔主义”的名义作为保守党的执政理念，将凯恩斯主义、具体说是将凯恩斯主义与新的自由主义的混合体——英国工党和保守党两党于1945年达成的“两党共识”——“巴茨克尔主义”扔进了历史博物馆。从此，新自由主义首先在英国取代凯恩斯主义成为资产阶级、主要是英国国际金融垄断资产阶级的主流经济学。

20世纪70年代末、80年代初是人类历史——确切说，主要是资本主义阶段性发展的重要拐点：资本主义由国家垄断阶段向国际金融资本垄断阶段过渡的重要节点。70年代末，代表英国国际金融垄断资本利益的保守党首脑撒切尔夫人当选首相，用新自由主义作为保守党的执政理念，围绕着向国有企业开刀、向工会开刀推进新自由主义改革：大规模推进私有化，实行紧缩的财政政策，压缩社会福利开支，减少政府对经济的调控和干预以推行经济自由化，等等。撒切尔首相在英国的这些所作所为，可说是时代阶段性转换开始起步的重要标志。

1980年底，美国共和党人罗纳德·里根在美国总统换届选举中，击败民主党在任总统吉米·卡特，成为美国第40届总统。同撒切尔夫人一样，里根上台伊始，便迫不及待地抛出了“里根经济学”。所谓“里根经济学”不过是新自由主义的两个主要学派，即以芝加哥大学教授米尔顿·弗里德曼为主要代表的现代货币学派理论、以南加利福尼亚大学教授阿瑟·拉弗和哈佛大学教授马丁·费尔德斯坦为代表的供给学派理论的大杂烩而已。

里根1981年1月就任美国总统，1989年1月结束第二届总统任期。差不多整个80年代，在所谓“里根经济学”的主导下，美国政府推行了不同于撒切尔夫人的以“全面私有化”为中心而是以“自由化”，特别是“金融自由化”为中心的新自由主义所谓的“改革”。具体说来，里根的“改革”有以下几个侧重点。

(1)推行经济自由化特别是金融自由化。本来，30年代大危机期间，为应对经济萧条，民主党总统罗斯福推行凯恩斯主义主导的新政，在加强政府对经济的干预和调控的同时，先后制定了《1933年证券法》《1934年证券交易法》，以及分离商业银行和投资银行业务的《格拉斯—斯蒂格尔法》等一系列金融监管法律法规。60年代末、70年代初,美国新自由主义学者雷蒙德·戈德史密斯、罗纳德·麦金农、爱德华·肖等提出:放松国家对金融机构和金融市场的限制与监管,实现利率和汇率的市场化、资金流动自由化,以缓解某些国家的“资金短缺”。笃信市场原教旨主义的里根就任美国总统后,迎合国际金融垄断资本的需要,极力推动放松金融监管。他迷信市场,认为市场能够自动纠正失衡,所以主持制定了一系列关于允许资本自由流动,储蓄银行和商业银行可以混业经营等法案、法规;同时,他任命坚定的“市场原教旨主义者”格林斯潘出任美联储主席,主持推动金融自由化改革和所谓金融“创新”。

(2)按照供给学派理论,紧缩政府财政预算,削减社会福利等社会投资,降低税收特别是资本所得边际税率,以刺激投资。牺牲劳动者的福利以满足资本对高额利润的贪欲。

(3)缩减政府规模特别是削减政府权力,取消政府对经济的宏观调控和监管,尤其是对金融市场、资本市场的监管。

20世纪80年代,两任里根政府通过大力推行新自由主义“改革”,把现代货币学派、新制度经济学派、供给学派等极力鼓吹私有化、市场化、自由化(特别是金融自由化)的新自由主义学派推上了美国资产阶级主流经济学的宝座,使新自由主义逐步步入其极盛时期;不仅如此,在此期间,里根政府紧锣密鼓,按照这一理论营造了一个适应国际金融垄断资本需要的新自由主义—资本主义模式,把国际金融资本垄断集团送上了主宰美国经济、左右美国政治的权力巅峰的宝座,从而也将资本主义由国家垄断阶段向国际金融资本垄断阶段转变的历史进程向纵深推进了一步。

美国的金融寡头——国际金融垄断资本集团并不满足于仅仅对美国经济的主宰,美国国内的市场对于急剧膨胀的金融资本来说,已经过于狭小了,迫切需要突破国界,向全球扩张,控制全球经济,掠夺全世界的人民。1990年,美国共和党总统老布什为适应国际金融垄断资本全球扩张的需要,授意美国国际经济研究所发起并召开了一个有关拉美地区80年代中后期以来经济调整与改革问题的研讨会,美国财政部等部门的官员、世界银行和国际货币基金组织的代表,以及拉美地区部分国家的政府官员、美国和拉美地区的部分高校的经济学家参加了会议。会议行将结束时,新自由主义经济学家、曾任美国国际经济研究所所长的约翰·威廉姆逊抛出了一份包含十条政策主张的所谓会议“共识”。由于会议在华盛顿召开,且主导会议的美国财政部及有关国际金融机构均在华盛顿,故这份“共识”被称为“华盛顿共识”。

“华盛顿共识”的十点政策声明中,除了新自由主义骨干们长期以来鼓吹的“私有化”“市场化”“自由化”等内容外,还特别强调各国政府应开放商品市场、金融资本市场,放松对外资的限制和监管。其用心十分明显,就是为国际金融垄断资本进入其他国家的市场开辟道路,以便控制他国的金融、资本市场乃至整个经济命脉,当世界金融乃至世界经济的霸主。从此,新自由主义的内涵在“私有化”“市场化”“自由化”这三“化”的基础上,又扩展了“全球一体化,即全球美国化”。可见,“华盛顿共识”的出笼,标志着新自由主义理论及其实践模式步入了一个新的阶段:新自由主义由学术、理论而政治化、美国国家意识形态化,异化、堕落为美国国际金融垄断资本全球扩张的理论体系;美国国际金融垄断资本集团开始了按新自由主义理论和美国的新自由主义模式改造全世界的“十字军远征”!

三、美国的新自由主义模式:通向灾难之路

自1990年“华盛顿共识”出笼后,美国的国际金融垄断资本集团及其守门人美国当局,在伙同世界银行、国际货币基金组织强制向全球推行“华盛顿共识”,用美国的新自由主义模式改造全世界的过程中,先后树了几个样板,其一是拉美,特别是阿根廷;其二是90年代的俄罗斯;其三是东南亚,特别是印度尼西亚、泰国;其四是中东的埃及。效果如何呢?历史已经作了结论:美国抓的这几个按照美国的新自由主义模式进行改革的样板,没有一个取得成效,落下的全都是灾难。

(1)曾是准发达国家的阿根廷,推行新自由主义改革,陷入经济崩溃和社会动乱深渊,沦落为拉美地区最贫穷的国家。第二次世界大战后,阿根廷在庇隆执政时期,强调政治独立、经济主权和民族利益,实行企业国有化、进口替代和政府调控,注重社会公正、保护劳工、加强社会福利建设,经济建设和社会事业获得长足进步,GDP曾位居世界第九,社会福利居于拉美国家前列,生活水平接近于西方国家中的西班牙,被人们称为“准发达国家”。然而,80年代中期,阿根廷开始进行新自由主义改革,推行国企私有化、贸易自由化、投资自由

化和金融自由化,不仅向外商卖光了竞争性领域的国有企业,而且几乎卖光了关系到国家经济命脉的所有国有企业,连金融银行领域的国有企业也未能幸免。国际金融投机超级大庄家乘机蜂拥而入。截至2001年,在阿根廷最大的10家银行中,被外国资本控股的银行竟达8家,致使外资银行能够在阿根廷全面经营阿根廷货币比索和美元业务,美元流通不断扩大,阿根廷货币的美元化趋势日益加深,美元存贷款业务急剧增长,政府最终失去了对金融的调控能力;金融自由化还引发外债迅速增长,使整个国家的金融活动日益处于严重失控状态,国际金融垄断资本则成功地实现了对该国经济的控制,金融动荡、经济衰退险象环生。

更为悲哀的是,在2001年阿根廷爆发金融危机、急需国际金融机构贷款以解燃眉之急的时候,世界银行、国际货币基金组织等金融机构和美国等西方国家,不仅不兑现此前关于友谊援助的承诺,反而坚持阿根廷如果拿不出可抵押的国有资产就不给阿根廷贷款。然而,经过十多年的新自由主义改革,阿根廷几乎卖光了所有国有财产和国家经济资源,拿不出可供抵押的国有资产,导致金融危机愈演愈烈,经济状况迅速恶化,贫困和饥饿现象遍及全国。至2002年下半年,由于企业大批破产,失业猛增,失业率急剧上升到25%,社会贫困人口比重达到57%,曾经令人羡慕的社会福利水平急剧下降到拉美国家的最后几位,最终导致全国性的社会动乱。

这个20世纪90年代被美国当局誉为新自由主义"改革楷模"的阿根廷,一个GDP曾位居世界第九的准发达国家,仅仅十几年时间,便沦落为拉美地区最贫穷的国家。

(2)俄罗斯推行新自由主义的"休克疗法",使俄罗斯经济、社会几近崩溃。20世纪90年代初,苏联剧变不久,俄罗斯以盖达尔为代表的一部分"食洋不化"的青年精英,对美国的新自由主义模式十分痴迷,于是,推行他们所谓的"休克疗法"式经济转轨方案。这个"休克疗法"方案,由美国哈佛大学的经济学家杰弗里·萨克斯所制订,曾被称为"哈佛方案"。"休克疗法"的基本依据是"华盛顿共识"。其内容具体包括:第一,自由化。全面放开对商品、物价、货币、汇率、外贸进出口等的调控和管制,大大削减乃至取消政府调控经济的行政管理部门。第二,国有企业私有化。大规模出售和转让国有企业资产,培植有产者和私营企业主阶层。第三,实行严格的紧缩货币和财政政策。实际上是迫使国有企业资金周转困难，陷入负债经营绝境，甚至破产倒闭，以利于外资和私人资本廉价并购。第四，把“西方化或全盘西化”作为战略和政策的主导思想，引入和效法美国模式，向西方国家全面开放国内市场。

俄罗斯推行“休克疗法”，在实行经济转型的不到10年里，陷入了前所未有的经济社会危机：经济大幅下滑，少数人暴富，广大民众普遍贫困化，社会动荡，政局混乱。1989年，俄罗斯的GDP是中国的2倍多，而10年后仅为中国的1/3。这表明，俄罗斯当年推行的新自由主义“休克疗法”以失败告终。新自由主义“休克疗法”给俄罗斯人民带来了深重的灾难，但由于摧毁了苏联遗留下来的以公有制为基础的经济体系，对于美国国际金融垄断资本来说，不能不说是一大胜利。

(3)新自由主义在印度尼西亚、泰国等亚洲国家推行，给这些国家和人民带来了挥之不去的噩梦。1991年，由美国国会议员和知名学者组成的一个代表团到东亚国家游说，称该地区加快实行金融自由化、贸易自由化和投资自由化，将每年为该地区国家创造数千亿美元的巨大实惠。在美国的“忽悠”下，一些国家开始推行新自由主义“改革”。其中，尤以泰国、印度尼西亚等国最为积极，结果导致了1997年的亚洲金融危机，损失极为惨重。对于亚洲金融危机的严重后果，美国政府不但丝毫无愧疚之意，反而公开宣称：亚洲发生金融危机的原因在于，这些国家政府缺乏经济管理能力，甚至指称是这些国家政府官员的裙带关系和腐败使然等等。更令人发指的是，亚洲金融危机爆发以后，美国政府袒护和纵容美国的国际金融投机大鳄乘人之危，在东亚地区的金融货币市场上疯狂套利套汇，蓄意加剧危机。美国还操纵国际货币基金组织，先是迟迟不向亚洲有关国家提供贷款，继而不顾有关国家反对，利用贷款提出必须进一步推行新自由主义“改革”等苛刻的先决条件。在整个亚洲金融危机期间，美国当局的表演，将其企图控制东亚地区金融、资本市场的险恶用心暴露得淋漓尽致。短短几年，这个在20世纪90年代前曾被广为称誉的“东亚经济模式”很快蜕变为灾难型经济模式，在亚洲金融危机中蒙受了几千亿美元的重大损失，有的国家的经济甚至倒退了10—20年①。

① 参见靳辉明、李崇富主编：《马克思主义若干重大问题研究》，北京：社会科学文献出版社，2011年，第597页。

(4)埃及推行新自由主义改革,导致经济陷入混乱,两极分化加剧,最终酿成人民起义和社会动荡。20世纪90年代初,美国就开始在埃及推行新自由主义。1991年,美国以免除埃及债务为诱饵,诱使其在中东的忠实代理人——埃及总统穆巴拉克,同国际货币基金组织签订了一项关于经济结构改革,即在埃及推行新自由主义改革的"协议"。国际货币基金组织强制性要求:埃及必须实行金融自由化、私有化、解除金融管制、开放资本市场,为国外直接投资提供国民待遇等。为了进一步实现这一改革目标,国际货币基金组织于90年代中期又给埃及设计了1996—1998年为期两年的新自由主义改革规划,着重实施私有化、贸易自由化和金融自由化。为此,埃及被标榜为北非和中东地区推行新自由主义的典范。但这个典范,同印度尼西亚及阿根廷等国一样,经过20余年的新自由主义改革后,出现了灾难性的后果:首先,国家经济命脉被美英国际金融垄断资本集团把持。根据与国际货币基金组织达成的协议,埃及政府几年之内便将利润丰厚的国有企业拍卖给了国外跨国公司或本国圈内人;2004—2008年间,穆巴拉克一伙又开始疯狂出售埃及国有银行。2005年,埃及商业银行被出售了其70%的股权;2006年,埃及最大的国有银行之一的亚历山大银行被卖给外国资本。在银行纷纷落入国外资本家手中的同时,埃及放弃了对资本流动的监管,并先后取消了红利税、资本收益税、债券投资利息税,埃及成为全球房地产和有价证券投机的又一个天堂。而曾经作为埃及经济支柱的民族工业则日益衰退,埃及经济成为名副其实的"依附经济"。其次,国家财富落入国际金融垄断资本和国内一小部分私人手中,社会严重两极分化。为维护资本、富人利益,埃及政府通过税收改革,实行单一的统一所得税,将最高所得税税率从42%减为20%,也就是降低资本所得边际税率;与此相反,却将工人的最低工资固定为每月不到100美元。这些体现新自由主义所谓"效率优先"、实则"资本优先"的政策,讨得了国际金融资本垄断集团的欢心,被称誉为"勇敢的""印象深刻的"和"有远见的"政策,但却造成了两极分化日趋严重的恶果:据有关评估,至21世纪初,1000个左右的富豪控制了埃及经济的大部分领域,40%的人生活在贫困线之下,90%的民众没有分享到GDP增长的成果,失业率不断攀升,年轻一代没有就业机会。广大民众怨声载道,社会危机到了一触即发的程度。最后,2008年肇始于美国的国际金融危机,使饱受新自由主义改革之害的埃及人民雪上加霜。在国际金融垄断资本和埃及国内买办资本的操控下，物价失控，通货膨胀如脱缰之马，失业率进一步攀升，普通老百姓的实际工资水平持续下降，最终导致了 2011 年 1 月 25 日的暴动，而且三年多后，埃及仍处在动乱的深渊之中。

美国在全球推行新自由主义改革所树的几个典型或样板国家所蒙受的灾难性后果证明，美国强制向全球推行的新自由主义，对于世界各国人民来说，是一股祸水；这股祸水流到哪里，哪里的人民就会遭殃。二十多年来，美国大张旗鼓地向全球推行新自由主义改革，直到现在，我们还找不到一个因此而取得成功的范例。

(5)美国的新自由主义模式将美国和全人类抛入金融危机深渊，使美国沦为人类灾难的制造者。极具讽刺意味的是，美国国际金融资本垄断集团在全球推行美国的新自由主义模式，本意在不仅盘剥本国人民，而且在控制全球经济，掠夺全世界人民。但他们未曾料到，他们酿制的毒酒，最后也毒害了自己。

美国的新自由主义—资本主义模式，是资本主义由国家垄断阶段过渡到国际金融资本垄断阶段的一种变异的、野蛮的资本主义模式。这种制度模式，不仅没有缓解马克思揭示的生产社会化同生产资料私人占有这一基本矛盾，而且由于它进一步提高了生产社会化的程度，并在更广大的范围内实现了生产资料的私人占有，也就大大加剧了资本主义制度所固有的生产社会化同生产资料私人占有的基本矛盾及其他主要矛盾。从美国近二三十年的历史进程来看，国际金融垄断资本主导的新自由主义模式在运作过程中，已逐步显示出由其内在的基本矛盾所决定的六大基本特征，即：①经济加速金融化，金融资本急剧膨胀，成为经济乃至政治的主宰；②金融虚拟化、泡沫化，在金融资本流动、货币循环中通过五花八门的所谓“创新”产品、投机诈骗、高杠杆运作骗取高额回报，将整个美国变成了一个大赌场；③金融资本流动、金融运作自由化。由于取消金融流动和金融机构在金融运作中必不可少的监管，使得在金融资本及货币循环中凭借欺诈手段“圈钱”而暴富的大大小小金融巨鳄获得空前“解放”，金融产品大多被毒化，孵化出了一批又一批麦道夫、斯坦福之流的超级金融骗子；④实体经济逐步空心化。随着美国经济金融化、金融虚拟化、金融衍生产品泡沫化，实体经济急剧萎缩。至 2007 年，实体经济的主体制造业仅占 GDP 的 18%。进入新世纪后，由于先后遭受 2001—2006 年的经济衰退、2007 年发生的金融危机两次打击，90 年代为数不多的表现尚属差强人意的

IT、飞机制造、汽车制造、房地产等产业相继被重创,民主党总统奥巴马上台时,除军工、石油、农业等外,其他实体产业均已凋零了。所以,奥巴马上台后,不得不提出“再工业化”;⑤在所谓“效率优先”实则“资本优先”的政策主导下,一方面降低资本所得“边际税率”,另一方面削减社会投资,压低劳动者工资,加大对普通劳动者的掠夺,大众百姓日益贫困化,加剧美国社会两极分化;⑥美国经济乃至国家运行债务化,民众靠借贷消费,企业靠借贷经营,政府靠发行债券运行,各种金融机构则利用形形色色的债券即债务再次进行诈骗和榨取。这六个方面的基本特征,决定了美国新自由主义—资本主义模式危机四伏,犹如一座建筑在沙滩上的庞然大厦,时时刻刻都面临坍塌的危险;它深刻反映了主导新自由主义—资本主义模式的国际金融垄断资本的极端贪婪性、寄生性、腐朽性;只要国际金融垄断资本盘踞在美国经济、政治的塔尖之上,美国新自由主义—资本主义模式的这六个方面的基本特征就不会弱化,相反,只会逐步加深、激化。这一切表明,2007 年美国爆发金融危机并很快蔓延至全世界,将全人类拖入了近百年最为严重的金融危机、经济危机以至社会危机的深渊,从而也使美国沦落为人类灾难的制造者,最根本的病源是美国的新自由主义—资本主义模式。

因此,我们可以毫不夸张地说:新自由主义模式是一条通向灾难之路!

四、我们必须继续深入批判和坚决抵制新自由主义

美国 2007 年爆发金融危机并很快蔓延至全球后,国际思想界、理论界甚至政界,纷纷对新自由主义及美国的新自由主义实践模式进行批判和谴责,致使新自由主义在世界上成了过街老鼠。但有一个极不正常的现象是,我国理论界、学术界并没有对新自由主义进行深入的批判和清算。所以,直至今天,新自由主义思潮在我国思想界、学术界、理论界乃至政界仍有很大的影响。据“人民论坛网”最近经过专家调查、网络文献资料收集与统计、网络调查等阶段的统计测算,2013 年在我国思想理论界最为活跃、对社会主义核心价值观冲击最大的几种资产阶级思潮是:新自由主义、历史虚无主义、普世价值论、宪政思潮等资产阶级思潮和“新左派”等思潮;在这些思潮中,活跃程度、影响力、关注度综合得分最高的是新自由主义思潮,其影响力列所有这几种思潮之首。就在前不久,新自由主义的中坚骨干、新制度经济学派的掌门人科斯死后,国

内有些媒体仍在刊发某些人的文章，吹捧科斯的所谓理论贡献，为科斯扬幡招魂。科斯是什么人、科斯的所谓新制度经济学是什么货色呢？科斯其人是美国新自由主义大本营芝加哥大学的教授。他所创立的新制度经济学，以经济组织或制度问题为研究对象，主要强调明晰私人产权，降低产权交易费用，实现资源“有效配置”。这些观念主要体现在他的两篇论文即《企业的性质》(1937 年)和《社会成本问题》(1960 年)之中。在这两篇论文中，科斯从交易成本入手，认为只要企业产权是私人的，其市场交易成本必然低于公有制企业；由此，他进而得出了公有制经济的效率不如私有制高的结论。他的这一套，对于西方资产阶级经济学来说，并没有什么独特的贡献。因为西方的资产阶级经济理论，从来都是建立在私有制的基础之上或以私有制为前提的。所以，长期以来，科斯及其产权理论在西方学界，影响并不大，发表于 1937 年的《企业的性质》一文，尘封几十年无人问津。

进入 20 世纪 80 年代之后，国际金融垄断资本为了在全球推进私有化，特别是对社会主义国家进行“和平演变”，以实现其全球扩张的目的，需要美化私有制，丑化公有制，便四处寻找理论武器。这时，他们从故纸堆中发现了科斯的这一套，于是对科斯的理论进行包装炒作，给科斯的基本观点戴上了两顶桂冠：其一是“科斯定理”的桂冠，其二是 1991 年授予科斯的“产权理论”诺贝尔经济学奖。于是，科斯及其“私有产权理论”从此名声大噪。科斯对国际金融垄断资本的这一良苦用心心知肚明。从此，他更加积极主动为国际金融垄断资本的战略图谋效力。70 年代末我国改革开放启动后，国际金融垄断资本急于利用我国改革开放这个机会，将我国的改革开放纳入他们预设的新自由主义轨道，利用各种渠道向我国传播新自由主义。1980 年底，科斯便迫不及待地指使其弟子张五常尽快返回中国，在中国传播私有产权理论。1982 年张五常果然不负其老师科氏之所望——到香港大学任职，此后多次窜到内地，在各种讲台上大放厥词，攻击马克思主义，污蔑公有制，传播科斯的私有产权理论。用他自己的话说，就是企图在中国重建私有制，并培养一个科斯和张五常本人“喜欢的中国经济学派”，专门从事误导中国改革的勾当。30 多年来，新自由主义学派，尤其是科斯的新制度经济学派对我国改革开放进程的干扰从未中断过。直到十八大前夕，美国学者、世界银行前行长佐利克一伙，还伙同我国的某些精英炮制了一个《2030 年的中国》的所谓研究报告，其核心思想是在中国进一步推进私有化,建议中国将国有经济降到10%左右。值得庆幸的是,在十八大上,党中央高举中国特色社会主义理论伟大旗帜,坚定不移地坚持走中国特色社会主义道路,排除了这些干扰,确保了我国的改革开放沿着正确的方向继续前进。

但国内外的新自由主义者并不甘心失败。三中全会刚刚闭幕,他们纷纷再次粉墨登场,对三中全会《决定》进行所谓解读,说什么《决定》用"市场起决定性作用"取代原来的"基础性作用",就是主张"市场说了算",就意味着"大型国有企业的权力垄断要打破",是要建立一个"消除了垄断和行政干预的市场",这"符合私有资本和西方投资人利益";近一个时期以来,他们利用各种机会和场合,或者只讲"市场起决定性作用",不讲"更好发挥政府作用";或者借口发展混合所有制经济,只主张外国资本、私有资本进入国有企业,不提倡国有资本进入私营企业,不提壮大国有企业、增强国有经济的控制力,实际上是企图削弱国有经济,搞垮国有经济。这明显是在用新自由主义的"市场原教旨主义"、用科斯的以私有产权理论为核心的新制度经济学那一套曲解三中全会的《决定》,误导我国下一步的改革开放。因此,我们必须对新自由主义可能的干扰继续保持高度的警惕性,必须进一步高举中国特色社会主义理论伟大旗帜,对新自由主义思潮进行彻底的批判和清算。

(原载《马克思主义研究》2014年第11期)

再论新自由主义的本质

何秉孟

一、前言

2012年在我与李千合著的《新自由主义评析》(社会科学文献出版社2012年版)一书中,从四个方面对新自由主义的本质进行过分析①。今天看来,仍有进一步肃清其影响之必要。故再撰一文,就教于大家。

2007年美国爆发的金融危机,像瘟疫一样迅速传遍全球,酿成近百年来最严重的国际金融危机,把人类推进了灾难的深渊。国际金融危机发生后,国际学术界对爆发金融危机的原因进行了深刻反思。多数论者认为,美国的新自由主义模式是此次金融危机的罪魁祸首。面对危机带来的恶果,近几年来,国际学术界、理论界甚至政界、劳苦大众纷纷发声,批判、痛斥新自由主义理论。然而,令人奇怪的是,在西方学界、思想理论界已经沦为"人人喊打"的过街过鼠的新自由主义思潮,至今在社会主义中国的思想理论界,特别是经济学界乃至政界却仍然颇有市场。比如,据"人民论坛"调查问卷中心发布:2013年在承继2010—2012前三届年度对我国思想理论界影响最大的十大思潮监测评价(从关注度、活跃度与影响力三个主要指标)的结果显示,新自由主义不仅连续四年列值得关注的十大思潮的前五位,而且超越历史虚无主义、普世价值论、西方宪政思潮、民粹主义等的影响,位居首位! 2013年秋,党的十八届三中全会刚一闭幕,国内外的新自由主义者们便纷纷粉墨登场,对三中全会的

---

① 在《新自由主义评析》的第四节"新自由主义的本质:国际金融垄断资本向全球扩张的理论体系"中,笔者曾从"国际金融垄断资本需要新自由主义"、"新自由主义推动资本主义向国际金融垄阶段过渡"、"新自由主义全球蔓延、美国国际金融垄断资本全球扩张、经济全球化三者紧密联系"、"金融自由化是美国国际金融垄断资本控制全球经济至关重要的杠杆"等四个方面,对新自由主义的本质进行过分析。

《决定》进行所谓“解读”，说什么《决定》用“市场起决定性作用”取代原来的“基础性作用”，就是主张“市场说了算”，就意味着“大型国有企业的权力垄断要打破”，是要建立一个“消除了垄断和行政干预的市场”。这一“解读”“符合私有资本和西方投资人利益”。近一年多以来，他们利用各种机会和场合，或者只讲“市场起决定性作用”，不讲“更好发挥政府作用”；或者借口发展混合所有制经济，只主张外国资本、私有资本进入国有企业，不提倡国有资本进入私营企业。不提壮大国有企业、增强国有经济的控制力，实际上是企图削弱国有经济，搞垮国有经济。这明显是在用新自由主义的“市场原教旨主义”、用科斯的以私有产权理论为核心的新制度经济学那一套曲解三中全会的《决定》，误导我国下一步的改革开放。因此，我们必须对新自由主义可能的干扰继续保持高度的警惕性，必须进一步高举中国特色社会主义理论伟大旗帜，对新自由主义思潮进行批判和清算，以彻底揭露新自由主义的本质。这是当前我国思想理论战线的一项重要任务。

二、新自由主义诸学派的主要观点

新自由主义是一个学派林立、学术见解庞杂的资产阶级经济学理论体系。它是20世纪二三十年代那种特殊的经济社会背景下资产阶级思想理论界滋生出的一个怪胎。所谓特殊的经济社会背景：首先，随着第一次世界大战的结束，资本主义加速由自由竞争阶段向垄断阶段过渡，主导自由竞争资本主义运作近一个半世纪的资产阶级古典经济学，已越来越不适应垄断资本主义的需要，20世纪30年代初爆发的席卷整个资本主义世界的经济大危机，表明资产阶级古典经济学理论已经走到了历史的尽头。在30年代大萧条前夕及大萧条期间，多多少少从《资本论》汲取营养的凯恩斯发表了一系列关于就业、投资、货币等论著，并于1936年出版代表作《就业、利息和货币通论》，开始了针对资产阶级古典经济学的“凯恩斯革命”，逐步取代资产阶级古典经济学成为主导国家垄断资本主义的主流经济学。其次，苏联的以公有制为基础，有计划、按比例发展的社会主义经济蓬勃发展，显示出强大的生命力。这样，就从左、右两个方面对主张自由竞争、自由经营、自由贸易等为基本理念的资产阶级古典经济学形成夹击之势。正是在这种背景下，以捍卫资产阶级古典经济学为己任的弗里德里希·奥古斯特·冯·哈耶克按捺不住，相继发表了《价格与生产》、《储蓄的"悖论"》等文章，对主张在经济危机期间，政府实行扩张性财政，加大社会投入，增加就业，提振社会有效需求，以刺激资本投资，拉动经济增长的凯恩斯主义进行批判，绝望地为以自由竞争、自主经营、自由贸易等为基本理念的资产阶级古典经济学辩护。同时，他还伙同他的老师、极端仇视社会主义的冯·米塞斯，挑起了同波兰经济学家奥斯卡·兰格关于经济计算问题的论战，借这场论战批判以公有制为基础，以保持政府宏观调控和有计划、按比例发展为基本特征的社会主义经济体制。很明显，哈耶克、米塞斯等的见解是逆历史潮流的，也正因如此，当时，哈耶克把斯密的那一套自由市场经济理论原则推向极端的新自由主义见解在政界甚至在理论学术界均遭遇冷遇，迫使哈耶克及米塞斯等新自由主义的中坚分子蛰伏于英国伦敦政治经济学院、美国芝加哥大学等学术机构，窥探时机、以求一逞。

在长达数十年的蛰伏期间，哈耶克等主要干了两件事：其一，潜心完善其极端自由主义经济理论，先后出版了《通往奴役之路》、《自由宪章》、《致命的自负——社会主义的谬误》等著作。其二，充分施展其擅长学术小圈子的能耐，纠集一批以复兴自由放任市场经济理论为己任的英、美等国的学者，成立了朝圣山学社，并在从 20 世纪 40 年代至 70 年代末的近 30 年中，哈耶克亲自任该学社社长达 12 年之久，苦心经营这个学社。在这近 30 年中，朝圣山学社先后在 12 个国家召开了 27 次研讨会，传播新自由主义理论主张，推动新自由主义理论研究，壮大新自由主义的理论队伍。① 到 20 世纪 70 年代，以哈耶克为鼻祖，以科斯、米塞斯、弗里德曼和卢卡斯、拉弗、费尔德斯坦等为骨干的新自由主义理论队伍初步形成气候，并以这些骨干为首，形成了诸多学派，其中，主要的学派有以下四个。

(1)伦敦学派。以英国的伦敦政治经济学院为基地的新自由主义伦敦学派，其领军人物是哈耶克。哈耶克一贯主张绝对自由化、完全私有化、彻底市场化，强调自由市场、自由经营，在他看来，任何形式的经济计划、国家干预始终与效率无缘；私有制是自由的根本前提，只是由于生产资料掌握在独立行动的人的手里，才不会有人控制我们的权利，我们才能以个人身份决定我们要做的事情；如果所有的生产资料都落到一个人手里，不管它在名义上是属于整个

① 林光彬、张蔚．新自由主义研究综述与研究新思路[J]．教学与研究，2005，(5)。

“社会”的,还是属于独裁者的,谁行使这个管理权,谁就有权控制我们。他认为公有制、社会主义是通往奴役之路,他甚至主张,即使是货币发行权也应给予私人银行,而不能让政府垄断。哈耶克是典型的市场原教旨主义者,他的新自由主义理论观点是其他新自由主义者的主要思想来源。①

(2)现代货币学派。以美国芝加哥大学为基地的现代货币学派,是20世纪50年代出现的新自由主义学派,也被称为新保守主义学派。这一学派以现代货币数量论为理论基础,以制止通货膨胀和坚持经济自由、反对国家干预为主要政策主张,强调实行“单一规则”的货币政策。现代货币主义的创始人和领袖是美国芝加哥大学教授米尔顿·弗里德曼,其自由化主张的经济理论基础,是他在1970年发表的《货币分析的理论结构》一文中提出的“名义收入货币理论模型”。该模型的基本含义是,名义国民收入变动主要取决于货币供给量的变动,因而他认为“货币最要紧”。由此出发,他进而主张:在货币单一规则的前提下,实行经济自由放任政策,反对国家干预;否定计划经济和任何形式的公有经济;主张削减国家财政对社会福利的投入;等等。② 弗里德曼是绝对自由化、完全私有化、彻底市场化的狂热鼓吹者。

(3)新制度经济学派。新制度经济学以经济组织或制度问题为研究对象,主要强调明晰私人产权,降低市场交易费用,实现资源“有效配置”。新制度经济学的理论包括四个方面,即交易费用理论、产权理论、企业理论、制度变迁理论。在新制度经济学看来,市场机制的运行、市场交易是有成本的,也即交易费用;一旦假定交易成本为零,而且对产权(指财产使用权,即运行和操作中的财产权利)界定是清晰的,那么法律规范并不影响合约行为的结果,即最优化结果保持不变。换言之,只要交易成本为零,那么无论产权归谁,都可以通过市场自由交易达到资源的最佳配置;通过形成一个组织,并允许某个权威(企业家)来支配资源,就能节约市场交易成本。交易费用的节省是企业产生、存在以及替代市场机制的唯一动力;只要企业产权落实到自然人,也就是私人,其交易成本必然低于公有制企业,因此,私有制企业的经营效率比公有制企业高。这一学派的创始人是英国学者、20世纪60年代移民美国并于新自由主

---

① 哈耶克. 致命的自负[M]. 北京:中国社会科学出版社,2000:3－6、71－100。

② 参见百度文库经济学类中李国良撰写的《米尔顿·弗里德曼介绍》。

义大本营美国芝加哥大学任教的罗纳德·科斯。科斯的成名，得益于他的两篇论文：一篇是《企业的性质》(1937年)；另一篇是《社会成本问题》(1960年)。新制度经济学的基本理论观点大多源自这两篇文章。所以，科斯是狂热鼓吹私有化的新制度经济学派的鼻祖。

(4)理性预期学派。理性预期学派的主要代表人物是芝加哥大学的经济学教授、曾任美国经济学会会长的罗伯特·卢卡斯。他在《理性预期与经济计量实践》、《经济周期理论研究》、《经济周期模型》等论著中，提出了名噪一时的所谓"理性预期假说"。他认为，在个人和企业进行理性预期条件下，政府宏观经济政策是无效的。而所谓"理性预期"，就是在经济活动中，人是理性的，总在追求个人利益的最大化。由于经济未来的发展趋势关乎自己的投资或就业选择等切身利益，他一般均会充分调用自己拥有的主观和客观的各种信息资源，对经济前景进行尽可能准确的预测，也即对经济前景作出预期。由于这种理性预期，他们的决策一般说来是有根据的，而政府对经济信息的反应不如公众灵活、及时，所以政府的决策不可能像个人决策那样准确、灵活，政府的任何一项稳定经济的措施，都会被公众的合理预期所抵销，成为无效措施，也就是政府宏观经济政策无效。这一观点对奉行国家干预政策的凯恩斯主义给予了沉重的打击，所以也被称为是"理性预期革命"。卢卡斯所在的学派也因此而被称为理性预期学派，这个学派反对任何形式的国家干预，认为国家干预经济的任何措施都是无效的，要保持经济稳定，就应该听任市场经济的自动调节。可见，理性预期学派也是典型的市场原教旨主义学派。①

以上四个学派是新自由主义的主要学派，其他学派，包括以拉弗、费尔德斯坦等为代表的供给学派的影响要小一些，仅在美国的影响较大。而上述四个学派不仅在美国、英国，甚至在欧洲乃至全球都能看到他们主张和鼓吹的绝对自由化、完全私有化、彻底市场化等思想的影响。

三、新自由主义是国际金融垄断资本全球扩张的理论体系

20世纪的五六十年代，是凯恩斯主义主导下的国家垄断资本主义恢复、发展的"黄金期"。但是，凯恩斯主义也改变不了资本主义经济的周期性规律。

① 中国社会科学院"新自由主义研究"课题组．新自由主义及其本质[J]．马克思主义研究，2003，(6)。

20 世纪 70 年代，资本主义世界陷入长达 10 年之久的“经济低增长或经济停滞、高通胀、高失业”的所谓“两高一低”的“经济滞胀”。在以往，“高通胀”一般出现在经济复苏—高涨阶段，但此次却与高失业、经济停滞并存于危机、停滞阶段，这是国家垄断资本主义阶段技术进步、资本有机构成提高，导致实体产业资本利润率下降所形成的资本主义经济危机的一种新特征。面对资本主义的这一新的社会经济现象，凯恩斯主义束手无策，致使资本主义经济在“滞胀”危机中爬行整整十年。

持续的“滞胀”危机，迫使西方发达资本主义国家，特别是美英等国的资本向通过高杠杆操作可能获得高额利润的金融领域、资本市场流动，导致金融垄断资本急剧扩张、膨胀。进入 20 世纪 70 年代后，美英等国急剧膨胀的金融资本再也不甘于为实体经济融资、支付等经济活动服务的“配角”地位，不仅利用实体产业深陷“滞胀”危机、负债累累之困境，通过提供贷款、并购等手段，逐步控制了产业资本，实现了经济的金融化，而且还向政治权力领域渗透，从而推动美英资本主义由国家垄断向国际金融资本垄断过渡。

金融资本较之实体产业资本更贪婪、更具冒险性。逐步实现了对产业资本乃至国家政治决定权的控制的美英国际金融垄断资本，再也不满足于被调控、被监管和国内有限的市场了，力图摆脱监管而自由流动、自由经营，乃至突破国界，在更广阔的全球市场上攫取更丰厚的利润。此时的国际金融垄断资本，迫切需要一种理论取代主张宏观调控的凯恩斯主义，为其全球扩张提供理论支撑！长期蛰伏于学术界的哈耶克，凭借其敏锐的政治嗅觉把握住了这一机遇：哈耶克及其在英国伦敦学派、美国芝加哥大学学派中的弟子们，利用“滞胀”危机对凯恩斯主义发起猛攻；同时，极力鼓吹他们的将古典经济学的基本理念推向“市场原教旨主义”极端的“市场化、私有化、自由化和全球一体化”主张。哈耶克一伙的这些动作和极端理论主张，正好迎合了美英国际金融垄断资本的需要。

1975 年，玛格丽特·撒切尔夫人当选为代表英国国际金融垄断资本利益的保守党主席。不久，经英国经济事务研究所安排，撒切尔夫人即同哈耶克会面，此后哈耶克在英国的声望迅速升温。1979 年，撒切尔夫人当选为保守党首相后，哈耶克的声望更是急剧攀升。个中原因，就是两者间不仅“心有灵犀”，而且相互利用。撒切尔夫人把哈耶克视为导师，她曾经说过，哈耶克的

《通往奴役之路》、《自由宪章》、《法、立法与自由》等著作是“杰作”，“她年轻的时候读过、后来又‘经常重温’的‘对社会主义计划经济最强有力的批判’的是《通往奴役之路》”。[①] 她当选保守党主席后，保守党内有人向她建言走“中间道路”，避免左和右的极端，她从她的提包内拿出哈耶克的《自由宪章》说：“这本书，才是我们应该信仰的。”[②]她任首相不久，即给哈耶克写信说：“过去这几年，我从您那儿学到了很多东西，对此，我很自豪。我希望，您的一些观念能被我的政府付诸实施。”[③]身处首相地位的她在下院说：“我是哈耶克教授的热情崇拜者。我们这里一些尊贵的议员们应该读读他的书。”[④]哈耶克对撒切尔夫人的知遇之恩自然是感激涕零，1975 年，他第一次同撒切尔夫人会面后，感动得不可名状：他“出乎寻常地陷入沉思……沉默了很长时间，然后充满激情地说，‘她可真美’。”[⑤]他不仅为撒切尔夫人提供她急切需要的理论支撑，而且一反常态，跳出几十年蛰伏的学术研究圈，直接走进了对英国工会、工人阶级的战场，用他自己的话说——“以某种方式参与了政治……投入很多精力，帮助撒切尔夫人向工会组织开战。”[⑥]——以此报答撒切尔夫人的知遇之恩！1979 年，撒切尔夫人上台伊始，便将实际上是哈耶克为掌门人的新自由主义伦敦学派的理论，冠以“撒切尔主义”的名义作为保守党的执政理念，将凯恩斯主义与新的自由主义[⑦]的混合体——英国工党和保守党两党于 1945 年达成的“两党共识”——“巴茨克尔主义”[⑧]扔进了历史博物馆。从此，新自由主义首先在英国取代凯恩斯主义，成为资产阶级、主要是英国国际金融垄断资产阶级的主流经济学。

---

① 阿兰·艾伯斯坦．哈耶克传[M]．秋风译，北京：中国社会科学出版社，2003：337。

② 阿兰·艾伯斯坦．哈耶克传[M]．秋风译，北京：中国社会科学出版社，2003：338。

③ 阿兰·艾伯斯坦．哈耶克传[M]．秋风译，北京：中国社会科学出版社，2003：342。

④ 阿兰·艾伯斯坦．哈耶克传[M]．秋风译，北京：中国社会科学出版社，2003：339。

⑤ 阿兰·艾伯斯坦．哈耶克传[M]．秋风译，北京：中国社会科学出版社，2003：337－338。

⑥ 阿兰·艾伯斯坦．哈耶克传[M]．秋风译，北京：中国社会科学出版社，2003：338。

⑦ 新的自由主义同新自由主义是两个不同的范畴：新的自由主义（ new Liberalism），是 20 世纪初由英国学者霍布豪斯和霍布森等创立的资产阶级自由主义思潮的一个现代流派，它讨论的问题主要是自由、民主等问题，并将资产阶级古典自由主义关于“自由”的内涵延伸为八大要素，是一种资产阶级现代政治哲学；而新自由主义（ neo-Liberalism）主要是一种主张私有化、市场化、自由化和全球“一体化”也即“美国化”的资产阶级经济学理论。参见何秉孟、姜辉：《阶级结构与“第三条道路”——与英国学者对话实录》，社会科学文献出版社 2005 年版，第 146 － 149 页。

⑧ 20 世纪 40 年代后期，由英国保守党政府财政大臣巴特勒和最大在野党工党的财政发言人德茨克尔主持会谈并联署的“两党共识”。后来由英国刊物《经济学家》首次将这一共识用巴特勒名字的第一个字和德茨克尔的后三字组合成巴茨克尔主义以命名。

20世纪70年代末80年代初，是资本主义阶段性发展的重要拐点，即资本主义由国家垄断阶段向国际金融资本垄断阶段过渡的重要节点。70年代末，代表英国国际金融垄断资本利益的保守党首脑撒切尔夫人当选首相，用新自由主义作为保守党的执政理念，围绕着向国有企业开刀、向工会开刀推进一系列新自由主义改革：大规模推进私有化，实行紧缩的财政政策，压缩社会福利开支，减少政府对经济的调控和干预以推行经济自由化，等等。撒切尔首相在英国的这些所作所为，可以说是时代阶段性转换开始起步的重要标志。

1980年底，美国共和党人罗纳德·里根在美国总统换届选举中，击败了代表民主党利益的在任总统吉米·卡特，成为美国第40届总统。同撒切尔夫人一样，里根上台伊始，便迫不及待地抛出了所谓"里根经济学"。世人皆知，里根在17—21岁期间，虽以半工半读的方式完成了在尤里卡学院的经济学和社会学课程，但直至就任总统前在经济学上并无任何建树，在他胜选总统前的69岁生涯中，最叫得响的职业是演艺生涯，怎么可能在一夜之间突然冒出一个里根的"经济学"——所谓"里根经济学"不过是新自由主义的两个主要学派，即以芝加哥大学教授米尔顿·弗里德曼为主要代表的现代货币学派理论、以南加利福尼亚大学教授阿瑟·拉弗和哈佛大学教授马丁·费尔德斯坦为代表的供给学派理论的大杂烩而已。

里根于1981年1月就任美国总统，1989年1月结束第二届总统任期。差不多整个80年代，在所谓"里根经济学"—新自由主义的主导下，美国政府推行了不同于撒切尔夫人的以"全面私有化"为中心而是以"自由化"，特别是"金融自由化"为中心的新自由主义所谓"改革"。具体说，里根的"改革"有以下几个侧重点。

(1)推行经济自由化特别是金融自由化。笃信市场原教旨主义的里根迎合国际金融垄断资本的需要，极力推动放松金融监管，主持制定了一系列关于允许资本自由流动，储蓄银行和商业银行可以混业经营等法案、法规，以取代30年代民主党总统罗斯福制定的《1933年证券法》、《1934年证券交易法》，以及分离商业银行和投资银行业务的《格拉斯—斯蒂格尔法》等一系列金融监管法律法规。同时，他任命坚定的"市场原教旨主义者"格林斯潘出任美联储主席，主持推动金融自由化改革和所谓金融"创新"，致使金融衍生产品包括大量的有毒债券四处泛滥，金融系统积累了越来越大的风险。1999年，美国政府正式废除1933年颁布的《格拉斯—斯蒂格尔法》，以《格雷姆—里奇—布利雷法》取而代之，结束了银行、证券、保险分业经营与监管的局面。在金融创新的名义下，越来越多的商业银行涌入金融衍生品业务之中。2004年，又推行投资银行自我监管，在柜台交易的次贷相关产品，不仅信息披露不透明，且美证交会或美联储既无法律责任也无能力进行监管。这样，金融机构的高管们和各种各样的金融巨鳄为获取高额奖金和巨额利润，就完全可以以金融创新的名义，用五花八门的有毒金融衍生品在投资市场上坑蒙拐骗。至此，新自由主义的金融模式在美国初步确立。

(2)按照供给学派理论，紧缩政府财政预算，削减社会福利等社会投资，降低税收特别是资本所得边际税率，以刺激投资。牺牲劳动者的福利以满足资本对高额利润的贪欲。

(3)缩减政府规模，特别是削减政府权力，取消政府对经济的宏观调控和监管，尤其是对金融市场、资本市场的监管。

20世纪80年代，里根政府通过大力推行新自由主义"改革"，把现代货币学派、新制度经济学派、理性预期学派以及供给学派等极力鼓吹私有化、市场化、自由化(特别是金融自由化)的新自由主义学派推上了美国资产阶级主流经济学的宝座，新自由主义步入其极盛时期；不仅如此，在此期间，里根政府紧锣密鼓，按照这一理论营造了一个适应国际金融垄断资本需要的新自由主义—资本主义模式，把国际金融资本垄断集团送上了主宰美国经济、左右美国政治的权力巅峰的宝座，从而也将资本主义由国家垄断阶段向国际金融资本垄断阶段转变的历史进程向纵深推进了一步。[①]

美国的金融寡头——国际金融垄断资本集团并不满足于仅仅对美国经济的主宰，还向全球扩张，想要控制全球经济，掠夺全世界人民的财富。1990年，美国共和党总统老布什为适应国际金融垄断资本全球扩张的需要，授意美国国际经济研究所发起并召开了一个有关拉美地区80年代中后期以来经济调整与改革问题的研讨会。会议行将结束时，新自由主义经济学家、曾任美国国际经济研究所所长的约翰·威廉姆逊抛出了一份包含十条政策主张的所谓

① 何秉孟. 新自由主义：通向灾难之路——兼论新自由主义与自由主义的渊源和区别[J]. 马克思主义研究，2014，(11)。

会议“共识”，即“华盛顿共识”。[①]

在“华盛顿共识”的十点政策声明中，除了新自由主义骨干们长期以来鼓吹的“私有化”、“市场化”、“自由化”等内容外，还特别强调各国政府应开放商品市场、金融资本市场，放松对外资的限制和监管。其用心十分明显，就是为美国的国际金融垄断资本进入其他国家的市场开辟道路，以便控制他国的金融、资本市场乃至整个经济命脉，当世界金融乃至世界经济的霸主。从此，新自由主义的内涵在“私有化”、“市场化”、“自由化”这“三化”的基础上，又扩展了“全球一体化，即全球美国化”。“华盛顿共识”的出笼，标志着新自由主义理论及其实践模式步入到了一个新的阶段：新自由主义由学术、理论而政治化、国家意识形态化。由此可见，美国国际金融垄断资本集团开始了按新自由主义理论和美国的新自由主义模式改造全世界的“十字军远征”！

还必须强调的是，20 世纪 70 年代末 80 年代初，以“撒切尔主义”和“里根经济学”的名义将新自由主义推上英美两国主流经济学的宝座，绝不仅仅是撒切尔夫人和里根他们的个人喜好，而是由他们所代表的国际金融垄断资产阶级利益和需要决定的；从另一方面说，国际金融垄断资本之所以青睐新自由主义，是因为新自由主义主张的绝对自由化、完全私有化、彻底市场化、全球“一体化”即美国化，适应美英国际金融垄断资本全球扩张的需要。这就是新自由主义的本质。

四、新自由主义是一股祸水

自 1990 年“华盛顿共识”出笼后，美国国际金融垄断资本及其守门人，加快了向全球推行新自由主义的所谓“改革”的步伐。在这个过程中，他们确立了几个新自由主义改革的样板，如拉美、东亚、俄罗斯以及中东的埃及等等。历史证明，美国国际金融垄断资本及美国当局树立的这几个新自由主义“改革”样板，不仅未能给有关国家人民带来福祉，反而带来经济凋零、社会动荡的惨痛灾难。以我国的近邻东南亚和东北亚为例，1991 年由美国国会议员和知名学者组成的一个大型代表团，到东南亚和东亚诸国，鼓动这些国家进行新自由主义“改革”，忽悠说，实行金融自由化、贸易自由化、投资自由化，将可创造

① 中国社会科学院“新自由主义研究”课题组. 新自由主义及其本质[J]. 马克思主义研究，2003，(6)。

数以千亿计美元的收入。在美国政府的威逼利诱之下，一些国家开始新自由主义“改革”，推行金融自由化，放弃金融监管，特别是放弃对国际游资的管控。就在这个过程中，美国当局纵容、袒护美国的国际金融投机大鳄索罗斯之流乘机在东亚地区各国的金融货币市场上疯狂套汇套利，致使1997年夏爆发东亚金融危机！令人发指的是，金融危机发生后，美国还操纵国际货币基金组织和世界银行等国际金融机构，先是迟迟不向东亚饱受金融危机之苦的国家提供贷款，继而落井下石，乘人之危，利用贷款胁迫受援国必须进一步开放金融市场、放松金融监管，继续推进新自由主义“改革”，实行金融自由化等苛刻的先决条件。在整个东亚金融危机期间，美国当局的表演，彻底暴露了此前忽悠亚洲国家推行新自由主义“改革”、实行金融“自由化”，意在掠夺亚洲国家并控制亚洲地区金融的丑恶用心！本来，东亚在20世纪70—80年代曾有过一段较长时间的经济增长，创造了广为称誉的“东亚经济模式”。90年代初听从美国的蛊惑，东亚国家先后推行新自由主义“改革”，实行金融自由化，短短几年，被广为赞誉的“东亚模式”很快变为灾难型经济模式，不仅没有创造数以千亿计美元的收入，相反，蒙受了儿千亿美元的损失，有些重灾国家的经济甚至倒退了10—20年！

美国树立的其他几个新自由主义“改革”样板，没有一个成功的，其结局都同亚洲诸国一样——以经济灾难、社会动荡收场。实践表明，新自由主义就是祸水，流到哪里哪里就会遭灾。

特别具有讽刺意味的是，美国国际金融资本垄断集团在全球推行美国的新自由主义模式，本意不仅要盘剥本国人民，而且还要控制全球经济，掠夺全世界人民的财富。但他们未曾料到，他们制造的祸水，最后也殃及了自己。

从上面的分析中我们可以看出，美国的新自由主义——资本主义模式，是资本主义由国家垄断阶段过渡到国际金融资本垄断阶段的一种变异的、野蛮的资本主义模式。这种制度模式，不仅没有缓解马克思揭示的生产社会化同生产资料私人占有这一基本矛盾，而且由于它进一步提高了生产社会化的程度，并在更广大的范围内实现了生产资料的私人占有，也就大大加剧了资本主义制度所固有的生产社会化同生产资料私人占有的基本矛盾及其他主要矛盾。从美国近二三十年的历史进程来看，国际金融垄断资本主导的新自由主义模式在运作过程中，已逐步显示出由其内在的基本矛盾所决定的六大基本特征:(1)经济加速金融化。金融资本急剧膨胀,成为经济乃至政治的主宰。(2)金融虚拟化、泡沫化。在金融资本流动、货币循环中通过五花八门的所谓"创新"产品、投机诈骗、高杠杆运作骗取高额回报,将整个美国变成了一个大赌场。(3)金融资本流动、金融运作自由化。由于取消金融流动和金融机构在金融运作中必不可少的监管,使得在金融资本及货币循环中凭借欺诈手段"圈钱"而暴富的大大小小金融巨鳄获得空前"解放",金融产品大多被毒化,孵化出了一批又一批麦道夫、斯坦福之流的超级金融骗子。(4)实体经济逐步空心化。随着美国经济金融化、金融虚拟化、金融衍生产品泡沫化,实体经济急剧萎缩。至2007年,实体经济的主体制造业仅占GDP的18%。进入新世纪后,由于先后遭受2001—2006年的经济衰退、2007年发生的金融危机两次打击,90年代为数不多的表现尚属差强人意的IT、飞机制造、汽车制造、房地产等产业相继被重创,民主党总统奥巴马上台时,除军工、石油、农业等外,其他实体产业均已凋零了。所以,奥巴马上台后,不得不提出"再工业化"。(5)劳动人民贫困化。在所谓"效率优先"实则"资本优先"的政策主导下,一方面降低资本所得"边际税率",另一方面削减社会投资,压低劳动者工资,加大对普通劳动者的掠夺,劳动百姓日益贫困化,加剧美国社会两极分化。(6)美国经济乃至国家运行债务化。民众靠借贷消费,企业靠借贷经营,政府靠发行债券运行,各种金融机构则利用形形色色的债券即债务再次进行诈骗和榨取。

以上六个方面的基本特征,决定了美国新自由主义—资本主义模式危机四伏,犹如一座建筑在沙滩上的庞然大厦,时时刻刻都面临坍塌的危险;它深刻反映了主导新自由主义—资本主义模式的国际金融垄断资本的极端贪婪性、寄生性、腐朽性;只要国际金融垄断资本盘踞在美国经济、政治的塔尖之上,美国新自由主义—资本主义模式的这六个方面的基本特征就不会弱化,相反,只会逐步加深、激化。这一切表明,2007年美国爆发金融危机并很快蔓延至全世界,将全人类拖入了近百年最为严重的金融危机、经济危机以至社会危机的深渊,其最根本的病源是美国的新自由主义—资本主义模式。因此,我们可以毫不夸张地说:新自由主义理论是一股祸水,新自由主义模式是一条通向灾难之路!

(原载《当代经济研究》2015年第2期)

新自由主义的谱系、流变及影响

梅荣政

一

新自由主义是指萌芽于19世纪末20世纪初、在20世纪二三十年代形成的一种理论，在20世纪七八十年代一度成为西方发达资本主义国家占统治地位的一种社会思潮。

1927年，奥地利的米瑟斯出版《自由主义》一书，宣扬资本主义和市场自由的普遍性，否定社会主义，维护资本主义私有制度，奠定了新自由主义的基本理论。在这同一时期，米瑟斯和哈耶克还挑起了一场关于“社会主义经济计算”的大论战，与波兰经济学家奥斯卡·兰格就社会主义制度的可行性问题进行论战，论战的焦点是社会主义条件下是不是具有实行经济计算的可能性。以这场大辩论为标志，新自由主义开始登上历史舞台。

但是，米瑟斯的这一套理论在几十年内并未被社会普遍接受。其原因，一是当时欧美许多国家事实上都采纳凯恩斯的理论，把资本主义的市场体制与一定程度的国家干预相结合，走上了福利国家和国家干预主义的道路，而且取得了成效。然而，资本主义生产的周期性是一个客观规律，绝不因资本主义经济政策的调整和经济的暂时繁荣而消失。

从20世纪30年代大萧条时期起，一直到20世纪70年代，新自由主义代表人物的理论和政策主张虽然没有被社会普遍接受，但是他们并没有放下自己的旗帜，而是一直坚持著书立说，在批评凯恩斯主义的过程中，精心雕琢自己的理论。在20世纪七八十年代，随着“滞胀”危机的出现，凯恩斯主义陷入理论困境，新自由主义以哈耶克为代表的伦敦学派、弗里德曼为代表的货币主义学派两个主要流派领衔，迅速崛起。本来“滞胀”是资本主义固有矛盾日趋激化的产物，是国家垄断资本主义充分发展的必然结果，但是新自由主义者却将其归咎为凯恩斯主义的罪过。他们认为造成这一切的根本原因，在于凯恩斯主义政策的国家干预过度、政府投资过大、货币供给不足，更深刻的原因还在于政府干预和福利国家政策中混进了许多社会主义因素，使工会力量过大和工人运动高涨，破坏了经济运行。新自由主义中的新古典经济学派从理论和政策全面地批判凯恩斯主义，对其“清单上的每一项目都提出了反对意见”[①]，宣布凯恩斯主义是应当抛弃的过时的错误理论。他们认为，要消除危机，就要削弱工会的力量和严格控制货币总量；节省财政开支，压缩福利开支，减少政府对经济的干预。

因为政府干预经济的政策无论在短期内还是在长期内都是无效的。凯恩斯主义失灵，显得无力回天，结束了它在西方经济学中长达 20 多年的独领风骚的历史。新自由主义倡导的观点，如经济自由化，反对政府调节通货等，正对垄断资产阶级稳定经济的胃口，得到西方大财团、大资本家和国际货币基金组织、世界银行等机构的鼎力支持。在这种强力的支持和操纵下，新自由主义在 20 世纪 70 年代初发展起来，在 80 年代扶摇直上，由理论、学术跃为西方发达资本主义国家占统治地位的思想和国家意识形态，成为一股国际性思潮。

二

20 世纪 90 年代，苏东剧变，社会主义运动暂时处于低潮，世界科技的巨大进步，西方跨国公司在国际经济政治事务中的影响日趋增强，经济全球化进程进一步加快，这种新的国际局势给新自由主义带来发展机遇。它在美国的经济利益和整个西方商业利益的驱动下，迎合国际垄断资本和大金融寡头谋求世界霸权的需要，借助于 20 世纪 80 年代末 90 年代初达成的、以恢复自由放任市场经济政策、放弃政府干预和推行私有化为主旨的“华盛顿共识”，向广大发展中国家和社会主义国家蔓延。“从此，新自由主义由学术理论而国家意识形态化、政治化和范式化”[②]。此后，智利、巴西、墨西哥、阿根廷、秘鲁等国，

---

① ［美］A. S. 布林德：《争论中的宏观经济学》，伦敦惠顿斯出版公司 1989 年版，第 103 页。
② 中国社科院“新自由主义研究”课题组：《新自由主义研究》，载《马克思主义研究》2003 年第 6 期。

均以新自由主义为国家发展的理论指导，拉美成为了新自由主义的试验场。在苏东国家，新自由主义取得了支配地位，政要们把取缔共产党、建立以私有制为基础的市场经济、同西方经济一体化作为基本国策。

20 世纪 90 年代以后，新自由主义作为风靡西方世界的重要思潮，越来越成为西方发达国家干预世界经济活动和政治秩序的重要手段。进入 21 世纪，在西方大国谋求控制世界的过程中，新自由主义的作用仍然受到重视。在西方具有重要影响的新自由主义主要流派有：以哈耶克为代表的伦敦学派、以美国芝加哥大学经济学教授弗里德曼为代表的现代货币学派、以罗伯特·卢卡斯为代表的理性预期学派、以科斯为代表的新制度经济学派、以詹姆斯·布坎南为代表的公共选择学派和以拉弗为代表的供给学派等等。

应该说，新自由主义在提出和论证自己的理论观点时，在理论思维方面也提供了某些有启发性的东西，包含着某些合理因素。特别是作为资产阶级经济学理论的新自由主义，源于资产阶级古典自由主义经济理论，其中不乏科学成分，有的思想还具有一定的深刻性。如某些自由派学者对于资本主义经济政治制度的批评，关于一般市场机制的研究，关于减少政府干预、压缩政府开支、提高政府效率的观点，关于实行积极财政政策和货币政策、加强对经济实行宏观调控的观点，关于人的心理预期对经济活动和经济政策影响的观点，关于加强法制、社会保障制度、稳定物价在市场经济中作用的观点等等，这些思想对于我们完善社会主义市场经济体制，有可供参考和借鉴的成分。但是从总体上说，新自由主义是为现阶段国际垄断资产阶级经济和政治根本利益服务的资产阶级思想理论，本质上是十分庸俗的东西。

众所周知，20 世纪 80 年代，新东欧经济学乃是西方新自由主义经济学的翻版，它竭力主张用私有制加自由放任和自由竞争的资本主义模式取代社会主义经济政治制度。以东欧经济学为指导的改革方案，主张实现国有企业私有化，取消国家对经济生活的干预，特别是取消国家对价格、进出口和汇率的管理，实现价格放开、进出口自由和货币按市场汇率自由兑换；积极争取与西方经济的融合，实现同西方经济特别是欧共体经济一体化，不惜代价争取西方的经济援助，将西方经济援助视为苏联、东欧国家向市场经济过渡的不可或缺的前提等等。这种理论实施的结果造成了苏东国家经济大幅度滑坡、通货恶性膨胀、国家分裂、社会动乱、执政党更迭、人民蒙受苦难的严重后果[①]。

阿根廷等拉美国家推行新自由主义十几年,其后果也十分严重。阿根廷推行新自由主义政策,最大限度地取消了政府的经济干预,彻底实行私有化,国家退出了社会和国民经济的基础领域,中止了对这些领域的政府公共投资。阿根廷还遵循国际货币基金的"零赤字"条件,即政府将竭尽全力确保偿还阿根廷所欠西方的债务。倘若由于经济衰退导致了政府税收的下降,政府不得采取财政赤字手段来弥补公共开支的不足,必须通过压缩行政和社会保障的开支来维持国家经济的运行,将削减下来的开支资金用于偿还外债的本息。阿根廷推行新自由主义政策的结果,一是期望依靠一次性出售国有资产来填补社会保障体系窟窿的愿望未能实现,而且国有企业被私有企业或跨国公司收购后,大批工人遭到解雇,社会失业不断增长,贫困人数不断增加,整个社会经济陷入了极度的混乱。二是大量社会财富流失海外。在阿根廷的金融危机中,控制阿根廷金融命脉的跨国公司不仅廉价收购国有、私营企业和自然资源,而且非法席卷老百姓的存款,金额达数百亿美元。中产阶级和资产阶级拥有的存款、股票损失惨重,大批公务员的工资、医疗保险、养老保障等也因银行冻结存款几乎无法发放。三是陷入不能自拔的外债泥潭。阿根廷按新自由主义的要求,盲目开放,大搞国有企业私有化并开放各个行业,经济命脉控制权落入美国之手,不得不一步步踏入外债圈套。1980 年阿根廷的外债为 270 亿美元,1990 年为 600 亿美元,2001 年为 1420 亿美元。20 年来阿根廷共偿还了外债本息 1200 亿美元,但外债仍膨胀到最初的 4.5 倍。这里一个重要原因就是实行资本市场自由化,允许西方金融资本自由进出,一旦外债流出造成经济危机压力,国际货币基金就要求这些国家大幅度提高利率,经常达到 30%、50%甚至 80%的高利贷水平,这当然会耗光这些国家的财富。四是诱惑官僚腐败。在私有化过程中,削价出售国有资产的回扣率达 10%,数亿美元的项目意味着数千万美元的回扣,这就会诱惑官僚出卖本国利益充当买办[②]。阿根廷按照新自由主义"改革"方案行事,吞下了苦果,其他推行新自由主义理论和政策的国家也大致相仿。如 1995 年的墨西哥金融危机、1997—1998 年的

---

① 见梁柱、张守民主编:《社会主义初级阶段与四项基本原则》,人民出版社 2002 年版,第 219~221 页。

② 参见杨斌:《从国有股减持被停止看其理论缺陷》,载《高校理论战线》2002 年第 10 期。

东南亚和俄罗斯金融危机，都是采纳新自由主义，受到国际金融资本破坏的表现。

20世纪90年代以来，国际金融垄断资本通过其代表——国际货币基金组织和世界银行等国际机构，推行新自由主义，毁灭了苏东地区和拉美等发展中国家的经济政治体制，侵吞了这些国家和地区多年积累起来的社会财富，把它们沦为少数发达国家的原料供应地、商品倾销场、危害环境的生产地和资本投机场所，致使其广大人民群众失去社会保障，生活水平急剧下降，大多数人生活在贫困线以下，少数人成为暴富者。这种事实向我们提出警告：必须识别新自由主义的真面目，避免落入其陷阱。

三

在中国，近代以来西方自由主义思潮就有一定发展。在20世纪80年代中后期至90年代的国际政治背景和理论背景下，某些学者更乐于接受和传播新自由主义的观点，甚至一时间出现了“张五常热”。应该指出，这时在我国得到较大规模传播和讨论的新自由主义，早已不仅仅是一种理论、学术，而是作为一种国际垄断资本主义的经济范式和政治纲领的东西。正如有学者指出的：“在经济学和社会哲学这一类的学术思想上，中国的自由主义经济学家们大多不过是在拾国际上的新自由主义经济学的牙慧而已，而且他们捡来的多半都是其中最肤浅的说法。”“但是，决不能因此就把中国的经济自由主义看成是外国的自由主义经济学的简单翻版。中国的经济学家们在国际自由主义经济学的共同理念之外，加上了许多自己的特殊创造，因而形成了中国的经济自由主义自己的特色。”[①]他们喜欢引用西方新自由主义的信条，然而他们“并没有全面地吸收和继承西方主流经济学的全部理论体系。它对西方主流经济学采取的是‘各取所需、为我所用’的态度，只援引自己喜欢的论点，而回避甚至闭口不提那些它不喜欢的西方主流经济学的重要思想观点”[②]。这种评论是有道理的。

中国新自由主义思潮通过文献出版物、各种论坛讲坛、研究机构的学术讨

① 左大培：《混乱的经济学——经济学到底教给了我们什么？》，石油工业出版社2002年版，第2～3页。
② 左大培：《混乱的经济学——经济学到底教给了我们什么？》，石油工业出版社2002年版，第11页。

论等渠道和方式进行传播，产生了恶劣影响。特别是新自由主义思潮为了改变中国经济政治体制改革的性质，干扰其社会主义方向，其代表人物提出了一系列严重违背四项基本原则的主张。在经济理论上，他们皈依西方自由主义经济理论的方向，坚持资本主义改革开放观，大力鼓吹“私有制优越论”，主张按照资本主义市场经济的模式，取消公有制的主体地位，推进私有化的改革方案，改变我国的基本经济制度，建立起资本主义的基本经济制度；在政治理论上，他们提出实行总统制、推行两院制、删除宪法序言、取消无产阶级专政条款等全盘西化的主张，企图从根本上否定四项基本原则，否定我国的国体和政体，改变我国的基本政治制度，建立起资本主义的政治制度；在思想文化上，他们以理论探索和创新之名，散布资产阶级自由化的言论，把攻击矛头直指我们党和国家的指导思想——马克思主义，提出要“告别革命”，企图通过否定五四新文化运动，否定我们党领导的新民主主义革命和社会主义建设事业的历史，鼓吹“意识形态多元化”，达到消解我们国家的主导意识形态的目的。他们尤其特别起劲地宣扬新闻媒体应成为“社会武器”，成为制衡党和政府的“第四权力”，实质上是要否定新闻媒体的党和人民喉舌的性质，否定新闻的党性原则，反对党对新闻媒体的领导和管理，企图把思想文化领域的演变作为他们进行政治经济演变的前奏。当代中国的自由主义思潮，亦即资产阶级自由化思潮，不仅是一种经济自由主义，其思想理论还包括政治、思想文化方面的内容。正是由于它的代表人物热衷于兜售已被西方大国政治化了的新自由主义，严重地干扰着我国改革的理论和政策，扰乱了一些人的思想，在一些方面造成了严重危害。

邓小平同志曾深刻指出：“一旦中国全盘西化，搞资本主义，四个现代化肯定实现不了。中国要解决十亿人的贫困问题，十亿人的发展问题。如果搞资本主义，可能有少数人富裕起来，但大量的人会长期处于贫困状态，中国就会发生闹革命的问题。中国搞现代化，只能靠社会主义，不能靠资本主义。历史上有人想在中国搞资本主义，总是行不通。”①他还说：“某些人所谓的改革，应该换个名字，叫作自由化，即资本主义化。他们‘改革’的中心是资本主义化。

① 《邓小平文选》第3卷，人民出版社1993年版，第229页。

我们讲的改革与他们不同。这个问题还要继续争论的。”[①]事情正如邓小平同志所预见的，由于新自由主义思潮的渗透和影响，关于中国改革方向道路的争论现在更激烈了。某些热衷于推行新自由主义的人，把邓小平同志的警言抛得远远的，置四项基本原则于不顾，竭力掩盖新自由主义在世界一些国家和地区造成危害的真相，从多方面向我们党的基本理论、基本路线、基本纲领和基本经验进攻，对中国社会主义改革和现代化建设的危害日渐彰显。坚持新自由主义立场的人，干扰我国社会主义的改革和现代化建设，鼓吹全盘私有化、完全自由放任的一个重要借口就是，现在实行市场经济，必须同西方经济接轨。其实这种辩解是站不住脚的。

一是即使是西方国家，在实行市场经济时也不同程度地主张国家的宏观调控，而不是完全的自由放任，西方大国的政府在本国内并不推行新自由主义政策。20 世纪 80 年代，在西方正当新古典宏观经济学对凯恩斯主义经济学和国家干预主义的批判盛行的时候，就出现了一个新的主张国家干预的学派，即新凯恩斯主义经济学派。该学派把传统的微观经济学和凯恩斯的宏观经济学结合起来，为宏观经济学提供微观基础。新凯恩斯主义虽然抛弃了原凯恩斯主义的某些旧观点，但是本质上是原凯恩斯主义的翻版，它基于市场失灵的结论，认为如果没有政府干预，经济恢复均衡将是一个漫长的痛苦过程，失业和通货膨胀将更为恶化。与此相应，它强调政府干预经济政策的有效性。新凯恩斯主义关于政府干预经济的学说受到西方国家政府的重视，而且愿意接受。同时，新凯恩斯主义也受到学术界的重视。正如一些学者在肯定国家调节论时指出的："今天，没有一个市场经济不受到国家和政府机构的带有或多或少强制性的指导。”[②]“没有国家管理的市场将导致二元的，甚至四分五裂的社会，它不仅会埋葬市场经济，使市场成为万恶之源，而且还会使自由遭到毁灭。”[③]所以，西方大国的政府主要是将自由主义的理论和政策用于对付社会主义国家和其他发展中国家。

二是中国实行的市场经济与西方国家的市场经济根本不同。我们的社会主义市场经济是同社会主义基本经济制度结合在一起的。它既要发挥市场经

---

① 《邓小平文选》第 3 卷，人民出版社 1993 年版，第 297 页。

② [法]勃拉尔顿：《市场经济或资本主义?》，载《思想》1991 年第 3～4 期。

③ [法]罗奈・勒努阿：《没有国家的市场?》，载《政治学》1992 年第 1 期。

济的长处，又要发挥社会主义制度的优越性。在我国具体条件下，市场经济既是一种资源配置的方式，又是建设中国特色社会主义经济的基本实现形式。作为建设中国特色社会主义的基本实现形式，在其丰富的内涵和多方面的内在要求中，社会主义的质的规定性是非常明确的。这说明，我国坚持新自由主义立场的人制造的借口是经不起反驳的。但是他们的种种言论却起着混淆视听、搅乱理论是非的作用。

在中国，称赞西方新自由主义的人大致有四种情况。一是像张五常这类以新自由主义的代表自居的人，他们自觉地以马克思主义为敌，并散布大量言论恶意攻击马克思主义。二是像我国研究西方经济学的权威学者、已故的北京大学陈岱孙教授所批评的那些对西方经济学"不加审别的推崇"的人。由于多年的隔绝，他们对西方经济学十分陌生，一旦接触，不免引起目眩。三是仅把新自由主义视为西方一种经济理论和学术观点进行研究，未从政治的高度看到，"华盛顿共识"之后，西方新自由主义已经国家意识形态化，成为国际垄断资本主义的思想体系，以及它对世界经济政治发展造成的负面影响。四是某些做实际工作的同志，力求探索改革和现代化建设的新思路、新举措，不加分析地把新自由主义的政策主张当作了良方。我们批判的是第一种人。对于第二、第三、第四种人，我们希望同他们平等地讨论商榷问题。

邓小平在 20 世纪 80 年代谈到"党在组织战线和思想战线上的迫切任务"时，讲过一番话。他说：我们一定要"使马克思主义的和社会主义、共产主义的宣传，特别是在一切重大理论性、原则性问题上的正确观点，在思想界真正发挥主导作用。现在有些错误观点自称是马克思主义的，有的则公然向马克思主义挑战。对此，马克思主义者应当站出来讲话。思想战线的共产党员，特别是这方面担负领导责任的和有影响的共产党员，必须站在斗争的前列"①。他还指出："毛泽东同志说过：'真理是在同谬误作斗争中间发展起来的。马克思主义就是这样发展起来的。'有些人把'双百'方针理解为鸣放绝对自由，甚至只让错误的东西放，不让马克思主义争。这还叫什么百家争鸣？这就把'双百'方针这个无产阶级的马克思主义的方针，歪曲为资产阶级的自由主义方针了。毛泽东同志的《反对自由主义》，是一篇马克思主义的好文章。建议各级

① 《邓小平文选》第 3 卷，人民出版社 1993 年版，第 246 页。

领导同志,特别是思想战线的同志认真学习一下,并且按照文章的精神办事。”[①]

邓小平同志讲这番话的时间过去20多年了,但是它仍然具有强烈的现实针对性。现在,坚持对新自由主义进行科学评析,正是践行党的十六大提出的战略任务的重要方面。对此,我们不能有任何的懈怠!

(原载《当代世界社会主义问题》2005年第1期)

① 《邓小平文选》第3卷,人民出版社1993年版,第47页。

新帝国主义奴役的自由：评新自由主义

——兼评哈耶克的《通向奴役的道路》

余　斌

一、新自由主义的包子

继二十多年前某人的“坚硬的稀粥”之后，终于有人为我们端出了包子。[①]此人提出，面对“很多包子做出来了，但是卖不出去(通常说的内需不足或产能过剩)”的现实，供给侧改革就是“多做好吃的包子，少做或不做无法下咽的包子”，但问题是，“大量的好吃的包子做出来了，结果销量还是没增加多少”。原来，“很多人还是不买这包子，而是弄两个馒头夹点咸菜就完了”。而其中的原因是，因为人们买不起，“包子10块钱一个”，“而馒头5毛钱一个，两个一块钱就搞定了”。于是，此人找到了老板：“你的包子卖得这么贵，怎么行啊？降降价，销路不就上去了吗?”老板的回答是：“这一个包子里，税就占了5块。原料面肉菜虽然不贵，可运费贵啊，每个包子物流的成本就合一块钱，房租一块钱，再加上人工还有其他的七七八八的费用，你知道我一个包子才赚多少钱吗?两毛钱！我怎么降这个价啊。”于是，这位名牌大学教授得出结论，“只有疏通中间，才能打开两侧(供给与需求)。”怎么理解这句话呢？这位教授说：“现在横在供需关系之间的，至少有五大障碍：沉重的税费负担(目前各种税费在商品价格中占有一个很大的比重)、居高不下的物流费用(我国物流成本比西方发达国家高一倍还不止)、昂贵的场地租金(在零售和服务业当中，房租已经成

① 疏通中间打开两侧[EB/OL]. http://blog.sina.com.cn/s/blog_408bb1430102wcu5.html。

为沉重负担)、层层剥皮的流通环节(有些药品的出厂价几块甚至几毛钱,但到了医院,几十块钱)、混乱的消费环境(如旅游)。结果是,整个经济活动的社会成本过高,企业生产什么什么不挣钱,消费者买什么什么贵得不得了。"考虑到此人曾提出①,"政府从社会中抽取的资源过多",要求"减税让利于民""停止房产税试点"等,我们明白了,原来这个包子,是新自由主义包子,此人想让中国的供给侧改革走上新自由主义供给学派的减税降费那一套老路上去。

但是,他的这一套主张首先是把错了脉。首先,哪个像样的经济学家会把因价格过高而卖不出去,说成是产能过剩呢?只有价格不高甚至降价也卖不出去的现象,才算得上产能过剩,也就是(相对)生产过剩。也许他会说,从成本来看,包子的价格不高,但消费者觉得贵,那就是价格高。同时,降价竞争,打价格战,而不是提升产品的附加值,也是与创新发展的供给侧改革思路相背离的。

其次,老板们追逐的是利润,即便打价格战,也是想通过市场占有的扩大来获得更多的利润。但是,薄利多销还是厚利少销,哪一个利润高,也是要看各种条件的,这也是一些商品不打价格战的原因。因此,即便减税降费,包子的价格也不会降下多少来。更为重要的是,一个包子里的税占了 5 块,而馒头却能卖 5 毛钱一个,显然,一个馒头里的税费远远少于 5 块,所以,问题只在于包子与馒头的税费差别为什么这么大,而不能一味地说税费高。而且既然人们不愿意买包子而是去买馒头,那么供给侧的改革不应当去转产更能满足人们需要的馒头么?再说了,要是降税使得包子多卖了而馒头少卖了,那也解决不了产能过剩,只不过是使包子的产能过剩,改变成馒头的产能过剩,供给侧改革的难题仍然存在。

在这里,一个包子的物流成本和房租都达到了两个馒头的售价,难道是因为一个馒头的体积和重量和要比一个包子小很多吗?包子的物流成本高,只能这样解释,一是包子的保质要求比馒头高,比如包子必须冷链运输。二是包子运输的距离远:要么这个包子是一个具有一定垄断性的产品,消费者在当地的包子铺里买不到,得从外地运过来。如果是这样,那么在当地开分店就可以

① 孙立平.政府从社会中抽取的资源过多[EB/OL]. http://view.news.qq.com/a/20110406/000016_2.htm。

省去这块物流费,否则减免税费,只不过是政府牺牲公共收入变相地给这个包子铺出运费。要么就是网购的运费相对固定,网购的人们更愿意网购包子而不是馒头和咸菜。从而说明,这个包子不是一个低档商品。相反地,馒头是底层群众消费的,而包子再降价也会贵过馒头。既然穷人只吃得起馒头,那么包子少许降些价,穷人同样吃不起,倒不如收包子的税补贴馒头,让馒头多降点价。这也许还会使馒头成为西方经济学中的吉芬商品,从而倒可能扩大包子的销路,如果西方经济学的相关理论的确成立的话。当然,对上层人士来讲,10 块钱的包子肯定是一个低档的商品,对它的需求自然有限,这个包子越降价反而越不被上层消费者看得上。所以,这个包子本身就是一个高不成,低不就的东西。要对它做供给侧改革,未必在于降价,反而可能是要提价,用更高档的原料,比如把肉菜换成山珍海味,做更上档次的包子,当然价格也更高,这也许才是这类包子的出路。

此外,一个包子中房租占一块钱可太亏心了,合着消费者吃的不是包子,而是房租。西方经济学从实际的现象中发现,政府征收土地税,土地购买者会将预期应纳的土地税折入资本,将税负转嫁给土地出售者,从而表现为地价下降。土地税和土地价格的关系经常表现为:土地税增加,地价必然下降;土地税减少,地价必将上升。[①] 同样地,在大量开发房地产的情况下,还会出现房租贵和房价高的主要原因,就是我国没有像国外那样开征房地产税。然而,上面那位社会学教授却呼吁"停止房产税试点",就存在不懂经济学专业瞎指挥,南辕北辙的问题。

近些年来,由于国际经济形势恶化,生产过剩的国际经济危机向国内输入,冲击了国内一些商品的需求和销售,例如,受进口过剩奶粉和粮食的冲击,一些地方奶农被迫杀牛倒奶,农民的粮食销售遇到困难,一些企业倒闭,工人失业或收入下降,经济不景气也影响到政府财力,为减少养老金支出,甚至都不得不考虑出台延迟退休的政策。这种情况下,减税降费反而加大了政府财政的困难,减少了普通百姓的收入和福利预期,人们反而会更加精打细算,从而有可能会使 5 毛钱一个的馒头也渐渐买不起了。美国福特汽车的老板曾经通过提高其工人的工资,使之高出其他汽车企业的水平,而使企业获得了较好

① 高培勇等.公共经济学[M].北京:中国社会科学出版社,2007:241。

的发展，这种大家好才是真的好，不要企图把老板们的好建立在企业职工的受难上，那样会导致社会的严重不和谐，不符合共享的发展理论。而且除非实施精准的只针对好吃的包子的减税降费政策，否则好吃的包子和难以下咽的包子会同等受益，难以下咽的包子可以继续赖在市场之中，挤压好吃的包子的市场，产品的结构无法有效地得到优化，创新产品会面临更加严峻的竞争压力。而实施精准减税降费政策，又存在认定包子是否好吃的问题，这无疑加深了政府干预市场的力度并导致寻租机会的增加。实际上，既然强调市场在资源配置中起决定性作用，那么就不应当用政府的降税来左右资源在包子和馒头上、在好吃的包子和难以下咽的包子上的配置，更何况，虽然政府也需要发挥积极作用，但这种作用是需要财力也就是需要财政收入作为保障的，更不能随便降税了。

总之，当前我们进行的是供给侧结构性改革，而不是新自由主义供给学派的供给侧改革，我们的改革是要调结构的，用创新的产品去应对国际经济大潮的冲击，如果指望有关部门采取减税降费的新自由主义政策而不是调结构和创新，将只会浪费政策的努力，陷入经济困局而不能自拔。

二、剥削与奴役的自由

马克思早就指出："先生们，不要一听到自由这个抽象字眼就深受感动！这是谁的自由呢？这不是一个人在另一个人面前享有的自由。这是资本所享有的压榨工人的自由。"[①]哈耶克在被称为"标志新自由主义创立的宪章"的《通向奴役的道路》一书中攻击，"社会主义通向自由的道路的诺言在事实上竟成为通向奴役制度的大道"[②]，但是，他所鼓吹的新自由主义也就是极端个人主义的自由主义，才代表着剥削与奴役的自由。

哈耶克出版《通向奴役的道路》一书时，第二次世界大战还在进行，英国和美国与德国和奥地利正处于战争的对立状态。哈耶克在该书的引论中写道："作者自成年以后大约有一半的岁月是在故乡奥地利度过的，与德国的精神生活有着密切的接触，另一半则是在美国和英国。在后一时期中，作者越来越相信，至少有某些曾经在德国毁灭了自由的势力，现在也在这里作祟，而这种危

---

① 马克思恩格斯文集(第1卷)[M].北京：人民出版社，2009：757。
② [奥]哈耶克.通向奴役的道路[M].滕维藻，朱宗风，译.北京：商务印书馆，1962：29。

险的性质和根源,可能还比在德国更少为人所了解。”[①]他在前言中还写道,“我之所以反对这些观点,并不是由于它们和我在成长时期所持的观点不同,因为它们正是我年轻时所持的观点”[②]。这表明,他所攻击的社会主义,只不过是德国和奥地利曾经流行的纳粹的国家社会主义和第二国际那些修正主义者的社会主义,从而也只是形形色色的资本主义,而与马克思主义的科学社会主义无关。

哈耶克写道:“我们之所以被迷惑,是因为我们不相信敌人在公开宣布某些我们所共有的信仰时是真心诚意的,也同样因为我们相信了敌人的某些其他主张是真心诚意的。左翼各政党不是和右翼各政党一样,由于相信国社党是为资本家服务并反对一切形式的社会主义而上当受骗吗?希特勒制度中有多少特点,不曾由那些最出人意料的方面来向我们推荐模仿,而不了解那是希特勒制度中不可分割的部分并和我们希望保持的自由社会不相容呢?在战前和战争爆发以来,由于我们不了解我们所面临的敌人的凶悍而铸成大错的次数是惊人的。情况居然好像是我们不要去了解产生了极权主义的那种发展趋势,因为那样一来就要毁坏某些我们决心抱住不放的最心爱的幻想。”[③]这也就是说,这个德国敌人与英美是真心诚意地有着共有的信仰的,尽管也存在一些差别。而当时的人们都认为,国社党即纳粹是为资本家服务并反对一切形式的社会主义。这个认识当然是正确的,并不是什么上当受骗,否则解释不了纳粹德国对社会主义苏联的入侵。哈耶克在这里,只不过是要为英国首相张伯伦战前的绥靖政策的失败进行辩解,同时他也为德国纳粹分子进行了辩解,因为“国家社会主义的两个最有影响的思想前驱,卡莱尔和张伯伦,一个是苏格兰人,一个是英格兰人”[④]。

事实上,纳粹的所谓国家社会主义只不过是列宁早在十月革命前就已经指出的国家资本主义的完成形态:“同这个以英法为主的集团对立的是另一个资本家集团,这个集团更加凶恶,更加富有掠夺性。这个集团的资本家走近资本主义筵席的时候,席位已被占光了,但是他们采用了发展资本主义生产的新

---

① [奥]哈耶克.通向奴役的道路[M].滕维藻,朱宗风,译.北京:商务印书馆,1962:9。
② [奥]哈耶克.通向奴役的道路[M].滕维藻,朱宗风,译.北京:商务印书馆,1962:5。
③ [奥]哈耶克.通向奴役的道路[M].滕维藻,朱宗风,译.北京:商务印书馆,1962:11-12。
④ [奥]哈耶克.通向奴役的道路[M].滕维藻,朱宗风,译.北京:商务印书馆,1962:12。

的角斗方法，采用了优良的技术和无比优越的组织，使旧的资本主义即自由竞争时代的资本主义变成了大托拉斯、辛迪加、卡特尔的资本主义。这个集团确立了资本主义生产的国家化的原则，把资本主义的巨大力量和国家的巨大力量联合成一部机器，使千百万人处于一个国家资本主义组织之中。”[①]哈耶克多次提到的德国这个资本主义国家里早些时候的一些社会主义做法，也只不过是恩格斯批判过的俾斯麦式的冒牌社会主义。哈耶克在书中所反对的“组织”，只不过是国家资本主义的那种“组织”；他所反对的“计划经济”只不过美国田纳西河流域管理局之类的东西，是邓小平同志曾经说过的“资本主义也有计划”的那种计划。这种资本主义的计划方式必须有一个“没有计划的地区”作为支撑，以便用失业来把纪律强加给工人，否则“得像对待奴隶劳工那样非用体刑不可”。[②] 这两种资本主义的冲突一直延续到了今天，英国《经济学家》周刊于 2012 年 1 月 21 日以特别报道的形式刊登了一组关于“国家资本主义”的文章[③]，这组逻辑混乱、以反国家资本主义为主题的新自由主义的哀歌就公然叫嚣，界定 21 世纪的战争不会发生在资本主义和社会主义之间，而将发生在不同版本的资本主义之间。

但是，尽管这两种资本主义之间存在冲突，它们的共性都是工人阶级没有不受剥削和奴役的自由。对此，哈耶克公然说：“至少对很多人来说，要使他们作出最大努力，就需要施加某种外来的压力。”[④]他甚至还说，“在一个专制统治之下常常比在某些民主政治下有更多的文化上和精神上的自由”[⑤]。相比之下，社会主义则是用激励（包括物质的和精神的）代替压力，用人类社会成员之间的真诚协作代替动物世界里弱肉强食的竞争，用社会主义公有制企业内部的职工民主代替资本主义私有制企业中资本家及其代理人的专制管理。

与国家资本主义相比，新自由资本主义即新自由主义，更加强调对工人阶级进行剥削与奴役的自由，其典型特征就是要求降低工人的收入，排除一切妨碍这种降低的障碍，不把工人的失业当回事。

例如，哈耶克认为，“在和平时期决不容许一个单一的目标绝对地优先于

① 列宁全集（第 30 卷）[M]. 北京：人民出版社，1985：82。
② [奥]哈耶克. 通向奴役的道路[M]. 滕维藻，朱宗风，译. 北京：商务印书馆，1962：121－122。
③ 参考资料[N]. 2012－02－15。
④ [奥]哈耶克. 通向奴役的道路[M]. 滕维藻，朱宗风，译. 北京：商务印书馆，1962：121。
⑤ [奥]哈耶克. 通向奴役的道路[M]. 滕维藻，朱宗风，译. 北京：商务印书馆，1962：70。

其他一切目标,这甚至适用于现在大家公认的一个当务之急,即克服失业现象”[①]。“在竞争的社会里,任何一个企业对某个人说,它不需要他的服务,或者说,它不需要他的工作,这不算是小看他,也不算是有伤他的尊严。在持久的大规模失业的时期中,许多人所受的影响也确实差不多。……不论在什么社会里,随时都会有一部分人受到失业或收入减少的影响,但如果它是由于不幸的结果,而不是当权者存心所强加的,其使人沮丧的影响肯定要少些。”[②]且不说是否存在国家资本主义当权者存心强加的失业,但新自由主义因为禁止国家采取减少失业的措施进行干预而强加的失业,的确会使人沮丧的影响要大些,因为工人更加无助和无望,连寻求微薄的社会求助都不可能了,只能自由地去做路边冻死骨。工人失业也许没有伤尊严,但肯定会因为挨饿受冻而伤身体,而持久的大规模失业对工人的影响也许差不多,但对工人与对资本家的影响却仍然是相差很大的,但是哈耶克并不比较工人与资本家的差别,而只在底层劳动者之间,如挪威渔民与葡萄牙渔民之间,或荷兰工人与考文垂的机械职工之间进行比较,力图煽动底层劳动者之间的仇视,以方便资产阶级对工人阶级的剥削与奴役。

再例如,哈耶克还说:“对于贫困国家的工人来说,他的比较幸运的同事据说是为他的利益打算而提出的,规定最低限度工资,免受他的低工资竞争的影响的要求,往往只是一种手段,用来剥夺他按低于其他国家工人的工资进行劳动,克服天然的不利条件以改善其处境的唯一机会。对他来说,他必得拿十小时劳动的产品来换取别处拥有较好机械装备的人的五小时劳动的产品这一事实,和资本家所实行的同样是一种‘剥削’。”[③]在这里,哈耶克已经慌不择言了。首先,产品的所有权是归资本家,进行产品交换的是资本家而不是工人。其次,如果一个人的10小时劳动所得只相当于另一个人的5小时劳动所得,算是后者对前者的“剥削”的话,那么通过规定最低工资标准,使前者的5小时劳动所得也能相当于后者的5小时劳动所得,改善前者的处境,不正是应当采取的改进措施吗,又有什么好反对的呢?同时,既然承认资本家“剥削”,为何还要鼓吹,“私有制是自由的最重要的保障,这不单是对有产者,而且对无产者

① [奥]哈耶克.通向奴役的道路[M].滕维藻,朱宗风,译.北京:商务印书馆,1962:197。
② [奥]哈耶克.通向奴役的道路[M].滕维藻,朱宗风,译.北京:商务印书馆,1962:103。
③ [奥]哈耶克.通向奴役的道路[M].滕维藻,朱宗风,译.北京:商务印书馆,1962:214-21。

也是一样”[①]？

在谈到战后经济管理时，哈耶克指出，“英国人起码在开头时将是穷苦的，确实是很穷苦的——并且要恢复和改善以往的标准，英国在事实上可能比其他许多国家要更为困难些。如果他们做得聪明，他们通过苦干和把大部分的精力用到检修和更新他们的工业装备和工业组织上去，就会在几年之后回复到甚至超过他们以往所达到的水平，这是不成问题的。但这首先需要他们满足于不超过可能的日常消费，而又不妨害复兴任务，需要他们不存要求比这还要多一些的奢望，并且需要他们把最恰当地使用其资源，将其资源使用于最有助于福利的用途”[②]。可是，虽然战争造成了破坏，但是，由于无须将大量的物资和劳力消耗在战争上，和平红利必然会导致经济状况好于战时，而且英国还会是战胜国，为何英国人在开头时还要是很穷苦的呢？同时，福利的用途难道不应当是解除穷苦和失业吗？由此看来，哈耶克眼中所穷苦的英国人，只是指英国工人，只能满足于刚够填饱肚子的“不超过可能的日常消费”的也只是英国工人，而与英国的资本家和贵族无关。英美的资本家和他们的代理人也知道这一点，明白哈耶克不会让他们受苦，所以才会推崇他的这本书。

延续哈耶克创造的“传统”，今天的新自由主义者仍然与工人阶级过不去。例如，他们反对《劳动合同法》，漠视《劳动法》对每周工作时间的限制，贪婪地无偿占有工人的剩余劳动；他们反对行业集体谈判和区域集体谈判，要求削减原本就不高的工资福利，或者在物价上涨、纸币贬值时反对工资福利的提升，同时他们又提高房价，让工人们居无定所，到处租房，且越租面积越小；他们提高社保的支付门槛和领取门槛，并滥用社保基金为他们的投资失误买单；他们要求降低用工成本，用廉价劳动力优势即通过牺牲工人的利益而不是通过创新去赢得竞争。特别地，他们提出一条所谓“铁律”，就是在正常情况下，工资的增长一定要低于劳动生产率的增长。但是，这个“铁律”并不存在，或者严格地说，这个“铁律”仅在不存在剩余价值剥削的社会里才会存在。我们不妨举例说明如下。

假如，一个工人的月工资只有300元，他提供的利润是500元，每年工资

---

① [奥]哈耶克.通向奴役的道路[M].滕维藻，朱宗风，译.北京：商务印书馆，1962：100。

② [奥]哈耶克.通向奴役的道路[M].滕维藻，朱宗风，译.北京：商务印书馆，1962：199。

上涨10%,体现为劳动生产率的他所创造价值的货币价格每年上涨8%,这样一年后,他的月工资是330元,所创造价值的货币价格为864元,提供的利润为534元。如果这个资本家同时雇佣100个工人,那么,当一个工人每月增加30元收入时,一个资本家每月却增加了3400元,达到53400元。工人与资本家的收入差距,在工资增长高于劳动生产率的增长时扩大了。这样持续20年,工人的工资水平将达到每月2018元,增加1718元,而他提供给资本家的利润为1711元。资本家每月收入增加121100元,达到171100元,新自由主义者有什么理由不为资本家感到满意呢?更何况,虽然在单个工人身上,资本家获得的利润增长率低于工资增长率,但是,如果在这20年里资本家的企业扩大,招工人数增加,例如年均增长3%,资本家的利润增长率也会超过工资增长率和劳动生产率的增长。

哈耶克声称:"在一个竞争性的社会中,我们的选择的自由是基于这一事实:如果某一个人拒绝满足我们的希望,我们可以转向另一个人。"[①]但是,这一点只是对资本家而言才是成立的。且不说工人拒绝满足资本家的希望,只要工人虽然愿意满足资本家的要求但由于过于劳累体力跟不上生产线的节奏,就会被资本家解雇,而被其他待业者代替。相反地,无论工人转向谁,他都必须满足对方自由奴役他的希望,否则他活下去的希望就得不到满足,其他的希望更谈不上。

三、新帝国主义的霸权工具

新帝国主义是作为资本主义最高阶段的帝国主义的最后阶段,它更加强调对国家主权的削弱和对其他国家经济资源的自由掠夺和控制。由于凯恩斯主义对国家干预的强调,妨碍了新帝国主义对他国经济资源的掠夺,于是新帝国主义转而扶持新自由主义,使新自由主义成为新帝国主义的政策主张和霸权工具。这也是为什么凯恩斯主义衰落、新自由主义兴起与新帝国主义在20世纪70年代的形成是同步的原因所在。

哈耶克提出:"首先需要的是,人们在市场上应当能够自由地按照能找到交易对手的价格进行买卖,任何人都应该能够自由生产、出售和买进任何有可

---

① [奥]哈耶克.通向奴役的道路[M].滕维藻,朱宗风,译.北京:商务印书馆,1962:90。

能生产和出售的东西。重要的是，从事各种行业的机会应当在平等的条件下向一切的人开放，任何个人或集团企图通过公开或隐蔽的力量对此加以限制，均为法律所不许可。"[①]但是，任何人的活动都需要物质条件。要自由生产、出售和买进任何有可能生产和出售的东西，就需要有一定的经济实力。机会平等只在人们拥有相同数量的生产资料和生活资料时才可能，在(新)帝国主义时代，机会平等只是给了大资本尤其是跨国垄断资本进行自由掠夺的权力，并使得他们得以把原本不可能出售的东西，比如所谓碳排放权和未经全面科学检验的转基因食品，变成可能出售的东西来强加给世人。而国有企业也像劳动力一样，成为可以被跨国公司买进的东西。

其实，哈耶克也很清楚垄断的存在，他的新自由主义主张就是，把这些垄断工业，哪怕是像铁路，陆、空运输，或者煤气和电的供应的垄断，存留在不同的个人手中，而不要交给政府部门管理[②]。这就为新帝国主义的跨国公司垄断发展中国家的这些经济命脉提供了方便。正是在新自由主义鼓吹"市场万能"和私有产权神话的干扰下，在中国的改革进程中，未能很好地坚持"毫不动摇巩固和发展公有制经济"的发展原则，不仅大量国有企业被私有化，甚至许多城市的公用事业如自来水行业被国外垄断资本所控制。相反地，新帝国主义国家却成立专门的外商投资委员会，以国家干预的方式限制外国企业对本国企业的并购和投资。

新自由主义继承了自由主义关于自由贸易和经济全球化的理论主张，认为经济全球化可以让各种生产要素和资源在国家之间自由流动，从而实现资源在世界范围内的优化组合和高效配置，有利于各国比较优势的发挥，使得大多数国家在经济全球化的过程中获得长远的比较利益，促进各国经济的发展。但是，一方面在实践中，新自由主义从新帝国主义国家的立场出发，不顾发展中国家的实际国情，推行不平等的国际经济旧秩序，在要求发展中国家取消关税以及对外资的产业限制，实现贸易自由化和金融自由化的同时，在其国内实行非关税贸易壁垒等种种限制，不仅阻碍发展中国家的产品向其出口，而且如上所述地阻碍发展中国家企业同等地对新帝国主义国家企业进行收购的行

① [奥]哈耶克. 通向奴役的道路[M]. 滕维藻，朱宗风，译. 北京：商务印书馆，1962：39。
② [奥]哈耶克. 通向奴役的道路[M]. 滕维藻，朱宗风，译. 北京：商务印书馆，1962：189。

为。另一方面,从理论上,不可能所有的生产要素和资源在国家之间都可以自由流动,例如,劳动力就不可以自由地移民,而且自然环境本身也是不可能流动的。新自由主义的所谓理论只不过使得新帝国主义国家得以肆意掠夺发展中国家的原材料和利用发展中国家的廉价劳动力,并给发展中国家留下被严重污染和破坏的生态环境。

哈耶克还主张:“一个有效地限制国家对个人的权力的国际机构,将是和平的一个最好的保障。”[①]这也为新帝国主义搞所谓“人权高于主权”的全球治理,推行干涉他国内政的霸权行径,提供了理论根据。而且,事实上,世界银行、国际货币基金组织、世界贸易组织等国际经济组织已经成为新帝国主义向其他国家推行新自由主义,实现霸权意图的帮凶。它们或者以经济援助为条件,强制发展中国家进行所谓经济体制自由化改革,以听任新帝国主义的掠夺;或者以提供发展计划的研究成果方式,鼓吹新自由主义的观点,诱骗发展中国家放弃国家发展职能,把国民经济命脉交给新帝国主义的跨国公司。拉美一些国家就是在“华盛顿共识”这样的研究成果下,以新自由主义为指导进行所谓以市场为导向的改革。随着以“政府的角色最小化、快速的私有化和自由化”为特征的改革的深入,很多国家纷纷暴露出两极分化严重、国民经济脆弱性加大、国家经济自主权丧失等问题,最终导致了一场金融风暴并失去了十年的发展机会。正如斯蒂格利茨所披露的:“在这个体系中有无数的人利益受到损害,而明确无误的赢家只有一个——西方国家的银行和美国的财政部。”[②]

(原载《河北经贸大学学报》2017年第4期)

① [奥]哈耶克.通向奴役的道路[M].滕维藻,朱宗风,译.北京:商务印书馆,1962:225。
② 张文海.斯蒂格利茨批评新自由主义的结构调整[J].国外理论动态,2001,(12)。

“公民社会”:新自由主义编造的粗糙神话

王绍光

最近二十多年来,“公民社会”这个概念似乎很火。在一些人眼里,公民社会天然合理、天然正义,是应该无条件地予以肯定的“好东西”。

公民社会好在何处呢?按照其倡导者的说法,好就好在公民社会能够对政府的公权力构成制约,从而促进民主的实现。从二十世纪七十年代末开始,南欧、东欧、西欧、北美一些人提出公民社会是民主前提条件的理论,他们把公民社会说成是实现民主政治的必要条件,甚至充分条件。九十年代初,这种理论传入中国研究领域,继而传入中国学界,很快就成了显学。自此以后,国内外总有一些人拿着放大镜在中国寻找公民社会的蛛丝马迹。

然而,只要稍加深究,我们就会发现,有关公民社会的种种说辞存在两个基本问题。一是“名不正,言不顺”;二是“名实不符”。换句话说,公民社会实际上是新自由主义编造出来的一个粗糙神话,它在概念上含混不清,它那些被吹得天花乱坠的神效未必存在。真正值得中国人追求的是构筑一个以劳动大众为主体的政治共同体——人民社会。

一、正名:国外定义“公民社会”的三种策略

要判断一个东西是好是坏,必须得先弄清楚这个东西到底是什么。

“公民社会”是从西文 civil society 翻译过来的。事实上,civil society 到底应该怎么翻译本身就是个问题。译法与概念的内涵紧密相关;概念的内涵不同,译法当然也应不一样。

十九世纪与二十世纪上半叶的思想家,不管是自由主义者(如托克维尔),还是马克思主义者(如葛兰西),对 civil society 的理解基本上仍然属于“市民

社会”(即人们以私人或市民身份活动的空间)范畴,尽管他们对市民社会所处的位置及其在政治上的意义争论不休。

直到过去二十多年里,civil society 才被赋予了“公民社会”的含义:它既是一片不许国家公共权威涉足的空间(私域),也是参与国家政治事务的基地(公域)。问题是,把 civil society 理解成“文明社会”或“市民社会”,其内涵与外延比较容易把握,但一旦被理解成“公民社会”,其内涵与外延便十分飘忽。

定义“公民社会”的第一种策略是指出它不是什么:它既不是家庭,也不是国家,更不是市场,而是介于家庭、国家、市场之间的空间。那为什么不直截了当地把这片空间叫作“社会”,而要把它叫作“公民社会”呢?显然,并不是介于家庭、国家、市场之间的全部空间都可以被称作“公民社会”,“公民社会”特指其中某些部分。那么,到底是哪些部分呢?

另一种定义“公民社会”的策略是列举属于这个特定空间的人类组织。2011 年出版的《牛津公民社会手册》列举了六类组织,即“非营利部门”、“发展型非政府组织”、“草根组织”、“社会运动”、“社会企业”、“国际公民社会”。不过,我们也许还可以想到其他有关公民社会的种种提法,如“独立部门”、“第三部门”、“慈善部门”、“志愿部门”、“免税部门”、“社会经济”、“民间社团”、“公共领域”、“社会网络”等。还有一种据说属于公民社会的组织,叫作“公民社会组织”。这真叫人丈二和尚摸不着头脑:要知道什么叫“公民社会组织”,首先要了解什么是“公民社会”;而要了解什么叫“公民社会”,又必须知道什么是“公民社会组织”;此乃典型的同义反复。

不少人以为上述类型的组织是近一二十年才出现的新现象。其实,它们中的不少是古已有之。在很多国家,宗教性慈善组织和民间互助组织的历史可以追溯到几个世纪以前,英国便是一个例子。在有些国家,如意大利、德国和新加坡,那里的某些非营利组织的历史甚至比国家本身的历史还要长。

真正的新现象是把本不沾边的各类组织统称为公民社会。但由于各国历史文化传统毕竟不同,在不同国家,看似与公民社会概念沾边的组织特征不同,叫法也因而各异。更何况,不管各种类型组织在多大程度上有交合,任何两者之间都不会完全重合。这样一来,哪怕有可能列出长长一串属于公民社会的组织类型,人们还是不清楚公民社会到底是什么。

第三种定义“公民社会”的策略是厘清它涵盖的组织具备哪些共性。美国约翰·霍布金斯大学公民社会研究中心(以前叫作“第三部门研究中心”)从“结构—运行”的视角归纳出公民社会的五个特征:组织性、非营利性、自愿性、民间性、自治性。然而,这五种特征的内涵并不容易确定,该研究中心核心人物萨拉门教授对它们的说法就有变化。更重要的是,这套标准未必与现实相符。

“组织性”意味着公民社会必须展示相当程度的组织化、制度化。非正式的、临时性的、随意性的聚会应不能算作公民社会的一部分。但萨拉门教授后来认识到,不能排除那些未经正式注册的组织,以及非正式的组织,但他继续强调这些组织必须有日常的会面,必须有会员、必须有被参与者接受的决策机制与程序。问题是,现实中已出现了越来越多的没有真正意义上会员的社团,更不要提虚拟空间已出现的大量网上团体了。而它们算不算公民社会的一部分呢?

“非营利性”意味着组织可以赚钱,但只能用于完成组织的使命,而不能将利润分配给其所有者和管理者。问题是,中饱私囊可以采取各种形式,不一定非得采取分配利润的办法。近年来,由于政府拨款减少,西方(尤其是美国)越来越多的所谓“非营利组织”卷入赢利性活动,致使“非营利组织”与“营利性组织”的界限越来越模糊;与此同时,有关“非营利组织”的高管们薪水向大公司高管看齐的报道也不绝于耳。

“自愿性”意味着参与这些组织的活动是以自愿为基础的。这里的“自愿”缺乏严格的定义。问题是,在具有合作主义传统的那些国家(包括不少欧洲国家),工会、商会、专业团体等组织并不是完全自愿的;在宗教势力强大的国家(包括美国),人们参与宗教组织活动往往从不懂事时就开始,在很大程度上也不是自愿的。这些组织是否应该被排除到公民社会以外?

“民间性”本来被定义为在体制上独立于政府,不是受制于政府;但后来萨拉门把“民间性”定义为它们不是国家机器的一部分。这意味着,这些组织接受政府的资助并不降低其“民间性”。问题是,这些组织到底在多大程度上依赖政府资助才能生存?如果它们离开政府的资助就无法生存,那么它们到底在何种意义上具有“民间性”?

“自治性”意味着各个组织自己管理自己,既不受制于政府,也不受制于资本或其他组织。直接“受制于”也许少见,但如果民间组织资金主要来自外部

（如政府拨款、基金会资助、外国援助），那么政府政策（尤其是拨款政策）、金主的偏好、外国捐助者的资助重点能不削弱那些仰人鼻息的组织的“自治性”吗？

综上所述，虽然 civil society 这种提法已有很长的历史，但即使在当代，各种对它进行定义的策略也都不太成功。换句话说，civil society 原义的“名”还未“正”，civil society 的中文译名也同样未“正”。前面提到了“文明社会”、“市民社会”、“公民社会”三种可能的译法，而译为“公民社会”往往会使不了解其西文原义的国人产生种种不相关的联想，仿佛“公民社会”是某种更理想的社会类型（而不是社会团体的类型）。

二、破除“公民社会”的神话

不仅“公民社会”的概念名不正、言不顺，更麻烦的是，虽然新自由主义哺育出的所谓公民社会理论在全球范围内不胫而走，它却在很大程度上缺乏事实基础，是不折不扣的神话。“盛名之下，其实难副”，对各国实际情况的分析表明，新闻媒体和大众读物对公民社会的一些颂扬与真实情况有很大距离。正处于转型期的中国对外部世界提供的不同模式非常感兴趣，但这也可能造成将自己的理想投射到外部事物上去的危险。因此，有必要对有关公民社会的种种神话加以剖析。

同质的神话。公民社会理论谈到公民社会时仿佛它是一个整体，好像其中完全不存在阶级差别，各种团体是在完全平等的基础上竞争。这当然是虚妄的假设。任何明眼人都知道，现实中的公民社会绝不是一个同质的实体，它也绝不是个牧歌乐园。恰恰相反，公民社会中有贫民窟与花园别墅，有血与泪，有剑与火。把它描绘成宁静、和平的去处，不是出于无知便是出于欺骗。马克思主义的伟大贡献就在于它对社会中阶级关系所作的犀利剖析：资源分配的不平等必将造成社会各阶级之间的利益差别，利益差别可能导致利害冲突，利害冲突会引起压制与反压制的斗争。

圣洁的神话。近年来，对各类民间组织的赞誉可以说是不绝于耳。人们谈到营利性企业时会联想到唯利是图、不择手段、缺乏爱心；人们谈到政府时会联想到贪污腐化、繁文缛节、效率低下。据说，民间组织独立于政府和市场之外，在充斥着权力和金钱游戏的当今世界，它们是一股清流。在很多人心目中，非营利/非政府组织的形象是十分圣洁的。他们认为民间组织是爱心的体现,是正义的象征,是效率的化身,是互助、参与、自治的途径,是推动社会变革的先锋。民间组织不仅济贫救困,热心公益,它们还给人们以归属感,并用它们的存在来促进社会的多元化。此外,由它们来提供社会服务也比由政府机构来提供更到位,更有效率。总之,民间组织是块净土,代表着人世间的真、善、美。我们并不否认某些民间组织具有上述某些特征,但是,我们切不可忘记,并不是所有民间组织均具有上述所有特征,民间组织的发展中也有假、恶、丑的一面。一些学者早就观察到,参与民间组织活动实际上是社会精英显示自己身份的一种方式。一批实证研究表明,参与民间活动有助于保持和促进上层阶级内部的团结,并使他们得以主导非营利/非政府活动的方针政策。

独立的神话。公民社会的拥趸者最看重民间组织的自主性。"非营利组织"、"非政府组织"、"第三部门"、"独立部门"等这些提法都暗示民间组织独立于企业和政府之外。但在赞扬公民社会自主性的时候,大多数人似乎都忘了问一个问题:民间团体到底靠什么资源生存、靠什么维持其独立性?在两种情况下,民间团体可以轻而易举地拥有自主性或独立性。一是它们的运作主要依靠其成员的志愿服务(时间方面的捐赠);二是它们的运作主要依靠人们(包括其成员)在财物方面的小额捐献。这种类型的组织确实存在,但它们规模小、影响小,公民社会理论关注的从来都不是这些组织。

国家与社会对立的神话。公民社会理论的意识形态基因是"自由主义",凡是谈到公民社会的"独立性"都是指相对于国家的独立。在这套话语体系中,公民社会似乎是一块净土,国家仿佛充满乌烟瘴气;好事似乎都是公民社会干的,坏事仿佛都是国家干的。按照这套话语体系的逻辑,政府与民间组织的关系只能是一种对立关系:政府作用的扩大必然导致民间组织活动空间的萎缩;反之,如欲拓展民间组织发展的空间,政府的作用就必须受到限制。这套国家与社会对立的逻辑连美国这个案例都解释不了。从罗斯福的"新政"到约翰逊的"伟大社会",美国政府的干预范围在二战以后扩张得很快。也正是在这个时期,美国非营利组织的数量急剧增加。二战刚结束时,全美只有不到十万非营利组织,这个数目到六十年代中期已增至三十万。光是在约翰逊总统宣布实行"伟大社会"计划的当年(1965 年),向国税局提出建立非营利组织的申请就比前一年翻了一番。此后,非营利组织的数量开始剧增。八十年代初里根上台以后,风向骤转,限制政府干预范围成为施政目标。但这并没有为美国民间组织的发展带来一个兴盛时期。虽然组织数量似乎没有明显变化,但它们的发展却面临了更多的困难。美国的例子说明,政府干预不一定会制约民间组织的发展;政府功能的萎缩不一定有利于民间组织的发展。

民主动力的神话。自由主义之所以强调民间组织的独立性、突出公民社会与国家的对立关系,其目的是为了论证公民社会是实现民主的前提条件。在二十世纪八十年代末、九十年代初,俄罗斯、罗马尼亚、阿尔巴尼亚进行民主转型之前并没有多少像样的民间组织,但这些国家仍然转向了所谓"民主"体制。假如公民社会真是民主体制基石的话,那美国民主恐怕已岌岌可危了,因为自 1960 年以后,参与社团的美国公众比重已大幅下降;到二十世纪末,已回落到第一次世界大战时的水平。

三、"人民社会"显然是更值得追求的目标

名不正则言不顺,在 civil society 的本意不清、译名不清的情况下,奢谈"构筑公民社会"、"回归公民社会"、"走向公民社会"、"建设公民社会",实在让人不知所云。

在中华人民共和国,政府被称为"人民政府",军队被称为"人民军队",警察被称为"人民警察",法院被称为"人民法院",检察院被称为"人民检察院",邮政被称为"人民邮政",银行被称为"人民银行",保险被称为"人民保险";如果说要构筑某种理想社会的话,"人民社会"显然是更值得追求的目标。

"人民"一词古已有之。在中国古籍中,它往往指平民、庶民、百姓,也就是占人口绝大多数的普通民众。中华人民共和国成立前夕,毛泽东说出了他对"人民"这一概念的理解:"所谓人民大众,是包括工人阶级、农民阶级、城市小资产阶级、被帝国主义和国民党反动政权及其所代表的官僚资产阶级(大资产阶级)和地主阶级所压迫和损害的民族资产阶级,而以工人、农民(兵士主要是穿军服的农民)和其他劳动人民为主体。"在此前后,毛泽东一直把"人民"看作一个历史的、变动的政治范畴,而不是泛指一国的全部人口,但唯一不变的是,他所理解的人民主体始终是从事物质资料生产的广大劳动群众。虽然,改革开放以后,"人民"概念的内涵与外延发生了很大变化,但其主体依然是广大劳动群众,同时也包括一切拥护社会主义和拥护祖国统一的爱国者。由此可见,"人民"这一概念的关键有两点:第一,它由不同阶级组成,并不同质;第二,其

主体是劳动大众，重点突出。

无论在中文里还是在西文里，“社会”一词的原义都是指志趣相投者结合而成的组织或团体。在现代以前，当人们的生活半径不过几里或几十里远时，他们不太可能产生现代意义上的“社会”观念；充其量，他们只能形成空间有限的“乡里社会”观念。在中国传统文化中，乡里社会被看作是一个由血缘、亲情串联起来的“熟人社会”，是一个群体本位、和谐有机的共同体。通过利玛窦、马国贤之类传教士的引介，中国人的这种社会观对西方诸如莱布尼兹、维科等近代思想家的社会观产生了极大的影响。

工业革命前后，西方社会分工日益精细，人们的活动半径也急剧、大幅拓展。这导致十九、二十世纪西方思想家产生出各种新的社会观。这些社会观往往在两个维度上出现分殊：到底是先有个人还是先有社会？到底社会是一个整体还是其内部充满冲突？到十九世纪末、二十世纪初，现代西方的各种社会观开始传入中国。上面讨论过的公民社会理论认为，社会是彼此分离个体的聚合，当然是先有个人（同质的、抽象的人），再有社会；它同时把社会看作一个与国家对立的整体。而马克思主义则不承认存在抽象的个人；恰恰相反，人的本质是一切社会关系的总和，既不存在处于“社会”之外的个人，也不存在没有“个人”的社会，所有的人都生活在特定的历史条件下和具体的社会关系中。由此推论，“社会”就是全部生产关系的总和，而只要还存在生产资料私有制，生产关系就是不同阶级之间的关系，它们之间的矛盾与互动是社会发展的动力。

所谓“人民社会”就是一国之内以劳动大众为主体的政治共同体。对外，人民社会不是任人宰割的殖民地、半殖民地，而是骄傲地“站起来了”，自豪地“自立于世界民族之林”；对内，人民社会既不是曾被梁启超讥诮、曾令孙中山痛心疾首的“一盘散沙”，也不是靠某种假想契约维系的、独立个人的机械聚合，而是一个既磕磕碰碰、又休戚与共的有机整体。与“公民社会”相比，“人民社会”的理念清晰而无歧义，更容易成为追求的目标。

（原载《人民论坛》2013 年第 22 期）

政治工程、理论谬误与系统性危机

——新自由主义思潮批判

朱安东

新自由主义思潮无疑是近些年在全世界影响最大的思潮之一。《人民论坛》杂志自2010年以来每年都会做一次中外十大思潮的调查，新自由主义思潮除了去年排名第五以外，在其他年份均位列前三，并在2010年、2013年和2014年度高居榜首。新自由主义思潮的泛滥已经给许多国家带来了灾难性的后果。在我国，新自由主义思潮的影响也渗透到了各个领域，并与历史虚无主义等错误思潮相交织，给我国经济社会发展带来了不小的危害，值得我们高度重视和防范。

一、作为政治工程的新自由主义

新自由主义思潮之所以能够在全球广泛传播，并成为许多国家的主流意识形态，与发达国家（特别是美国）的垄断资产阶级，尤其是金融垄断资产阶级的运作密切相关。在早期，新自由主义的堡垒朝圣山学社就得到了保守的资本家的资助才得以苟延残喘。到20世纪60年代末，特别是70年代，英美垄断资产阶级感到自己的政治和经济利益受到了威胁，才选中了新自由主义思潮，并对其加以大力的支持。作为资本家俱乐部的美国商会（US Chamber of Commerce）得到了巩固和壮大，国际商会（the International Chamber of Commerce）也得到了发展壮大，跨国资产阶级加强了组织和协调。各种保守的基金会得到了创立或者加强。各种保守的智库（如胡佛研究所、美国企业研究所、卡托研究所）或者在企业的支持下成立或者得到了更多的资助。朝圣山学社(及其成员)得到了大量的资助,主张新自由主义经济学的学者和机构得到了大量经费以进行研究、创办杂志和召开会议。与此同时,资产阶级控制的媒体极力配合,在70年代就大力鼓吹智利的新自由主义改革带来了所谓的"智利奇迹",之后更是为新自由主义经济学家们提供了大量的平台和发声的机会。[①]

一般认为,新自由主义的起源可以追溯到米塞斯1920年发表的《社会主义国家的经济计算》一文[②],在该文中,他抨击社会主义无法进行合理的经济计算从而无法进行有效的资源配置,同时主张只有不受国家干扰的自由市场所提供的价格信号可以指导社会进行有效的资源配置。新自由主义的目的是试图论证在私有产权基础上的自由资本主义是人类社会存在和发展的唯一合理和可行的模式。他们一方面要论证社会主义计划经济在理论上和现实中的不可行,另一方面要论证凯恩斯所主张的国家干预是错误的。这事实上成了米塞斯到哈耶克、再到弗里德曼、斯蒂格勒以及后来的新自由主义经济学家们的神圣任务。需要指出的是,新自由主义学者们对社会主义的攻击与冷战期间以美国为首的西方资本主义国家在和平演变战略中所进行的对于苏联和中国等社会主义国家的妖魔化在目标上是一致的[③],这成为20世纪80年代苏联泛滥的新自由主义和历史虚无主义思潮的重要思想和知识来源,也是我国这些年来新自由主义思潮和历史虚无主义的重要思想和知识来源。

正是因为新自由主义思潮这种鲜明地反对社会主义和国家干预的立场,发达国家特别是美国的垄断资本才在70年代末选择了新自由主义,并使之上升为居于统治地位的意识形态。撒切尔夫人当年大力宣扬的人类社会除了自

---

① "作为政治工程的新自由主义"这一提法借用了大卫·哈维的说法,参见David Harvey,"Neoliberal-ism Is a Political Project",2016年7月23日,见《雅各宾》杂志网站,hops://www. jaco-binmag. com/2016/07/david-harvey-neoliberalism-capitalism- labor- crisis-resistance/。这里叙述的新自由主义与金融垄断资本主义关系的情况,参见[美]哈维:《新自由主义简史》,王钦译,上海译文出版社2010年版第42~44页。关于国际商会的情况见William K. Carroll and J. P. Sapinski ,"Neoliberalism and The Transnational Capitalist Class",Simon Springer, Keen Birch and Julie Macl. eavy, ed. ,The Handbook of Neoliberalism,Routledge ,2016。

② 该文最初以德文"Die Wirtschaftsrechnung im sozialistischen Ge-meinwesen",载于the Arohiv Fur Sozialwissenschaften, Vol. 47(1920),后被翻译为英文并收入哈耶克编辑的Collectivist Economic Planning一书(George Routledge&Sons,1935),pp. 87-130。

③ 西方国家对于苏联和中国社会主义(在西方一般被称为共产主义)的妖魔化总体来说是有效的。直到现在,即便是在反对新自由主义的左翼知识分子当中,很多人也已经不再把共产主义作为一种可行的选项。

由资本主义别无他途是这种意识形态的典型表现。新自由主义不仅主张以私人产权为基础的自由资本主义是人类社会的唯一选择，而且认为其在道德上和效果上都是最好的。他们主张，效率比公平更重要，自由比民主更重要；工会是既得利益集团，一定会给社会经济的发展带来困扰；不受干预的市场（自由竞争）能够达到最优的效果，资本和商品的自由流动能够给社会带来最大的福利。面对由于新自由主义政策所带来的贫富分化不断加剧的现实，他们一方面论证说这有利于激励穷人付出更多更好的劳动，从而有利于提高整个社会的效率，增进整个社会的福利，因而是具有合理性的；另一方面，他们安慰穷人说，存在一种所谓的涓滴效应，随着新自由主义政策得到更多的推行，经济会得到进一步的发展，穷人最终也将受益。他们还试图说服穷人，贫穷是他们自己选择的结果，是因为他们自己的原因导致他们在竞争中失败，他们应该接受这个结果而不应该归因于他人或者社会。

发达国家的垄断资产阶级不仅借助新自由主义思潮巩固了自己在国内的阶级统治，而且通过政治经济文化交流等各种手段向社会主义国家和发展中国家传播新自由主义思潮，以加强其对外围和半外围国家的影响和控制。他们设法拉拢收买和支持第三世界国家内部的政治经济文化精英，使他们或其家族的利益与跨国垄断资本产生千丝万缕的联系，从而自觉推行新自由主义政策并打击压制反对力量。同时他们积极为第三世界国家培养接受了新自由主义理论的学者并资助和扶持其在本国的发展，以使新自由主义逐渐成为这些国家的主流意识形态。在通过世界银行、国际货币基金组织和世界贸易组织等国际机构向第三世界国家推广新自由主义的同时，还利用这些国家的债务危机等不利局面迫使其接受和采纳新自由主义政策。[①] 此外，当美国统治集团认为必要的时候，他们不惜支持并参与第三世界国家的军事政变或者直接军事入侵，然后再在这些国家推行新自由主义政策。1965 年苏哈托在印度尼西亚、1973 年皮诺切特在智利进行军事政变推翻民选政府后，分别有一批此前由美国资助在加州大学伯克利分校和芝加哥大学接受了新自由主义培训

① 典型的案例是 20 世纪 80 年代迫使出现危机的拉丁美洲国家实施新自由主义的所谓“结构调整方案”，利用 1997 年的东亚金融危机迫使韩国等国接受新自由主义政策。

的经济学家受到重用并在这两个国家实施了新自由主义政策。[①] 2013年美军入侵伊拉克后，美国直接在伊拉克实施了一系列的新自由主义政策。[②]

二、新自由主义理论的缺陷

新自由主义思潮的核心是新自由主义经济学。所谓的新自由主义经济学，是指在新时期经过各种新的名词术语和方法重新包装过的新古典经济学。[③] 新古典经济学则是经过边际主义革命改造后的古典经济学，其核心主张是以私有产权为基础的自由放任(laissez-faire)的市场经济。在早期，古典经济学对西欧资产阶级挣脱封建势力的束缚从而促进生产力的发展曾经起过进步作用，但当代世界早已进入垄断资本主义时期，这套理论已经无法解释现实，更遑论促进生产力和人类社会健康发展。

需要指出的是，所谓新自由主义经济学并不是一套严密完整的学说体系，所谓新自由主义经济学派，也并不是一个统一的学派。[④] 能相对完整和系统地呈现其理论的是各种主流的经济学教科书，从这些教科书来看，其微观部分和宏观部分仍未脱离两张皮的状态。与宏观经济学相比，微观经济学是更成系统的。但是，与许多主流经济学家所声称的和许多西方经济学专业的学生的印象。相反，微观经济学并不是一个逻辑严密的体系。微观经济学的目的是要推导出一般均衡，从而证明"有效市场论"。但是，不管用了多么完美的数学包装，仅仅从最初的包括经济人和完全竞争假设在内的那几个假设并不能推导出一般均衡的结论。一般均衡的基础是每个市场都要处于均衡状态，而单个市场达到均衡状态要求需求曲线必须倾斜向下，而供给曲线必须倾斜向上。这两条曲线的形状虽然基本符合我们的常识和印象，但并非没有例外，主流的西方经济学教科书也不得不承认这一点(如所谓吉芬物品)。[⑤] 事实上，

---

① 这两批经济学家分别被称为"伯克利黑帮"和"芝加哥弟子"，更详细的介绍见朱安东：《"伯克利黑帮"与印度尼西亚40年来的经济发展》，载《国外理论动态》2007年第11期；朱安东：《"芝加哥弟子"与新自由主义在拉丁美洲的泛滥》，载《红旗文稿》2006年第21期。

② [美]哈维：《新自由主义简史》，第6～8页。

③ 所谓新制度经济学就是用新古典经济学的思想和方法来分析政治、历史、经济和社会制度。

④ 比如新自由主义思潮中的两个主要流派(奥地利学派和芝加哥学派)之间虽然有很多共同点，但也存在不少不一致之处，有些甚至是基础性的矛盾。见[美]史库森：《朋友还是对手：奥地利学派与芝加哥学派之争》，杨培雷译，上海人民出版社2006年版。

⑤ 所谓吉芬物品就是在其他因素不改变的情况下，当价格上升时，需求量增加，价格下降时，需求量减少的商品。

微观经济学基于最初的假设所进行的推导并不能够排除所谓吉芬物品的存在，而一旦在某个市场中存在吉芬物品，该市场的稳定均衡将很难出现，一般均衡也很难实现。但在简单提及这种现象之后，主流经济学家们就当这种现象不存在了。这事实上增加了一个假设，即需求曲线倾斜向下的假设。换句话说，需求曲线倾斜向下，并不是理论推导的结果，而是为了得出所需要的结论而悄悄增加的假设。同样，供给曲线倾斜向上也非推导出来的，而是为了得出所需结论而悄悄增加的假设。①

这使得经济人假设和完全竞争假设对于后面的理论推导在事实上都变得无关紧要了，在这里可以认为出现了逻辑断裂。当然，如果没有这两个假设，新自由主义经济学的理论体系也将面目全非。

但是，这两个基础假设都是错误的，不符合现实。经济人假设要求人都是自私的、完全理性的、信息完备的。但是，大量研究发现，人们的行为除了受到个人内在动机的激励之外，还要受到大量外部约束，既包括成文的法律法规等正式制度，也包括舆论、习俗等大量的非正式制度的约束。即便从内在动机来看，追求个人利益也只是因素之一，对所属组织、机构、团体的认同和感情，人生观、世界观、理想信念等等都是重要的因素，甚至可能是更基础性的因素。即便是在个人主义、拜金主义、消费主义如此盛行的当今世界，利他行为也是相当普遍的。虽然在其早期的代表人物中意见并不一致，但新自由主义经济学总体而言是要求人都是完全理性的，但行为经济学的大量研究发现，人并不总是理性的，人的非理性行为是大量的、系统性的、可预测的。② 信息经济学的大量研究更是表明，人们往往并不能准确完整地获取做决策所需要的信息。完全竞争假设要求每一商品的供求双方都要数量足够多、规模足够小，只能当价格的接受者而不能影响价格，任何生产者都可以自由地没有代价地进入或者退出市场，将来的市场情形是确定的，等等。③ 但是，这些假设从来没有也不可能在现实中真正实现。

当然，并非所有的新自由主义经济学家都主张理性经济人的假设。如哈

① 厂商的边际成本曲线是供给曲线的基础，由于固定成本的分摊和规模效应，厂商的边际成本随着产量的扩大先下降，然后才上升。因此，供给曲线也应该是先倾斜向下，然后再倾斜向上。

② [美]艾瑞里：《怪诞行为学》，赵德亮、夏蓓洁译，中信出版社 2010 年版。

③ 陈岱孙：《陈岱孙自选集》，首都师范大学出版社 1994 年版，第 432 页。

耶克就认为现实世界中的人难以获得完全和准确的知识。但是，新自由主义经济学总体而言仍然是以经济人和完全竞争假设为基础的。但是，其理论推导中不仅出现了前面已经述及的逻辑断裂，而且并没有把这些假设贯彻到底。例如，在论述国有企业的低效率时，基于经济人假设，再考虑到所谓的软预算约束和委托代理等问题，新自由主义认为国有企业中的官员或管理人员是天生低效率的，国有企业应该被私有化。按照类似的逻辑，应该得出结论，政府必然也是低效率的、容易腐败的。相反，私有企业天生是高效率的，市场是有效的。那么如果把其逻辑贯彻到底，新自由主义应该得出彻底不要政府的结论才对，应该像奥地利学派的极端人物穆瑞·罗斯巴德(Murray Newton Rothbard)等无政府资本主义者那样，主张自由市场能够提供所有的服务(包括警察、法院和国防)，而且都会做得比强迫性的国家要好才对。[①] 但是，绝大部分新自由主义者，包括哈耶克、弗里德曼等人在内，都不得不接受政府这个所谓的“必要的恶”而主张有限政府。他们从政治哲学等角度去论证政府可能的“恶”，却忽视了对政府为什么是“必要的”的论证。其原因是不言自明的，取消政府是不可能的，这种主张是极端的，因而也难以被包括资产阶级在内的社会大众所接受。在一定程度上可以认为，新自由主义在这里放弃了理论的彻底性而向现实屈服了。

三、新自由主义政策实践及其危机

虽然新自由主义经济学理论存在着上述的一系列问题，但这并不妨碍垄断资本把它转化为政策并加以实施。新自由主义政策一般被总结为“三化”，即自由化、市场化和私有化。如前所述，新自由主义政策最早是20世纪六七十年代在印尼和智利被实施，然后是70年代末80年代初，美国控制世界银行和国际货币基金组织利用拉丁美洲国家出现的债务危机和经济危机迫使他们接受了名为“结构调整”的新自由主义政策。随着撒切尔夫人在英国当选首相、里根在美国当选总统，新自由主义政策在英美两国也得到了实施。随着新自由主义政策的实施，虽然通货膨胀确实降下来了，但经济增长等指标的表现乏善可陈。但苏东剧变给新自由主义打了一剂强心针。苏联、东欧国家放弃

① David Gordon, The Essential Rothbard, Auburn, 2007, pp. 12-13.

社会主义向资本主义转型这一事实似乎验证了新自由主义所主张的社会主义不可行的论断，历史终结论随之甚嚣尘上。新自由主义思潮进一步在全球泛滥，新自由主义政策在包括苏东国家在内的许多发展中国家得以实施。在发达国家，新自由主义政策也得到了进一步的深化，经济金融化和金融自由化程度不断加深。

值得注意的是，不同的国家在不同时期所推行的新自由主义政策的侧重点可能是不完全一样的。不管口头上怎么说，往往只有那些有利于国际垄断资本，特别是国际垄断金融资本的政策才能够得到真正有力的推行。换句话说，新自由主义的理念在转化为政策，以及在政策实施过程当中，是以是否有利于国际垄断资本，特别是国际垄断金融资本的利益为标准的。比如说，那些有利于打击工人力量的政策在各国都得到了较为有力的推行。各国工人阶级的力量也确实遭到了重创，工人的组织性和斗争性都遭到了极大的削弱。那些有利于以华尔街为代表的国际垄断金融资本利益的金融自由化政策（如资本账户开放）也得到了有力的推行。但是，美国虽然高举自由贸易的大旗迫使发展中国家开放市场，却对自己的国内市场加以各种保护。针对这种情况，斯蒂格利茨告诫发展中国家要照着美国所做的去做，而不是按照美国所说的去做。①

新自由主义政策的推行，确实巩固了垄断资产阶级的政治和经济权力，中心国家的通货膨胀率确实降下来了，利润率也得到了一定程度的恢复，世界经济的一体化也得到了加强。但是其代价是沉重的，除了中国等少数国家外，世界其他国家普遍出现了经济增长减速。各国纷纷出现了下列情形：经济金融化和金融自由化程度加深，各种金融风险加剧；贫富差距拉大，贫困问题严重（只有中国等少数国家贫困问题得到了较大程度的缓解）；全球范围的有效需求不足，生产能力过剩，经济危机的风险加大；社会发展缓慢，社会矛盾尖锐。② 此外，值得一提的是，新自由主义政策的推行给苏联和东欧国家带来了灾难性的后果，经济长期衰退、工业体系被破坏、人民生活水平大幅倒退，甚至人口也出现了明显下降。对俄罗斯等国而言，其经济社会受冲击的程度和“二

---

① Joseph Stiglitz, “Do What We Did, Not What We Say”, hops://www. project-syndicate. org/commentary/do-what-we-did-nol-what-we-say? barrier-accessreg.

② 朱安东、王佳菲、蔡万焕：《新自由主义：救世良方还是经济毒药》，载《经济导刊》2014 年第 11 期。

战”给这些国家带来的灾难相当。[①]

面对新自由主义政策带来的各种恶果，各国人民纷纷进行抵制和反抗，委内瑞拉、巴西和阿根廷等国甚至先后出现了不同程度的新自由主义政策的逆转。但在其他国家，除了在水务等领域出现了一些再国有化的现象以外，新自由主义政策仍然得以继续实施，各种矛盾仍然在不断积累和激化。

新自由主义经济政策在全球的泛滥，或者说新自由主义全球化，所带来的一个后果是资本主义生产方式不仅在地域上而且在对经济生活的渗透方面都达到了有史以来的最高水平。这也意味着资本主义生产方式所具有的基本矛盾也达到史无前例的水平。2008 年的全球金融和经济危机无非是这种矛盾的一次爆发而已。

这次危机是 20 世纪 30 年代大萧条爆发以来资本主义历史上最严重的危机，它对新自由主义的理论和政策的打击无疑可以说是致命的，新自由主义思潮已经陷入危机之中。

但是，当危机到来时，金融垄断资本让被他们所控制的各国政府及时出手救市，用大量的公共资金挽救了他们，使其避免了本应遭受的重大损失和打击。不仅如此，直接导致本轮危机的金融大鳄们不仅没有得到应有的惩罚，其力量在危机之后迅速得到了恢复和进一步发展，他们仍然掌控着包括美国在内的许多国家的政治、经济、文化大权。因此，作为反映他们利益的意识形态的新自由主义理论和政策并没有被抛弃，而是进入了一个新的阶段。有学者把它称为“惩罚性的”(punitive)新自由主义阶段。[②] 危机之后，迫于强大的社会压力，美国等国进行了一些加强管制的金融改革，但这些改革都不是根本性的，并没有逆转金融自由化的趋势。这些国家还把利率降至极低的水平，并推出了多轮货币宽松政策，为金融垄断资本提供了巨额的廉价资金，壮大了金融资本的实力，但也造成了严重的金融泡沫。与此同时，在挽救金融垄断资本(以及部分产业资本)的过程中，这些国家的国债水平急剧攀升，其占国内生产总值的比重在发达国家平均上升了 30 个百分点以上，现在已经达到了“二战”

---

① 林泰主编：《问道：改革开放以来的社会思潮与青年思想政治教育研究》，中国社会科学出版社 2013 年版，第 227～231 页。

② William Davies, “The New Neoliberalism”, New Left Review, September-October, 2016.

以来的最高水平(约105%)。[①] 这些国家纷纷以此为借口采取了财政紧缩措施,包括转移支付在内的许多社会福利被削减,贫困人口数量先是急剧增加,然后是居高不下,贫困人口的处境不断恶化,各种社会问题和社会矛盾不断激化。这种明显会加剧经济衰退顺周期的政策,即便是用主流经济学也无法解释。有学者甚至认为这是一种阶级报复,否则无法理解。[②]

但这种"以新自由主义挽救新自由主义"[③]的做法并非毫无代价。即便不考虑民众所遭受的困苦及其所带来的各种反抗,西方发达资本主义国家的经济和金融也已经进入一个两难的境地。即便采用了负利率等非传统经济政策之后,一方面,经济增长并没有恢复到危机之前的水平,甚至有陷入长期停滞的危险;另一方面,许多国家的股票市场已经出现了严重的泡沫。和20世纪六七十年代出现的滞胀现象一样,今天这种经济停滞与金融泡沫同时存在的局面也给宏观经济政策的取向带来了严重的困扰。如果采用扩张性的宏观经济政策[④],金融泡沫有可能会进一步加剧,泡沫破裂之后所带来的后果会更加严重;而如果采用紧缩性的宏观经济政策,金融泡沫可能破裂,经济有可能很快陷入衰退。[⑤]

还值得注意的是,考虑到上一轮危机爆发迄今已经接近10年,再加上当前的经济金融形势,不出意外的话,下一轮危机可能即将到来。

面对这种局面,更多的社会大众参与到对新自由主义的抵制和反抗之中,经济学界对新自由主义的反思和质疑也在增加,不仅包括斯蒂格利茨在内的左翼经济学家在继续批判新自由主义,连一些原来强力推行新自由主义的国际机构的经济学家也开始公开批判和质疑新自由主义。2016年6月,国际货币基金组织的3位经济学家(包括其研究部副主任)在其主办的杂志上发表文章,承认新自由主义政策不仅未能带来预期的经济增长,反而扩大了贫富分

---

① 国际货币基金组织:《世界经济展望》,2015年4月。

② William Davies,"The New Neoliberalism",New Left Review, September-October,2016.

③ 齐昊、李钟瑾:《以新自由主义挽救新自由主义》,载《马克思主义与现实》2012年第4期。

④ 考虑到这些国家当前的国债水平和阶级格局,除非出现重大变化,扩张性的财政政策是难以想象的,更有可能采取的是扩张性的货币政策。

⑤ 更详细的分析请参见朱安东:《金融资本主义的新发展及其危机》,载《马克思主义研究》2014年第12期。

化，认为政府官员应该采取一些反新自由主义的措施来抵消其不利影响。[①]另一个长期在发展中国家强力推行新自由主义的国际机构也出现了类似的现象，世界银行的首席经济学家保罗·罗默，作为一位从事了30余年主流宏观经济学研究和教学的著名教授，在自己的网站上贴出了一篇名为《宏观经济学的困境》的文章，公开批判主流宏观经济学，甚至指责主流宏观经济理论已经成为只有当巨魔、小鬼和以太(物理学家早期假想的物质)存在才解释得通的物理学。[②] 这两篇文章，特别是罗默的文章在学界和社会上都引起了强烈的反响。随着新自由主义模式资本主义的矛盾不断积累、深化和激化，公开站出来质疑和反对新自由主义经济学的主流学者会越来越多。

但是，考虑到当前在西方国家普遍的资强劳弱的阶级格局以及金融垄断资本对于这些国家政府的控制，除非出现阶级力量的重大变化，否则在这些国家彻底逆转新自由主义政策仍然是难以想象的。一些国家近几年的发展已经证明了这一点。无论是在西方政治光谱里的所谓极左翼政治人物齐普拉斯执政的希腊政府，还是中左翼奥朗德执政的法国政府，以及极右翼的安倍执政的日本政府，无一例外都还在继续执行新自由主义政策。即便是号称要让美国再次变得伟大的美国总统特朗普，虽然公开提出了买美国货、雇用美国人的口号，并宣称要在国际贸易领域推行保护主义政策，但在税收、社会福利以及金融自由化等方面所坚持的仍然是新自由主义政策。历史已经证明，这一套政策无法解决当前的各种经济和金融问题。因此，资本主义的政治、经济、社会乃至文化领域中的各种矛盾还将进一步深化。新自由主义模式的资本主义是否会成为资本主义的最后一个阶段，资本主义是否会终结，将如何终结[③]，都已经成为值得我们认真观察和科学分析的问题了。

四、新自由主义对中国的影响、危害与应对

改革开放以来，随着市场化改革的推进和与西方国家各方面交往的增加，新自由主义思潮在我国的影响越来越大。多年来，由于国内外各种因素的影

① Jonathan D. Ostry, Prakash Loungani, and Davide Furoeri,"Neoliberalism; Oversold?",Finance & Development,June 2016,Vol. 53,No. 2.

② Paul Romer,"The Trouble With Macroeconomics",https://paul-comer. net/the-trouble-with-macro/.

③ [德]斯特里克:《资本主义将如何终结?》,齐昊译,载《政治经济学评论》2015年第6卷。

响，特别是非社会主义的生产方式的发展壮大，即便在中央多次明确表态反对新自由主义的情况下，新自由主义思潮的影响仍然在不断扩大。虽然党的十八大以来，党中央进一步加强了反对新自由主义的工作，新自由主义的影响有所下降，但是主张新自由主义的势力只是有所收敛，其力量仍然值得高度重视。这些人极力把中央的相关政策进行新自由主义的解读，比如，把国有企业的混合所有制改革解读成事实上的私有化；片面强调市场在资源配置中的决定性作用，而不提更好地发挥政府作用；把供给侧结构性改革歪曲成供给学派的主张；等等。甚至有学者提出毒品和儿童买卖合法化的极端主张。此外，一些著名的新自由主义经济学家甚至被个别部委作为专家邀请参加重要中央文件前期研究的座谈会。一些典型的新自由主义经济学者还不时在重要学术杂志发表鼓吹新自由主义的文章，并在舆论场不断发声。2016 年底，林毅夫与张维迎之间关于产业政策的争论就是一个典型的例子，林毅夫主张国家应该制定和执行产业政策，而张维迎则主张完全取消产业政策。根据有关调查，大部分网民是支持林毅夫反对张维迎的，但是，“这次争论由众多媒体和自由派学者联手炒作、借题发挥，力挺‘市场化、自由化、私有化’，形成一边倒的舆论态势。‘学术之争’看不到理性，而是新自由主义思潮的集中发泄。争论的中心再次转向中国经济体制改革的方向之争，这也是要不要坚持社会主义道路之争和社会主义制度之争”①。新自由主义思潮已经给中国特色社会主义建设带来了一系列的危害。首先，它和历史虚无主义等错误思潮一起危害了我国的意识形态安全，在一些干部群众和青少年中造成了思想混乱。其次，它有可能误导我国改革开放政策。我国收入分配差距的拉大，以及金融、教育、医疗等领域出现的一系列问题，恐怕都与新自由主义思潮的影响分不开。最后，新自由主义思潮有可能导致我国的经济基础出现重大变化。②

无论是从政治哲学还是从经济学上来讲，新自由主义思潮都是反对社会主义的，如果不高度重视并认真对待，我们就有可能犯颠覆性的错误。我们应该加强对新自由主义思潮的研究及对其理论错误和现实危害的宣传，让人们认清新自由主义思潮的本质。更重要的是，我们应该以马克思主义为指导，结

① 《经济导刊》编辑部、源清智库：《从产业政策争论到意识形态的交锋——从“林张之争”看当下学术舆论环境》，载《经济导刊》2017 年第 2 期。

② 朱安东、王天翼：《新自由主义在我国的传播和危害》，载《当代经济研究》2016 年第 8 期。

合中国的历史和现实，发展当代马克思主义政治经济学，特别是中国特色社会主义政治经济学，并采取各种措施巩固其在经济学界的主流地位，用它来教育干部群众，特别是青年学生，消除新自由主义思潮的影响。我们还应该用中国特色社会主义政治经济学对改革开放以来我国的主要社会经济政策及其后果进行评估，纠正那些受到新自由主义思潮影响的政策。此外，还有一个非常重要的工作，就是用中国特色社会主义政治经济学对我国经济基础的现状进行分析和评判，进一步加强和巩固我国经济基础的社会主义性质，从而为消除新自由主义思潮的影响和危害奠定重要的物质基础。

我们坚信，在以习近平同志为核心的党中央的坚强领导之下，我们反对新自由主义等错误思潮的工作一定能够取得胜利，中国特色社会主义建设事业一定能够取得成功。

（原载《马克思主义与现实》2017 年第 2 期）

新自由主义、资本话语权与意识形态斗争

蔡万焕　王生升

2008年爆发的国际金融危机彻底暴露了新自由主义理论上的错误及其付诸实践导致的后果。新自由主义无视市场失灵而一味主张市场化，其语言总结为理论学说，并落实到国家政策时，就成为一种特定经济理论范式或政策框架，如强调目的是为资本的自由化而非个人的自由提供理论支撑。彻底厘清新自由主义在理论上的错误，才能在推进中国经济改革与发展的实践中抵制错误倾向，为中国特色社会主义建设事业的顺利进行提供保障。

一、新自由主义兴起的经济基础和历史背景

新自由主义是一种主张自由市场、崇拜市场万能的意识形态[①]，当这种意识形态借助学术化语言总结为理论学说，并落实为国家政策时，就成为一种特定的理论范式或政策框架[②]，如强调经济政策稳定性的货币主义及其相关理论[③]，或私有化、市场化、自由化政策[④]。新自由主义在国家意志的推动下促使劳资关系、政府在经济中的地位、产业部门间结构、全球经济体系等方面发生根本性的制度变革，这一系列的制度安排推动资本主义发展阶段或模式的转变，可被称为资本主义的"新自由主义模式"[⑤]。

---

① Perry Anderson ,"Renewals",New Left Review 1, January February 2000.

② Simon Clarke,"The Neoliberal Theory of Society",In Alfredo Saad-Filho and Deborah Johnsto eds, Neoliberalism: A Critical Reader, Pluto Press,2005, pp. 50-59.

③ Thomas I. Palley ,"From Keynesianism to Neoliberalism: Shifting Paradigms in Economics",in Alfredo Saad-Filho and Deborah Johnsto (eds), Neoliberlism: A Critical Reader, pp. 20-29.

④ David Harvey, *A Brief History of Neoliberalism*, Oxford University Press ,2005, p. 2.

⑤ David M. Kotz, *The Rise and Fall of Neoliberal Capitalism*, Harvard University Press ,2015,pp. 12-31.

理论界关于新自由主义兴起的原因主要有国家干预失败论、"金融主导理论"[①]、"技术决定论"[②]等,积累的社会结构学派则构建了一套介于抽象理论与复杂的具体现实之间的中介概念,用一系列是否有利于资本积累的制度安排即所谓积累的社会结构的更迭来解释资本主义不同模式或阶段间的转变。[③]实际上,新自由主义作为一种理论学说和思潮,最后上升为国家意识,其产生、发展和兴起都有一定的经济物质基础和历史背景。

首先,新自由主义产生的生产力基础在于社会化大生产的进一步发展,分工不断深化、细化,原本需要在时间和空间上紧密契合的生产流程被分散化,单个企业生产一件需要各种组装部件的产品被各个更加专业化的部件生产组织所代替,资本间分工使得各个资本的自由程度更高。而信息技术与通讯技术的发展,使得分散化的专业分工体系之间可以有效沟通,降低了由市场协调产生的成本,为主张自由市场的新自由主义的发展提供了可能。

其次,在生产关系上,资本主义雇佣劳动制度导致工人阶级生活处于相对贫困化状况,而资本主义国家出于可持续剥削、为资本积累创造稳定外部环境的考虑,可能要求提高工人的待遇,从而在一定程度上限制了资本的自由。为维护劳资关系中资强劳弱的优势地位,资本以自由化为名,要求政府干预最小化,新自由主义恰好为其提供了理论支撑。

最后,战后西方国家民主社会主义运动高涨,工人阶级普遍要求提高待遇。苏联在战后迅速崛起,苏东国家工人阶级生活状况的对比使得西方国家不得不提高本国工人工资。工资水平的上涨挤压了资本家获得的利润,资本的利润率下降到较低的水平。在20世纪70年代末的滞胀危机下,凯恩斯主义失效了,从而为一直以来不遗余力地批判凯恩斯主义损害个人自由的新自由主义成为西方国家政策指导提供契机。滞胀危机后,资本家采取各种措施打压工会,以削弱工人的谈判和议价的能力,压低工资,从而提高利润率。新自由主义宣扬工会抑制了工人个人意志、剥夺了工人自由选择的权利,为资本

① Gerard Dumenil, Dominique Levy, *Calpital Resurgent: Roots of the Neoliberal Revolution*, Harvard University Press, 2004, pp. 1-2.

② Michael Charles Howard, John Edward King, "The Rise of Neoliberalism in Advanced Capitalist Economies: A Materialist Analysis", in Philip Arestis & Malcolm Sawyerf (eds), The Rise of the Market: Critical Essays on the Political Economy of New-liberalism, Edward Elgar, 2008, pp. 38-73.

③ 参阅蔡万焕:《积累的社会结构学派视野中的新自由主义及其危机》,载《教学与研究》2016年第1期。

家打压工人力量的行动进行辩护。新自由主义符合资本尤其是大资本的利益，由此得以流行并逐渐成为西方国家政府制定经济政策的指导思想。

二、资本话语权：利用新自由主义赋予资本以自由

新自由主义推崇自由市场，标榜个人自由，认为个人自由选择的结果是最有效的。然而其宣扬的自由却是资本特别是大资本的自由，对于雇佣劳动、生产力落后的国家而言，他们只有被剥削的自由。可以说，市场经济条件下，资本增殖和追求利润最大化的逻辑不仅充斥着经济领域，而且资本的话语权会扩展到社会政治文化生活等各方面。[①] 新自由主义所谓的“自由”就是赋予资本以自由，而新自由主义作为一种理论学说、意识形态，本质上就是强化资本的话语权。

（一）将资本的自由泛化描述为个人的自由

新自由主义设想一个完全自由竞争的要素市场和劳动力市场，将经济行为简化为自由市场交易，同时将市场交易视作个人自由选择的结果。将市场经济活动简化为个人交易行为的联结，显然符合个人主义方法论的基本要求。对于大多数新自由主义经济学家来说，个人主义方法论是一个不需要讨论的基本前提，是经济分析得以进行的基本原则。[②] 这种方法论的核心，就是传统的“经济人”假说，该假说规定个人行为只包含两重抽象属性，即“自利动机”和“理性权衡”。[③] 按照新自由主义经济学家的逻辑，在比较优势原理的统摄下，为了增进自身利益，个人理性权衡的自然结果是分工与贸易的出现。也就是说，市场交易行为模式是“经济人”最合理的现实选择。弗里德曼认为，市场交易行为是最基本、最普遍的经济行为模式，那种旨在“将市场因素引入到计划经济中”的主张之所以是谬误，原因不在于其缺乏可行性，而在于这种主张本

---

① 胡敏中、白梅花：《马克思的资本逻辑批判及其启示》，载《马克思主义与现实》2016 年第 1 期。

② 值得强调的是，新自由主义经济学的精神领袖哈耶克恰恰浓墨重彩地论述了个人主义方法论在经济学工具箱中的核心地位。相关具体论述请参阅[英]哈耶克：《个人主义与经济秩序》，邓正来译，三联书店 2003 年版；[英]哈耶克：《致命的自负》，冯克利、胡晋华译，中国社会科学出版社 2000 年版。

③ 卢卡斯等学者强化了经济人的“完全理性”特征，而其他的学者则引入不完全信息、有限理性等条件来对经济人行为做出某种修正，这些工作实质上都是力图恢复个人主义方法论声望的努力。而另一些新自由主义经济学家的工作则拓展了个人主义方法论的应用范围：科斯、诺斯、德姆塞茨等为新制度经济学家，将机会主义倾向的有限理性个人作为经济学分析的起点，以此剖析企业组织与市场制度；而以布坎南为代表的公共选择学派则将政治过程分解为上述个人相互博弈的过程，其公共选择理论也顺其自然地变成“政治过程的个人主义理论”。

末倒置地理解了现代经济过程。[①]

实际上，自由平等的市场交易活动仅仅是社会经济过程的表象，这是从商品流通角度得出的结论。商品流通是商品所有者为换取使用价值而进行的交换，是以货币为中介的各种商品的形态变化相互交错的全部过程。但是，经济运行不只是商品流通的过程加总，而是包含商品流通在内的资本流通的过程。资本流通是资本作为独立价值，在自行增殖运动中进行的形态变换，是包含生产环节和商品交换环节的统运动过程，即

$$G—W\langle{}^{A}_{P_m}\cdots P\cdots W'—G'$$

如果深入到资本流通角度则会发现，市场交易行为不仅包括商品所有者即资本家之间的交换，还包括劳动者和资本家之间进行的劳动力商品交换，而所谓“个人自由决策”恰恰掩盖了劳动力商品交换中的不平等，以及劳动者失去个人自由的经济基础而不得不出卖劳动力的事实。劳动力商品是在劳动者或小生产者被剥夺了赖以生存的生产资料并能自由地出卖自己的劳动力的条件下才出现的。劳动力商品概念本身就体现了资本主义生产关系的性质，因为劳动力商品虽然是商品，但是它比普通商品多了一层体现生产资料所有制关系的规定性，只有不占有生产资料而被迫出卖劳动力的劳动者才是劳动力商品。而劳动力商品的这种规定性，又是导致劳动力无法实现自由流动的原因。因为劳动力既然是商品，出卖之后必然为雇主所支配，只能服从分工，结果造成技能方面的畸形发展或“去技能化”，从而对资本“形式上的隶属”逐渐加深为“实际上的隶属”，无法自由流动。

另一方面，随着资本主义生产力的发展，资本有机构成不断提高，劳动者不断被排挤出生产过程，形成大量产业后备军，产业后备军为加剧工人间竞争、资本压低工资提供了可能，正如马克思所指出的：“产业后备军在停滞和中等繁荣时期加压力于现役劳动军，在生产过剩和亢进时期又抑制现役劳动军的要求……劳动供求规律在这个基础上的运动成全了资本的专制。”[②]大量失业人口，即产业后备军的存在使劳动力市场成为买方市场，劳动者完全处于弱

① ［美］弗里德曼：《市场机制与中央计划经济》，载《弗里德曼文粹》上册，胡雪峰、武玉宁译，首都经济贸易大学出版社 2001 年版。

② 《马克思恩格斯文集》第 5 卷，第 736～737 页。

势地位，雇主有随意解雇劳动者的自由，劳动者却没有选择的自由。

因此，新自由主义所鼓吹的经济自由，在工会力量削弱、资本所得税税率降低、政府对劳动力市场去监管化等方面对资本而言的确是自由化的过程，但对工人而言实际上缺失的恰恰是个人自由的经济基础。

（二）将资本的利益抽象描述为全体社会成员的共同利益

新自由主义认为政府经营的公共事业项目和国有企业不仅是低效的，而且与市场抢占了大量经济资源，最后的好处只被少数人攫取，侵害了民众的利益。因此，新自由主义主张私有化，将国有企业股权出售给私人资本，似乎私人资本代表了全体社会成员的共同利益，因而与政府经营的项目相对立。

事实上，在私有制条件下，生产资料所有制决定了阶级差别无法消除，私有化过程中国有资产以低价被少数人获得，私有化后生产资料归私人所有，从而导致凭借生产资料所有而无偿占有他人劳动成果形成的贫富差距。资本不仅不能代表全体社会成员的共同利益，而且在根本利益上，资本与劳动是完全对立的。工人出卖劳动力商品而获得工资，生产过程中创造的剩余价值成为资本的利润，在产品新创造的价值中，工资和利润是此消彼长的关系。尽管当今发达资本主义国家工人工资的绝对水平整体来说远远高于马克思的时代，工人尤其是其中的“中产阶级”的生活状况大为改善，但工人作为劳动力商品的地位并没有改变。因为工人工资的提高是与时代发展所带来的劳动力价值本身的提高相适应的。而工人“贫困化”或者说绝对贫困化的实质，在于工人的收入只能等于劳动力价值。马克思指出：“劳动能力表现为绝对的贫穷，因为整个物质财富世界以及物质财富的一般形式即交换价值，都作为别人的商品和别人的货币与它相对立，而劳动能力本身只是工人活的机体中存在的和包含的从事劳动的可能性，但是这种可能性与实现它的一切对象条件，即同它本身的现实性完全分离了，失去了这些条件，与这些条件相独立地存在着。”[①]这些实现劳动能力对象的条件包括劳动资料和生活资料，“工人本身，按其概念是赤贫者，是这种自为存在的、与自己的对象性相脱离的能力的化身和承担者”[②]。“劳动能力表示绝对贫穷，即对象财富被全部剥夺。”[③]工人只能获得相

① 《马克思恩格斯全集》第2版第32卷，第44页。
② 《马克思恩格斯全集》第2版第32卷，第44页。
③ 《马克思恩格斯全集》第2版第32卷，第190页。

当于劳动力价值的工资用于劳动力的再生产，因此，当代发达资本主义国家的工人，即使是所谓的“中产阶级”，由于不掌握生产资料，他们依然没有摆脱“贫困”。贫困的根源就在于生产资料私有制和资本主导下的雇佣劳动关系。

正如马克思所指出的，每一个企图取代统治阶级的阶级“为了达到自己的目的不得不把自己的利益说成是社会全体成员的共同利益，就是说，这在观念上的表达就是：赋予自己的思想以普遍性的形式，把它们描绘成唯一合乎理性的、有普遍意义的思想”[①]。但从阶级视角进行分析可以发现，只要在资本主义生产资料私有制下，劳动者和资本关于工资与利润间分配的斗争就不会停止，资本与劳动者在根本利益上是相冲突的。资本只能满足本阶级的利益，无法代表全体社会成员的共同利益。

（三）忽视政府的阶级本质，片面强调政府提供公共服务的职能

新自由主义主张市场化，市场原则成为经济领域的首要原则，同时，市场原则也渗透到社会生活的各方面，体现为社会治理的去监管化、政府公共职能的私有化、社会福利的大幅削减、政府征税对象的转移等。新自由主义认为，政府是内在低效的，而以利润为唯一导向的私营企业是最有效率的。新自由主义鼓吹建立“大社会、小政府”、“服务型政府”、“廉价政府”，主张在调节经济行为中，市场关系如市场力量的作用需加强，同时其他关系或机构如政府、企业管理部门、工会和专业协会等的调节作用需弱化。

新自由主义在政府的作用问题上的认识是片面的。当我们讨论政府职能时，不能忽视其作为国家行政机构的本质。国家与政府是一对相近的范畴，但二者层次不同，“国家是维护一个阶级对另一个阶级的统治的机器”[②]，国家是作为统治阶级维护对全社会进行阶级统治的工具而产生的，同样会随着阶级的消亡而消亡。[③] 而政府则是表现国家意志、代表国家行使公共权力的机构。政府最重要的职能是维护统治阶级利益，在这个意义上讲，应以国家范畴代替政府范畴来讨论其与资本的关系。政府作为制定和实施公共决策、实现有序统治的机构，是为整个社会提供公共服务的部门，其本质是阶级国家实现阶级统治的工具。

---

① 《马克思恩格斯文集》第 1 卷，第 552 页。

② 《列宁选集》第 3 版第 4 卷，第 31 页。

③ Ernest Mandel, *The Marxist Theory of the State*, Pathfinder Press, 1971, p. 11.

一方面，从经济运行的物质内容和技术层面看，为维护资本积累的正常进行，需要保障劳动力再生产的顺利进行，还需要为资本逐利提供稳定的社会环境，因此，国家必须提供公共服务，作为统一的调和因素而维持全面秩序的职能。[①]

另一方面，从表面上看，国家是整个社会的代表，但实际上，它不是超乎各阶级之上使各阶级的利益调和起来的力量，而是统治阶级对其他阶级进行压迫的力量，是阶级和阶级派别之间的关系的总和，是种集中起来的阶级关系；[②]它不是对各阶级一视同仁地来管理社会公共事务的机构，而只是为统治阶级服务，保证他们能对社会进行政治统治的机构。马克思指出："由于每一个自我一致的利己主义者可能和其他的利己主义者不一致，也就是说可能会发生冲突，所以，与这些分散的单独的个人相对立，普遍的意志必须有自己的特殊的表达法……这种意志叫作国家的意志……为了执行这种普遍的意志，又需要强制手段和公众的权力。"[③]对于资本主义国家的性质，从资本主义生产方式层次上进行讨论可以看出，资本主义社会关系维护着经济再生产，政治关系成为资本主义社会的组成部分，资本主义国家的存在从总体上保证这些社会关系（包括经济关系）的再生产。[④] 必须有"理想的"或"总的"资本家来代表资本家阶级的一般利益，以确保货币制度和财税体制等资本主义生产和利润实现的一般条件这个任务得以实现，执行这个任务的机构即国家。[⑤]

新自由主义在理论上过于强调政府的公共服务职能，无视政府的本质；但在实践中却坚决捍卫资本家阶级的利益，市场原则对于社会生活的全面渗透无不为剥削工人从而使资本获利提供条件，充分体现了西方政府作为资产阶级实现阶级统治的工具的本质。

总之，新自由主义将自由市场等同于个人经济自由，将资本的自由泛化描述为个人的自由，将资本的利益抽象地描述为全体社会成员的共同利益，片面强调政府提供公共服务的职能，实际上都是为私人资本的自由创造理论支撑。

---

① ［希］波朗查斯：《政治权力与社会阶级》，叶林等译，中国社会科学出版社 1982 年版，第 37～44 页。

② Nicos Poulantzas, State, Power, Socialism, Verso, 1980, pp. 128-129.

③ 《马克思恩格斯全集》第 1 版第 3 卷，第 466～467 页。

④ Ben Fine, Laurence Harris, *Rereading "Capital"*, The MacMillan Press, 1979, pp. 94-95.

⑤ ［比］曼德尔：《权力与货币：马克思主义的官僚理论》，孟捷译，中央编译出版社 2002 年版。

正如马克思所指出的:“在自由竞争中自由的并不是个人,而是资本。”[①]新自由主义以自由为幌子,实则是要进一步巩固资本对劳动、大资本对小资本的优势地位。新自由主义所谓的自由,不仅对于工人个人是遥不可及的,对于小资本而言也是无法实现的。

三、新自由主义思潮影响下中国社会意识形态领域的斗争

新自由主义理论存在着严重缺陷,但由于符合大资本的利益,因而得以在全世界范围内推行。自20世纪80年代以来,新自由主义思潮在我国兴起并对我国的社会经济生活产生了一定的影响。1992年10月党的十四大明确我国经济体制改革的目标是建立社会主义市场经济体制,社会主义市场经济与资本主义市场经济本质上完全不同,但同样作为市场经济,在运行机制、操作层面上并没有本质区别。发挥市场在配置资源中的基础性作用,建立现代企业制度,并利用经济全球化的机遇发展我国经济,为此应借鉴西方经济学的某些研究方法、理论,在这过程中,新自由主义思潮也趁机而入。许多学者指出,中国今天所存在的一系列问题,如贫富分化等,在一定程度上都与新自由主义思潮对我国的影响有关。[②]

(一)新自由主义思潮对中国产生影响的经济基础——所有制结构变化

新自由主义思潮属于意识形态,是社会的上层建筑,其产生的经济基础中最核心的就是生产资料所有制。新自由主义思潮能在中国的传播,根源在于中国所有制结构发生的变化。市场化改革前,中国实行“一大二公”的公有制经济,资本家作为剥削阶级被消灭;市场化改革后,引入了包括私有制经济、外资经济在内的多种所有制经济,所有制关系的改变也推动了阶级结构的调整。私有制经济的发展主要有两个来源,一个是国有体制外培育的私营经济,不排除个别原来在公有制企业内就业的工人,依靠克勤克俭积累一笔财富,在国家为私营企业提供的相比国有企业更为优惠的投资条件下投资成为资本家。这也被称为“增量改革”。

---

① 《马克思恩格斯文集》第8卷,第179页。

② 林泰主编:《问道——改革开放以来的社会思潮与青年思想政治教育研究》,中国社会科学出版社2013年版,第192页。

现阶段私有制经济的另一来源，是在打破计划经济体制尤其是在价格改革、建立资本与土地市场以及国企改革中，部分党员和企业管理层、政府官员通过合法或不合法手段进行的资本积累。① 特别是国有企业经历的承包经营与放权让利、政企分开与两权分离、抓大放小、股份制改革和管资产到管资本等几轮改革，中央的思路和目的是加强和巩固公有制主体地位和国有经济主导作用，但实际操作中被很多地方政府理解为私有化。如抓大放小改革中，"管理层收购"使得所有中小国企及部分大型国企都被私有化了。获益者包括政府官员、国企原管理层、与政府有联系的私人资本家以及跨国资本。② 这可被称为"存量改革"，即在国有体制内进行的所有制改革。毋庸置疑，这一过程催生了一个由私人经营者和跨国资本构成的利益集团。

一方面是代表资本利益的集团的产生，另一方面，新的工人阶级也在逐渐形成。1995 年国有和集体企业全面推开产权改革，是中国劳动力市场改革的分水岭，劳动力商品化迅速发展，出现大量相对过剩人口，成为现代雇佣劳动关系正式形成的标志和得以维系的前提，并为 2001 年加入 WTO、融入世界资本主义经济体系做好了制度准备。③ 城镇劳动力中，几千万名企业和集体企业员工被迫下岗，并因陷入贫困而成为劳动力商品，加上来自广大中国农村腹地的农民工，他们成为工业部门劳动力的主要来源。

市场化改革下，中国所有制结构改变产生不同利益集团，不同利益集团间的诉求也发生多样化变化。每个集团都寻求符合本集团利益、能将自己的特殊利益抽象化为全体成员共同利益从而能被广泛接受的理论学说。新自由主义代表资本的利益，其关于个人自由选择、自由市场、政府干预最小化等主张，体现了资本话语体系的逻辑，具有强烈的意识形态遮蔽效果，将资本的利益抽象描述成为全体社会成员共同的利益，在中国的经济改革过程中产生了极大影响。

---

① Xie Fusheng, Li An , Li Zhongjin ,"Can the Socialist Market Economy in China Adhere to Socialism?" ,Review of Radical Political Economics,2013,45(4) .

② Li Minqi ,"The Rise of the Working Class and the Future of the Chinese Revolution",Monthly Review,2011,63(2).

③ 孟捷、李怡乐:《改革开放以来劳动力商品化和雇佣关系的发展:波兰尼和马克思的视角》,载《首都经济学家》第 3 辑,经济科学出版社 2013 年版,第 39～57 页。

(二)经济改革中新自由主义思潮的表现

为配合经济领域推行的市场化进程,不断强化资本的优势地位,资本掌握了话语权并通过操纵大众传媒手段向工人阶级灌输资本话语,成功地将资本及其所有者的特殊利益包装成为共同利益,转移劳资矛盾,为资本提供更大的自由度。

在贫富差距上,利用资本话语体系将矛盾转移到国有企业与民众、政府与民众之间。例如,有人声称,现阶段中国收入差距过大,主要由行业差距即占据石油、钢铁等产业的国企工人工资过高,而一般竞争性产业领域工人工资过低所导致;应采取的措施就是降低国企工资水平。或声称,"如果企业给员工加了一点儿工资,结果又收税收回去了,永远提高不了老百姓的收入"[①],试图将劳资间工资问题转嫁到政府,制造政府税收政策与劳动者收入的矛盾。受新自由主义影响,经济学界在不平等问题的研究上长期存在两个"忽视":一是片面重视收入分配的不平等而忽视资本占有的不平等;二是片面重视工资差异对收入分配的影响而忽视利润、利息、红利等资本性收入。这两个"忽视"的结果就是资本家阶级躲在幕后,远离不平等问题的矛盾焦点,反而将技术人员、办公室职员、普通管理人员等推到前台成为口诛笔伐的对象。[②] 在关于贫富差距过大情况下政府是否应该积极干预的问题上,新自由主义信奉所谓的库兹涅茨倒 U 型曲线理论,认为贫富差距是一国经济发展过程中必然出现的现象,随着经济起步,贫富差距首先会扩大,但随后将自动缩小。其隐含的政策建议就是,面对贫富差距政府无须采取任何措施,因为随着经济进一步发展,贫富差距将自然而然地缩小。

在政府与市场关系上,资本掌握的话语体系故意制造二者对立,将市场失灵归结为政府干预。如有人称中国是"国富民穷",政府过高的税赋将民众的财富收入囊中,还抑制了市场活力。供给侧结构性改革中,正确做法是一方面在生产力上调整由社会生产力发展水平决定的社会分工结构,从当前我国的产业结构入手,着力提高供给体系质量和效益,增强经济持续增长动力,推动我国社会生产力水平实现整体跃升;另一方面,从生产关系入手调整决定收入

---

① 宗庆后:《如果给员工多发点钱又收税收回去永远富不了》,载凤资讯 2014 年 1 月 7 日,http://finance.ifeng.com/a/20140107/11415056_0.shtml。

② 蔡万焕:《〈21 世纪资本论〉风靡西方的启示》,载《红旗文稿》2014 年第 16 期。

分配结构的生产资料所有制结构，做强做优做大国有企业，控制私营经济的发展，提高公有制经济比重。然而新自由主义歪曲和误读供给侧结构性改革，认为目前的供给现状是低端供给过剩、高端供给不足，而导致供给不足的原因，要么是政府管制太多扼杀了创新，要么是税负太重抑制了供给；而改革的目标则是提供"有效制度供给"，简政放权，实现"小政府、大市场"[①]。还有人提出，应减少政府干预，放权让利，建立一个"服务型政府"。关键在于，服务的对象是谁？如果对象是人民群众，建设为人民服务的政府，这符合社会主义的方向。但是，如果服务的对象是企业（实际上是资本），那就是改革进入了误区。还有人认为《劳动合同法》降低了劳动力市场灵活性，工人可以炒雇主，雇主无权炒工人，应进行修改。然而事实是，在资强劳弱的现实中，劳动者根本无力对抗雇主，所谓劳动力市场灵活性只是为雇主解雇工人提供便利。

在中国经济改革方向上，资本话语体系试图淡化甚至抹杀中国的社会主义性质。面对过度市场化的现实，资本集团及其所掌握的大众传媒又以"改革红利"神化改革，在此舆论的攻势下，改革成为主流话语，在改革名义的裹挟下，一些违背社会主义方向、有损人民利益的改革方案被强加推行。他们用贫富差距问题取代阶级问题，宣扬"阶级斗争熄灭论"、"工人阶级消亡论"，认为中国发展的方向就是成为"中产阶级国家"[②]或构建"橄榄型社会"。此外，新自由主义鼓吹的"民主社会主义"受到许多人追捧，他们主张"资本主义和社会主义趋同论"，应当实施"私有制加二次分配"的模式。在继续完善社会主义市场经济体制的改革过程中，片面强调市场经济，忽略社会主义；片面强调市场经济体制的一般规律，忽视社会主义市场经济具备的特殊性，盲目要求中国的经济体制改革全面向西方国家看齐。

（三）国企私有化：当前新自由主义思潮的核心政策主张

有人认为，经过30多年的市场化改革，中国经济的社会主义因素仅残留于国有企业与宏观经济调控上。[③] 随着新兴资本家集团规模及其财富的不断

---

① 刘胜军：《中国拥抱"供给经济学"》，载FT中文网2015年11月26日，http://www.ftchinese.com/story/001064960 full=y。

② Cheng Li, "Introduction: The Rise of the Middle Class in the Middle Kingdom", in Cheng Li ed., China's Emerging Middle Class, Brookings Institution Press, 2010, p. 3.

③ Xie Fusheng, Li An, Li Zhongjin, "Can the Socialist Market Economy in China Adhere to Socialism?", Review of Radical Political Economics, 2013, 45(4).

增长、力量不断增强，他们自然要求抛弃那些可能妨碍他们的财富进一步积累的社会主义传承。[①] 而正在崛起的工人阶级组织了大量针对新兴资本家集团的请愿、抗议和罢工。[②] 除了上述关于中国经济改革和发展方向的问题外，双方斗争的焦点集中在国有企业是否要私有化这个问题上。

迄今国有企业已经历了五轮改革，分别是：1979－1984 年的承包经营与放权让利，1985－1992 年的政企分开与两权分离，1993－2002 年的建立现代企业制度与抓大放小，2003－2012 年的股份制与深化国资管理体制改革，以及 2013 年开始的分类改革与管资产到管资本。中央关于国企改革的指导思想和主要目标始终是加强和巩固公有制主体地位和国有经济主导作用，如 2015 年颁布的《中共中央、国务院关于深化国有企业改革的指导意见》中指出的，国有企业是推进国家现代化、保障人民共同利益的重要力量，是我们党和国家事业发展的重要物质基础和政治基础，必须坚定不移地做强做优做大国有企业。

宏观来看，五轮国企改革确实使得国企与市场经济体制有效融合，运行质量和效益明显提升，核心竞争力得到明显提升。但从具体操作层面来看，新自由主义炮制的国企"低效论"、"垄断论"、"与民争利论"、"腐败论"和"产权不清晰论"等，歪曲和贬低国企在国民经济发展过程中所起的重要作用，将国企污名化为中国经济进一步发展的阻碍[③]，导致一些人和地方政府对国企改革存在误解和曲解，将国企改革理解为私有化，从而致使大量国有资产流失。为给国企私有化披上合法化外衣、塑造允许私有化的宽松环境，资本集团及作为其利益代言人的部分学者成功地利用他们所掌握的大众传媒手段将本集团的主张包装成为社会共识。尽管每场争论均以被平衡左右的妥协方式而结束，但这种妥协实际上为代表资本集团利益的知识精英之后进一步的意识形态操纵留下了空间。[④] 在此舆论造势背景下，资本集团借此向政府施压以制定对他们有利的政策，如炮制出"央企地王"一词并在网络上热炒，将中国房地产价格

---

① ［美］科兹：《坚持社会主义：苏联的教训和中国的经验》，常辉译，载《当代世界社会主义问题》2009 年第 4 期。

② Ching Kwan Lee, *Against the Law: Labor Protests in China's Rustbelt and Sunbelt*, University of California Press, 2007, pp. 27－28.

③ 蔡万焕、刘露：《关于国有企业讨论的最新进展及背景原因分析》，载《学习与探索》2012 年第 11 期。

④ Xie Fusheng, Li An, Li Zhongjin, "Can the Socialist Market Economy in China Adhere to Socialism?", Review of Radical Political Economic, 2013, 45(4).

的居高不下归咎于政府或央企。

四、社会主义经济改革与发展应排除新自由主义的干扰

当前我国经济发展中出现的贫富差距日益拉大、国内消费不足、国有企业私有化和国有资产流失等问题的产生,根源就在于没有认清新自由主义理论的错误所在,在改革过程中受到了新自由主义的影响。① 为进一步完善社会主义市场经济体制,促进中国特色社会主义事业的顺利进行,必须排除新自由主义的干扰。

马克思主义政治经济学揭示出,生产资料所有制是社会经济发展的核心问题。社会主义市场经济条件下要充分利用资本促进生产力发展,同时国家要驾驭资本,处理好国家与资本、劳动三者之间的关系,经济社会发展中出现的问题必须以所有制问题为中心寻找解决的办法。市场的本质是资本主导下的劳资关系,在市场中发挥作用的主要是资本主义经济规律,要防止资本主义经济规律在社会主义市场经济的发展中占据支配地位,就必须对市场化的程度加以控制,遏制过度市场化的倾向。只有控制了过度资本化和私人资本的过度膨胀,才能真正铲除新自由主义思潮滋生的土壤。

因此,对待新自由主义,要认识其一系列理论学说和政策建议的本质,同时要在实践中排除其干扰,正如针对在供给侧结构性改革中有人试图用新自由主义的供给学派来进行歪曲的做法时习近平所指出的那样,必须明确,"我们讲的供给侧结构性改革,同西方经济学的供给学派不是一回事,不能把供给侧结构性改革看成是西方供给学派的翻版,更要防止有些人用他们的解释来宣扬'新自由主义',借机制造负面舆论"②。

(原载《马克思主义与现实》2017 年 5 期)

① 朱安东、王天翼:《新自由主义在我国的传播和危害》,载《当代经济研究》2016 年第 8 期。

② 《习近平在省部级主要领导干部学习贯彻党的十八届五中全会精神专题研讨班上的讲话》,载《人民日报》2016 年 5 月 10 日。

经济金融化是金融资本主义的基本特征

江　涌

新自由主义为经济金融化涂上一层诱人的迷彩，如优化资源配置、分散投资风险、促进经济增长等等。实践表明，这些论断都言过其实。经济金融化就其本质而言，是资产阶级为克服生产过剩、利润率下降的不得已选择，是资本主义为解决基本矛盾、延缓制度衰亡的修补裱糊之举，是金融资本实现全面垄断的必然。

一、经济金融化的内涵

经济金融化是一个以金融创新为依托，以新金融模式、新金融工具和新金融产业不断涌现为表现的金融市场体系不断丰富、完善的过程，意味着金融部门日益膨胀并处于支配地位，并改变着经济体系的运行方式；也可以看成是一个金融对实体经济持续渗透、融合与操纵的过程，是金融资本获取利润的核心机制。"横看成岭侧成峰"，经济金融化可以从不同视角加以定义，可以从"股东价值最大化"的企业治理视角，可以从工业资本与金融资本之间关系视角，还可以从资本主义积累模式的视角来定义金融化。

保罗·斯威齐将经济金融化概括"资本积累过程的金融化"，大卫·科茨认为"近几十年来推动金融化进程的直接原因在于新自由主义的重构"。约翰·福斯特将金融化定义为资本主义经济重心从生产向金融的长期转变，其转变包括以下一些基本指标：(1)金融利润占总利润比重的不断上升；(2)不断上升的债务/GDP 比例；(3)FIREs(即金融、保险与房地产)占国民收入的份额不断增长；(4)舶来的和不透明的金融工具的不断扩散；(5)金融泡沫的不断膨胀。"金融化是指在国内和国际两个层面上，金融市场、金融机构以及金融业精英们对经济运行和经济管理制度的重要性不断提升的过程。”伴随着经济金融化，“经济活动的重心从产业部门(甚而从诸多正在扩大中的服务业部门)转向金融部门”。

资本的本性就是追逐利润，哪里的利润率高就流向那里，从流通领域、生产领域转移到金融领域，呈现明显的阶段性。与此相对应，资本主义具有商业资本主义、工业资本主义和金融资本主义三个主要形态。其中，商业资本主义，从15世纪初到18世纪中叶的英国产业革命，为期约300年。威尼斯人、热那亚人、西班牙人、荷兰人等都曾热衷搞转运贸易，但是这种贸易主要是面向落后地区，在转运贸易乃至整个经济形态中，“占主要统治地位的商业资本，到处都代表着一种掠夺制度”。商业资本是具有高利贷性质的生息资本，“有资本的剥削方式，但没有资本的生产方式”，侵占和欺诈是商业资本获取商业利润的典型手段与特征。

工业资本主义，从18世纪中叶到20世纪70年代，囊括自由竞争资本主义以及一般垄断资本主义，为期约200年。工业资本主义的伟大成就是使生息资本从属于“资本主义生产方式的条件和要求”。金融资本主义是对工业资本主义的否定，是商业资本主义的螺旋式上升。

二、解决资本主义经济停滞

20世纪70年代的“滞胀”驱使主要资本主义国家纷纷走上经济金融化道路，金融扩张成为资本主义制度的主要修复手段，垄断资本转变为新的垄断金融资本，金融资本以它自己的标准对生产过程进行了重组并主导着企业的兼并与收购，金融资本垄断成为新的垄断形式，是谓金融资本主义。从20世纪80年代开始到2008年国际金融大危机这30年间，全球GDP增长的速度在3%—4%，全球贸易的增长速度在6%—7%，然而全球资本流动速度是12%—14%。30年间，贸易增长速度是生产增长速度的两倍，资金流是物流的两倍，是生产增长速度的4倍。金融每年以4倍于生产的速度在急速扩展，如此使得经济金融化越来越突出。

经济金融化集中体现为资本积累过程中的金融化。二战后，主要资本主义国家因弥补战争期间被破坏的生产以及被抑制的消费，纷纷进行投资，由此步入投资——生产——消费——繁荣的经济荣景，即资本主义发展所谓的“黄金期”。然而好景不长，在资本积累过程中，随着资本有机构成不断提高，工会力量增强导致工资支出刚性向上，以及由于垄断导致分配关系的变化，致使全社会消费不足，如此进入70年代后，主要资本主义国家都出了日趋严重的产能利用不足与产品生产过剩问题，与此同时，利润率持续下降和盈利性投资机会缺乏，如此生产过剩与利润率下降成为资本主义的“新常态”。

生产过剩——利润率下降的综合集中体现就是经济增长迟缓，“屋漏偏逢连夜雨”，由地缘政治引发的石油危机引致物价上涨，严重而持续的经济“滞胀”使资本主义又一次陷入了严重危机。但是，“猫有九条命”，资本主义又展示出惊人的生命力——自我修复能力，即为日益严重的生产过剩——利润率下降寻求新的解决渠道。20世纪70年代末80年代初，发达资本主义国家采取的主要应对措施是，通过积极发展金融部门，来吸收剩余资本，扩大货币资本，开启了经济金融化的魔瓶。这种被斯威齐称为“资本积累过程中的金融化”正是支撑20世纪70年代以来资本主义经济增长的主要力量。“利润的获取越来越多地通过金融渠道进行，代替了传统的商品生产和贸易渠道。”

生产过剩与利润率下降，与之相对应的是实体经济增长停滞与投资回报降低，只不过是同一硬币的两个面，所以约翰·福斯特认为金融化是源于资本主义经济停滞的趋势。“西方经济的金融化不是近几十年来经济增长缓慢的原因；相反，经济增长缓慢和资本缺少投资机会是金融化的原因”。通过资本向金融领域的转移，实体经济生产得以下降，生产相对过剩从而得以缓解，同时又满足了资本追逐利润以实现价值增殖的要求。资本主义把经济金融化当作应对经济停滞的手段，如此，使得资本主义的经济重心从生产领域转移到金融领域。

资本积累过程中的金融化的主要实现形式是“股东价值最大化”。经济金融化首先发生在企业管理这一微观基础上，即企业管理目标由昔日的企业利润最大化转变为“股东价值最大化”。

企业由追求中长期收益调整为日益注重短期收益，企业越来越依赖于通过资本市场的投资或投机活动，而非生产经营活动赚取利润，经理人更加关注企业短期的财务表现或股票价格的市场表现，所以他们更倾向于减少回报周期长的科研创新投资，而注重通过资本市场操作在短期内维持或提高企业利润率等财务数据，甚至不惜与金融资本联手，采取内部交易、关联交易等手段操纵企业股价。企业管理哲学从福特制的“劳资合作+再投资”明显转向“减员增效+分红”的股东价值导向偏好,使得失业水平持续上升,工人的收入更具弹性,包括比较强的利率弹性,因为工人被迫(生计所迫)或被诱(金融机构所诱导)而纷纷通过金融途径增加收益或增加负债。

“股东价值”模式对资本主义产生深远影响,是金融资本主义形成的直接动力。企业为了提高股东收益率,往往会采取增加利息支付、管理层高薪、分红或股份回购等形式,减少企业利润留存,企业发展(如并购与投资)严重依赖外部债务融资,由此导致企业负债率不断上升;劳动者的工资由社会消费源泉变成了企业成本,企业通过境外投资、劳动套利来打击工会“垄断”,以降低企业成本,从而建立起以雇员的非稳定化和劳动合同的碎片化为基础的增长体制,导致家庭实际收入增长陷入长期停滞状态。在一次收入分配被挤压的同时,二次分配收入也不断缩水,即教育、医疗以及其他福利等政府预算也被大幅度削减,普通居民尤其是低收入家庭手头日益拮据,入不敷出的情况日趋严重;由于金融资本本质上不能创造价值,“股东价值”模式也不断弱化企业创造价值的能力,社会与国家的财富源泉收缩,与此同时还要不断为企业与居民提供各种补贴,收入减少,开支增加,因此公共债务不断提高。

三、企业、居民家庭与政府的金融化

经由“股东价值最大化”而推动的经济金融化导致三种明显的经济后果:企业债务驱动型投资、居民家庭债务驱动型消费以及政府的赤字财政。企业、居民家庭以及政府一方面是经济金融化作用的对象,另一方面也是经济金融化的主要实现途径。

其一,企业金融化。由于传统产业竞争激烈,利润率不断降低,资本积累渠道受阻,如此企业避实就虚,日益广泛而深入地参与金融活动,将其可支配资金越来越多地配置在金融资产上,积累的重心由生产性渠道越来越多地向金融渠道倾斜,由此逐渐引发企业经济结构变化,即企业中的金融业资本相对于产业资本的比重明显上升,企业利润中来自金融渠道的比重大幅度提升。

以美国为例,1952—2008 年,非金融企业持有的金融资产占其总资产的平均比例从 25.3%上升到了 41.1%;非金融企业拥有的金融业资本与产业资本的比率,20 世纪 60 年代不足 40%,到了 2001 年则飙升到约 90%。1952—

2008年，利息和红利等来自金融渠道的利润占非金融企业利润增加值的平均比例从8.9%上升到了16.1%。

以美国通用电气公司(GE)为例，2002年其下的GE金融公司的总资产达到近5000亿美元，在通用电气的总资产中占85.15%。2002年，GE金融公司的收入为545亿美元，占GE总收入的41%；净利润为36亿美元，GE金融公司对集团的利润贡献率超过40%。金融业务已经成为GE快速、高效增长的主要源泉，被誉为GE的利润增长机器。通用电气的金融化在美国大企业中相当普遍，而类似美国企业的金融化在西方国家也相当普遍。

其二，居民家庭金融化。居民家庭金融化的一个重要特征就是家庭金融资产占GDP的比例不断提高。美国从1973年的200%上升到2007年的325%，日本从1980年的150%上升到2007年的260%，就连实体经济发达而金融化相对落后的德国，其居民家庭金融资产占GDP的比例也从1990年的110%上升到2007年的180%。然而，这只是一个表象，在表象之下，出现了更为深刻的结构性变化，即居民家庭部门债务负担日趋沉重。

在实体经济停滞、利润率下降的情势下，金融资本在努力控制产业、企业的同时，逐步加强对个人的控制，通过金融欺诈(所谓"金融创新"，如次级抵押住房贷款)，或在信贷中设置剥削性条件，实现对家庭收入的掠夺。在收入停滞的状态下，为满足劳动力的再生产和弥补收入的不足，居民家庭的金融投资与信贷需求趋于提高。数据显示，美国的消费信贷和抵押贷款占银行总贷款的比例从1965年的约30%上升到2007年的近50%，日本的个人贷款占银行总贷款的比例从1997年的27%上升到2007年的约37%，德国的住房抵押贷款占总贷款的比例从1973年的2%上升到2007年的10%。

居民家庭通过增加债务，以人为的方式造成了一种有支付能力的需求假象，由此形成了"抵押贷款——房地产——证券化——衍生品"联动的金融链条，导致了家庭部门债务驱动型消费。随着家庭收入从银行储蓄转向股票证券，并日益集中于金融中介转化为各类息票金融资产时，作为被金融化的大众其收入也就具有了更高的利率敏感性，容易受到利率变动的影响。2007年的美国次贷危机，就是在联邦基金利率调整下美国家庭债务链条断裂的结果。

其三，政府金融化。经济金融化的一个重要标志应是1971年8月15日，美国宣布其不再承诺按照35美元/盎司的官价兑换黄金，从此拉开了黄金非货币化与美元货币虚拟化的进程,经济开始了“空间上去工业化”和“时间上金融化”历程。这个标志性事例表明,经济金融化与政府的决策行为密切相关,而且政府及其政权本身也在金融化。

在市场经济条件下,政府犹如企业、个人都可被视作一类市场主体,而金融资本对政权的兴趣超过对企业与个人的兴趣,因为控制了国家政权,可以直接或间接用国家力量来谋取利益,实乃赚钱的终南捷径与最高境界。正是在“大市场与小政府”说辞的掩护下,金融精英觊觎并逐渐控制了政府,使国家政权成为精英们的赚钱机器。经济学者保罗·迈森如此表述,“自由市场全球资本主义的权力精英是非常容易描述的。虽然它看上去像一个统治集团,事实上却是一个网络。在该网络的中心是经营银行、保险公司、投资银行和对冲基金的人,包括那些参加董事会的和在最高层任命董事会的人”。金融资本不是虚拟的、一般概念化的,而是一个实实在在的利益集团,一类权力精英,确凿而言,就是金融资产阶级。

美国是金融资本主义最为成熟的国家,国家政权牢牢掌握在以华尔街为代表的金融资产阶级手中,联邦储备委员会(美国的中央银行)是华尔街金融家一手创建与有效营运的,是金融资产阶级的私器与禁脔(美联储实质是私人银行),始终代表着华尔街利益;金融资产阶级利用资本力量操控两党政治,即钞票博弈选票,确保华盛顿自始至终为华尔街利益服务,他们不仅用金钱的引力牵引政治傀儡,有时甚至直接派遣代理人——如历届财政部长——维护与拓展他们的利益。

经济金融化与金融全球化密不可分,经济金融化和金融球化是金融资本主义的基本特征,金融化了的政府反过来又是经济金融化与金融全球化的重要推动力量。美国金融资本操控国家力量,积极推进经济金融化与金融全球化,途径主要有:就国内视角而言,主要是制定有利于金融资本的各项政策,包括减少和削弱对金融部门的监管,提高金融资本的利润,在危机时刻要不惜纳税人的钱财紧急驰援;从国际视角来看,主要通过强大的军事与科技(集中为信息技术)力量,以及美元在国际货币体系中的霸权地位等,强行推行金融全球化——以华尔街为代表的金融资本与国际自由扩张,以确立金融资本的全球统治。《纽约时报》记者托马斯·弗里德曼曾经一语道破玄机:如果没有一个看不见的拳头,市场这一看不见的手就不会起作用;没有制造出F-15战斗机的麦道公司，也就没有麦当劳的兴隆，没有美国的军事护卫，也就没有美国在线。

金融全球化是一种依赖于国家政策的国际现象，而非自由派人士所鼓吹的全球化是一种根深蒂固的社会结构。“货币和金融的这种新体系是称之为全球化的整个动态系统的互联机制的中央发动机之一，而且这种新体系绝非是经济和技术有机活动过程的自然产物，它完全是某个国家——美国的历届政府所作的政治决策的政治结果。”

四、金融化成为风险、危机、崩溃的代名词

社会机体上生长着两只手，在自由主义经济学家看来，一只是灵巧的“看不见的手”——市场，另一只则是笨拙的“看得见的手”——政府。实际上，两只手只有相互配合相互协调，才能有效地为社会机体服务。然而，经济金融化把“看不见的手”扩张到巨大而不当的地步，由此不仅严重影响与另一只手的配合协调，而且严重地改变与扭曲社会机体。

其一，社会资产日益金融化。金融学一般以金融相关率，即以金融资产总量/国民生产总值的比率来表示。发达国家的这一比例在20世纪90年代初最高曾达3.26—3.62，90年代后期有所下降；在一个世纪前，美国、英国、德国、法国、意大利几个国家大体在0.7—0.8，只有日本例外，为0.32—0.40。

在大多数国家，19世纪到一战前夕的金融资产和负债总额没有超过4—5年的国民收入，20世纪70年代早期的金融资产和负债总量不到4—5年的国民收入，而到2010年则提升到10—15年的国民收入（特别是在美国、日本、德国和法国），在英国甚至达到了20年的国民收入的绝对历史纪录。需要强调的是，各国中央银行与政府统计部门编制的报表只关注主要金融资产（票据、股票、债券和其他证券），还不包括衍生产品（这些产品类似于保险合同，以主要金融资产为指数来定价，也可以说类似于赌注，取决于从何种角度去看）。这些金融资产总额已达到非常高的水平，根据采用定义的不同，为20—30年的国民收入。

其二，经济关系日益金融化。经济关系是社会关系一种体现，但是经济金融化后，经济关系在复杂的社会关系中越来越多地占据主导地位，难以度量的社会价值越来越多地被可以度量的经济价值覆盖乃至取代，整个社会关系被

“镀金”了，被金融刷新了，金钱以及金钱的派生，如债权与债务、股权与股利、风险与保险等关系，充斥着人们的日常生活，充斥着企业管理经营，充斥着政府的调控治理。

经济金融化意味着食利阶层政治和经济权力的增加，金融部门成为吸收经济剩余的主要渠道，当然该部门的资本积累、利润获取要远远高于社会一般部门。金融行业从业者（包括银行和其他金融机构的经理人以及金融市场上的交易员）在超高收入群体中的比例是整个经济群体中的两倍（在前0.1%人群里大约占20%，而金融行业的产值占国内生产总值的比重不足10%）。

“所有英语国家近几十年来收入不平等扩大的首要原因都是金融部门和非金融部门超级经理人的兴起”。然而这种“同族相似性”不应掩盖这一现象在各（英语）国的不同严重程度。在20世纪70年代，各国前1%人群收入在国民收入所占比重十分接近，我们所考察的4个英语国家均在6%－8%，美国也不例外。事实上，20世纪70年代末80年代初，前1%人群收入占国民收入的比重，加拿大略高，达到9%；而澳大利亚最低，仅为5%。30年后的今天，情况全然不同了。美国前1%人群收入的比重达到将近20%，相比之下，英国和加拿大为14%－15%，而澳大利亚仅为9%－10%。

超级经理人，简称“超人”，盎格鲁－撒克逊国家很热衷制造“超人”。其实，这合乎自由主义理性经济人假设的。“超人”是最理性的经济人，也是合乎理性的最成功的经济人。即以最小的成本获得最大的收益。其实，在资本主义市场经济条件下，经济人只是金字塔顶端的一小撮强者（1%甚或0.1%），也许是针尖上站立的天使，他们的存在是以绝大多数（99%）不能称其为人、不能做人为代价。

其三，企业融资脱媒化。一直以来，发达资本主义国家的企业尤其是大企业一般都是选择商业银行作为自己的融资对象。但是，自20世纪70年代以来，在企业治理结构发生转变（“股东价值最大化”）的引领下，金融业（市场）也发生了巨变，资本市场、非银行金融的发展速度大大地高于货币市场、银行金融，直接金融所占的比例日益加大，迅速赶上乃至接近或超过间接金融所占比例，融资非中介化、证券化成为金融发展的潮流。

在资本主义经济的金融化过程中，作为商业银行最重要利润来源——大企业对银行融资的依赖不断下降。大企业的内部融资主要通过留存利润进行，外部融资日益依靠资本市场。据统计，在美日德三个发达经济体中，银行贷款占公司融资负债的比例下降趋势明显，美国从1973年的19%下降为2007年的8%，日本从1998年的50%下降为2007年的40%，德国从1991年的40%下降为2007年的31%。

其四，国民经济日益“去工业化”，实体经济日益萎缩，虚拟经济日益膨胀。从20世纪70年代开始，美国非金融生产性经济部门的利润率持续下降，平均利润率从1955年至1967年的5.26%，持续下降至1982年的1.87%。1983—1991年，非金融生产性经济部门利润率一直于低水平停滞，在1.60%—2.6%徘徊。

产能过剩，利润率下降，作为逐利的资本，当以产业资本的形式难以获利时，就会绕过产业资本而以金融资本的形式保证资本的营利性。企业纷纷“去工业化”，西方资本主义国家的政府由此失去了维持其职能的物质基础。2008年国际金融大危机之前，除德、日等少数国家外，发达国家的经济结构明显地呈现“去工业化”的特征。“去工业化”使得作为美国实体经济主体的工业增加值在GDP中的比重，从1980年的34%降到1990年的28%，2000年的23%下降为2007年的22%，2010年则进一步降为20%。

实体经济萎缩与虚拟经济膨胀成为一体两面。20世纪90年代以来，虚拟经济出现了日益脱离实体经济且加速膨胀的势头，并越来越远超实体经济，虚拟经济的核心就是金融业。20世纪90年代，美国金融服务业产值占GDP的比重超过制造业。2007年，金融业利润占到美国全部行业利润的40%。据世界银行统计，2008年全球GDP总量为60.56万亿美元，金融资产总量约为178万亿美元，相当于全球GDP总量的2.94倍。目前，全球每天约有2万亿美元的虚拟资本在流动，约为全球日平均贸易额的50倍。可以预计，随着全球范围内金融创新的不断涌现，虚拟经济的规模还将继续膨胀。

其五，金融动荡日益加剧，金融危机取代昔日实体经济危机成为资本主义的新常态。经济金融化将孤立或局部的金融风险串联到一起，局部风险、周期性风险抑或结构性风险由此极有可能放大到系统性风险。如通过住房抵押贷款证券化，美国的房地产市场、信贷市场和资本市场紧密地粘连在了一起，形成了“抵押贷款—证券化—衍生品”联动的金融链条。抵押贷款标准放松和抵押贷款产品创新，把风险由房地产市场传导至信贷市场，资产证券化又把风险从信贷市场传导至资本市场。当贷款买房者出现断供后，房地产市场上生成的风险迅速被传递到信贷市场和资本市场，而且在传递间不断放大，风助火势，火借风威，火烧连营，由此出现所谓次贷危机，进而引发国际金融大危机。

自经济金融化的魔瓶开启以来，全世界发生大大小小的金融危机数以百计，其中具有重大影响的金融危机有：1980 年代的拉美债务危机与美国储贷危机、1987 年的美国股市大崩盘、1994 年的墨西哥比索危机、1997/1998 年的亚洲金融危机、1998 年的俄罗斯债务危机及美国长期资本管理公司倒闭，1999 年的土耳其、阿根廷与巴西的汇率危机，2001 年的阿根廷债务危机，2007 年的美国次贷危机，以及 2009 年的欧洲债务危机等等。国际金融大鳄在市场这只“看不见的手”的掩饰下，精心做局，肆意纵火，制造危机，然后火中取栗，乘机打劫，将相关个人（家庭）、企业（机构）、国家（政府）陷于无产、负产乃至破产的境地。金融危机一旦爆发，接踵而至的往往是经济危机、社会危机、政治危机（政权更迭），甚至是国家危机（分裂解体）。一而再的实践表明：金融化，不再是经济自由主义者所鼓噪的“增长”、“发展”、“繁荣”的象征，而是“风险”、“危机”、“崩溃”的代名词。

（原载《国有资产管理》2015 年第 1 期，有删节）

新自由主义思潮的真实面目

王永贵

新自由主义是近些年来在全世界产生巨大影响的一种社会思潮。新自由主义的基本观点及“核心价值”是什么？怎样认清其本质及其影响？认清新自由主义思潮的真实面目，对深入贯彻落实“四个全面”战略布局思想，特别是把握好全面深化改革的正确方向具有重要意义。

一、新自由主义的“核心价值”解析

新自由主义思潮来自于西方发达资本主义国家，它经历了从古典自由主义、现代自由主义到当代新自由主义的发展和变形，20世纪90年代以来，经过所谓“华盛顿共识”后被推及世界。它以个人主义为理论基础，在经济上主张市场万能、彻底私有化、全球自由化和福利个人化，在政治上反对社会主义制度、鼓吹多党制。具体讲包括如下内容：

第一，价值观上主张“个人主义”。新自由主义的哲学基础是个人主义。它认为，个人权利尤其是个人的自由权利是神圣不可侵犯的。每一个社会成员的个人偏好、利益诉求都应该受到尊重和保护，不能在众多个人利益诉求之间按照某一种标准分出孰优孰劣。每个人都有设定自身追求目标、采取措施实现目标的自由，这种自由是应该受到保护的。在新自由主义看来，个人权利成为判断一切社会行为得失成败问题的尺度，个人利益成为解释一切历史事件的动因。在个人与社会的关系上，新自由主义认为个体的实在性决定个人优于社会，社会是由无数个体组成的，个体的性格决定整个社会的性质。国家只是社会的一部分，国家和社会同样是由单个有生命的个人组成的，国家和社会没有特殊的额外的权利。所以，个人优先于国家和社会，个人、社会和国家之间具有明晰的权利边界，社会和国家不能以任何借口越界侵犯个人的权利。由此，新自由主义顺理成章地得出结论：在经济领域要尽量运用自发力量，尽量避免外在强制，让个体在自由竞争中实现经济的良性发展。总之，个人主义哲学是新自由主义的理论基础，正是从个人自由出发，新自由主义提出了自己的一系列理论观点和政策主张。

第二，经济上推行“三化”，反对公有制。在经济理论上，新自由主义继承了古典自由主义经济理论的自由经营、自由贸易等思想，并将之“发扬光大”为“三化”，即绝对自由化、彻底私有化和全面市场化。

绝对自由化的主张是个人主义价值观在经济领域的直接体现。新自由主义认为经济自由最重要，是经济效率和社会财富的前提，是其他一切自由的基础。其代表人物哈耶克就公然宣称，体现个人自由的私人企业制度和自由市场机制是最好的制度。另一代表人物弗里德曼也认为，自由竞争的资本主义最有利于个人自由，并能促进社会在科学技术和人文艺术方面取得创造性成果，尤其是能为普通人提供最广泛的发展机遇。

彻底私有化是自由主义的一贯主张。新自由主义认为只有在私有制条件下，个人拥有生产资料所有权，市场主体的自主性、积极性和创造性才能得到保证，个人在经济利益的驱动下，根据市场需求自主决定生产销售等经济活动。新自由主义认为，私有制的存在不仅使每个人都获得了发财致富的机会，而且体现了资本主义宣扬的自由与平等。私有制不仅保证了个人追求经济利益的高效率，同时，私有制在市场这只“看不见的手”的调解下，能自动实现资本主义经济的均衡发展，使得资本能够在不同所有者之间流动，工人能够自由选择不同的老板为其工作，整个社会的失业率可以保持在自然失业率水平上。总之，在新自由主义者眼里，私有制不仅是自由资本家发家致富和工人平等就业的保证，而且是资本主义经济协调发展运行的所有制基础。新自由主义者强烈反对公有制，认为公有制导致产权不明确和不可转让，会造成经济运行中效率低下、浪费惊人和腐败频出。在政治上，他们甚至认为生产资料公有制会导致社会成员丧失宝贵的自由，掌握生产资料的独裁者会将社会大众推向受控制、受奴役的悲惨境地。

新自由主义推崇市场的作用，相信市场万能，主张完全市场化。认为市场经济是与私有制匹配的经济运行模式，是唯一能实现资源合理配置的经济制度。这种市场理论，是为了维护当下大垄断财团经济行为的绝对自由，是出于垄断资本增值的需要。经历了从自由竞争时期的原始积累，垄断资产阶级已经足够强大，在西方国家经济和政治生活中处于支配地位。这时，再要求自由竞争、优胜劣汰无非就是将垄断资本的弱肉强食合理化，使垄断资本倚仗资本优势获取超额剩余价值的行为合理化。

第三，政治上实施所谓“民主”，反对社会主义政治制度。新自由主义认为，国家通过掌握生产资料，运用计划组织生产，就拥有了绝对的权力，就必然导致在政治上的集权主义。他们以此抨击、反对社会主义政治制度，宣扬西方宪政民主。他们将西方的政党制度、议会制度、选举制度等政治制度超历史化、普世化，将西方的主权在民、三权分立、人人平等的政治观念“意识形态化”，有意掩盖其资产阶级政治制度和政治思想的阶级性、历史性和意识形态性。

第四，国际战略上推销“全球一体化”。随着经济全球化的发展，新自由主义开始在全球传播，积极谋求建立全球秩序，实现新自由主义的“全球一体化”。经济全球化为当代资本主义发展提供了新的空间，国家垄断资本主义加速向国际垄断发展。可以说，新自由主义代表的是以美国为首的国家垄断资本主义的阶级利益，它主张建立全球秩序并不是为了维护不同国家利益，也不可能照顾到不同国家经济政治现有水平。它所主张建立的世界新秩序就是为了将整个世界纳入国际垄断资本主义资本增值的世界。尤其是在经济政策上，以美国为首的西方发达国家，为了实现资本在全球的增值，要求广大发展中国家也实行新自由主义政策。他们要求发展中国家开放国内市场，实现生产要素和资源（除了劳动力要素）在世界范围内自由流动，实现生产、贸易和金融的完全自由化与国际化。他们通过控制国际货币基金组织、世界银行、国际清算银行、世界贸易组织等国际经济组织，制定一系列行业规则，将广大发展中国家纳入以西方发达国家为主导的全球资本主义体系，实行美国模式的世界经济一体化。例如，“华盛顿共识”的出炉就是位于华盛顿的三大机构——国际货币基金组织、世界银行和美国政府共同提出的、体现新自由主义理论的具体政策主张。

二、新自由主义的实践后果和困境

对待一种社会思潮，不仅要“听其言”，更要“观其行”。对待新自由主义，我们不仅要揭开它神秘的面纱，更要从其实践结果中认清它的危害，反思它的困境，发现它的本质。

新自由主义的实践后果严重。随着苏联解体和东欧剧变，这些国家以“华盛顿共识”为经济转型指南，运用“休克疗法”，掀起了一场迅速、全面推行新自由主义的经济改革之路，这一“灵丹妙药”使苏联迅速瓦解，被俄罗斯人视为一场“俄罗斯的悲剧”。尤其是2008年美国爆发了以次贷危机为导火索的金融危机，许多大型金融机构倒闭，经济衰退。随之，金融危机影响到世界上许多国家，其中以俄罗斯和东欧国家为代表的转型国家受害最深，相继出现本国货币飞速贬值、大量国际资本外逃、国内金融机构纷纷破产、实体经济不断衰退、宏观经济动荡不安、经济负增长。这些转型国家建立的新自由主义经济制度成为国际金融危机持续发酵的内在因素。首先，转型国家实行爆发式的全面市场化，使投机资本迅速猖獗，结果市场主体将大量资金投入到能够迅速获利的虚拟经济中，投机行为盛行，这不仅造成了金融业虚假繁荣的泡沫，而且增加了整个经济的风险成本；其次，过分依赖外资的经济发展模式，使得转型国家经济独立性大大降低。全球金融危机爆发时，国际市场需求低迷，国外资本纷纷逃离，转型国家外向型生产不得不停滞，并陷入债务危机；最后，转型国家的新自由主义改革去除了国家对经济的宏观调控，特别是在中东欧国家加入欧盟时，作为交换条件已经将部分国家主权让渡出来。缺乏必要宏观调控的市场经济，由于本身存在的先天不足，在国际金融危机到来时，就显得更加手足无措，难以采取有效的政策来应对。

当前，新自由主义困境重重。2008年爆发的国际金融危机及其影响的长期性，已充分暴露出新自由主义的问题和弊端。下述三个“更加突出”是我们反思新自由主义发展困境得出的基本结论。

第一，世界经济结构的不平衡性更加突出。新自由主义主张消除国家在贸易、金融等领域的壁垒，实现资本、商品等要素在国际市场的自由流通，这客观上会促进经济全球化，加强世界各国在经济上的相互联系。但是，世界经济结构不平衡问题突出，具体表现为发展中国家与发达国家经济、科技等方面的不平衡发展和国际分工的畸形化，而发达国家内部也存在实体经济与虚拟经济发展的不平衡。一方面，发达国家在科技上占有巨大优势，掌握先进技术和核心技术，出于利润最大化的考虑，往往以保护知识产权为借口，垄断先进技术和核心技术，在商品国际化生产中始终处于上游地位。而发展中国家只能以低廉的土地和劳动力价格参与商品的国际化生产，为国际垄断资本“打工”，从事简单的代加工，始终处于商品国际化生产的下游，也使得发达国家和发展中国家之间在世界生产总值和出口市场中占有的比例形成鲜明的对比，世界经济健康协调发展受到严重影响；同时，欧美等发达国家在经济全球化中处于优势地位，以新自由主义为主要价值取向的国际组织在制定世界经济贸易规则时，表面上要求各个国家平等、开放、自由，但其出发点和效果是有利于扩张发达国家的经济霸权。而发展中国家由于在经济全球化中处于被动受支配地位，没有相应话语权。另一方面，在发达国家内部也存在虚拟经济与实体经济之间的发展失衡问题。为了寻求更大的利润空间，过剩资本一部分转到土地和劳动力相对便宜的发展中国家，另一部分则转向金融业。美国工业产值和增长速度不断下降，美国经济发展长期以来依靠债务推动，结果造成金融泡沫。近年来，奥巴马政府在应对金融危机时曾提出要重振实体经济，以出口推动经济增长，改变过去依赖金融业通过大量放债、诱导消费者过度消费的经济增长模式，但效果并不明显，也从一个侧面证明发达国家内部经济结构失衡问题的日趋突出。

第二，世界经济产业布局固化现象更加突出。随着“华盛顿共识”在世界范围内发挥影响，国与国之间的贫富差距进一步拉大。据瑞士信贷发布的2013年全球财富报告显示，全球0.6%的富人(约2900万人)拥有的资产占全球总资产的比例为39.3%，达到87.4万亿美元。在全球百万富翁中，美国人占到42%。以新自由主义为价值理念的经济全球化，认为资本和商品应该在世界范围内流动，这样才能最大限度地发挥生产要素的比较优势。于是，形成了发达国家掌握资本和技术等生产要素，发展中国家提供劳动力、土地和国内市场的国际分工格局。这种分工格局不仅造成世界经济格局发展不平衡，发展中国家经济畸形发展。而且导致世界范围内的“强资本、弱劳工”现象，利润分配不均。美国等西方发达国家长期以来形成了技术优势，从20世纪90年代以来，美国等西方跨国公司将制造环节转移到发展中国家，专心进行设计和研发，从而与发展中国家在技术上形成更大差距，并用专利来建构技术壁垒，形成世界产业格局的固化现象。

第三，从经济政策到政治制度的新自由主义成为传播资本主义意识形态重要载体的趋势更加突出。苏东剧变对国际共产主义运动造成了重大影响。反思苏东剧变的原因，既有苏联东欧等国原有经济体制僵化、经济建设长期偏重重工业和军事工业、人民生活水平没有相应提高、后期党的理论和路线错误、经济政治改革偏离社会主义道路等内在原因，也有西方势力推波助澜、实施和平演变的外在原因。新自由主义在经济上推行"华盛顿共识"，在政治上极力传播西方的意识形态、价值观念。尤其针对社会主义国家，以文化传播为载体，以经济全球化为途径，在国家间经济文化交流中，进行意识形态渗透，将西方的自由、民主、人权说成是"普世价值"。苏联东欧等国正是在新自由主义意识形态的长期渗透下，使共产党被妖魔化成极权主义的化身，而资本主义的政治制度被美化为自由与民主的象征，从而在指导思想上偏离了社会主义、马克思主义，整个国家和社会的思想被搞乱。苏东剧变后，新自由主义在这些转型国家推行的是以"华盛顿共识"为范本的"休克疗法"。"休克疗法"是由美国学者提出的专门针对苏东等转型国家的新自由主义经济政策。主要内容包括经济完全自由化、国有企业全盘私有化等内容。但是，上述举措并没有使这些国家从"休克"中获得重生，并没有进入想象中的富裕、自由和幸福的天堂。相反，却使这些国家陷入物价飞涨、失业剧增、收入下降、犯罪猖獗的衰败局面。

三、认清新自由主义的意识形态本质，坚持"全面深化改革"的正确方向

有人将我国实行的改革开放政策，尤其是建立社会主义市场经济和发展非公有制经济曲解为就是实行新自由主义，其危害十分严重。如果不能从根本上认清新自由主义思潮的危害及本质，认清其与中国特色社会主义的根本区别，必将干扰我国的经济建设，进而影响我国全面深化改革的进程。

（一）认清新自由主义的意识形态本质

新自由主义之所以能够由一种经济政策成为资本主义国家占统治地位的意识形态，并且资本主义国家不遗余力地在全球范围内传播、推广，正是因为它在经济上代表了国际垄断资本的阶级利益，满足了国际垄断资本实现全球扩张、利用经济科技优势到世界各地攫取超额剩余价值的需要。新自由主义为资本的增值提供了理论基础，论证了资本逐利性的正当性与合理性。同时，新自由主义主张的自由在现实中就是垄断资本利益最大化的自由，就是西方

资本主义发达国家在世界范围获取超额利润的自由。新自由主义谋求建立的国际经济秩序绝不是促进每个国家经济良性发展的自由竞争的经济体系，而是在国际垄断资本绝对控制下的经济体系。

在政治和文化上，西方发达国家在全球范围内推行新自由主义，妄图用资本主义制度代替社会主义制度。其一，以经济援助、提供贷款为途径，在其中附加政治条件，要求发展中国家实行以新自由主义为导向的经济政治制度改革；其二，通过文化交流和教育培训，利用发展中国家派人到西方国家学习交流的机会，以学习培训的名义开展意识形态渗透，从思想观念入手培养影响一些亲西方的新自由主义者；其三，在国际世界推行霸权主义，将资本主义的政治制度、意识形态、价值观念和发展模式神圣化、普世化和唯一化，以人权高于主权为借口，干涉别国内政，培育和扶植亲西方政府和势力，打压不符合新自由主义价值理念的民族国家，支持有关国家亲西方势力发动政变，或利用街头政治煽动群众闹事，迫使不与西方合作的领导人下台。

（二）坚持“全面深化改革”的正确方向

党的十八大以来，习近平总书记从坚持和发展中国特色社会主义全局出发，提出了全面建成小康社会、全面深化改革、全面依法治国、全面从严治党的“四个全面”战略思想，“四个全面”相得益彰，而全面深化改革是实现全面建成小康社会战略目标的重大战略举措。当前，全面深化改革的一个重要方面，就是正确认识和处理社会主义与市场经济之间的关系。我国实行的社会主义市场经济，发挥市场在资源配置中的决定性作用与新自由主义有着本质上的区别，对此我们应该有清醒的认识。

首先，在所有制问题上，我国的所有制结构改革方向与新自由主义主张实行全面私有化有着本质区别。目前我国的所有制结构是以公有制为主体、多种所有制经济共同发展。我国的社会主义经济体制改革是在坚持我国基本经济制度基础上的自我完善，目标绝不是在所有制问题上搞单纯私有化，变国有企业为私营企业，而是要在坚持公有制主体地位的基础上，发挥国有经济在整个经济运行中的主导作用，激发非公有制经济活力。新自由主义否定公有制的主体地位、搞私有化，是从根本上偏离社会主义道路的错误做法，必须坚决反对。

其次，关于市场经济中政府的作用问题，我国转变政府职能的改革与新自由主义反对发挥政府作用完全不同。从党的十五大提出使市场在资源配置中发挥基础性作用，到党的十八届三中全会提出使市场在资源配置中发挥决定性作用和更好地发挥政府作用，这是我们党关于社会主义市场经济体制改革思想认识的巨大飞跃。可以说，我国的社会主义市场经济改革不是不要政府调控，相反，我们认为，市场虽然在资源配置中应该起到决定性作用，但是，市场也有失灵的时候，政府在市场经济中发挥保持宏观经济平稳运行、提供公共产品、维护市场秩序、调节收入分配等职能和作用是必不可少的。

最后，在维护群体利益上，我国的社会主义市场经济改革与新自由主义的出发点和落脚点是根本不同的。我国的社会主义市场经济改革是适应生产力发展要求的社会主义制度的自我完善和自我发展，其出发点和落脚点是为了使发展成果更多更公平地惠及全体人民，使全体人民走上共同富裕的道路，是要使全体人民都有出彩的机会。而新自由主义是为国际垄断资本集团利益服务的，是要以自由市场、平等竞争的名义，来维护国际垄断集团的超额利润，并对由此造成的资本主义国家内部贫富分化和世界范围内的贫富分化持一种听之任之的态度。而中国的市场化改革所维护的利益是广大人民群众的根本利益。

改革开放 30 多年的巨大成就以及应对国际金融危机的成功实践，充分证明社会主义市场经济具有巨大的优越性。当前，面对新自由主义思潮的传播和影响，我们尤其要保持清醒，增强坚持中国道路的自觉和自信，正确区分社会主义市场经济体制改革与新自由主义的本质不同，认清新自由主义的历史性、阶级性和局限性，自觉抵制、防范和排除新自由主义思潮的渗透和干扰。习近平总书记指出，全面深化改革，“方向就是不断推动社会主义制度自我完善和发展，而不是对社会主义制度改弦易张”。在我国经济社会发展新常态下，只要我们坚持以马克思主义为指导，坚持从我国国情出发，尊重历史传统，尊重科学发展规律，尊重和维护最广大人民群众的根本利益，就一定能坚定不移走好自己的路，在中国特色社会主义道路上实现中华民族伟大复兴。

（原载《红旗文稿》2015 年第 5 期）

新自由主义和阶级力量的复辟/重建

[英]戴维·哈维

布什总统再三声称,美国已将可贵的礼物——“自由”送给了伊拉克人民。他说:“自由,是全能者给世界上所有男女的礼物,作为世界上最强大的力量,我们有义务促进自由的传播。”宣称对伊拉克先发制人的入侵所取得的巨大成果已经给这个国家带来“自由”这一官方的“颂词”(该“颂词”不断地为行政部门和军方修正完善),广泛地得到美国传媒的附和。并且尽管官方所给出的理由已经被证明是无效的(什么萨达姆与基地组织有关系呀、拥有大规模杀伤武器呀、什么对美国安全的直接威胁呀等等),这些“颂词”对于继续支持战争的大多数公众来说,仍然显得像是一个有说服力的理由。然而,“自由”是一个微妙的词。正如马修·阿诺德许多年前所说:“自由是一匹好马,关键是看骑往何处”。那么,被如此慷慨赠予的“自由”之马,将把伊拉克人民带往哪里呢?

美国对此的回答已经在2003年9月19日宣布了,这一天,保罗·布雷默——临时权力管理委员会的首领——公布了“四条规则”(four orders),包括“公营企业的全面私有化,伊拉克商业中外国公司的全面所有权,外资利润足额返回母国,开放伊拉克银行由外国管理,给外国公司以国民待遇,以及商业壁垒的几乎全面消除”。此等规则适用于经济领域所有场合,包括公共服务、传媒、制造业、服务业、运输业、金融以及建筑行业,只有石油除外(这或许是由于其特殊地位,以及其作为单独由美国控制的武器这一地理政治学的重要性)。不用说,这些规则一定会延伸到劳动力市场。罢工被禁止,成立工会的权利被限制。同时,强行实施税率递减的“单一税”(美国保守派早已有此野心)。正如娜欧密·克莱恩所指出的,这些规则违反了日内瓦和海牙公约,因为根据公约,占领方受委托对被占国的财产进行保护,没有权利出卖它们。因此，对伊拉克强加的（伦敦《经济学家》报称之为）“资本主义梦想”遭到相当大的反对。甚至伊拉克临时经贸部长——一名美国指派的临时权力管理委员会成员——也攻击强迫实施这一“自由市场原教旨主义”，将之称为“不顾历史的错误逻辑”。克莱恩指出，几乎可以肯定，美国反对伊拉克直接选举，源于它希望和自己指定的代表们打交道，那些指定的代表们会尽可能地顺从美国，在或许两年后直接民主政府成立之前锁定自由市场的改革（因为直接民主政府必然会反对该政策）。虽然占领者将布雷默政权强加给伊拉克会被认为不合法，但如果受到一个临时政府（即使是非选举的政府）的确认，依照国际法它却会被认为是合法的。2004 年 6 月末接管伊拉克的临时政府，尽管声称是“独立自主的”，也只有批准现存法律的权力，它不能修改现存法律或另立新法（即使有人事方面的干涉，也不可能偏离布雷默法令太远）。因而争取选举自由并建立伊拉克人自己的民主政府的斗争，必须同时与保护伊拉克财产不受掠夺的斗争结合起来。

一、新自由主义转向

很明显，美国想通过武力强加给伊拉克的是一架完备的新自由主义国家机器，它的基本功能就是尽量为高利润的资本积累提供方便。依照新自由主义理论，布雷默所提出的系列办法，对于财富的创造以及改善全体人民的生活，既必要也有效。强调政治自由与市场、贸易自由之间的冲突，一直是新自由主义政策最主要的特征。这一理念许多年来一直控制着美国，并向世界其他国家蔓延。比如，在“9·11”一周年之际，布什总统在《纽约时报》一篇小专栏文章中声称：“我们要利用自己无可比拟的能力和影响，创造稳定而开放的国际局势，以便让进步与自由之花在各国开放。‘自由’不断增长的和平世界是美国的长期利益所在，它既反映了美国一贯的理想，也能团结美国的盟友。……我们寻求这样的和平——在其中，压迫、仇恨和贫穷将被民主、发展、自由市场和自由贸易的希望所取代”，而最后两项“已经证明有能力让整个社会远离贫穷。”他总结说，“今天，人类有了机会让‘自由’战胜它的一切敌人。面对这一伟大任务，美国责无旁贷。”同样的话在不久后印发的国防部文件的序言中也有。正是这一被解释为市场与贸易的“自由”，将要被强加给伊拉克和整个世界。

在这里值得提醒一下，首先进行新自由主义伟大实验的国家是智利，开始于皮诺切特1973年的“9·11”政变之后（离布雷默宣布将建立伊拉克政权那天正好30周年多一天）。这一反对人民选举的萨瓦尔多·阿连德（Salvador Allende）左翼社会民主政府的政变，其幕后主使者是美国中央情报局（CIA），同时也得到时任国务秘书的亨利·基辛格的大力支持。该政变野蛮地镇压所有的社会运动和左翼政治组织，解散一切形式的群众组织（甚至贫民区的社区卫生中心）。劳动力市场从管制或内部的制度约束中获得了“自由”（比如，从工会）。而到1973年，先前曾统治拉丁美洲以图完成经济重建的“进口替代”政策（这一政策只是在1964年军事政变后的巴西才取得一定程度的成功）已经声名狼藉了。面对世界经济的严重滑坡，显然需要有新的对策。于是一群以“芝加哥学派”闻名于世的美国经济学家被召集起来，帮助重建智利的经济。该学派之所以有这样的名称，是因为他们与时任芝加哥大学教师的米尔顿·弗里德曼的理论有瓜葛。这些经济学家们所走的是自由市场的道路：公共财产私有化、开放自然资源给私人开采、改善外商直接投资环境，以及自由贸易等等。外国公司从它们在智利分公司遣返利润的权利得到保障，出口导向型经济增长取代了进口替代型经济。唯一保留给国有的是智利主要资源：铜（正如伊拉克的石油一样）。结果智利经济——从增长率、资本积累以及外国投资的高回报率等方面来说——的复苏，成为一个有力的证据，为以后英国（在撒切尔领导下）和美国（在里根领导下）转向更广泛的新自由主义政策提供了范例。在外围所做的不人道的实验，最终又成为中心地区效仿的榜样，这并不是第一次（就像现在准备在伊拉克实行的单一税制的实验一样）。

然而，智利的实验表明，利益并没有得到很好的分配。国家的管理精英和外国投资者们都很富裕，而一般的民众却过得一团糟。这是过去新自由主义政策的一贯结果，且应被看作是其整个工程的结构性后果。杜梅内尔和列维甚至认为，新自由主义自一开始就是一项旨在重新恢复最富有阶层的阶级力量的计划。在评论美国国内最高收入的前1%的人的生活时，他们写道：

“二战前，这些家庭占有总收入的大约16%。这个比例在战争期间迅速下降。到1960年代，下降到8%，这一水平一直保持了三十来年。到1980年代中期，这个数字突然上升，到这个世纪末高达15%。观察总的财富分配，这种趋势随处可见……”

另外有数据显示，收入排名最前的0.1%的人，从国家收入所得的份额自1978年的2%增长到了1999年的6%以上。几乎可以肯定，随着布什政府税收裁减政策的生效，财富向社会最高阶层的集中又将再迈进一步。杜梅内尔和列维同时指出："1970年代的结构性危机，在那些年里进一步侵占了最富有阶层的财富和收入。那些危机包括：利润率与通货膨胀率的几乎扯平、企业给出的低红利以及低迷的股票市场。"1970年代的特征不仅是经济滞胀(stagflation)的全球性危机，同时这一时期也是上层阶级的势力严重受到威胁的时期。争论于是爆发，新自由主义作为应对这种威胁的理论开始兴起。

然而要说明本文所谓的阶级力量的复辟，还需要我们去辨认在新自由主义转向背后所聚集起来的不同的阶级力量集团。因为不管是美国还是英国，都不可能像智利那样诉诸暴力。获得赞同是必需的。我们不得不回到关键的1970年代，看看这一切是怎么实现的。

从1950年代到1960年代的高增长时期，欧洲的社会民主国家和美国所施行的以资本和劳工的社会合作为基础的凯恩斯主义折中(Keynesian compromise)，都取得了很好的效果。在大多数发达资本主义国家，再分配政策、对资本自由流动的控制、公共支出以及福利国家的建立与相对高效的资本积累及充分的利润率携手并进。但是到1960年代末，情况变了，不管是国际上还是在一国范围内，都是如此。到1973年，甚至在阿以战争和欧佩克(OPEC即石油输出国家组织——译注)进行石油禁运之前，布雷顿森林体系这一曾经调控国际经济关系的制度就瓦解了。严重的资本积累危机的征兆随处显露出来，首先出现的是全球范围的经济滞胀以及诸多国家的财政危机(英国从1975年到1976年不得不求救于国际货币基金组织，而纽约则在同年陷入技术性破产，同时大量地削减国家支出)。凯恩斯主义者的折中，作为调节资本积累与社会民主政治的可行性方案宣告破产。

左派所提供的解决方案是加强国家对经济的控制与调节(如果有必要，还包括通过节俭和对工资、价格的管理来限制劳工的愿望和群众运动)，然而并不同时质疑资本积累力量的首要作用。这一方案得到在欧洲联合起来的社会党和共产党的进一步完善(并且希望像在"红色波隆纳"这样的地方一样，能获得资本积累经营与管理的创新经验，或者在意大利和西班牙转向更开放的市场社会主义和在创建"欧共体"这样的想法中寻求上述的可能)。左派在上述方案中吸引了可观的民众力量，最终在意大利获得大权，同时在法国和西班牙也实际上掌握了国家权力。既使在美国，一个控制在民主党手上的国会也在1970年代颁布了一系列调控的改革法令(由共和党主席里查德·尼克松签发生效)，以管理环境、劳工、消费者和公民权事务。但是，左派们都没有能够提出超出传统社会民主党的解决方案，最终，这些方案到1970年代中期被证明与资本积累的要求相矛盾。结果争论在两种势力间产生，一边是社会民主党(其经常施行限制自己选民热情的实用主义政治)，另一边是所有那些希望为有效资本积累重建更开放环境的利益集团。

新自由主义，作为解决资本主义社会秩序所面临的威胁和治疗资本主义病症的可能性，长久以来就在公共政策中潜伏着。但只是到了1970年代的那些困难年头，它才开始进入舞台的中心，尤其是在美国和英国，那里新自由主义在各种思想机构中得到培植，比如伦敦的经济事务所以及芝加哥大学等。它还由于其两位领导者获得诺贝尔经济学奖——1974年的哈耶克和1976年的密尔顿·弗雷德曼——而赢得人们的尊敬。此后，它渐渐开始发挥它的现实影响了。比如，在卡特总统任期，去管制化(deregulation)经济被用来应对整个1970年代一直不断的周期性物价上涨。但是新自由主义在发达资本主义世界中作为常规性公共政策的新的经济正统地位得以巩固，开始于1979年的美国和英国。

1979年5月玛格丽特·撒切尔在英国当选，开始对经济进行改革。受基思·约瑟夫和经济事务所的影响，撒切尔接受了必须放弃凯恩斯主义的建议，并把货币主义的“供给制”(monetarist “supply－side”)作为解决1970年代一直困绕英国经济滞胀的根本办法。她认识到，要这样做就需要进行财政和社会政策的改革，并且马上就签署了一份决定，以对付公共机构和社会民主国家的政治方式，后面两种方式在英国从1945年起就一直联合在一起。这就意味着对抗工会的权利，攻击所有形式的妨碍竞争的活动和社会团结(比如地区性的自治组织)，撤减或免去福利国家所承担的义务，对公共企业进行私有化(包括社会住房)，降低税收，鼓励个人创业，创造良好的经济环境以吸引更多的外国投资(特别是来自日本的投资)。

皮诺切特通过强制性的国家暴力所做到的，撒切尔通过组织民主赞同做到了。从这一点看，葛兰西的观察非常中肯：赞同和霸权必须在革命行动前被组织起来——撒切尔确实自称这是一场革命。那些强大的思想潮流,自动地通过媒体到得宣传,后者已经越来越趋向于奉承资本的意见。在1970年代英国经济滞胀的那些"寒冷"的年头,个人主义、独立、自由等作为反对工会权力和国家某些部门沉闷而不称职的官僚体系的观念已得到广泛传播。一场资本主义的危机被说成是管理体系失败的危机。1976年卡拉汉领导下的工党政府(与其传统的支持者利益相背)被迫委托国际货币基金组织实行财政紧缩计划,以换取货款偿还周期性国债。这一事实加强了这样一种观念,即如撒切尔所说的,除新自由主义之外,"没有它路可走。"以这种方式,撒切尔的改革通过织织政治赞同,尤其是在那些助她当选的中产阶级中进行织织而获得准备。她是被选举者有计划性地委托去压制工会权力的。她后来的著名宣言是:"没有社会,只有个人,"随后她又加上一句,"以及家庭。"所有形式的社会团结都将让位于个人主义、私人财产、个人责任和家庭伦理。这种从撒切尔的花言巧语一路传下来的意识形态进攻既无情又成功。"经济是手段,"她说到,"它的目的是要改变人的灵魂"。她真的做到了,尽管并不是通过我们在后面将要看到的"竞争的自由"而做到的。

1979年10月,美国联邦储备局(US Federal Reserve Bank)主席保罗·沃克尔(Paul Volcker)对美国货币政策实施严厉改革。根据"新政"原则所一贯给予的承诺——凯恩斯主义的以充分就业为最高目标的财政和货币政策——被放弃,而代之以另一政策。后者被用来限制通货膨涨,而不管其对就业的可能影响,以及由此而来的对其他国家经济所造成的后果(比如黑西哥和巴西),这些国家的经济高度依赖美国的经济状况并受美国利率变化非常大的影响。1970年代通货膨胀高达两位数的时期,实际利率曾一度是负增长的(negative),此时因为联邦储备局的法令而恢复了正增长(positive)。一夜之间,利率在名义上升至20%。这一变化不动声色将美国以及世界其他地区抛入经济衰退和大量失业状况中。然而这一政策转变,却被认为是走出滞胀危机的唯一道路。这种危机在整个1970年代都困绕着美国和全球大部分地方的经济。

"沃克尔休克法"(The Volcker shock)——后人这样称呼它——如果不伴之以其他领域管理政策的相应改革,不可能巩固其成果。罗纳德·里根胜出卡特而当选,被证明非常关键。里根的参谋们相信沃克尔给不健康的、停滞的经济所开的“药方”非常对症。因此沃克尔得到支持，并被再次任命为联邦储备局主席。里根政府的工作就是通过进一步取消管制，降低税收，削减预算和限制工会权力来提供政治上的必要支持。

在一场漫长而强硬的罢工中，里根给专业空运管理组织（PAFCO）以重击。这意味着在沃克尔引发的经济衰退（Volcker－inspired recession）造成高失业率（10％或更高）的同时，对有组织的劳工力量进行全面袭击。这对劳工生活状况造成非常严重的后果——这一点或许可以由以下事实来说明，那就是在1980年与贫困线处于同一水平的联邦最低工资，到1990年降低了30％。里根任命的与环境法规、职业安全与健康等有关系的各权力部门，大打了一场反对“大政府”（big government）的战役。对航空、电信金融等领域“去管制化”，为强大的公司利益集团打开一个全新的、不设防的自由地带。被意识形态地描述为激发竞争与创新的最好方法的“市场”，实际上成为阶级统治联结的最有力手段，它将垄断公司与跨国公司的权力联合起来。而对富人的减税，一方面使得社会不平等日益严重，另一方面使得上层阶级的力量得以重建。

汤姆士·爱索尔（Thomas Edsall），一位长期报道华顿事务的《巴尔的摩太阳报》记者，在1984年对这一切背后的阶级力量做了有先见之明的评述：

“在1970年代期间，商人们凝聚力量，像一个阶级一样行动。他们为在立法舞台上联合一致的行动而抑制自己竞争的冲动。不是像个人公司那样寻求特殊好处……在商人政治中占中心位置的是另外一些共同利益，诸如打击保护消费者和劳工法改革的法令、制定于自己有利的税收政策、掌握管制和反托拉斯的立法。”

为了实现这个目标，商人需要一个政治上的阶级工具。其中一个重要的步骤是成立“政治行动委员会”，它的功能就是获得一个——正如谚语所说的——“用钱所能买到的最好的政府。”由于1974年高等法院一个不寻常的决定——这一决定使得政治上的经济腐败合法化，因为它宣称金钱的使用应像言论自由一样受到保护——确保了公司和利益集团在政党中的经济统治地位。在此期间，共和党自愿成为“自己的统治阶级选民”的代表，这与民主党在意识形态上的不明确态度形成对照。后者发现“事实上，社会上各种团体之间的纽带是松散的，妇女、黑人、工人、老人、城市政治组织，这些团体没有哪一个比另一个更有力”。此外，民主党对“钱老大”的依赖，使他们中许多成员经不住经济利益的直接影响。国内的制造业、开采业、林业和农业综合企业能带来的利益，在此后显露出来的阶级之战中扮演着主要角色。

然而，共和党如果想要有效地拓展自己的力量，还需要一个稳固的选举基础。正是在这种时刻，共和党开始寻求与右翼基督教“道德大多数”的联盟。它求助于白人工人阶级的文化民族主义以及使他们烦恼的道德正义感（他们烦恼，是因为这个阶层生活在周期性的经济不安全状态中，并且感到自己在许多由强制手段或国家计划所提供的好处中被排除在外）。这一“道德大多数”可以通过明目张胆的种族主义、对同性恋的憎恶情绪以及反女权主义而动员起来。在历史上，一个社会集团不顾自己的物质、经济和阶级利益，而为文化、民族主义和宗教的理由去投票，这并非是第一次，恐怕也不是最后一次。从那时候起，大资本家和保守的基督教的邪恶联盟得到巩固，最终从共和党中根除了一切自由的因子（它在1960年代还有很大影响），并在今天将它转变为相当于右翼的选举势力。

里根的当选开始了对政治转向的长期巩固进程。这一政治转向，对促进早些时候的从货币主义转向新自由主义必不可少。爱索尔当时评论说，里根政策的核心是：

“大范围地减少对工业、环境、工厂、卫生医疗以及买卖双方关系的管制幅度和项目。里根政府为取消管制借助了以下各种办法：通过裁减预算以降低强制干预的力量；任命反管制的（anti－regulatory）行业性机构人员；最后，通过给‘管理与预算办公室’以最大权力，让他们延缓主要的管制，强制修订管制办法；通过延时的成本效益分析（cost－benefit analyses），以有效封杀管制的积极性。”

然而，在1970年代，还有另一伴随的转向也迫使这一运动走向新自由主义，不过这一次是在全球范围内。随着1973年石油禁运欧佩克油价大涨，沙特阿拉伯、科威特、阿拉伯联合酋长国等石油出产国，获得很大的经济支配权。我们现在从英国情报局了解到，在1973年，为了使石油价格回落，美国积极准备入侵这些国家。我们还了解到，迫于美国的公开威胁或军事压力，沙特阿拉伯同意通过纽约投资银行回收所有自己的石油美元。而美国则因此一下子掌握了大量资金，为此他们可寻求有利可图的投资。考虑到1970年代中期不景气的经济状况与低回报率，这种特权在美国带不来什么好处，而必须到海外寻求更有利可图的机会，但要做到这点，需要公开的入侵，需要为美国控制的资金在海外运作的安全环境。此刻，纽约投资银行求助于美国的帝国传统，鼓励创造新的投资机会，并对他们在海外的运作提供了保护。

美国帝国传统的形成由来已久。并且，在很大程度上它将自己定位为对英国、法国、荷兰等国帝国传统或其他欧洲势力的反叛。美国虽然在19世纪末曾玩弄那些殖民征服者，它在20世纪却又发展了一种更开放的无殖民地的帝国主义体系。

典型的例子是1920年代到1930年代对尼加拉瓜的政策，当时，美国部署海军想保卫自己的利益，结果却发现自己卷入了长时间与桑地诺(Sandino)领导的反叛者的艰苦游击战中。美国找到的解决问题的办法，是推举出一个当地的头头——这里是苏穆萨，并给予他和他的家族或亲密同盟经济上和军事上的援助，这样，他们就能镇压或收买反对者并为自己积累到可观的财富与权力。而作为回报，他们要一直支持美国，并且如果有必要，还要促进美国在该国及整个该地区(在这个例子中是中美洲)的利益。二战之后，在美国的坚持下，欧洲势力不得不放弃殖民政策，因而上述帝国模式得以展开。举例说，中央情报局1953年在伊朗策划政变，推翻民主当选的穆萨迪克政府，扶植伊朗国王上台，后者将石油合同给了美国公司(并且不将穆萨迪克国有化了的财产还给英国)。伊朗国王也同时成为美国在中东石油区利益的一大保护者。在战后，许多非社会主义国家都是通过这种策略被美国所统治。然而这要求美国方面采取反民主的(甚至是更明确地反大众，反社会主义/共产主义的)政策，这使得美国越来越与发展中国家的镇压性军事专政或独裁政治结盟(最明显的当然是在拉丁美洲)。在与国际共产主义的斗争中，美国利益变得更容易被攻击而不是相反。因为总是支持镇压性的政权，容易适得其反。虽然收买统治精英的赞同会更容易，但对大众与社会民主运动实行高压政治的需要，却使得美国的历史成为暗中反对大众运动的暴力的历史。

正是在这种背景中，那些通过纽约投资银行收回的剩余资金被投向世界各地。到这时为止，美国在战后对发展中国家的大部分投资都是直接投资，主要用于剥削原材料资源(石油、矿产、农产品)或培植特殊市场(比如，电信)。纽约投资银行在国际上一直很活跃，但1973年以后，它变得更活跃，不过却更少致力于直接投资。而这需要国际信贷和金融市场的自由化，确实，在“沃克尔休克”之后，美国立刻就开始积极推进、支持这一政策。投资银行一开始就致力于直接借款给外国政府。由于急于借贷，结果发展中国家陷入欠债/贷款的恶性循环，而投资银行（有美国势力做后台）却可以要求比在国内更高的回报率。因为贷款指定用美元计算，美元利率的小小上升（更不用说大幅度上升了）都会很容易导致脆弱的国家不能还贷，那样，纽约投资银行将损失重大。第一次这样的实验在1982年4月，实行“沃克尔休克”后，它使得墨西哥几乎无力还贷。里根政府上台第一年曾仔细考虑过撤回对国际货币基金组织（IMF）的支持，但后来它通过美国财政部和国际货币基金组织的联合力量，以结构调整为条件，通过债务展期（rolling over）来解决上述困难。当然，这要求国际货币基金组织的指导原则从凯恩斯主义转向货币主义（这也很快使国际货币基金组织成为经济理论中货币主义理论的全球影响中心）。作为对还贷日期调整的条件，墨西哥被要求进行制度改革，削减福利开支，放宽劳工法，进行私有化，这一过程后来被称之为“结构性调整”。这样，墨西哥开始被推入正在成形的新自由主义国家机器中。并且从这时起，国际货币基金组织就成了一种促进甚至强迫新自由主义政策在全球执行的主要工具。

墨西哥的例子向我们显示，自由主义与新自由主义之间最大的区别在于：依照前者，贷方承担由不当投资带来的损失；而依照后者，国家和国际力量迫使借方承担债务偿还的一切费用，而不管这会给当地人民的生活带来什么后果，即使如果这样做要求将资产以跳楼价送给外国公司，那也在所不惜。随着金融市场在全球范围的改革，系统的新自由主义从根本上得到完全的实施。正如杜梅内尔和列维所说，结果是特许美国上等阶层从世界所有其他地方榨取高比例的投资收益。

美国阶级力量的重建还在一定程度上取决于阶级力量自身的重新配置。所有权与经营权的分离（或者获取红利的金钱资本与从组织生产的勤劳中获取利润的生产\制造资本的分离）在许多时候都在资产阶级内部制造了金融家与生产者的矛盾。比如在英国，政府政策一直首先满足伦敦市金融家们的要求，损害制造商的利益。在1960年代，美国金融家与制造商之间的冲突也经常浮现，但在1970年代，这样的冲突大部分消失了。大的公司越来越倾向于金融化，甚至它们参与生产时也是如此（比如汽车行业）。所有者与管理者的利益通过给后者优先购买股票的权利而得到融合。股票价值而非生产本身成为了经济活动的指路灯。并且，通过像安然(Enron)这样的公司的倒闭，可以明显看出，投机的诱惑变得难以拒绝——安然公司的倒闭正是投机的结果。通常的结果是，在统治阶层和统治精英内部，金融集团(更多的是会计师的权力而非工程师的权力)获得最高掌管权。简单地说，新自由主义意味着对一切的金融化，意味着牺牲小股资本以对所有者资本积累的权力中心和金融机构进行再配置。因此，金融机构的支持、金融系统的完整成了新自由主义国家集团(比如G7——七大工业国集团)的中心议题，这样的集团越来越占据世界政治舞台。

二、作为理想类型的新自由主义国家

可以将新自由主义国家作为理想类型来考察。虽然这样做存在着众所周知的危险，但它却有利于澄清新自由主义国家与它之前的社会民主国家的不同之处，同时也可以初步探讨这样一个问题，即新保守主义国家到底是对新自由主义国家的根本变革，还是只是以另一种方式对新自由主义国家的延续。

新自由主义国家的根本任务是创造一个“好的经济环境”进而使资本积累的条件最优化，而不管这将给就业与社会生活带来什么后果。这正好与社会民主国家相反，后者致力于充分就业，在维持适当稳定的资本积累率的经济条件的同时，最大限度地改善全体公民的生活水平。

新自由主义国家通过创造条件，加强刺激(通过免税或其他让步，如有必要，政府出资提供基础设施)，寻求进一步扩大经济利润的动力。因为这被认为可以促进发展和创新，同时也是根除贫困并从长远来说是为大众提供更高生活水准的唯一道路。新自由主义国家更特别卖力地推行财产私有化，为资本积累开拓领域。原先由国家掌控的那些部门(交通、电信、石油以及其他自然资源、公共设施、社会住房、教育)都被转到私人手里或被“去管制化”了。资本在不同部门和地区的自由流动被认为对于恢复高利润至关重要，因而一切对资本自由流动的阻碍(如计划管理)都必须清除，除非在那些与“国家利益”生死攸关的领域(然而这也很容易随意规定)。新自由主义国家的口号是：“弹性”(劳动市场的弹性，调度投资的弹性)。它鼓吹竞争，然而同时却将市场开放给集中化了的资本和垄断力量。

在国内，新自由主义国家敌视(有些时候是公开地压制)一切形式的限止资本积累的社会团结(如工会或其他社会运动,这些团体或运动在社会民主国家获得了相当的权力)。它撒手福利义务,将它在医疗、公共教育和社会服务这些曾是社会民主国家关注的核心领域的功能最小化,社会保障被减到最小。然而,这并不意味着彻底杜绝一切形式的政府干涉和管制行为。确保不能被私有化的公共部门的"责任",并使其"符合成本效益"的各种官僚规则大量涌现(例如在英国,玛格丽特·撒切尔寻求并最终实现了对大学的强有力管制)。公私合股企业都受益匪浅,因为公家承担所有风险,而公司获取所有利润。商业集团根据自己的利益参与立法和公共政策的决定。如有必要,国家还会诉诸强制性的立法和治安(比如,反纠察队条例)驱散或镇压集体反抗。各种监督形式和治安手段因而大增(在美国,监禁成了主要的国家策略,以对付失业工人和被边缘化的人群)。

在国外,新自由主义国家致力于减少资本跨界流动的壁垒,为资本积累的全球势力开拓市场(既为商品也为货币资本),那些势力可能是相互竞争的,但更多的是垄断性的(尽管总是选择退出一切"违背国家利益"的规定),国际竞争力和全球化意识形态被用来训斥国内的反对者,同时在国外,这一切又用来开拓能带来高收益的新区域,甚至有些时候为新殖民式的资本主义行为大开方便之门。同样,在这一方面,大公司的资本家利益与政府权力在政策制订上有很好的合作,在建立新的国际制度安排方面也是如此(比如,世界贸易组织、国际货币基金组织和国际清算银行等)。

新自由主义国家尤其拉拢金融机构,不但致力于扩大金融机构的影响,而且不惜任何代价确保金融系统的完整和偿付能力。国家力量被用来补偿或转移金融上的失败(比如 1987 年到 1988 年美国的存款一借贷危机和 1997 年到 1998 年美国长期资本管理公司 3 万亿美元对冲基金的暴跌)。在国际上,国家通过像国际货币基金组织这样的机构来保护投资银行,免遭债务得不到偿还的危机,竭力利用它来使金融集团避免在国际市场上的风险与不测。新自由主义国家对金融集团的保护,促进并反映着伴随金融化进程的资产阶级力量的联合/巩固。当金融体系的完整性与大众生活发生冲突时,新自由主义国家会选择维护前者。

最后,新自由主义国家从本质上是反民主的,尽管它总是试图掩盖这一事实。新自由主义国家喜欢精英政府,倾向于让行政命令和司法决定来管理政府，而抛弃先前的民主和通过议会来制订决策等主要途径。维系代议民主的一切因素都丧失了，或者像在美国一样，即使不是全部丧失，也被金钱合法地腐蚀了。强大的机构建立起来了，像中央银行（如美国的联邦储备局）以及国内的半政府性质的机构、国际上的国际货币基金组织和世界贸易组织等等，这些机构都完全不受民主的监督，不接受审核，不必对谁负责，也不受别人管制。在新自由主义看来，大众民主就是“暴徒统治”，而这一定会产生对资本积累的各种阻碍，这在1970年代严重威胁了上层阶级的权力。更可取的政府形式是那种“公私合作伙伴模式”，因为在那里，国家和主要的经济集团可以密切合作，为促进资本积累而协调好各自的行动。然而，这样的结果是，由被管制者来制订管制规则，同时“公共”决策的制订变得更为不透明。

新自由主义国家强调个性与个人自由、自主与责任的重要性，特别是在市场中会强调这些。因而成功或失败更多地被归结为个人是否拥有创业精神，而不是归之于任何体制（比如资本主义独有的阶级排外性）。新自由主义国家制度内部的讨论仅被限于个体的人权等问题，因而各种各样的“权利话语”自1980年左右开始盛行，成为“激进”和反抗政治的主要阵地。解决问题的办法只能让个人（记住，公司在法律上也被定义为个人）通过法院来寻找。然而通往法院的道路在名义上虽然人人平等，但实际上却代价昂贵，所以结果往往是严重偏向有钱者一方（设想一下，某人对有钱者的“疏忽的行为”提出控告，或者某个国家要指控美国违反世界贸易组织条约，后者光手续费就要花百万美元）。司法判决中的阶级偏袒即使不是在任何案件中都必然会有，也是普遍存在的。因而也不必惊奇，新自由主义统治下主要的集体行动方式被限制了，主要通过非选举的（通常是精英领导的）倡导团体（advocacy groups）寻求各种权利。在新自由主义环境中，非政府组织（NGOs）壮大增长了。这倒给人一种幻象，以为在国家机器之外，从那些所谓的“市民社会”的分散的实体中动员起来的反抗，可以为政治反抗和社会改革提供足够动力。

上述的一切让我们清楚地看到，新自由主义并不像左翼和右翼的评论者近些年所说的那样使国家或国家的特定机构（比如法院）远离干涉。正相反，通过国家机构和国家行为进行重新配置的现象一直存在着（尤其当涉及到要平衡强迫与赞同，资本力量与大众运动，行政与司法权力和议会民主权力之间的关系时）。

这种对“理想类型”的说明是不恰当的功能主义。因而，重要的是通过思考新自由主义内部根本的结构性矛盾来说明它。独裁主义（根植于统治阶级的关系中，这种关系的再生产对社会秩序来说非常重要）与个人自由的理念在这里难堪地坐到一起：一方面，维持金融体系的完整至关重要，但另一方面，金融系统中不负责的自我膨胀的个人主义却会制造投机性的不可测和周期性的不稳定；一方面表面上是鼓吹竞争，而事实上却是少数集中化了的跨国公司垄断力量的不断联合。就是从大众层面来说，促使人们追求个人自由的愿望也很容易狂乱，造成社会不统一。因而，为使统治力量的关系持续下去，就必然要制造压迫关系，但后者阻碍着个人化的自由。在国际上，新自由主义的竞争性的变化威胁着统治力量的稳定和地位。一种统治权力，比如美国，因受此激发可以启用压制性办法和行动，以保护能维持自身统治地位的不对称的经济关系。除上述矛盾之外，我们还要加上正要显露出来的隐含的不一致，即新自由主义公开声称的目标（全体民众的好生活）与它在事实上所造成的后果（阶级力量的重建）之间的不一致。

我们后面还将提到这些矛盾。但是很明显，必须将新自由主义看作动态的、处于不断进化中的政权制度，而不能把它看成政治经济权力的固定而和谐的功能结构，这样才能让人更清楚地将新保守主义看作是对新自由主义内在矛盾的回应。

三、移植、扩散、发展

我们可以看看新自由主义政治和政策在1970年代中期以后，通过什么途径而根植于全球资本主义的历史地理学中。很清楚，是英国和美国领导着这个潮流。但不管是在英国还是在美国，这个转型都不是没有问题的。在英国，新自由主义政治改革在阶级对抗和斗争中争吵了十来年，其间伴随着1984年到1985年漫长而顽固的矿工罢工。尽管撒切尔成功地将社会住房和公共财产私有化，但主要的公共服务如国家医疗卫生系统和公共教育，除了一点小小的变动之外，都受到保护。在美国，里根任期内的转型冲突相对较少些，因为1960年代“凯恩斯主义折中”从来没有取得欧洲社会民主国家的成就，反对新自由主义的叫声也就相对温和些。里根的整个心思当时都被冷战占据着，他挑起了一场军备竞争，实行赤字投资的（deficit－funded）军事凯恩斯主义，以给他在南方和西部的多数选民以特殊的利益。而不断上升的联邦政府赤字为摧毁社会规划提供了一个很好的借口。

尽管关于治疗经济不振的话说得天花乱坠，但英国和美国在1980年代都没有在经济上取得很好的成绩，这正说明了新自由主义并不是资本家们所祈求的良方。不可否认，通货膨胀有所降低，同时利率也可能下降了，但这一切的代价，是更高的失业率（例如，在里根年代达到平均7.5%）。另一方面，法国社会主义者/共产主义者加强国家管理（通过银行的国有化）并通过控制国内市场以加快发展的努力也失败了，这意味着到1980年代中期以后，没有了左翼的替代方案可选择。那么适当的替代方案是什么呢？

事实上，1980年代属于日本、属于"东亚小龙"和西德，它们是全球经济的驱动器。虽然在制度安排上存在很大差异，但它们都成功了。这一事实让人们很难承认转向新自由主义（更不必说强迫施行它）就是根治经济问题的当然药方。诚然，不管是日本还是西德，中央银行一般都奉行货币主义路线（西德联邦银行在对抗通货膨胀方面力度尤其大）。但在西德，工会力量依然强大，工资水平也相对较高。其效果之一是不断激发技术创新，这使得西德在国际竞争中一直处于领先地位。而出口导向型增长模式使西德国力强盛，走进世界前列。在日本，独立的工会很弱小甚至不存在，但有国家在技术和管理变革上进行投资，而且公司和金融机构（这种安排在西德被证明很有效）之间的紧密关系创造了惊人的出口导向型增长，这种增长的代价大多由其他资本主义国家如英国和美国付出。因而，1980年代的这种经济增长（而且当时世界经济总增长率比困难的1970年代要低），并不是借助于新自由主义实现的。到1980年代末，那些曾严格走新自由主义道路的国家，似乎依然处于经济困难中。这就很容易得出这样一个结论，即西德和日本的资本积累的"政治制度"值得仿效。因而，许多欧洲国家抵制新自由主义改革，努力寻求其他途径，在追随西德模式的同时（有时候的确很成功），保持他们的社会民主传统。在亚洲，日本模式在独裁主义政府体系（这是隐藏于新自由主义之中的更一般的特征）下的韩国、台湾和新加坡得到移植，结果它不但可行，而且与相当程度的分配平等并行不悖。但是，西德和日本模式有一个方面并不成功：就是从阶级力量的重建方面来说不成功。1980年代，在英国尤其在美国出现的日益增大的社会不平等，在上述这些地方被控制着。所以，如果目标是要为上层精英重建阶级力量的话，新自由主义当然是条好路。但问题是，当新自由主义并不能刺激真正的增长时，它如何在世界舞台上完成这一切呢？

在这一点上，杜梅内尔(G. Duménil)和列维(H. Levy)的叙述及布伦那·高文(Brenner Gowan)和波林(Pollin)的补充提供了许多必要的证据。在这里，我从中概括出很出色的三点内容。首先，1970年代开始的金融化进程在1990年代加速了，海外直接投资和证券投资在整个资本主义世界快速增长。金融市场历经了巨大的改革浪潮，成了更重要的调整工具。这暗中削弱了公司与银行之间的紧密联系——而这一联系曾在1980年代使西德和日本受益匪浅。此时，日本经济达到了最后的转折点(首先土地和房地产市场发生了崩溃)，银行业也开始处于危险状态。德国匆匆忙忙的重新统一，使得自己的压力加重，它们早期曾经拥有的技术上的优势也消失了，这使得社会民主传统不可必避免地遭受更广泛的挑战。然而德国的抵制依然很强大，到2004年，针对那些旨在根绝社会民主党时期在国家退休金和免费高等教育等领域所取得的成就的各种企图，依然有反抗的战争之音在回响。第二，不但主导经济政策的华尔街\国际货币基金组织\财政部复合体在克林顿时期能说服、哄骗(感谢结构调整计划!)和强迫发展中国家走上新自由主义道路，美国还利用优先进入巨大美国消费市场这个“胡萝卜”诱使许多国家按新自由主义原则进行经济改革，尤其是开放资本市场让美国的金融资本进入。这些政策使得美国在1990年代实现了快速的经济扩张。看上去美国好像找到了自己的路，它的政策似乎值得效法。然而即使在它经济最好的时候，要想实现充分就业也必须以较低的就业工资为前提(波林指出，在那些年头，全体民众的生活水平即使没下降，也至少没有什么进步)。但劳动市场的弹性开始为美国赢利，并将竞争压力加之于通行欧洲和日本的刚性体系。然而美国成功的真正秘密在于，现在它可以通过自己在世界各地的经营(包括直接投资和证券投资)抽取高利润的回报。正是这些来自世界各地的“贡品”，才是它1990年代所取得的财富的真正来源。第三，新的货币主义经济原则在全球的传播也起到非常有力的意识形态作用。早在1982年，凯恩斯经济学对国际货币基金组织和世界银行等机构的影响就被清除干净了，到1980年代末，大多数美国高等学府的经济学系——这些地方培养训练了世界大多数经济学家——都与货币主义意见相一致。

上述的一切与猛烈的意识形态攻击相伴而来，最终在1990年代中期推出了所谓的“华盛顿共识”。结果是将英国和美国的新自由主义模式确定为解决全球问题的良方，并进而给日本和欧洲（更不要说世界其他地区了）施加相当压力，让它们走新自由主义道路。具有讽刺意味的是，竟是来自中左阵营的克林顿和布莱尔为新自由主义在国内和国际上地位的巩固出力最多。世界贸易组织的成立是世界舞台上机构改革的高潮。世界贸易组织有计划地将新自由主义设定为全球经济交往的准则和规范，其主要目的是尽可能多地开放世界，不阻碍资本流通（尽管总是附加上保护重要“国家利益”的防止误解的说明条款）——这是美国、欧洲和日本金融力量发挥作用的基础——以从世界其他地方攫取“贡品”。

（原载知识分子论丛第4辑《帝国、都市与现代性》，
吴子枫译，江苏人民出版社2006年版）

新自由主义与极右翼联姻：一个充满矛盾的组合[①]

[英]尼尔·戴维森　理查德·萨鲁

一、引言

新自由主义作为资本主义政治经济中的主流模式，包括中左翼、中间派和右翼在内的诸多政治力量及其代理人都为其发声。因此，它逐步地从根本上重塑了世界范围内讨论和理解社会经济问题和政治问题所涉及的领域，产生了与政治新的决定因素和限定因素有关的新形式的"常识"，并使民主的政治协商和决策具有了可能性。本文着重探讨危机日益突出的新自由主义资本主义与极右翼政治之间的具体关系。

新自由主义将政治重新描绘为集体和民主协商的社会空间，以及由这一社会空间衍生出来的并由其推动的各种设想，这为极右翼的发展创造了史无前例的重要机遇。因此，尽管极右翼并不等同于新自由主义，但是极右翼势力的重新抬头体现了当前新自由主义政治经济存在的政治弊端，并且极右翼是其不可缺少的有机组成部分。

在此情况下，极右翼同时扮演着两种角色：一方面，它表达了社会各阶层在应对新自由主义带来的变革、不稳定和社会紊乱时的愤怒和不满——有人将其称为"被遗忘者的政治"（politics of the left-behinds）；另一方面，它是民粹主义反叛浪潮的重要推动力，为新自由主义造成的各种转型，特别是1945年之后兴起于欧洲（西欧）的福利国家的重组（如果实际上没解体的话）披上了民主的和大众的"外衣"。极右翼在宣传和选举策略上所做的很多努力指向的目标是揭露社会的某些矛盾和政治缺陷，以使新自由主义作为社会统治形式

---

① 本文原载《批判社会学》（*Critical Sociology*）2016年10月。译文有删节。

能得到长期的巩固。本文将重点讨论这些矛盾。

二、矛盾的根源

有学者认为，极右翼可以被定位为新自由主义统治的一个基本组成部分。例如，杰里米·恩格尔斯(Jeremy Engels)在讨论美国的“怨恨的政治”(the politics of resentment)时曾表示，像堕胎和同性恋婚姻这样的“楔子议题”，“同效率、放松管制和自由贸易等说辞一样，都是美国新自由主义的一部分”。但并不是资本主义的拥护者采取的所有措施都一定有利于该制度的运转，恩格尔斯所提及的那些政治说辞也不例外。与极端功能主义或经济决定论的立场相反，统治阶级的代表实际上并不是无所不知、永远正确的。正如安东尼奥·葛兰西(Antonio Gramsci)曾经指出的，我们得容忍可能会犯错，但是不能简单认为“错误”只是一种“失误”。

“错误的原则”是一个复杂的原则：人们所涉及的可能是建立在错误计算的基础上的个人的冲动，也可能是特定的集团或派别在指导集团内部接管领导权的不会成功的尝试。[①]

在下文的讨论中，我们将极右翼视为一种“特定的集团或派别”。如果想要弄清楚它与新自由主义之间的矛盾关系，首先必须明确新自由主义、极右翼等术语各自的含义。

对新自由主义有三种不同的合理解读。第一，它是一种1930年代形成于中欧的、反对所谓的社会主义(即国家计划和国有制)的意识形态，随后传至芝加哥大学，形成了芝加哥经济学派。第二，它是由国家管理层、政客和企业雇主形成的联盟所采取的一种策略，形成于1970年代中后期，首先在英国、美国和智利实施，旨在应对经济危机的又一次侵袭。毋庸置疑，新自由主义策略力求将工作场所中的权力从劳动者手中转移到资本所有者手中，首先表现为削弱工会力量；但这并不等于作为意识形态的新自由主义的全部策略方案得到了实施。一旦西方统治阶级因为政策不奏效而将凯恩斯主义或其他形式的国家资本主义拒之门外，他们的选择就十分有限了。因此，他们中的大多数选择了相同的应对措施也就不足为奇。第三，新自由主义是指资本主义历史中新

---

① 葛兰西：《狱中札记》，曹雷雨等译，中国社会科学出版社2010年版，第322页。

自由主义策略开始实施以来所涵盖的整个阶段。1973 年之后的历史阶段烙上新自由主义的特征这一点并不是不可避免的,在大部分主要国家中都曾出现过选择其他结果的可能性。然而,到了 1980 年代后期,资本主义形成了一个更加有利于资本的解决方案。在接下来的讨论中,我们主要关注的是第二种意义上的新自由主义,即作为一种策略的新自由主义以及这一策略所带来的、现已根深蒂固的各种政策。

当代极右翼所涵盖的意识形态光谱以法西斯主义为一端,以极端保守主义为另一端。换言之,在英国,从英国国家党(British National Party,BNP)到英国独立党(United Kingdom Independence Party,UKIP);在美国,从美国纳粹党(American Nazi Party)到美国共和党(Republican Party)中的"茶党热潮"(Tea Party currents),这些政党都持极右翼的立场。所有这些极右翼政党实质上都具有两个共同的特征:第一个特征是以中产阶级内部的一股或者多股势力(如小资产阶级、传统的中产阶级,或者由技术管理人员组成的新中产阶级)作为成员基础并建立在他们的支持之上,当然这并不意味着它们就一定会缺少工人阶级的支持;第二个特征是它们总是在种族和民族问题上、大多数情况下在性别和性取向问题上持有极端的社会保守主义的态度。极右翼的政治目标始终都是推动民众的态度和相应的法律权利恢复到"人民"的同质性未受到移民"沾染"之前的状态。如果真的存在这种保持着种族纯洁性和文化纯洁性的黄金年代,那么通常被默认为是在第二次世界大战之前的某一时期。

非法西斯主义极右翼政党和法西斯主义这两种极右翼组织之间存在着巨大的差异。迈克尔·曼(Michael Mann)认为,前者在以下三个方面区别于后者:(1)它们参与选举并力图通过民主的方式在地方、国家和欧盟层面掌权;(2)它们不搞"国家崇拜",虽然它们试图利用国家来为其"客户群体"谋求福利,但一些政党(例如奥地利自由党[Austrian Freedom]、瑞士人民党[Swiss People's Party]、茶党等)已经接受了新自由主义的"小政府"的说辞;(3)它们并未试图"超越"阶级。其中第一个区别是最重要的,即坚持自由主义民主,因为这指出了法西斯主义与非法西斯主义极右翼之间最根本的区别。正如彼得·梅尔(Peter Mair)所指出的,非法西斯主义极右翼"并不想挑战民主政权本身"。政治活动家和评论家通常会在法西斯主义与其他形式的右翼政治主张之间进行绝对的区分,其依据就是前者依靠准军事组织和暴力行动等手段来获取权力。在此意义上，希腊的金色黎明党(Golden Dawn)和匈牙利的尤比克党(Jobbik)更接近于传统的法西斯形式，而意大利的北方联盟(Northern League in Italy)则不然。这种对非法西斯主义极右翼和法西斯主义极右翼的划分很重要，不仅表现在确定对手的策略方面，而且指出了定义法西斯主义不能仅仅根据其是否采取了议会外的或者非法的行动。

直接从第一个区别衍生出来的第二个区别在于两者对于想要建立的社会分别持有何种态度。正如罗杰·格里芬(Roger Griffin)所指出的，在法西斯主义的意大利和纳粹德国，"右翼革命"都在各种运动中运用国家力量在全社会以"新价值"锻造"新人类"。这是一种改造计划。与此相反，非法西斯主义极右翼倾向于认为，民众已然具备同质性和道德观，只不过他们被围困在上层社会的"精英"与社会底层的"危险异类分子"之间。他们的目标是将人们带回到这两股压迫势力出现之前的幸福状态。这是一种复兴计划。

极右翼的这种非革命性的复兴政治恰恰就是它与新自由主义的矛盾所在。在新自由主义兴起之前，所有的极右翼政党都倾向于去适应当时占统治地位的资本组织形式。例如，在1929—1973年间的拉丁美洲，右翼军事独裁政权(历史上最常见的一种极右翼政权形式)在很多方面都与非洲和中东地区名义上的左翼后殖民政权一样，致力于推进政府主导的国家干预主义发展战略——1964年到1968年的巴西就是一个极为典型的例子。然而，后来发生在智利的情况却与此有所不同，智利军政府一开始不确定要采取何种经济政策，早前他们原本有可能效仿弗朗西斯科·弗朗哥(Francisco Franco)在1939年引入西班牙的天主教会社团主义模式(Catholic Corporatist Model)——自第二次世界大战以来，拉丁美洲几乎所有的独裁政权都基本上充满信心地遵循着这一模式。

巴西的军事独裁和智利的军政府本质相同，只是后者更为残暴。但是二者对于国家在经济的所有权、控制权和管理权上应扮演何种角色持有完全不同的态度。极右翼经济政策中存在的差异并不仅仅反映了各政党、运动和政权产生时所处历史时期的不同。如果我们集中关注新自由主义时期的第四个十年这一阶段，我们会发现依然存在这种显著的差异：一方面，茶党和荷兰自由党(Party for Freedom)这样的反映主流新自由主义思想的极右翼政党的支持者要求削减福利、降低税率；另一方面，匈牙利尤比克党和希腊金色黎明党的拥护者主张加强国家干预,以减轻全球化的影响。后者的政治主张与新自由主义的目标可能存在冲突,但他们之所以能够得到民众的支持,恰恰是因为作为策略的新自由主义在1980年代后期风头正劲的时候发生了关键性的转变。

到1980年代后期,新自由主义"第一个阶段"所特有的对工人运动和工人阶级中有组织的社会政治力量的全力的正面攻击总体上停止了。新自由主义出现了如笔者所说的旨在重新确立发展方向的"先锋型"(vanguard)政权向旨在加强团结的"社会型"(social)政权的转型,即从撒切尔、里根主政时的政府模式向布莱尔、克林顿主政时的政府模式的转型,因而,这需要从葛兰西所说的"运动战"转向"阵地战"。前者需要正面打压工人运动,并废除先前地位稳固的具有社会民主主义性质的机构,即"革故";后者更像是分子式的渗透过程,需要对众多社会生活领域逐步实现商品化,并建立以新自由主义为信条的新的机构,即"鼎新"。尽管这些新自由主义模式是依次出现的,但是眼下它们都可以作为国家治理的替代方式,对当今时代的传统政治主张做出一定约束。

因此,为了达到现实目标,西方国家中的统治阶级和中左翼、中右翼政党一致认为,发展资本主义经济制度的唯一可行方案就是推行新自由主义;但是对于作为社会制度的资本主义的组织方式,他们的意见并不统一,其结果就是他们在同性恋权利、环境保护以及本文尤为关注的反种族主义等方面存在着切实分歧。

"先锋型"新自由主义与"社会型"新自由主义二者之间最主要的区别在于它们如何保障个人权利和自由。社会型新自由主义的很多反种族主义主张主要是形式上的,其政策在很多方面反而助长了种族歧视的不良风气。即使我们认真对待这些反种族主义的官方说辞,其影响也主要还是使中产阶级受益。正如沃尔特·本·迈克斯(Walter Benn Michaels)在奥巴马战胜希拉里·克林顿成为民主党总统候选人之后所说的,这是新自由主义的胜利,"这是因为只有受益人和受害人一样在种族和性别上是多元的,政府承诺的正义才不会引发有关不平等的争论"。社会仍然是不平等的,但是"在治理不平等现象时,没有歧视什么事儿"。

不平等问题不仅没有得到改善,而且还日益突出。新自由主义的胜利使得西方的工人阶级变得越来越四分五裂、混乱无序。对于一些工人来说,诉诸

“血统和民族”似乎是现存的唯一可行的集体主义形式，特别是在资本主义制度替代方案似乎已于1989年至1991年全部破产的情况下。民众也许不会将个人的不满归咎于资本主义制度或身为制度参与者的自己，但这并不意味着他们不需要找一个问责泄愤的对象。这个对象是谁？如果真的像撒切尔夫人在1987年接受采访时所声称的，“事实上根本就没有社会这么一说”，只有“独立的男性、女性和家庭”，那么也就不存在社会集团、社会阶级乃至社会冲突了。然而，随着冲突的不断爆发，必须有人对此负责并被追责。

政客和媒体人在解释中突出了两种分类，“犯罪者”(Criminal)和“不称职者”(Incompetent)，以说明这两类罪人之间的明显区别。打个比方，如果一个全副武装的抢匪伏击抢劫了受到惊吓的《每日邮报》的读者，那他就是“犯罪者”；而如果一个社工莫名其妙地把一个孩子从原生家庭带走，或是该把孩子救走时反而不可思议地没有这么做，那么对于异常愤慨的《太阳报》的读者而言，这个社工就是“不称职者”。

但是，还存在着第三个类别——“闯入者”(Intruder)，其典型代表是寻求政治避难的人、非法移民甚至越来越多的合法移民。“不称职者”一方面给“闯入者”扣上“犯罪者”的帽子，另一方面却又在“政治正确”原则的束缚下给闯入者安排居所，对他们加以保护。因此，移民是本文的一个中心论题。过去40多年来，新自由主义通过其实施的全球性和结构性变革，尤其是如下两点的共同作用，推动了极右翼势力的重新抬头，一是国内的社会经济变革，体现为福利救助政策的重新调整，二是劳动力市场弹性的增加，与之伴随而来的是工人个体化的社会不安全感。于是，新自由主义依靠着成熟资本主义国家开放其劳动力市场，以应对社会工资的竞争压力，这一方面是通过将生产外包给低工资地区，另一方面是通过鼓励移民进入劳动力市场，从而不断施加工资下行压力，提高剥削水平。同时，通过在国际货币基金组织和世界银行(包括欧盟委员会)监督下的多轮结构性调整，新自由主义政策大幅加剧了众多国家的经济不安全和不平等，从而迫使大量人口移民到资本主义中心国家的富裕地区，以谋求生计。

追求经济效率和自由竞争市场的新自由主义范式的一个核心因素就是经济移民(economic migration)，但这必然与一些受到文化和种族主义侵染的观点相矛盾，这些观点影响了新自由主义计划中与福利国家重组有关的那些方面,特别是不再以公开和民主的方式来监督和应对种族不平等和种族歧视问题。移民问题助长了公民权利方面的种族歧视,新自由主义的潜在种族主义假定暴露了这一点,即福利不再是公民的普遍权利,而是属于那些通过效仿新自由主义者的主体性来积极证明自己应该享有福利的人。

因而移民挑战了普遍存在的白人意识(whiteness),特别是工人阶级中各群体的白人意识。在工人阶级中日益蔓延的社会不安全感是如下两个因素共同作用的结果,一是传统就业岗位的外包,二是他们感觉到(即使并不总是事实)移民使本地就业岗位的竞争更加激烈。工人阶级尤其是男性工人阶级的白人意识往往与就业有关,就业给他们带来了社会价值感和道德价值感;白人意识还与公民权的基础有关,随着构建了战后政治经济秩序的社会民主主义国家调解达成的劳资社会合同被废止,这一公民权的基础如今看起来正在消失。相比于被认为是不希望融入白人社会和接受新自由主义思想、进而被认为是存在文化缺失的有色人种,白人更加"理应"获得社会福利和社会救助,这一具有意识形态色彩的说法根源于当前所发生的如下情况,即就业机会越来越少,获取社会资源和物质资源的压力越来越大。这加剧了白人的身份认同危机,由于植根于阶级的实现社会团结的结构和制度被破坏,这种身份认同变得越来越种族化。

1945年后,在成熟的资本主义民主国家中,许多白人工人的阶级身份认同与各种受种族影响的白人身份认同尤其有关,而这一点又与战后福利国家的建立有关,因为福利国家建立在工人阶级内部的种族划分和潜在的社会等级基础之上。因此,在很多方面,阶级构成实际上也就是种族构成。随着战后种族化的社会民主主义的方案在许多西方国家,特别是盎格鲁一萨克逊势力范围内破产,尤其是1980年代早期以来的破产,许多白人工人特别是白人男性工人的带有种族意识的阶级身份认同变得岌岌可危。这些变化在某种程度上有助于解释大量白人工人在政治倾向上所发生的转变,即从"传统上"在政治上忠诚于社会民主主义左翼转向支持右翼政党和极右翼政党(尤以英国为例)。

这样,工人阶级的白人身份认同危机被极右翼势力所利用,构成了反叛分子和民粹主义者参与的"反体制"政治的基础。极右翼一方面赞同并推动了新自由主义所宣扬的反对普遍主义福利国家的主张;另一方面攻击那些持"精英主义”和“世界主义”立场的新自由主义的吹鼓手，他们笃信移民能够提升劳动力市场的竞争并有助于推动经济增长。正如安迪·琼斯(Andy Jones)所指出的，这为诸如英国独立党的奈杰尔·法拉奇(Nigel Farage)这样的政客披上了保护英国白人工人的外衣，其理由是移民“对富人而言是好的，他们会有更便宜的保姆、司机和园丁，但这对普通英国人而言是坏消息，……移民实质上使白人工人阶级沦为底层阶级，这将是一场灾难”。

凭借着这一对移民问题的看似合理的回应，极右翼势力登上了政治舞台。如果以他们的观点主张不合理为由拒斥极右翼，这只不过是一种逃避。正如奇普·波莱特(Chip Berlet)和马修·莱昂斯(Matthew Lyons)所指出的：

传统的政治主张认为总统选举是人民意愿的体现，认为经济的健康发展可以通过资产数百万的公司的获利情况来衡量，还认为美国对海地、索马里、科索沃等地的军事干预旨在推进民主和人权。与这些主张相比，右翼民粹主义的政治主张既没有更加合理，也没有更加不合理。

大众并不认为这些极右翼看法是愚蠢的，接受这些主张的人比相信圣经《创世纪》中的故事真正存在的人多得多。布莱特曾探讨指出，这个问题反映出的不是“个人的病症”，而是“集体的绝望”。特朗普在共和党初选中获得相当多的白人工人阶级的支持似乎与此有很大关系。极右翼运动是如何产生的？它们针对真实存在的问题提出的解决方案错在哪儿？思考这些问题更具有启发性。实际上，正如乔·巴金特(Joe Bageant)对美国的描述：

新保守主义和左翼运动的兴起方式非常相似，二者的兴起过程大致相同，兴起的原因也类似，即工人阶级认为美国的传统生活和价值观遭到侵蚀，这引发了他们的不满，这种不满情绪广泛存在，却为当局所忽视。

保罗·塔格特(Paul Taggart)在更一般的层面振振有词地指出，极右翼运动不仅在获取支持方面借鉴了左翼的做法，而且其兴起在某种程度上就是对1968年极左翼运动的回应。

一个威胁资本主义制度稳定性的潜在问题是，尽管极右翼政党本身凭借一种(无论是有意还是无意)破坏资本主义需求的施政纲领上台执政的可能性较小，但更有可能的情况是这些极右翼政党对主流的右翼或左翼政党施加影响，最终会给资本主义积累过程制造各种麻烦。这种易被忽视的情况最明显的例子发生在新自由主义的心脏地带，即盎格鲁一撒克逊的美国和英国。自

1960 年代后期以来，美国共和党人越来越依赖原教旨主义基督徒团体，利用其激进主义将其动员起来，以获得其选票。这种以宗教为核心，或者说至少在宗教领导下的投票，必然也会要求实施有利于他们的政策以回报其支持。对于共和党人而言，问题不仅在于原教旨主义基督教的极端主义会导致共和党与在美国大选中发挥越来越重要作用的"中间选民"的疏离，而且还使政治家们在实施那些美国资本主义长期健康发展所必需的政策时受到诸多限制。

然而，会给美国资本主义发展制造麻烦的不仅仅是宗教信仰，公然反对移民的种族主义也会制造麻烦，这种种族主义在特朗普的竞选活动及其支持者阵营中表现明显。茶党提议的《比森一哈蒙阿拉巴马州纳税人和公民保护法》(*Beason-Hammon Alabama Taxpayer and Citizen Protection Act*)就是一个具体实例。阿拉巴马州议会于 2011 年 6 月通过该法案，规定移民必须随身携带移民文件，否则将被视为非法移民。同时规定，非法移民将无法享有阿拉巴马州提供的任何必需品，包括供水。该法案原本旨在阻止和遣返拉美裔非法移民，但其结果却导致阿拉巴马农业部门中的主要劳动力大量流失，其影响甚至还不止于此。在该法案推出以前，据估计，阿拉巴马州有 4.2%的劳动人口即 9.5 万人属于非法移民，但是这些人口却缴纳了 1330 万美元的州税和地方税。他们离开阿拉巴马州或撤回到非正规经济活动中，可能会给当地带来 4000 万美元的经济损失。此外，雇主不得不花费更多的资金来筛选应聘人员，雇用人力资源方面的人员来检查移民文书，以及为因疏忽而违反该法案所产生的潜在法律责任购买保险。

英国保守党也在欧洲问题上遭遇了与美国共和党类似的困境。1997 年之前，在欧洲问题上英国保守党放任英国国内帝国式民族主义的肆意发展，这种帝国式民族主义的出现并不是因为欧盟对新自由主义怀有任何敌意，而是作为一种意识形态转向出现的，它源于新自由主义未能成功改变英国资本主义的命运。由这一目标所引发的民族主义当前已成为英国的政客们和国家管理层意图实施更大程度的欧洲一体化战略的主要障碍，尽管无论是在这些政治家们看来，还是从英国资本中就算不占主导地位但也是具有相当分量的资本力量的长期利润出发，欧洲一体化都是非常合理的战略选择。2013 年，英国商会对 4387 家企业进行的调查显示，只有 18%的调查对象认为完全退出欧盟会产生积极的影响，而占大多数的 64%的调查对象支持收回一些权力，但仍留在欧盟。并不令人感到意外的是,真正反对欧盟的主要是小企业,因为相对于大型企业而言,哪怕是最低限度的加强监管和增加工人权利给小企业的利润空间造成的损失都要大得多。

英国独立党是反欧盟情绪大爆发的主要受益者,其取得的进展反过来又鼓舞了保守党内部的右翼势力,尽管这两个政党的政策并不一致。政治主张上的矛盾在政治权力斗争中未必多重要。英国独立党重点关注的一系列问题体现在"欧盟"这一半虚构的机构身上,与之相似,茶党重点关注的一系列问题体现在"政府"这一半虚构的机构身上;二者的主要区别在于,在前者中,该机构是国外的而非本国的,因而本土精英的罪名变成了对这些外国机构的顺从,以及"背叛"和"出卖"自己的国家。不过,英国独立党的民众支持至少部分是以数量可观的选民作为其基础的。对该政党进行过最深入研究的学者指出,我们可以这样认为,"在当前这个实际收入下降、经济前景不明朗的时期,来自更加贫困和不安全感更加强烈的群体的选民将会力挺能够为他们提供最佳的经济支持和帮助的政党,而不是去支持一个经济政策几乎没有连贯性和可信度的政党,一个从未帮助过弱势群体的政党,一个拥有许多宁愿公开支持自由市场也不愿意帮助弱势群体的自由主义激进分子的政党"。对这一"悖论"的解释虽然令人沮丧,但并不难理解。

三、新自由主义的种族化效应、白人政治和极右翼

新自由主义不单单是通过劳动力市场机制(极右翼可以将其转变为导致人们不满的根源)来加剧种族主义。尽管新自由主义意识形态的吹鼓手声称,新自由主义是一种"后种族的"(post-racial)、"种族中立的"(race-neutral)或"肤色色盲"(colour-blind)式的政治经济,它也推动了其发展,这种政治经济建立在被剥夺了文化影响下的身份认同并实施竞争性市场行为的个性化主体的基础上,但是种族主义的病症在新自由主义资本主义的社会制度中不断反复出现。新自由主义政治经济,特别是其对"福利依赖"和"政府臃肿"现象的攻击所带来的种族化影响是非常明显的,这体现在福利受领者广为流传的、种族化的刻板形象上,同时也体现在福利供给私有化和削减公共开支造成的不公正后果上,这些后果对少数族裔群体的影响更为严重。此外,用以推动新自由主义经济发展的移民治理依赖于对可接受的移民和难民类型与不可接受的

移民和难民类型所作的种族化划分,也依赖于与新自由主义政治经济并行发挥作用的刑事制度的形成,这一制度的影响具有明显的种族化特点,最突出的体现是非裔美国人的高监禁率及其在拘留期间的非正常死亡率,这是普遍存在的警察暴力导致的结果。

新自由主义为极右翼势力的重新崛起创造了条件,与此同时,极右翼却通过将新自由主义的社会、政治和经济影响种族化来集中攻击他们所认为的新自由主义的种种弊端。当前的极右翼的种族主义与新自由主义的意识形态假设更为吻合,这是因为主流的极右翼思潮不再是官方宣传“血与土”这一纳粹口号所体现的、先前的极右翼所支持的那种种族主义。因而我们可以将新自由主义的种族主义和极右翼的种族主义概念化为一种新的种族主义:有学者称之为“新的种族主义”(new racism),也有学者称之为“新种族主义”(neo-racism)、“文化种族主义”(cultural racism)或“排外种族主义”(xeno-racism)。这一意义上的种族主义助长形成了某些类型的具有等级性和排他性的社会秩序,这些社会秩序建立在受压迫群体本身具有的某些内在特征或者缺陷的基础上。这种种族主义关乎一种长期存在的观念,该观念同样关注文化或行为特征,而不只是生理特征,例如,在19世纪的盎格鲁地区,种族主义者就将爱尔兰信奉天主教的白人描述为“非白人”。从这方面来看,种族差异以及由此造成的种族排斥和种族歧视源自如下观点,即认为种族和文化少数群体的文化行为无法融入“民族的”和“本土的”文化。种族之间的排斥是有理由的,但这并不是基于白人至上论(即旧种族主义,old racism),而是因为某些特定群体(尤其是穆斯林)的行为与我们对社会团结和公民权利赖以存在的基础的理解截然相悖。

作为一种社会制度,新自由主义在认识论和本体论维度上导致了潜在的种族主义行为持续存在这一严重后果。正如大卫·古德伯格(David Goldberg)所指出的,新自由主义产生的一个最重要的后果就是他所谓的“种族私有化”(privatization of race),这既是一个社会问题,也是一个政治问题,在美国尤为突出。古德伯格认为,种族私有化这一趋势是私有化的普遍逻辑的构成要素。它是如下两个方面的结合:一是支持私有财产持有者享有的特权,二是剥夺了社会中大多数民众的社会参与和政治参与,而后者是过去几十年来社会和政治斗争的结果。因而,对国家的新自由主义重构导致了其在推动种族平等和解决现存种族主义问题上的作用和能力不断地被削弱，并且越来越失去合法性。

这些变化带来的后果是，对私人领域存在的种族排斥行为和种族主义影响进行的民主和法律监督遭遇阻碍。古德伯格特别列举了美国的例子。美国“平权法案”(Affirmative Action)的废除以及通过公共服务私有化和削减公共部门就业岗位对民主国家进行的拆解所造成的种族化影响，使得少数族裔受害尤为严重。极右翼利用了这些政策变化，因为它们实际上使极右翼的种族主义获得了制度上的、得到主流认可的合法性。极右翼宣称，之所以出现这一系列后果——包括少数族裔的边缘化和无法实现同化、对福利国家的依赖以及有色人种入狱率过高，其原因在于这些群体内部固有的文化认同和行为方式。接受民主审查的公共权力和规范的缺失，加上新自由主义国家及其市民社会的吹鼓手所宣扬的新的意识形态共识，这些意味着会越来越多地依据与特定的种族化群体有关的文化认同和行为来对经济边缘化这样的“社会问题”进行因果解释。在解释那些与“精英政治的”新自由主义主体性明显不符合的行为特性时，文化成为了唯一的解释因素，由此导致的新自由主义与极右翼的交汇可能不是新自由主义的倡导者和理论家所承认的目标，但却是无法避免的政治产物。

但是，新自由主义也使白人的身份认同成为了问题，并强化了这种身份认同。由此，至少对于新自由主义者来说，一个心照不宣的假设是，由于在有关社会形态和社会病症的解释中抹去了阶级身份、性别身份和政治身份，因此白人意识仍然被默认为是决定社会成员资格、社会参与权利和社会贡献程度的解释因素。这意味着即使再掩耳盗铃也不言而喻的是，社会成员资格和社会参与权利与白人的种族化属性密切相关，什么种族决定了谁有权享受社会福利。

极右翼得到了一个意识形态上的机会，因为这允许将一种明确被种族化的公民权概念融入新自由主义的“社会真空”(social vacuum)之中，这种社会真空是重构社会民主主义国家的新自由主义方案所带来的结果，借此那些先前致力于反对种族主义的各种机构和场所(以及与之相关的反种族主义构想)要么被彻底消除，要么被极大地削弱。就种族主义是新自由主义的一个有机组成部分这一意义而言，这并不是说新自由主义导致了种族主义，而是说新自由主义建立在一种集体的社会经济不安全感的基础上,而这种不安全感有助于重新唤起那些业已存在的旨在实现社会团结的种族化构想,这是因为它是在新自由主义政治中保留完整的旨在实现社会团结的政治制度框架之一,还因为致力于实施新自由主义政策的政党利用民族主义的意识形态说辞来动员"民主的"选民支持新自由主义——撒切尔政府和里根政府就是典型例子。

这样,新自由主义在多种不同的层面上带来了种族化影响,这加剧了极右翼政治的鲜明的"反抗性"和"民粹主义"特征。由此,尽管新自由主义政权欢迎并鼓励(某些)移民,但是与此同时,与新自由主义瓦解社会民主主义福利国家的举措有关的社会政策以及新自由主义对新形式的个性化主体的表述,巩固并重新阐释了各种种族主义,这些种族主义又反馈到极右翼政党长期以来所持有的观点之中。这些情形是在社会经济危机的背景下重获转机的,并且在其根源(国际的/非本土的)和表现上都呈现出种族化的特征。同时,根据极右翼的煽动性言论,新自由主义移民政策使危机变得更加严重。正是通过这种矛盾作用,极右翼势力看起来站在了新自由主义的对立面,但与此同时,它又支持了推动新自由主义政治经济发展的种族化的基本观点。

四、国际化、极右翼和民主政治版图的重绘

一直以来,新自由主义都对民主持有怀疑态度,特别是它认为那些体现民主国家公民集体意志的机构和制度干预了市场经济的运行。由此,新自由主义最重要的政治目标之一就是在制度上重新建构、在政治上重新组织民主架构和民主进程的运作方式,尤其是它们与经济的组织和运行之间的联系方式。在大多数自由主义民主国家中,上述目标在很大程度上已经实现。伴随着苏联共产主义政权的崩溃和随之而来的左翼势力的破碎和迷失方向,大众民主政治的时代似乎正在走向终结。这些发展变化与极右翼有何关系,又对促进极右翼政治的发展起到了多大作用?在公共政策的关键领域出现的向国际化和专家治国化发展的各种趋势,以及由此造成的民主政治从社会生活中越来越多的领域撤离,在很多方面都为极右翼的民众动员提供了重要的动力来源。

从内部来看,主流政党之间与日俱增的可互换性(interchangeability)给极右翼政党带来了争取选民的可乘之机,它们将自己定位为社会政策方面的异议者。马格纳斯·马斯达尔(Magnus Marsdal)指出,在丹麦社会民主党

(Social Democrats)1998 年实施削减养老金政策到 2001 年丹麦大选期间,公众的愤怒值有所降低,这是因为不同的政党和政治评论家之间几乎在这些政策的必要性上达成了完全一致。他强调:"经济的去政治化造成了其他一切方面的政治化。"

从外部来看,在类似欧盟这样的组织中,伴随这些发展形成的制度框架为极右翼势力的崛起创造了有利条件,尤其是在应对 2008 年全球经济危机和 2010 年欧元区主权债务危机的背景下。简单来讲,经济危机波及了存在严重的民主赤字的欧盟国家,而国际社会的应对措施推动了新自由主义的巩固和扩张;在这样的背景下,极右翼获得了有利的政治机会。

就针对欧元区危机所作出的各种政治回应而言,很多从自由主义立场出发的评论都强调了现有的"反体制"运动和政党表现出的民粹主义色彩,其中包括西班牙的"我们能"党(Podemos)和希腊的激进左翼联盟(Syriza)代表的左翼思潮。但是,另外一种同样重要且根基深厚的"反体制性"的回应是作为主要的反欧盟势力或疑欧势力的极右翼的重新抬头。其原因在于,极右翼能够以带有民粹主义色彩的、煽动性的方式向传统右翼势力施加压力。这部分也是因为,尽管极右翼攻击欧洲一体化,但并未像激进左翼那样,威胁到新自由主义近些年来所拥护的财产权以及与之相关的一些核心原则。因此,从新自由主义政治经济共同体内部来看,极右翼可以被视为"内部反对派"或是发泄愤怒、不安和不满的内部渠道。通过其带有民粹主义色彩的煽动性和蛊惑性的故作姿态,极右翼试图为大众提供一个"民主"的宣泄口,这威胁到了新自由主义共识,即新自由主义即使不能完全消除民主大众对市场经济运行的影响,也要试图限制其影响的范围。不过,极右翼将重点放在了新自由主义的空间维度和机构组织层面,这意味着它并未从根本上挑战新自由主义的核心前提。因此,极右翼可以也应该被视为新自由主义危机的产物,正如法西斯主义是 1918 年国家垄断资本主义危机的产物一样。

我们从沃尔夫冈·施特雷克(Wolfgang Streeck)的研究中也可以发现,欧元区的组织架构,尤其是它与新自由主义金融化(这种金融化以欧洲中央银行的"超国家主权"为中心)的联系是如何在充斥着与极右翼有关的象征符号和语言符号的政治运动复苏中发挥核心作用的。欧盟正式出台了推动中央银行(政治)独立的举措,这可以被视为"新自由主义共识"最重要的胜利之一。

取消对这些机构及其运作的民主监督，也可以被理解为国家的一个重要组成部分已经被金融资产阶级利益集团所占领。事实上，虽然美国联邦储备委员会前主席艾伦·格林斯潘（Alan Greenspan）没有明确提及金融新自由主义（及欧盟），但其在2007年9月发表的言论使我们能够了解统治阶级中的政策制定者和理论家们是如何看待这些变化的："令我们感到幸运的是，由于全球化，全球市场力量很大程度上取代了美国的政策决断。如若不考虑国家安全因素，谁成为下一任总统都没有任何区别。整个世界都是由市场的力量在决定。"

虽然格林斯潘的言论显然有点言过其实，但也的确就重要的经济决策中民主进程与各种机构之间的关系指出了某些要义。各国经济之间的紧密联系及其一体化大幅提升，欧盟和欧元区尤其是如此，这催生出了精英层面的外交博弈和国际层面的专家治理制度的建立，以便管理这些日益复杂、相互联系的经济关系网络。因此，尽管资产阶级仍然程度不等地受制于这个或那个国家的司法管辖权，但是在几乎不受公众民主监督的欧盟或欧元区的制度框架中，有利于资产阶级实现集体再生产（collective reproduction）的条件已经形成并越来越明朗。

因此，在成熟的资本主义经济体系中，占统治地位的（新自由主义的）资本家阶级与底层阶级之间的社会联系和政治联系同以往的时代存在着本质不同。在社会层面上，这意味着统治阶级的再生产与其所处国家的经济和阶级关系之间的联系不再那么紧密。在政治层面上，这意味着维护私有财产权和核心市场规则的政治法律和制度框架是在制度化背景中决定的，是通过基本不受民主制度监督的法律安排来建立的，这些民主制度在本质上仍然扎根于民族国家的土壤之中。与过去相比，资产阶级对右翼和极右翼从底层发起的"民主"动员的依赖性大幅下降，也不再同过去一样，要依靠建立跨阶级联盟来抵挡来自左翼的民主威胁和挑战。正如本文在分析矛盾的根源时所指出的，在国家模式下对于民主可能性的持续关注和相关机构设置，会导致占据统治地位的新自由主义资本家阶级的阶级利益与极右翼的政治主张之间出现矛盾和对立，后者仍旧把国家视为实行政治协商和彰显政治权威的独立的实体空间。

极右翼势力与资产阶级（至少是资产阶级中占主导的/国际化的部分）之

间的关系问题不在本文讨论范围内。但是，我们可以确定的是，欧洲和欧元区的新自由主义经济在空间、制度和政治层面的组织方式使得极右翼政治在政治和动员方面获得了独特优势。正如施特雷克强调指出的，在新自由主义金融化出现危机并亟待治理和解决的背景下，“债权国”与“债务国”之间的关系越来越体现在民族主义的政治话语和政治构想中。施特雷克指出：

其结果是，利用具有巨大煽动力的带有民族主义色彩的措辞，公共债务政策进行了格外受人欢迎的重新阐释，同时，国际政治话语迅速实现了重新本土化和带有民族主义色彩的道德化（moralization），然而，对一国国家主权的尊重与否却取决于该国在全球金融市场和国际组织中是否具有良好表现以及是否遵守行为规则。

表现在公共外交和国内政治姿态中的对外关系以及有关国内政治和社会的描述都强调了参与国在国家（或民族主义）层面的同质性，就如同德国、芬兰等“债权国”在处理与希腊、爱尔兰等“债务国”的关系中所体现的那样。这有助于掩盖新自由主义在这些具有“政治同质性”的民族国家中形成的基本阶级关系。因此，民众之所以对极右翼产生政治情感，其中一个必要条件就是民族主义叙事构成了政治认同，又基于此形成了政治，这个必要条件决定了政治语言，尤其是出现在传媒领域的政治语言。这一点的重要意义在于，这种语言和情感也影响了很多左翼力量，2015 年初激进左翼联盟上台后在其国内政治战略中的诸多说辞都证明了这一点。

新自由主义实行的财政紧缩政策在使政治顺利运转时形成了有利的形势，考虑到应对经济危机和实行财政紧缩的政策得以在其中形成的民族主义、仇外主义、民粹主义框架，这一有利形势为极右翼的发展带来了制度性机会。掩盖阶级差别是新自由主义的必要基础，也是其走出危机实现重组的必要基础，鉴于此，极右翼为维护新自由主义的社会制度和支持债权国和债务国国内的危机应对政策提供了民众动员和国内政治合法性方面的重要资源。面对欧元区危机，公众生成了“民粹主义”和“反政治”的情绪并对相关运动持有起伏不定的支持态度，这导致选举格局发生诸多变化。我们可以发现，当前不同政治势力中都普遍滋生出了极右翼力量（以福利本土主义、仇外主义、反自由主义、反世界主义和反穆斯林种族主义为基础），它们在众多西方国家——从美国（此前是“茶党”，现在明显表现在“特朗普主义”中）到瑞士、法国、英国，甚至到以德国选择党（Alternative fuer Deutschland party）为代表的德国——都获得了大量支持。现在讨论这些趋势是否会演变成为一种更加持久的政治格局还为时过早，但就目前的情况而言，一方面民族国家的民主构想显示出政治局限性，另一方面社会经济不安全感广泛存在而精英阶层已然名誉扫地，因而看上去，"准法西斯"（quasi-fascist）时代似乎离我们越来越近。

需要注意的是，我们不能过分夸大推动极右翼政治发展的因果关系：正如激进左翼联盟和西班牙的"我们能"党所表现出的，民粹主义的土壤并不会自动产生极右翼。尽管如此，在国际层面上进行组织管理的新自由主义资本主义与限定于一个民族国家的民主政治构想，二者之间存在的结构性和体制性失衡还是为极右翼势力的发展壮大提供了助力。一旦这种失衡与要求具备牺牲精神、承受财政紧缩阵痛的所谓"国际团结"理念结合在一起，这就相当于对一国民众的近乎公开的羞辱，我们就不难理解为何带有民族主义倾向的民粹主义可以产生如此巨大的政治吸引力。

五、结论

在两次世界大战的间隔期，一些国家的资产阶级需要通过法西斯主义实现"政治救赎"，与此不同，当前新自由主义对极右翼政治力量的需要并没有那么迫切。但是，新自由主义意识形态及其实践后果这两个重要方面与极右翼政治有着密切联系。进一步来说，尽管极右翼的确给新自由主义社会经济制度的再生产带来了一系列问题，但这仅仅出现在特定的国家和地区，影响范围也相当有限。特别是在欧盟问题上，新自由主义塑造的空间框架及其（国际）制度框架尤为重要。

我们不能低估极右翼势力的重新抬头所造成的影响，它推动了民粹主义热潮的发展，形成了与西方福利国家重建有关，并且受到了近期关于移民问题讨论影响的新的"常识"。实际上，在后一种情况中，对移民的"支持"存在着诸多矛盾。一般而言，西方资本主义支持劳动力的自由流动，但是更愿意让劳动者处于廉价和不安全的状态。就极右翼反移民的观点并未降低劳动者的不安全感而言，这反而在无意中迎合了整个资本主义制度。然而，这也正是矛盾的开端：一旦极右翼想要去实现其阻止移民的现实目标，那么它将以同样意想不到的方式招致更严重的恶果，正如美国和英国发生的情况。至于左翼政党应该采取何种应对措施，需要注意的一个问题是，左翼对待欧盟的态度不能以单纯反对极右翼的立场作为出发点，即不能说是因为极右翼反对欧盟，我们作为左翼就要支持欧盟。左翼政党的出发点应该针对资本的核心要素，在欧盟问题上，即着眼于欧盟在维持新自由主义秩序中扮演着何种角色。

（原载《国外理论动态》2018 年第 1 期）

第三辑

防止“经右政左”导致社会分裂

刘国光

一、关于经济领域的阶级斗争

《红旗文稿》2014年第18期发表的《坚持人民民主专政，并不输理》一文引起巨大关注，并遭到右翼“公知”的围攻。该文所讲的内容，都是在宪法和党的文件中明确阐明的，讲一讲“阶级斗争”，谈一谈“人民民主专政”，这本是很正常的，却遭到如此多的人恶毒攻击，这恰恰说明“阶级斗争”是存在的。一些右翼“公知”闻见“阶级斗争”和“人民民主专政”就暴跳如雷，恰恰因为这触动了他们的阶级敏感神经。我在2009年写的《经济建设与阶级斗争》一文中，就对新时期的阶级矛盾和阶级斗争进行了分析。经过改革开放30多年的演变，中国的阶级结构是否起了变化？剥削阶级作为阶级是否又已重现？这个问题应该实事求是地判断。即使认为阶级斗争现在不再是国内主要矛盾，但在我国“文化大革命”后，阶级斗争事实上此起彼伏，长期存在，包括政治和意识形态领域的阶级斗争，有时还非常激烈突出，如20世纪80年代几次学潮动荡、“六·四”风波，21世纪初的西山会议、〇八宪章等事件；西方宪政民主、新自由主义、历史虚无主义等思潮，在思想文化领域的渗透和蔓延，无不是各派政治力量的较量，或者是意识形态领域阶级斗争的反映。所以说，阶级斗争熄灭论同阶级斗争扩大化一样，都不可取，这在十一届六中全会关于历史问题的决议中讲得非常明白。

在社会主义初级阶段，阶级斗争存在于哪些领域？毛泽东早已指出，在所有制的社会主义改造基本完成后，各派政治力量之间的阶级斗争，无产阶级和资产阶级在意识形态方面的阶级斗争，还是长期的、曲折的，有时甚至是很激烈的。政治和意识形态等上层建筑领域存在阶级斗争，已经为前述改革开放以来各项事实所证明。

阶级斗争不仅在上层建筑领域存在，而且在经济基础领域也有表现。目前，不仅在私有企业存在着劳动和资本之间的矛盾，劳资纠纷此起彼伏；而且在某些异化了的国有企业中，也可以看到，随着工人阶级重新被雇佣化，高管阶层与普通员工之间也存在矛盾。经济领域存在的马克思主义与新自由主义的激烈斗争，主要表现在对“社会主义市场经济”认知上的对立。我国经济改革采取市场取向政策的目的，是社会主义经济制度的自我完善，而不是演化、转变为资本主义。因此，社会主义市场经济必须坚持三个基本特征：第一，在所有制结构上，社会主义市场经济是以公有制经济为主体、多种所有制经济共同发展的社会主义基本经济制度为其制度基础的；第二，在经济运行机制上，社会主义市场经济是有计划的，即在国家宏观计划调控下，发挥市场在资源配置中的决定性作用；第三，在追求目标上，社会主义市场经济力求效率与公平并重，更加重视社会公平，最终实现共同富裕。

十分明显，多年来在这三个方面的纷争是很激烈的。同“社会主义市场经济”的上述内涵正好相反，从反对方向来的意见是：第一，反对以公有制经济为主体，主张私有化；第二，反对国家宏观计划调控和政府对经济的监督管理，主张完全的自由化和市场化；第三，一味地片面主张效率优先，轻视社会公平，变相宣扬他们抵制共同富裕和推行两极分化的主张和政策。

针锋相对的纷争，当然有理论是非问题，需要辨别清楚。但是，在更大程度上这是当今中国社会不同利益集团或势力的对决。反对市场经济的社会主义性质，主张私有化、自由化和两极分化的声音，虽然有雄厚的财富和权力的实力背景，但毕竟只代表少数人的利益。而主张以公有制为主体，以国家宏观调控为指导和以共同富裕为目标的声音，则代表了工农大众和知识分子群体的期望。所以，这场争论明显具有阶级分歧的性质。中国经济改革的前景，不取决于争论双方一时的胜负，最终将取决于广大人民群众的意志。

二、正确认识市场与政府的关系

党的十八届三中全会通过的《中共中央关于全面深化改革若干重大问题的决定》（以下简称《决定》）提出，“使市场在资源配置中起决定性作用”。这一提法代替了以前“市场在资源配置中起基础性作用”的提法，新的提法和原来的提法只有“两字”之差，却被一些人有意解读为中央要全面推进市场化、私有化改革。实际上，《决定》在“使市场在资源配置中起决定性作用”的后面，紧接着是“更好发挥政府作用”，保留了“健全以国家发展战略和规划为导向、以财政政策和货币政策为主要手段的宏观调控体系”，其实就是表达了“计划导向”的意思。值得注意的是，习近平总书记在《关于〈中共中央关于全面深化改革若干重大问题的决定〉的说明》中指出：“市场在资源配置中起决定性作用，并不是全部作用。”可见，市场的“决定性作用”是有限制的。根据这个精神，《决定》在提出市场配置资源的“决定性作用”的同时，也强调了政府和国家的计划作用，就是说政府和国家计划要在资源配置中起“导向性作用”。这样，市场与政府、市场与计划在资源配置中的“双重调节作用”的思想就凸显出来了。

那么，在资源配置中，市场和政府应如何分工？依我看，按照资源配置的微观层次和宏观层次，划分市场与政府或计划的功能，大体上是可以的。市场在资源配置中起决定性作用，应该限制在微观层次，即多种资源在各个市场主体之间的配置，应由供求、竞争、价值规律来决定。而政府职能如行政审批等的缩减，也主要在微观领域。至于宏观层次上的资源配置，以及微观经济活动中对宏观方面产生重大影响的资源配置问题，如供需总量平衡、部门地区比例、自然资源生态保护、社会资源的公平分配以及教育、医疗、住房等问题，政府都要加强计划调控和管理，不能让市场这只“看不见的手”盲目操纵，自发“决定”。当然，对市场提供服务、实施监管、做“守夜人”的责任，政府还是责无旁贷的。

习近平总书记说得好：“在市场作用和政府作用的问题上要讲辩证法、两点论，‘看得见的手’和‘看不见的手’都要用好。”“看得见的手”和“看不见的手”都要在资源配置中发挥重要作用。这样理解社会主义市场经济中“政府”与“市场”或“计划”与“市场”的关系，符合马克思主义经济学原理，更加有利于坚持既是“市场经济”的又是“社会主义”的改革方向。在全面深化改革中处理好政府和市场的关系，不是照搬现代发达资本主义国家的政府职能，而是结合生产资料所有制关系来分析政府和市场之间的关系，通过转换政府的经济职能，实现服务人民利益和适应市场社会分工制度的统一。只有在社会主义公有制经济基础上研究和实践政府职能的转变，才能更好地体现出习近平同志所说的两点论。

党的十八届三中全会《决定》指出,“市场决定资源配置是市场经济的一般规律”,也就是经济学所讲的市场价值规律。市场价值规律通过价格机制、供求机制、竞争机制来发挥作用。每一种机制的失灵都会导致资源配置的无效,所以绝不能迷信市场。以公有制为基础的社会主义经济,决定资源配置的就不是市场价值规律,而是有计划按比例发展规律,这就是马克思所讲的,劳动时间在不同生产部门之间有计划的分配和劳动时间的节约,是共同生产(即社会主义经济)基础上的首要经济规律。有计划按比例发展就是人们自觉安排的持续、稳定、协调发展,它不等同于传统的行政指令性的计划经济,更不是某些人贬称的“命令经济”。“有计划”主要是指导性、战略性、预测性的计划,用以从宏观上引导国家资源的配置和国民经济的发展,当然,也包括某些必要的指令性指标,也并不排除国家计划的问责功能。近年来,我们革除传统计划经济的弊病,适应初级阶段的国情,容纳了市场经济的运行,建立了社会主义市场经济体制,尊重市场价值规律,但是不能丢掉公有制下有计划、按比例发展的经济规律。

三、正确理解中央关于发展混合所有制经济的精神

党的十八届三中全会通过的《决定》明确指出:“积极发展混合所有制经济。国有资本、集体资本、非公有资本等交叉持股、相互融合的混合所有制经济,是基本经济制度的重要实现形式,有利于国有资本放大功能、保值增值、提高竞争力,有利于各种所有制资本取长补短、相互促进、共同发展。”十八届三中全会突出用混合所有制的办法进行国企改革,但混合所有制不是新事物,新中国成立初期我们就有“公私合营”,这其实就是混合所有制的一种方式。那是以公有经济参与私有经济,将私营经济改造成国营经济,是过渡的所有制形式,时间很短,很快便完成改造。这次的“混合所有制”形式上类似于“公私合营”,实质上完全不同。它是倒过来,以私有经济参与国有经济的改革,但这是不是意味着也倒过来,把国有经济逐步改造成为私有经济,成为向资本主义过渡的一种暂时的所有制形式呢?我觉得不应当是这样的。党的方针意不在此,混合所有制经济是社会主义初级阶段基本经济制度的重要实现形式之一,我们要长期搞。社会主义初级阶段要向高级阶段过渡,而向高级阶段过渡当

然不能是向私有经济过渡，而且这个过渡时间很长，所以混合所有制经济不应当是一种短暂的向资本主义私有制经济过渡的形式。社会主义初级阶段的基本经济制度是公有制为主体、多种所有制经济共同发展，公有经济和私有经济都是社会主义市场经济的重要组成部分，现阶段必须坚持“两个毫不动摇”，无论在宏观国民经济层面，还是微观混合经济实体方面，我们都要坚持“公进私也进，国进民也进”，不能是单纯的“国进民退或者民进国退”，但无论如何都要守住公有制为主的底线和国有资本控股的底线。“国进民退或民进国退”争论的实质，是坚持和完善中国特色社会主义基本经济制度，还是反对和削弱这个基本经济制度，是坚持和发展社会主义公有制还是动摇和削弱公有制。在这个问题上，党的十八大重申要加快完善公有制为主体、多种所有制经济共同发展的基本经济制度，强调要坚持“两个毫不动摇”的政策主张，应当说已经对所谓“国进民退”炒作作出了明确的回应。

发展混合所有制经济的目的是什么？习近平总书记最近说，国企在深化改革中不仅不能削弱，而且要加强，十八届三中全会的文件也说，“混合所有制经济要有利于放大国有资本的功能，实现国有资本的保值增值”。不能随着混合所有制经济的发展，使国有经济越来越萎缩，非公有经济越来越扩张；也不能随着混合所有制经济的发展，国有资本越来越小，国有资产最后都“混”没有了。持这种“把混合所有制看成国退民进，公退私进，国有企业私有化形式”主张的，的确大有人在。如发改委某副主任在达沃斯世界经济论坛上讲，政府大力提倡混合所有制经济，意味着地方政府可以将国有企业私有化，可以用卖掉国有企业的资金还债，这与三中全会的精神风马牛不相及。

国企改革和发展混合所有制经济，一定要坚持社会主义的方向，坚持社会主义基本经济制度的根本原则，防止财富和收入分配通过所有制结构的变化向少数人手中集中，强化两极分化的倾向。在目前国有经济在国民经济占比已经大大缩减的情况下（已经缩减到 20%），如果继续对所剩不多的大中型国有企业进行国有股减持，那么我国公有制为主体的基本经济制度将更加难以维持，“社会主义市场经济”将摇摇欲坠，就会变成“资本主义市场经济”。因此，搞混合所有制经济不是简单地进行国有股减持，而是要放大国有资本的功能；不是把国有企业一卖了之，而是要确保国有资产的保值增值；不是只允许私有资本参股甚至控股国有企业，而是同样允许国有资本参股甚至控股私人企业;不是削弱公有制经济的主体地位,而是要加强社会主义的经济基础。

四、防止"经右政左"导致社会分裂

现在,海内外对中国政治经济形势有一种流行的说法,叫"经右政左",即在经济上更加趋于自由化、市场化,放开更多管制领域;同时,在政治上更加趋于权威化,高举马克思列宁主义、毛泽东思想的旗帜,收紧对意识形态的控制。似乎我国在经济领域偏右,而在政治和意识形态领域偏"左"。姑且不论"经右政左"说法是否准确,从理论上讲,这是一对矛盾的概念。按照历史唯物主义的基本原理,政治、意识形态等上层建筑是由经济基础决定的。如果上层建筑与经济基础方向一致,就可以巩固经济基础;如果经济基础与上层建筑偏离,那么就会使经济基础发生变异,原来的上层建筑也会有坍塌之虞。

有人分析,"经右政左"的局面难以长久持续,可能会导致社会分裂。社会主义经济如果长期受到西方新自由主义经济思想的侵蚀,使自由化、私有化倾向不断上升,计划化、公有经济为主体的倾向不断弱化,社会主义经济基础最终就要变质,变成与社会主义意识形态等上层建筑不相容的东西。而随着私有经济的发展,资产阶级力量壮大,其思想如西方宪政民主的影响也在扩大,迟早他们会提出分权甚至掌权的要求,那时即使在政治思想上坚持科学社会主义做多大的努力,恐怕终究难以为继。这是由经济基础决定上层建筑所决定的,不以人的意志为转移。对此,我们一定要有清醒的认识。必须防微杜渐,不仅在经济基础领域,而且在上层建筑领域都要反对和平演变的侵蚀。

当前,意识形态领域的斗争形势严峻,各种反马克思主义思潮甚嚣尘上,比如新自由主义、民主社会主义、历史虚无主义、"普世价值"、西方宪政民主等思潮很有市场。意识形态领域的混乱状况,必须引起我们的高度重视。毛泽东曾指出:凡是要推翻一个政权,总要先造舆论,先做意识形态方面的努力,革命的阶级是这样,反革命的阶级也会是这样。龚自珍说过"灭人之国,必先去其史"。苏联的解体就是鲜活的事例,对此我们应当提高警惕,深刻认识到意识形态工作的阶级性、长期性、复杂性、艰巨性,巩固马克思主义在意识形态领域的指导地位。

上层建筑领域和经济基础领域的上述种种问题,都与阶级、阶级矛盾、阶级斗争的存在有关。我们不能视而不见,淡化置之,走向阶级斗争熄灭论。美国原驻苏大使马特洛克在《苏联解体亲历记》一书中说到苏联领导人抛弃阶级斗争学说时指出：阶级斗争理论是列宁主义者的国家结构演进观及同西方发生冷战所依据的中心概念，没有它，冷战的理由就不复存在，一党专政的理论基础就随之消失。如果苏联领导人真的抛弃了这个观点，那么，他们是否继续称他们的思想为“马克思主义”也就无关紧要了，这已是别样的“马克思主义”，这个别样的社会则是我们大家都可以接受的。看看以美国为首的西方发达国家是怎样希望社会主义国家放弃阶级斗争、放弃共产党的领导的。如果我们淡化阶级观念，走向阶级斗争熄灭论，使“马克思主义”和“社会主义”蜕变为资产阶级“可以接受的”东西，就必然重蹈苏联亡党灭国的覆辙。

改革开放前的30年，我们并不是只搞阶级斗争，而不搞经济建设，经济领域是取得过巨大成就的；改革开放后的30年，我们也不是只搞经济建设，而闭眼不见阶级斗争，阶级斗争在很多领域还是客观存在的。但我们现在不是要搞“以阶级斗争为纲”，而是要反对国内外敌对势力对我国进行私有化、自由化、西方化、资本主义化的图谋。要粉碎国内外敌对势力的这种图谋，我们必须在坚持一个中心的同时，坚持两个基本点，坚持人民民主专政，这是我们的底线，也是我们斗争的法宝。

（原标题：关于当前马克思主义理论的一些问题）

（原载《马克思主义研究》2015年第4期）

别让新自由主义扰乱中国的改革方向

卫兴华

新自由主义是区别于18世纪的资产阶级自由主义的新派别。18世纪中后期，亚当·斯密确立了自由主义的经济理论，“经济人”假设是其理论基础。1929—1933年世界资本主义经济危机发生，自由主义分化为两派：凯恩斯学派和哈耶克等的新自由主义学派。由于应对大危机需要，主张国家干预的凯恩斯学派占据了主导地位。到20世纪七八十年代，由于资本主义国家发生了“滞胀”，凯恩斯主义失灵，到了八九十年代，新自由主义流行起来。新自由主义的观点扩展到经济、政治、社会、价值观等各个领域。仅就经济领域来说，它主张彻底私有化、完全市场化、普遍自由化。它反对公有制，反对国家对经济的干预和调控。事实上，新自由主义是否定和反对社会主义的经济制度和社会制度的，其代表人物有哈耶克、弗里德曼等。

新自由主义在全世界推行，造成了巨大的恶果。在拉美国家，新自由主义导致企业大量破产、资本外逃、债务深重、贫富严重分化、经济增长缓慢。苏联实行新自由主义主导的改革，导致国破党亡。资本主义国家也导致一场严重的国际金融和经济危机，至今没有完全走出危机的泥沼。

新自由主义思潮在中国也形成了气候，有多种表现。主要表现为改革以来日益强势的私有化思潮，也表现为迷信市场万能，主张靠市场来解决一切矛盾和问题，贬抑政府的作用。

我国私有化的主张之一，是高调宣扬“国退民进”、“国有企业从竞争领域退出”，即要求国有企业让位于私有经济。因为宣传势头持久而强硬，人们误以为是中央精神。其实中央是不赞同这种观点的。《人民日报》和《经济日报》为传达中央的精神，曾发表过多篇否定这种观点的文章，但收效甚微，至今还有人将“国退民进”宣传为国有经济改革的方向。

私有化的主张之二，是公开出版《人间正道私有化》著作，并在国内外发表文章和讲演，宣称我国国有经济是“国家社会主义”，谎称其根子是来源于希特勒的国家社会主义工人党，而私有制经济是“民办社会主义”。这是曹思源先生的杰作。他在香港《前哨》1999年11月9号发表《中国经济改革走向》一文，其中刊登了他同年在北京大学的演讲的照片。文章的内容是与在北大讲演相同的同年5月在美国一所大学的演讲稿。他在演讲中发问：作为“国家社会主义”的国有经济是谁发明的？有人回答说是马克思，他说不对！“是希特勒”！还特别声明：“我在北大也讲了”，“国家社会主义的祖宗是希特勒，而民办社会主义是老百姓办起来的。”国家社会主义“在一天天烂下去”，而“我们的民办社会主义在一天天好起来”。“中国的私有制经济发展了，我们作为中国人，应当感到高兴和光荣”。他提出的改革走向是国有经济私有化。他说：国有经济“像冰棍，在滴水了，一天天滴下来，最后只剩下一根棍子了”。他断言：“中国共产党将要改名为中国社会党。”

前几年，张五常在国内走红，在全国各处做报告。去高等学校，去社会团体、机关，去中央党校，公开否定和攻击马克思主义，宣传“人是自私的”，主张经济私有化。他于1999年提出的《给中国十个经济建议》就是按照“华盛顿共识”的精神即新自由主义提供方案的，近年来也还有人请他去做报告。

断言国有经济的理论与实践的来源不是马克思，而是希特勒，纯属编造。第一，希特勒难道在德国实行过国有经济占统治地位的社会主义么？没有！第二，马恩从《共产党宣言》起，在一系列著作中明确指出，工人阶级取得政权后，要消灭私有制，首先将生产资料掌握在由劳动人民掌权的国家手中。始终主张公有制是社会主义经济制度的基础。

其主张私有化之三是，错解马克思主义和中国特色社会主义理论，为私有化张目。恩格斯批判过将俾斯麦的国有化看作是社会主义的“冒牌社会主义”。有人将其移植和泛化到我国社会主义中来，断言我国的国有经济不是社会主义，是恩格斯批判的“冒牌社会主义”。反之，又错解邓小平三条“是否有利于”的标准，将其作为区分“姓资”、“姓社”的标准，据此，断言私有制经济“姓社”，是社会主义经济。这是高尚全和何伟等先生长期坚持和宣传的理论观点。有的学者断言，把非公有制经济看作是非社会主义经济，这是“应当摒弃的传统社会主义观点”。这样一来，不但私营个体等经济是社会主义经济，连本是外国资本主义性质的外资企业，也是社会主义性质的经济了。按照这种逻辑，既然国有经济不是社会主义，现有一切私有制都是社会主义，那么，只要大力发展私有制经济，以私有制经济取代国有和一切公有经济，就是完全的社会主义了。然而，这种为私有化提供的理论依据，是打着马克思主义和邓小平理论的旗号，曲解和否定马克思主义和邓小平理论的，是背离科学社会主义和中国特色社会主义的。

其主张之四是，从各个方面给国有企业泼污水，否定国有经济的地位和作用。当然，国有经济还有这样那样的问题和缺点，特别是某些国企高管过高的薪金和腐败为世人不满。需要通过深化改革和治理以获得健康发展。现在的问题是，有些人士硬要从根本制度上否定宪法规定的国有经济的主导地位和作用，否定以国有经济为核心的公有制经济是社会主义经济制度的基础。诅咒国有经济，要求国有经济退位，要求国有经济从垄断行业也退出来，公开提出反对国家和国企控制国民经济命脉。非公有经济已经发展到占国内生产总值的60%到70%以上，国有经济在工业经济中只占20%了，又提出种种非难国有经济的“理由”，说国有经济“与民争利”，阻碍非公有经济发展。陈清泰先生也亲自出马，在《人民日报》等报刊一再发表文章，要求摘掉“所有制”标签，消除“姓国”、“姓民”的鸿沟，以消除生产力发展的桎梏，让私有制经济更快发展。总之，最后目标是以私有制完全取代公有制。

十八届三中全会后，宣传私有化的声浪再次掀起。有人用新自由主义的观点解读三中全会的《决定》，似乎以为《决定》为他们打开了彻底私有化、全面市场化与自由化之门。

今年头几月，由媒体操作的两种观点值得注意。其一是把市场决定资源配置同国有经济对立起来，宣称二者是相互冲突的。一位经济学家讲：“既要发挥市场的决定作用，又要坚持国有经济的主导作用，……这是一种语言腐败，还是一种思维混乱？”“保持国有经济的主导地位，民企无法成长”。另外，国务院发展研究中心的一位企业研究所的副所长讲：中国13万多家国有中小型企业“应该彻底民营化”。其余几个大型和特大型国企可搞混合所有制经济，然后“整体上市，逐步释放国有股”。国有股可以降到20%以下，甚至降为零。其二是用市场决定资源配置作用来削弱和排除政府作用。或是只强调市场的决定作用,避而不提"更好地发挥政府的作用";或是将市场决定作用与政府宏观调控对立起来,着力于批评"强势政府",否定党和政府在改革与发展中的重要作用。

事实上,新自由主义观点对我国的改革实践也带来了负面效应。众所周知,我国在国企改革转制中,存在国有资产大量流失现象。在"国退民进"、"国有企业退出竞争领域"、MBA 大行其道的喧嚣中,名卖实送、半卖半送、自卖自买等化公为私的盗窃国有资产的行为,时兴了一阵。也可看出新自由主义思潮并不停留在理论层面的宣传上,而是会转化为实践。新自由主义作为一种与马克思主义、邓小平理论和中国特色社会主义理论相对立的思潮,如任其泛滥,让其得逞,会给我国的社会主义事业带来灾难性后果,西方和平演变的图谋将会实现。听听西方政要们和平演变中国的策略,该会得到一些警示:尼克松在其《透视世界》一书中讲,"在经济方面,中国朝自由市场制度前进的过程已经走了一半,现在它的两种经济——一种私有,一种公有——正在进行殊死的竞争",而且"战斗远没有结束"。只要美国"继续介入中国的经济,就能在帮助私营经济,逐步销蚀国营经济方面扮演重要的角色"。美国驻华大使馆新闻处 2000 年 9 月的《背景材料》中提及克林顿的讲话:要在中国推行美国的"价值观念",使中国"加速大型国有企业的衰亡","私营企业取而代之",可以"为人权和法制而奋斗的人们增添力量"。可见,西方政要和平演变我国的重要策略之一,就是支持以私有制经济"销蚀"公有制经济特别是国有经济,新自由主义在我国会起什么和起了什么作用,与国外势力的期待和怂恿联系起来看,就看得更清楚了。

近些年来,中国学界也进行对新自由主义的批判,并且得到中央的支持。但有人激烈反对我国对新自由主义的批判。

多年来,高尚全先生在发表的有关改革开放的论著中,不断质疑我国学者对新自由主义的批判。认为这种批判是否定改革,反对改革,反对邓小平的改革理论,上纲上线很高。例如,2005 年 10 月 9 日网上转载《经济观察报》刊发的《高尚全:不能因批判新自由主义而否定改革》一文,是以与《经济观察报》问答形式而刊出的,该文由《新华文摘》2005 年第 24 期转载,标题为《用历史唯物主义评价中国改革》,文中批评社会上所谓对改革的干扰。"一个干扰就是借所谓的批判新自由主义来否定改革。认为中国的改革是按新自由主义设计的，……这样一来就否定了我们改革的历史，否定了中国改革的总设计师邓小平同志。中国的改革是按邓小平理论来实践的，'摸着石头过河'难道是新自由主义吗？""我们要继续解放思想，坚持改革，排除干扰，千万不能因为批判新自由主义而否定改革，千万不要上当，否则会有灾难性后果。"记得高尚全先生还发表过一篇文章，其中讲到有人批判新自由主义，但是什么是新自由主义，大家并不清楚，他问过一个外国学者，回答说不知道。是用一个外国人的无知当作根据。

高先生尖锐批评所谓借批判新自由主义是否定改革，否定改革的总设计师邓小平，对改革进行干扰，很能吸引媒体和读者的眼球。对一些不甚了然新自由主义的观点和危害，也不甚了解我国关于改革理论的争论实情的人们来说，肯定会倾向于高先生的这种"震惊四座"的高论的。"反改革！""反邓小平！"这还了得！

然而，我们始终没有看到，高先生指出究竟何人何处借批判新自由主义而否定改革，否定邓小平，又是怎样否定的。藏头藏尾，反招虚构煽惑之嫌。如真有反改革、反邓小平其人其事，应公开揭示其具体言论，进行辩驳。恐怕高会长是揭不出来的！

高尚全先生反对批判新自由主义，认为这种批判是否定改革、否定邓小平。实际上是他自己误将改革与邓小平理论同新自由主义混淆起来。是他自己的观点就持新自由主义的一套。他把我国国有经济看作是恩格斯批评过的俾斯麦的冒牌社会主义，是"官本经济"，是希特勒式的"国家社会主义"。他认为私有制经济是"民本经济"即"人民社会主义"。改革"本质上就是由原来的官本经济转向民本经济的过程"。

国际上新自由主义已经声名狼藉，成过街老鼠。但在国内，新自由主义思潮并未偃旗息鼓，还在顽强地占领理论阵地，力图影响改革与发展，不能等闲视之。

（原载《求是网》2014 年 9 月 23 日）

欧美模式不能成为中国改革的“顶层设计”

夏小林

前不久，有强调“顶层设计”的经济学家提出，中国应以“欧美模式”作为改革目标。照搬欧美模式能够建成符合绝大多数人利益的市场经济吗？

一、欧美模式是一种冷酷无情的经济

大量文献和事实表明，欧美模式是为少数富人服务的模式，不能实现共同富裕，不能复制来为中国大多数人服务，更不能妄称为中国社会主义市场经济改革的“最终目标”。仅仅从西方经济学和欧美社会现实的角度来评论，这种主张也是站不住脚的。

对于欧美模式是否符合绝大多数人的利益，美国著名经济学教授、诺贝尔经济学奖得主保罗·萨缪尔森在与威廉·诺德豪斯合作的《经济学》(第17版)教科书中，就给出了完全否定的答案。按照这两位美国教授的观点，以私人企业为主、政府较少干预经济的欧美市场经济，根本不可能“符合社会上绝大多数人”的利益。这两位教授进一步写道：“我们的经济是一种冷酷无情的经济。……美国人收入差距的扩大，许多人穷于无出路的工作和困于潦倒的左邻右舍，不过是市场经济加剧不公平的一种并非夸张的写照。此外，北美、西欧、东亚一些富国，还有世界上其他一些国家的分配也极不公平。”①

他们还深入分析了资本主义制度下财富分布与收入分配不公平的关系，指出：“在市场经济中，财富分配的不公平远远大于收入分配的不公平。”而且，其趋势就是“财富的分配变得越来越不公平”，并加重收入分配的不公平。在

① 《经济学》(第17版)，人民邮电出版社，2004年，第607页。

排除“革命”和“激进”手段后，这种状况是不可治理的。[①]

另外，美国社会分层已经固化，在这种分层固化下，穷人“向上流动”的机会少之又少，社会分裂的鸿沟加深，机会均等效应极度萎缩。

至此，一个相关的问题也就非常明白了，即资本主义自由市场的竞争有利于胜者，财富和收入分配向少数胜者高度倾斜。在美国，富人越来越富，穷人越来越穷。例如，最近30多年中，资本主义国家调节收入分配的作用在弱化，多数人工资、福利下降已经成为一种长期趋势；尤其是中产阶级收入持续下降，并分化瓦解。当前，美国的基尼系数已经达到0.47。可见，在欧美模式中，经济增长无法使中产阶级和穷人从中受益；蛋糕越大，两极分化越厉害。

金融危机爆发后，欧美（及日本）社会的两极分化更加剧烈。中产阶级成为“下流阶级”。文献显示，美联储前主席格林斯潘是自由主义的坚定信徒，自由市场的捍卫者，资本主义的高级传教士，但近年来他也承认美国不平等日益严重，已成为国家危机。这表明，美国社会确实出了非常严重的问题。

所以，欧美资本主义市场经济首先是为“1%”的少数“权贵”服务，其“法治”的基本点就是维护这种状态。于是，穷人被忽视了，中产阶级在瓦解和坠落中也感受到了生存的困难。所谓的“法治社会”破绽百出。所谓的“渗透经济”教义，正如诺贝尔经济学奖得主约瑟夫·斯蒂格利茨指出的，它“得不到历史事实的支持”。所谓的“机会均等”，诺贝尔经济学奖得主阿马蒂亚·森讥讽道，在财富两极分化的资本主义社会中难以在全社会兑现。

但是，提倡搞欧美模式的中国学者对这些学术信息和事实为何就是视而不见？

二、美国模式是市场经济弊端的象征

针对美国模式，斯蒂格利茨曾指出，美国模式是市场弊端的象征。世界已对“1%的人所有、1%的人治理、1%的人享用”的美国模式不抱幻想。美国模式绝非普世价值。

例如，2003年斯蒂格利茨在预言美国金融体系将发生大危机时就指出，美国式的资本主义是“神话”：“美国模式的资本主义成为市场经济问题和弊端

① 同上书，第313～314页。

的象征。"[①]其他国家"能够选择一条与目前在美国国内流行的所不同的市场经济模式……实现一个更加平等、更加安全且具有更好的健康和教育水平——特别对于穷人来说——的社会。"[②]

2010年,斯蒂格利茨在《自由市场的坠落》一书中,总结美国金融危机的教训,指出市场原教旨主义的美国模式必须改革,根本不值得再继续向往、复制。他写道:"我们所推崇的意识形态当然已经不那么吸引人了,并且,这种意识形态失去光泽无法修复可能还是件好事情。……在世界范围内大家曾经共同信奉美国及其教育出来的精英所提倡的价值标准,但是现在经济危机已经削弱了人们对于这些精英们的信任。"[③]

有人热情洋溢地宣称"向往"欧美模式,说中国这样的经济学人"愈来愈多"、"这种思想的影响力也愈来愈大"。似乎中国改革30多年,竟然导致国内经济学界"愈来愈多"的人在逆世界潮流而动,乃至引起"友邦诧异":中国的"精英"们怎么了?

斯蒂格利茨和克鲁格曼等经济学家在一系列著作和文章中指出,在美国模式中:

——大资产阶级对美国政府和政策享有支配性权力。在美国,广泛存在着金钱政治、政企不分的"旋转门",垄断领域的"公司福利制度"即"父爱主义"大行其道,腐败的"裙带资本主义"。换个说法,美国就是"权贵资本主义"国家。

——投机赌博新经济大发展,经济结构严重失衡。政府举措不当,市场失灵严重,资源分配错乱,金融危机危害全球。

——经济增长对改善中下层民众生活的作用不断下降甚至消失。财富和收入的两极分化越来越严重,社会分层固化。美国等发达国家紧缩财政且削减公共支出,福利制度加速奔向"底线"。中产阶级(包括制造业的许多工人)收入长期下降,且队伍日益萎缩和贫困化。失业严重,贫困人口增加,且生活更加困难。工人罢工权受到更多限制,中小企业融资困难重重。在资本统治下,"先富带后富是妄想"。

① 《喧嚣的90年代》,中国金融出版社,2005年,第4页。
② 《经济学》(第17版),人民邮电出版社,2004年,第6页。
③ 《自由市场的坠落》,机械工业出版社,2011年,第198~200页。

——政府在“双重标准”下实行贸易保护主义。美国以强大的军事实力为依托争抢全球战略资源、操纵汇率、干预别国主权。政府和跨国公司一体化，极力控制国际贸易中的主导权。

以上这些问题的存在，有哪一条能够证明，在美国模式中，私有化、“自由市场”和“宪政民主”等能够实现“普世价值”的美好允诺，是有利于多数人的，从而有理由成为中国的改革目标？

至此，可以说欧美模式对于中国的绝大多数人而言，不是什么好的选择；欧美模式也不能解决当前中国国内的各种问题。社会主义市场经济需要在公有制为主体、国有经济为主导、多种所有制经济共同发展和完善国家调节市场方式中探索自己的成功道路。

欧美有的政治家和研究者也已指出，中国即使匍匐在资本主义普世价值的旗帜下，也不能取得欧美国家的经济发展水平和生活水平，因为地球上资源有限。美国总统奥巴马心直口快地说：“中国领导人应该想出一个新模式，不要让地球无法承担。”换句话说，就是美国也不同意中国搞欧美模式！

如此，有些人“向往”的欧美模式还能搞吗？

综上所述，引导中国改革走向欧美模式的“顶层设计”，实际上是误国误民的设计。中国将排除干扰，继续坚持中国特色社会主义市场经济的改革方向。

（原载《红旗文稿》2012 年第 19 期）

只有中国特色社会主义才能发展民营企业

刘润为

改革开放以来，民营企业的快速增长已是不争的事实。据国家统计局数字，截至 2012 年，全国企业法人单位共 8286654 个，其中私人控股法人单位 6552049 个，占总量的 79%。对于这样一种前所未有的经济现象，采取回避的态度或者简单化的态度都是不对的。我们是彻底的唯物主义者，彻底的唯物主义者对这一重大现实问题应当给予彻底唯物主义的回答。这不仅有利于中国特色社会主义的发展，也有利于中国民营企业的发展。

一、绝大多数民营企业都是中国特色社会主义事业的组成部分

民营企业作为市场经济条件下的私有经济，肯定具有马克思在《资本论》中分析的基本特征，这是不必为了和气而刻意讳言的事情。但是，在不同的社会条件下，借用广义相对论的话说，就是在不同的“重力场”中，它还要发生“畸变”，即可能生出某些新的性质，因而其历史作用也可能发生变化甚至根本性的变化。

这样的事情在历史上是屡见不鲜的。比如近代中国的资产阶级民主革命，恰如毛泽东所说，在俄国十月革命之前，它“属于旧的世界”，而在俄国十月革命胜利之后，它就成了“世界无产阶级社会主义革命的一部分”。[①]

中国的民营企业是在社会主义条件下，由中国共产党扶植起来的经济成分。它从一出生，就与中国的社会主义存在割不断的血缘关系。没有党和政府的特定政策，就没有民营企业；没有数十年的社会主义建设，民营企业在经济、政治、文化上就没有立足之地；没有全社会的人才、资金、资源和市场的支持，就没有民营企业的发展；没有党和人民的哺育和教育，就没有而今已然成才的民

① 《毛泽东选集》第 2 卷，人民出版社 1991 年第 2 版，第 667 页。

营企业家。这种特定的“出身”和成长经历，使得不少民营企业具有迥然不同于资本主义世界私营企业的新的性质。这一新的性质，就是天然地带有社会主义的因素。有一种现象很能说明问题，就是不少民营企业家拥护马克思主义和中国化马克思主义，热心于为巩固社会主义制度而兴办的各种公益事业。例如今年的中国企业家文化年会，就是以纪念毛泽东诞辰120周年为主题，这在西方是不可想象的。“橘生淮南则为橘，生于淮北则为枳”，其是之谓也。

生产力与生产关系是一种对待关系。生产关系要适应生产力的发展，就要根据生产力受国内外条件的影响而发生的变化，不断地进行自我调节。坚持以公有制为主体，多种所有制经济共同发展，可以说是我们党在和平与发展的世界历史条件下对我国生产关系作出的一种选择。党的十八届三中全会再次强调，必须毫不动摇地巩固和发展公有经济，坚持公有制的主体地位。只要公有制的主体地位没有变，中国经济、社会的社会主义基本性质就没有变。只要中国社会主义的基本性质没有变，民营企业的存在与发展就是社会主义市场经济的重要组成部分，就是为了向更高级的社会主义形态过渡而准备必要的物质存在条件。

大家都知道，不管是国有企业还是民营企业，在国际市场中都不免要和国际资本打交道。国际资本的本性是无限扩张。而今日的国际资本，则将这种扩张推到了危及全人类的极致。美国著名经济学家威廉·恩道尔在《目标中国》一书明确指出，目前全球共有4万多家跨国公司，其中1300家构成全球经济的核心，而其核心的核心则是被称为全球卡特尔联盟的150家大公司，例如洛克菲勒家族、乔治·布什家族、杜邦家族、比尔·盖茨家族等等。这些国际资本的寡头视包括美国人民在内的世界人民如草芥或粪土，它们凭借其雄厚的经济、政治、军事、科技、文化实力，不但要控制全球的市场，而且要控制全球的一切，包括粮食、人口和环境。就其专制、独裁的广度、深度来说，恐怕世界历史上的任何一个君主都难以望其项背。在中国，除少数靠出卖国家利益获利的买办企业之外，包括国有企业、民营企业在内的民族企业，都正在面临它们的严重威胁。只要你有了一点儿自己的核心技术，只要你在国际市场上表现出了几分活力，它们就会伙同其控制的政府，必欲置你于死地而后快。在这方面，华为、通领、TCL、尚德、英利、天合、三一重工等优秀民营企业的感受也许会更加深刻一些。主要矛盾决定事物的性质。既然国际资本是最主要的挑战对手，民营企业要生存要发展，就必须站在国有企业一边，站在社会主义祖国一边。

不同于西方民营企业的新质，在社会主义发展历史进程中的特殊功能及其面临的主要矛盾，就是我们肯定绝大多数民营企业是中国特色社会主义事业组成部分的根本依据。

二、民营企业必须依靠社会主义制度的优势

有些经济学家好为人师。他们经常“教导”民营企业说，社会主义不好，如果经济上实行彻底的私有化，政治上建立起资产阶级当家的“宪政民主”，你们不就如鱼得水，可以高枕无忧了么？乍听起来，这话似乎美妙得可以令人陶醉，遗憾的是说得太晚。倘若说在1840年以前，可以说是一句实话；倘若说在1840年以后，大抵就是一句空话；倘若说在今天，就是一句包藏祸心的谎话。

为什么这样说呢？就是因为1840年的鸦片战争改变了世界历史和中国历史的走向。美国著名历史学家斯塔夫里亚诺斯在其《全球分裂——第三世界的历史进程》一书中指出，资本主义世界体系有一个从局部到整体的形成过程。国际资本首先占领美洲地区和非洲外缘地区，继而征服亚洲的印度等国。但是，这个时候，资本主义的世界体系还不能算是完整的，因为中国这个东方大国还在其“王土”之外。1840年6月的鸦片战争，则导致国际资本对于中国的征服。而对中国的征服，则表明资本主义已经“合龙”为比较完整的世界体系。

在这个体系中，国际资本居于中心位置，而中国和其他第三世界国家则处于边缘地带。中心与边缘的关系，是主宰与从属的关系、剥削与被剥削的关系、刀俎与鱼肉的关系。这种关系的形成，标志中国已进入半殖民地半封建社会，也标志人类历史进入了世界历史的阶段。

在这个体系形成之前，假如中国的民族资本能够获得足够的时间和动力，则可能由萌芽而不断发展壮大，直到建立起一个独立完整的资本主义国家。然而，正如俗话所说：“过了这个村，便再也没有这个店。”资本主义世界体系的形成，使得中国完全失去了这样的历史机遇。

毛泽东曾经深刻指出：“要在中国建立资产阶级专政的资本主义社会，首先是国际资本主义即帝国主义不允许。帝国主义侵略中国，反对中国独立，反

对中国发展资本主义，就是中国的近代史。”[1]孙中山是一位伟大的爱国主义者。先生以其毕生精力领导资产阶级民主革命，就是为了在中国建立一个独立富强的资本主义国家。由于道路选择、制度安排的一致性，使得他一度幻想得到国际资本的支持。1911年武昌起义爆发以后，当时正在美国筹款的孙中山并未直接回国，而是特意取道欧洲，去寻求资本主义世界的政治支持和经济援助，结果是无一例外地吃了闭门羹。及至孙中山领导的资产阶级革命派在按照西方的政治模式建立起中华民国以后，又多次致电欧美各国恳请外交承认，但同样均遭拒绝。相反，国际资本却看中了反对宪政民主、醉心复辟帝制的袁世凯。1912年，袁世凯刚一窃任中华民国临时大总统，各国公使便纷纷登门道贺。袁府门前，一时间车骑雍容，煞是热闹！那么，国际资本为什么会在价值取向上抛弃同类而青睐异类呢？就是因为袁世凯的帝制能给他们带来好处，而孙中山的宪政却是为了中国的富强。哪里有什么“普世价值”呢？国际资本的所欲所求，第一是实惠，第二是实惠，第三还是实惠。

“卧榻之侧，岂容他人鼾睡”，这就是国际资本的逻辑。不唯政治领域如此，经济领域也是如此。张謇是唯一一位由状元“下海”的企业家，中国纺织业的重要奠基者。1953年，毛泽东曾说：“讲到轻工业，不能忘记张謇”。从1896年起，张謇在家乡南通创办了大生纱厂等几十个近代企业，一时间如火如荼，竟使得南通这个偏僻落后的小城一跃而成了“中国近代第一城”。然而，在国际资本和国内封建势力的双重打压下，不到30年的光景，大生各厂便纷纷倒闭。垂暮之年，回首往事，张謇不禁对天长叹：“呜呼！覆巢之下无完卵，野老洒泪江风前。”穆藕初则是留美硕士，最早翻译了泰勒的《科学管理法》，被今人称为中国第一个经商的“海归派”。他所创办的德大、厚生、豫丰等纱厂，也曾一度兴旺发达。1939年和1940年，毛泽东曾两次提到要发挥穆藕初在抗日统一战线中的作用。1943年，穆藕初逝世，董必武代表中国共产党送去挽联，称其为“才是万人英，在抗战困难中，多所发明，自出机杼；功宜百代祀，于举世混浊中，独留清白，堪作楷模”。尽管穆藕初的个人才质如此优秀，在国际资本支配中国经济的时代，他所兴办的实业也难逃失败的命运。痛定思痛，他曾大声疾呼：“对内急应铲除建设之各种障碍（按：指封建势力和官僚买办势力），对

---

① 《毛泽东选集》第2卷，人民出版社1991年第2版，第679页。

外则应解除帝国主义对中国之束缚。”有些事情就是如此奇巧。这位曾出任过国民政府工商部次长、明确主张反共的企业家，对于中国国情得出的认识竟然与中国共产党相差无几！

让我们再来看一看北洋军阀统治时期三个煤矿的经营情况。一个是山西阳曲保晋公司，系民族资本；一个是山东枣庄中兴公司，系官僚资本；另一个是河北唐山开滦公司，系国际资本。每生产 1 吨煤，阳曲保晋的成本为 2.021 元，税捐为 1.731 元，占成本的 86%；枣庄中兴的成本为 2.025 元，税捐为 0.2 元，占成本的 10%；唐山开滦的成本为 1.5 元，税捐为 0.2675 元，占成本的 18%。悬殊的税捐，正是国际资本和官僚资本挤压民族资本的重要手段。在这样一种极端不公平的竞争环境中，民族企业哪里还有什么生存的空间！

有人或许要问：照你这么说，国际资本是不允许第三世界沾资本主义的边啦？当然允许，不过必须是依附式的资本主义，打工仔式的资本主义，任国际资本呼奴使婢、随意宰割的资本主义。这样的资本主义，其实不能叫资本主义，而应当叫作国际资本的附庸。近年来，有些经济学家之所以不遗余力地兜售新自由主义，并且跨学科地鼓吹“宪政改革”，绝不是要给民营企业的发展铺路架桥、保驾护航，而是要让中国沦为披着资本主义宪政外衣的西方附庸，从而为国际资本挤压国有企业和民营企业、独占中国的资源和市场摇旗呐喊、鸣锣开道。谓予不信，大家可以在互联网上搜索他们的蛛丝马迹，从中不难发现他们与国际资本或明或暗的千丝万缕的联系。如果他们的图谋得逞，民营企业的命运将比当年张謇、穆藕初的企业更加悲惨。

历史的经验值得注意。近 30 多年来民营企业发展的经验，近代中国发展资本主义的惨痛记忆和上世纪“拉美陷阱”、“苏东悲剧”的前车之鉴，所有这一切，都在明确指示我们：国际资本的俱乐部进不去，独立的资本主义搞不成，依附式的资本主义要不得，剩下的就只有中国特色社会主义一条路可走。

如果我们将新旧中国作一对比，便可以更加清楚地看到社会主义的好处。旧中国的统治者之所以害怕西方列强，抵挡不住国际资本的军事、经济、政治、文化侵略，根本原因在于他们失去了民心，茕茕孑立、形影相吊，处于极端虚弱、极端孤立的地位。国人的大多数已经得罪得几近精光，又哪里再敢去得罪洋人呢？新中国则是工人阶级领导的、以工农联盟为基础的人民民主专政的社会主义国家，是实行民主集中制、人民代表大会制度和中国共产党领导的多党合作和政治协商制度的国家，因而获得了最为广泛、最为深厚的社会基础。“篱笆扎得紧，野狗钻不进。”这样一个人民是主、人民作主、人民拥护的政权，是任何外部势力都奈何不得的。如果国际资本胆敢以政府的名义欺负中国的民营企业，我们的政府完全可以对这种欺负实行有效的反欺负，而根本没必要害怕什么。旧中国的经济是一盘散沙。小农生产方式落后，民族工业力羸气弱，官僚买办资本吃里爬外，几种经济成分叠加，不但总体软弱，而且根本形不成任何合力，这就是旧中国经济敌不过国际资本的软肋。目前，中国虽然实行市场经济，但是它不是一般的市场经济，而是社会主义的市场经济。公有制经济的主体地位，国家在经济运行中的宏观调控能力，都在基本面上消解着市场经济的固有缺陷，从而能够有效调动和聚集经济资源，做到全国上下一盘棋，同心同德办大事。这是国际资本过去没有将来也必然没有的巨大优势。正是凭借这种优势，我们帮助香港在上世纪平安度过东南亚金融危机；正是凭借这种优势，我们将 2008 年以来国际金融危机对我国的消极影响降到了最低程度；正是凭借这种优势，我们创造了汶川、玉树抗震救灾的世界奇迹！完全可以肯定，只要我们头脑清醒、意志坚定、应对得法，完全可以凭借高度的国家动员力和经济凝聚力，在国际市场中帮助民营企业战胜来自各方国际资本的挤压和挑战。归根到底一句话，优越的社会主义制度和自主的社会主义祖国，就是民营企业生存、发展的坚实保障和强大后盾。

三、民营企业应当自觉维护中国特色社会主义

民营企业与全社会的关系，是小河与大河的关系、毛与皮的关系。大河干涸，小河岂能独满？皮之不存，毛将焉附？自觉维护中国特色社会主义，既为祖国、人民所必需，也是民营企业发展的内在要求。

一是要在企业内部努力增加社会主义的因素。民营企业尽管是私营企业，尽管要遵从资本发展的一般规律，但是在社会主义条件下，就要多少有些社会主义的表现。比如在企业管理上，应当对工人多一些尊重、多一些关爱、多一些对他们自身发展的长远设计和安排。大家都知道富士康在华企业屡屡出现各种恶性事件，究其根本原因，就在于国际资本无视工人的人权，把工人当作会说话的工具，任由他们驱使和摆布，还美其名曰“军事化管理”。马克思说资本从头到脚都滴着血和肮脏的东西，指的就是这种情形。社会主义国家

的民营企业绝不能做那等粗鄙、野蛮的事情。浙江有一个民营企业，叫中天建设集团有限公司，曾连续多年被评为全国优秀建筑企业。早在10年前，这家公司对于工人的各种待遇就走在同行业的前头。比如，工人的中、晚自助餐不得少于10种菜（荤菜不得少于5种），工人家庭有困难给予特别救助，工地的活动板房必须防火且装有空调，工人晾晒衣服的场所必须上有顶棚下有渗水砖，每位工人都要根据工种或特长进行有计划的技术培训……企业尊重、关爱工人，工人也热爱、维护企业。工人一旦进了中天，便绝少“跳槽”，更多的是与公司签订终身合同，也就是将中天当成了自己的家。我们的民营企业都应当像中天那样，尊重工人的主体地位和基本权益。在我看来，提出工人是企业主人公的口号似乎并不为过。

时下有一个流行很广的俗语，叫作“土豪”。意思是有些老板由于素质低下，而以一掷千金、挥霍无度显示自己身份的高贵。这是一种令人失望的现象。举凡为富不仁、为富不诚、为富不端、为富无行之类，都是干扰经济、社会健康发展的负能量。很明显，“土豪”之豪来源于初次分配的悬殊。有一个企业的老板，年薪一直高得惊人，最高纪录曾达6600万元，大约相当于同年北京一个保洁工年薪的7000倍。也就是说，1个保洁工从黄帝时期干起都不行，要从河姆渡氏族公社时期干起，才能与这个老板1年的收入持平！这个案例从反面提醒我们，在初次分配中必须把公平落到实处。老板的薪金当然可以比工人多拿一些，但是多到几百倍甚至几千倍，便远远越过了公平的底线。这样的初次分配，给中国特色社会主义带来的不是光荣而是耻辱。7年前，我曾问过中天的董事长楼永良先生：你的企业为什么发展得这么快？他的回答非常简约：“财聚人散，财散人聚。”应当说，这是悟得经营真谛的智者之言。初次分配悬殊，一则直接消解工人的劳动积极性，导致生产效率和生产质量低下；二则导致内需贫乏，直接阻碍企业和整个国民经济的可持续发展。总之，初次分配的公平度关乎中国特色社会主义的兴衰，无论是民营企业还是国有企业，绝对不可以等闲视之。

二是要自觉尊重国有企业的老大哥地位。公有制为主体是社会主义之为社会主义的根本经济依据，而国有企业则是公有制经济的核心。尊重国有企业，就是尊重公有制的主体地位，就是尊重中国特色社会主义。不能否认，在市场竞争中，民营企业与国有企业之间存在矛盾，有时甚至是很尖锐的矛盾。

正是利用这种矛盾,有些经济学家捭阖其间,吵嚷着要"国退民进"。问题在于,国退就能民进么?在西强我弱的国际经济格局中,国退的结果绝不是民进,而是国际资本的跟进。国际资本一旦由"进"而"大",占据主导、支配的地位,民营企业就失去了保护伞或防火墙。我们怎能上这样的当呢?挖国有企业的墙脚,就是自毁大厦;挤压国有企业的空间,就是自断生机。对此,民营企业的认识一定要清醒。与此同时,还应当看到,如今的国有企业,除少数处于关键领域的以外,大多实现了投资主体多元化,与民营企业形成了你中有我、我中有你的复杂联系,企业在利益上的一致性日趋显著,这是扩大合作、减少内耗的基础性条件。说到底,民营企业与国有企业的矛盾,是自家的矛盾、兄弟之间的矛盾。即使是这样的矛盾,也不值得鼓励,而必须进行有效的化解。民营企业要从维护国家安全、保卫国家经济命脉的高度,永远把国有企业视为第一小提琴手,自觉自愿地尊重它、辅助它。国有企业则应有老大哥的风范,帮助民营企业实现制度升级、增强创新能力、改善发展环境,特别是在民营企业遇到困难时,更要及时地施以援手。"兄弟阋于墙,外御其侮",这是处理民营企业与国有企业之间矛盾的底线。

三是要积极承担社会责任。勇于担当是中国商人的一个好传统。早在公元前627年,就有郑国商人弦高用4张牛皮和12头牛计退秦军,使自己的国家免遭侵略的故事。须知在春秋时期,4张牛皮和12头牛可是一笔相当可观的财富。近代著名侨商陈嘉庚一生追求进步,慷慨赞助旧民主革命、抗日战争和中国人民的解放、建设事业,堪称爱国企业家的光辉典范。在今天,我们的民营企业家更应当以民族大义为重,以党和国家工作大局为重,积极用企业的经营成果回报祖国和人民,甚至在国家民族需要的关键时刻勇于奉献和牺牲。只有这样,才能真正表现出社会主义国家民营企业的美德,才能充分彰显社会主义制度的优越性。在这方面,中国泛海控股集团有限公司就是我们学习的榜样。这个企业的董事长卢志强认为,民营企业既是自负盈亏的经济组织,又是回报人民的社会实体。财富的积累过程,也是社会责任不断加大的过程。从根本意义上看,"民营企业也是天下之公器"。这是一位民营企业家的大觉大悟,这是超越资本束缚而进入的一种高蹈轻扬的境界。正是因为有了这样的认识高度,在汶川抗震救灾中,他的企业、他的员工以及他个人,共捐出人民币2.285亿元,位居全国民营企业捐献之首。

如今，国家、地区、单位和个人都在努力增强文化软实力。可以说，民营企业对社会主义基本原则的认同程度和践行程度，就是其文化软实力所能达到的高度。企业的内部管理越是以人为本，企业的市场经营越是尊重国有企业，企业承担社会责任越是自觉积极，企业在中国以至世界人民中间的信誉度和美誉度就越高。信誉度和美誉度越高，企业的发展空间就越大。由此看来，自觉维护中国特色社会主义，是企业、职工、国家“三赢”的好事。我们何乐而不为呢？

然而，也有人可能会想：坚持、拥护中国特色社会主义固然很好，但是再来一次工商业的社会主义改造怎么办？这种担心是没有根据的。必须充分肯定，上世纪50年代进行的资本主义工商业社会主义改造是一场伟大的社会变革。没有这种改造，就不可能在旧中国的废墟上建立起崭新的社会主义经济制度。而没有社会主义的基本经济制度，包括今日民营企业在内的一切发展成就都无从谈起。事实正如邓小平所说：这种改造的成功完成，“是我国和世界社会主义历史上最光辉的胜利之一”。[①] 然而，今日之日已不同于往昔之世。今日的民营企业是在社会主义基本制度得到巩固的前提下，我们有能力抵御国际资本控制的前提下，为适应社会主义初级阶段生产力的发展而培养起来的经济成分。在社会主义初级阶段没有结束之前，中国共产党不可能在某一天早上宣布民营企业收归全民所有。当然，从历史的长河来看，社会主义初级阶段毕竟是一个过渡阶段，社会主义毕竟要消灭剥削、消除两极分化、实现共同富裕，最终进入无阶级的共产主义社会，这是共产党人、无产阶级和其他一切劳动者的远大目标，也是不以人的意志为转移的社会发展规律。也就是说，私有制经济终将转变为全民所有制经济。至于这一历史进程如何演进，因为它属于比较遥远的未来，我们不可能像“先知”那样作出具体的描画。但有一点是可以明确肯定的：即使到了中华民族伟大复兴的中国梦实现之时，以至到了共产主义远大理想实现之日，所有进步民营企业在社会主义初级阶段的重要贡献也绝不会磨灭。你们的一切努力都将像荣氏企业一样，化为一座丰碑，永远矗立于历史的时空。

（原载《红旗文稿》2014年第3期）

① 《邓小平文选》第2卷，人民出版社1994年第2版，第186页。

实事求是与改革开放问题

贾根良

党的十八大以来，我国经济发展出现了可喜的新气象。但是，新自由主义对我国改革开放的影响并没有得到彻底的纠正。正是新自由主义的这种影响，我国在国际金融危机爆发后错过了从出口导向型经济向内需主导型经济大转型的重大历史机遇；在中美经济战中，我国再次面临着丧失第二次重大转型机遇的严重威胁。如果没有我国经济发展道路的这种历史大转型，中国不可能跨越“中等收入陷阱”。因此，在中美经济战给中国创造的前所未有的转型机会的条件下，在世界经济处于更大变局的前夜，在习近平新时代中国特色社会主义思想的指导下，我国亟须反思改革开放中存在的问题，实行自我改革，进一步恢复我党实事求是和从中国实际出发的思想工作作风，确定改革开放的新方向，这包括进一步恢复独立自主、自力更生的发展道路；针对发达国家在贸易、投资和金融方面实施国家保护，实现向内需主导型经济的战略大转型；创建我国创新驱动发展战略的新型举国体制；发挥国有企业作为创新驱动先锋和国家创新意志的政策工具的重要作用。为此，我国应该对混合所有制改革进行反思，停止加入《WTO 政府采购协定》、停止实施《外商投资准入特别管理措施(负面清单)(2018 年版)》和停止金融开放。

笔者在 2014 年提出了中国经济发展新战略的二十四字纲领：“高端保护、内需市场、智能环保、国家领导、主权信贷、南南成长”，近几年来围绕着这个主题，撰写了许多论文，现择要将其摘要汇报如下。

一、《只有保护民族经济才是应对中美经济战的正确选择》

笔者在 2014 年就提出，中国应该放弃自由贸易、依靠外国直接投资和金融自由化的“以开放促改革”的思想路线，在对外经济关系上，针对发达国家在贸易、投资和金融方面实施国家保护。目前在应对中美经济战上，只和美国打关税战无济于事，必须针对美元霸权和美国的投资保护主义采取对等反制措施。我国比美国更需要保护自己的民族产业，保护价值链高端，保护国内市场！如果不是美国发起对我国的经济战，我国似乎没有理由采取对美针锋相对的措施。既然美国高举关税保护、禁止中国在美投资等保护主义大旗，那么，我国就可以完全有正当理由采取对等的反制措施：禁止美国跨国公司在华成立新公司，禁止美国金融机构进入中国市场，针对美国对中兴公司的制裁，对美国在华跨国公司采取对等制裁措施，特别是对占据我国高端价值链和垄断我国市场的美国企业礼送出国，并对国民经济进行调整，待时机成熟后，重走英国、美国、德国、日本和韩国保护主义的独立自主、自力更生的成功崛起之路！中国迫切需要从对美国的贸易依附、技术依附和金融依附中摆脱出来，而美国对我国发动的经济战恰好提供了这种重大历史机遇，中美经济战正是中国经济大转型的大好时机。我国已经错过了十年前从外向型经济转向内需主导型经济的历史机遇，我国绝不应该再错过这次机会，否则，将大大推迟中国经济崛起的进程，甚至导致我国陷入中等收入陷阱而不能自拔！

二、《不对称全球化：历史、理论与中国经济全球化的新道路》

本文通过对英国、美国和日本等大国崛起历史经验的研究，揭示了一种带有规律性的历史现象：落后大国都是通过保护主义与发达国家处于半隔绝、半脱钩状态（浅度全球化）的同时，在与同等发展程度或比自己落后的国家建立高度密切的经贸关系（深度全球化，但很多时候并不是自由贸易）的情况下实现经济崛起的。这种历史规律性揭示出，落后大国不可能在与发达国家的深度全球化中实现经济赶超，反而却会造成对其深度依附；相反，通过适当地保护国内市场，在与发达国家之间处于浅度全球化的状态下，落后大国就可以创造一种对国家崛起至关重要的战略性市场空间，以确保在国内市场上创造战略性新兴工业的高端价值链及其自主核心技术，并借道于同等发展程度或比自己落后国家的价值链中低端市场，落后大国可以在国际上建立针对原有发达国家的技术经济领先优势。由于国内市场规模的不同，这种“不对称全球化”的道路又可具体区分为英国和美国两种类型，其中美国道路对我国一带一路的战略尤其具有借鉴意义，我国可以利用广阔的国内市场规模建立全球价值链高端并把经济全球化的重心转移到发展中国家，走出一条“外围包围中心”的经济崛起新道路。基于本文提出的不对称全球化理论及其战略，作者为“一带一路”伟大战略构想的具体实现途径提出了新方略——价值链高端战略和“双领先战略”，并提出了确保其成功的前提条件。所谓价值链高端战略就是在不放弃并强化我国在制造业价值链中低端竞争优势的条件下，通过“一带一路”战略构建由我国企业控制并占据价值链高端环节的全球价值链；所谓“双领先战略”就是在第四次工业革命或“中国制造 2025”的核心技术上对内实施“创造国内领先市场战略”和对“一带一路”国家实施“领先供应商战略”，为了确保这种新方略取得成功，我国必须针对发达国家特别是美国实施保护我国高端产业、价值链高端和货币金融体系的战略，这也是应对美国对中国发动经济战的根本性措施。

三、《金融开放与发展中国家的金融困局》

马克思的经济理论尤其是关于资本主义信用和虚拟资本的分析是明斯基的金融不稳定性理论的先驱，本文运用马克思一明斯基金融不稳定性理论以及马克思主义依附学派有关国际货币体系不平等的思想分析了金融开放为什么必然导致发展中国家金融危机频发，并进而陷入到一种金融困局当中。这种金融困局表现为脆弱的金融系统、动荡的外汇市场、有限的政策空间和越来越难以自拔的依附型经济。本文认为，在不平等的国际货币体系下，频发的金融危机使得金融自由化的发展中国家对发达国家的依附性进一步深化，而金融不稳定又为外围国家对中心国家的依附提供了金融上的条件。发展中国家因金融开放而导致金融危机频发的历史为我国进一步深化改革、维护金融安全提供了前车之鉴。

在笔者看来，我国完全没有必要引进外国银行的直接投资，完全没有必要对外金融开放。首先，我国不缺乏资金，外国银行进入中国，必须将美元交给中国人民银行才能在中国开展业务，这不仅增加了“烫手”的外汇储备的负担，而且也挤占了本土银行的信贷规模，这对中国实体经济没有一点好处。其次，美国金融家的经营管理水平不会比我国本土金融家高。华尔街金融家制造的美国次贷危机是史无前例的，怎能说其经营管理水平高呢？如果没有奥巴马政府对金融业的大规模救助，美国的金融危机是无法收场的。我们应该警惕华尔街银行家在中国兴风作浪、制造新的金融危机。最后，引进外国金融资本将激发本土金融机构的竞争力，这个观点同样站不住脚。按照上一个观点，既然美国金融家的经营管理水平不会比我国本土金融家高，它怎会激发我国本土金融机构的竞争力呢？要知道，华尔街的所谓“竞争力”是美元霸权赋予的，由于作为主权货币的美元攫取了“世界货币”的地位，在国际货币等级体系中处于支配地位，是最有侵略性和投机性的强势货币，而处于国际货币等级体系底端的包括人民币在内的发展中国家的货币在金融开放条件下必将是一种任人宰割的弱势货币，因此必须采取金融保护主义而非金融自由化政策。

四、《美国指责“中国制造 2025”：“只许州官放火”的行径》

在目前的中美贸易摩擦中，美国将“中国制造 2025”肆意歪曲为国家资本主义发展模式并无端指责其对别国排斥的观点甚嚣尘上，这种错误的观点在国内学者中也有很大的市场，其原因就在于美国有意隐瞒了美国的真相。在美国先进制造业计划和“中国制造 2025”中，制造业创新中心都是其核心构成部分，本文通过对其布局定位、运作治理、资金投入、成员聚集度、人才培养等方面进行比较研究，揭示出“中国制造 2025”的战略谋划远不及美国先进制造业计划更加高瞻远瞩，在实施措施上也不如美国更加具体和周密详细，美国对“中国制造 2025”的指责实际上更适合于美国先进制造业计划而不适合于中国。

事实上，战后以来，美国在科技创新方面是世界上实施最强有力政府干预的国家，美国先进制造业计划实际上是美国这种“发展型网络国家”进一步发展的结果，本文揭露了这种事实的真相。美国之所以有意隐瞒其“国家资本主义发展模式”的真相，目的就在于便于推行“按美国所说的去做，而不能按美国所做的去做”，它肆意歪曲和无端指责“中国制造 2025”充分暴露了其“只许州官放火，不许百姓点灯”的强权逻辑。在政府发挥作用的程度上，我国应该认识到“中国制造 2025”在广度、深度、力度和凝聚度上都与美国先进制造业计划存在着比较大的差距，我国不仅应该借鉴和学习美国先进制造业计划，而且也应该借鉴和学习美国战后“发展型网络国家”的成功经验，坚定地将“中国制造 2025”提到一个新的高度。

五、《创建我国创新驱动发展战略的新型举国体制》

在“中兴事件”爆发后，一些工科领域的专业人士提出：只有重新实行我国“两弹一星”的举国体制，才能解决我国集成电路产业“缺芯少魂”的问题，从而引发了与吴敬琏等反对派的争论。然而，无论是赞同还是反对举国体制的人都不了解举国体制在经济史上的来龙去脉。2016 年，笔者曾在清华大学技术创新研究中心学术委员的学术研讨会上做过一个《美国企业家型国家与我国“新型举国体制”》的报告。在这个报告中，笔者指出，举国体制并非我国独有，而且与军工密切相关，与我国“两弹一星”一样，美国曼哈顿工程和阿波罗登月计划也属于高度集中的举国体制。但美国战后高科技霸主地位的形成却是来自于另一种相当不同的举国体制——相对分散的网络型举国体制。1957 年 10 月，苏联先后将“伴侣号”等两颗卫星成功送入太空，标志着苏联航天技术和核武器投送能力已经超越美国，美国以核武器优势抵消苏联常规军队和武器优势的“第一次抵消战略”正式失败，美国为之举国震惊，朝野陷入紧急状态。正是在这个事件的巨大冲击下，美国改组其军工体制，成立了对其颠覆式创新产生重大影响的国防部高级研究计划局，构建了超越传统国防或军工概念的“国防政府部门”体制(Linda Weiss，2014)。美国的“国防政府部门”以国防、军事和情报机构为核心，不仅包括国防部(含三军部门)、国家宇航局和国土安全部，而且也包括能源部、国家科学基金会和国立卫生研究院等部门，这种军民融合的体制将信息、生物、能源、纳米和材料等几乎所有高科技研究都纳入了“国防政府部门”的管辖范围，从而形成了市场经济体制下相对分散的网络型举国体制。美国这种网络型“举国体制”为我国在市场经济条件如何建设“新型举国体制”特别是军民融合国家战略的实施提供了重要借鉴，但存在着缺陷，我国应该发挥社会主义的体制优势，发挥国有企业作为创新驱动先锋和国家创新意志的政策工具的重要作用，建立比美国更加集中的网络型“举国体制”。

六、《国有企业的创新优势：基于演化经济学的分析》

从委托代理理论出发，新古典经济学认为国有制带来的高昂代理成本和国有企业自身的“预算软约束”使国有企业成为了一个低效的生产者。2008 年爆发的金融危机暴露出了新古典经济学以股东利益最大化为原则的企业理论的严重缺陷。演化经济学家们在对股东利润最大化原则进行批评的基础上，提出了旨在促进企业创新能力和生产力提升的“创新型企业”理论。基于该理论，可以分析国有企业在战略控制、组织整合和财务承诺上的优势，正确认识国有企业在从事创新活动上相对于私人企业所具有的优势，这对于实现十九大报告中提出的将国有企业培育成具有全球竞争力的世界一流企业具有重要的意义。

（原载《山东大学学报》2018 年第 4 期）

理直气壮地做大做强国有企业

高　梁

国有经济在国民经济中发挥主导作用，需要以较高的质和较大的量作为保证。但有些人却认为，国有经济的比重越低越好。有人根据美国的情况，要求国有经济占 GDP 比重降至 10％、“退出全部竞争领域”；有人以“反垄断”为名，要国有企业退出基础工业与服务业；有人主张国家只需保留土地、金融资产，彻底退出企业界。这些似是而非的说法经常出现在各种媒体上。讨论国有经济的地位、比重问题，需要有基本的依据，这个依据只能是中国的实际。至少要考虑以下因素：我国现实的经济结构；国际竞争的态势；国家产业结构优化升级的战略目标；国有经济在其中需要发挥的作用。

一、中央文件关于国有经济地位的表述

中共中央历次有关国有经济地位和国有企业改革的文件精神，应该作为讨论的重要指导。笔者理解，中央的精神主要是以下几方面：

1. 坚持和完善公有制为主体、多种所有制经济共同发展，这是我国的基本经济制度。这一制度的确立，是由社会主义性质和初级阶段国情决定的。

2. 公有资产占优势，要有量的优势，更要注重质的提高；要从战略上调整国有经济布局，国有资本要向关系国家安全和国民经济命脉的重要行业和关键领域集中，在这些行业和领域，国有经济必须占支配地位；国有经济在上述行业和领域占据控制地位、对经济发展发挥主导作用，国家和集体所有的资产在社会总资产中占优势，就是公有制的主体地位的体现。这对于增强我国的经济实力、国防实力和民族凝聚力，具有关键性作用。在上述前提下，国有经济比重减少一些，不会影响我国的社会主义性质。

3. 国有经济需要控制的行业和领域主要包括：涉及国家安全的行业，自然垄断的行业，提供重要公共产品和服务的行业，以及支柱产业和高新技术产业中的重要骨干企业。

4. 国有企业是我国国民经济的支柱。国有企业要推行现代企业制度，提高经营管理水平和竞争能力，更好地发挥主导作用。实现国家的工业化和现代化，始终要依靠和发挥国有企业的重要作用。在经济全球化和科技进步不断加快的形势下，国有企业面临着日趋激烈的市场竞争，要尽快形成国有企业的新优势。

二、国有经济战略调整的基本态势

在实际改革进程中，“国有经济的战略调整”，体现为非公经济（包括外资）的超高速增长，公有制经济成分比重的大幅度降低。据《2006 年中国第七次私营企业抽样调查数据分析综合报告》（2007），现有全部 465 万户私有企业中，94 万户企业是由改制、收购原国有、集体企业而发展而来，占全部私企的 20.3%。据分析，私营企业近 7 万亿实有资本中，来自原国有、集体企业的资产至少占 1/3，而且是在资产评估中被大大低估的、廉价获得的“干货”。

党的十五大报告指出：“只要坚持公有制为主体，国家控制国民经济命脉，国有经济的控制力和竞争力得到增强，在这个前提下，国有经济比重减少一些，不会影响我国的社会主义性质。”通过不断推进国有企业改革，我国国有经济的质和量都有了很大提高，培育了一批有较强国际竞争力的国有大企业。国资委公布的数据很清楚地表明了这一点：2002 年至 2007 年，中央企业资产总额从 7.13 万亿元增长到 14.92 万亿元，年均增长 15.9%；营业收入从 3.36 万亿元增加到 10.03 万亿元，年均增长 24.4%；利润总额从 2405.5 亿元增加到 10055.7 亿元，年均增长 33.1%；上缴税金由 2914.8 亿元增加到 8792.1 亿元，年均增长 24.7%；总资产报酬率从 4.9%提高到 8.6%，净资产收益率从 4.3%提高到 11.2%。尽管国有经济的总量在不断增加，但它在整个国民经济中的比重是持续下降的，而且未来相当一段时间还将继续下降，总体上呈收缩趋势。2005—2009 年，我国工业中的国有经济比重每年下降 1.5—1.7 个百分点。按照中央精神，公有资产既要有量的优势，也要注重质的提高。如果作为基础的“量”继续缩减下去，“质”就会成为无本之木。

了解我国所有制结构的基本状况是进行国有经济战略性调整的基础。从工业结构看，在工业各行业中，国有企业占优势的行业有：煤炭与油气开采、石化、冶金、交通运输装备、供电气水等基础行业（产值占全行业50%以上为占优势，占30%—50%为相对优势）；民营企业占优势的行业有：采矿、医药、电器机械、农副产品、木材加工、工艺、废旧物资回收；三资企业占优势的行业有：其他采矿、电子通信、仪表、纺织、皮革、家具、文体等业。国有、民营、三资势均力敌的行业是：轻工9行业（吃穿用）、化纤、橡胶、塑料、装备类5行业（不包括电子通信）。到2008年，中央企业82.8%的资产集中在石油石化、电力、国防、通信、运输、矿业、冶金、机械行业。中央企业承担几乎全部石油天然气、乙烯生产，全部基础电信服务和大部分增值服务，发电量的55%和电力设备的70%；在第三产业，中央企业承担民航运输周转量的82%，水运货物周转量的89%。地方国企（市及市以下）大部分已经退出。根据统计数据，国有工业企业还有2万个，全部国有企业还有10万个左右。但统计口径是“三级及以上企业”，也就是说，其很大一部分是大型企业集团下的分公司。

这样看来，我们的国有经济，在事关国家安全与命脉的行业与领域，还保存了一席之地，这是保持国有经济控制力和影响力的基础。但从总量上看，国有经济比重已接近极限，“退出”的领域已很有限了。

三、从我国经济结构和发展战略的要求看国有经济的地位

“国有经济在关系国家安全和经济命脉的行业和领域占有支配或控制地位、对经济发展发挥主导作用”，从现实考虑，应有以下几层含义：国有经济在经济命脉行业和领域占优势地位，可作为行业运行发展的稳定性因素、保证国家经济社会的基本安全（金融、交通、流通、战略工业）；国家可通过占据行业领导地位的骨干国有企业，贯彻其产业政策（优先顺序、科技进步、产业升级）；国有经济是贯彻国家宏观经济政策的基础；国有企业是国家贯彻收入分配政策的组织基础；等等。

国内有关国有经济的讨论多偏重一般的制度问题。笔者重点从结构角度，讨论国有经济控制力和主导作用问题。

社会主义经济的历史合理性体现在以下两个方面。第一，社会主义的基本原则是追求最大社会公平。对于人均资源如此紧张的中国来说，节制资本

权力，更多关注公平（既包括起点和程序公平，也包括分配公平），是社会的现实需要。第二，中国百年积弱，快速地依靠自身积累实现工业化，只有在社会主义制度下才能实现。通过国家力量，驱逐列强控制，消灭腐败的官僚资本，在动员体制下奠定了今天国家经济起飞的基础。

改革开放以来，我国经济增长率持续高于绝大多数发展中国家，其中一个重要因素是，我们既坚持了公有制为主体，又鼓励、支持多种所有制经济发展。对比俄罗斯的休克式疗法的后果，我们的改革保留了各行业的重点骨干国企，等于兼顾了发展、改革、稳定，是十分正确的选择。

在经济全球化条件下，我国的工业、科技实力仍很落后，面临跨国公司的强力竞争和以 FDI 形式进行的产业侵蚀。东欧和拉美的经验表明，私有化基础上的市场化会使国家失去屏障，本国经济的产权乃至经济命脉将被外国资本控制。

通观今天的国际环境，国家独立是民族生存的根本，拥有和保持独立自主的科技和工业，是发展中国家经济与政治独立的基础。在经济全球化时代，发展民族工业的必要性一点没有减弱。国家提倡转变增长方式，产业升级，自主创新，正是从经济发展全局做出的战略方针的调整。在这个调整中，国有经济仍起着中流砥柱的作用。

我国民营经济（私有企业）的成长不过 20 年历史。总体看，我国民营企业应对市场的能力很强，也存在许多弱点，如互相协作搞技术开发、开发海外市场能力还处于较低水平。现在不少人喜欢美化私营企业，同时又把问题都归罪于国企体制。对此，国资委副主任邵宁指出："这几年学术界有一种把民营企业理想化的趋势，只要民营企业就是好的，只要民营企业一介入，这个事就搞定。但是我觉得，我们不能把国有企业理想化，同样我们也不应该把中国的民营企业理想化。"

现实情况是，大型国有企业、国有部门是国家骨干工业行业（包括部分全球性竞争的支柱工业），恰恰是国家骨干、战略产业的组织者，承担着科技的积累和创新任务。民营经济在工业组织管理和科技创新方面，毕竟还很薄弱。而工业组织和科技积累需要稳定的发展和国家支持，不能断裂。这就必须以骨干企业为核心，政府出面组织产学研合作，提高自主的新技术、新产品研发能力，以提高综合竞争力，才能真正与跨国公司同台竞争。

发达国家何尝不是如此。当代科技和高科技产业的国际竞争，表面上是跨国公司间的竞争，实际上是国家间的竞争。我们千万不可被自由主义教条的迷雾蒙住眼睛，把国有经济完全撤出竞争领域、自废武功。所以，在关系国家安全与经济命脉的重要产业和关键领域保持国有经济的控制力，既是出于社会主义原则的要求，也是出于国家战略的需要。特别是其中的大型骨干国有企业，是国家的经济和政治支柱，是维护国家经济、科技、国防安全的基础，是以自主创新支撑经济结构优化升级的经济基础。

四、坚决反对私有化，理直气壮地做大做强国有骨干企业

因此，对待现存的国有骨干企业，不是"要不要保留"的问题，而是"必须保留，如何搞好"的问题。尽管国有企业的体制还存在不少现实问题，但我们应该本着实事求是的原则去解决问题，不可用搞运动的方式去搞私有化，更不能容许"破罐破摔"式地让腐败分子窃取全民财产。一个国家不论在什么历史关头，绝不能向贪污腐败让步。如果把用歪门邪道侵吞国有资产的"产权改革"制度化，那么这种"改革"政策必然失去人民的支持，国家政权的合法性也会受到损害。

经过数年的整顿，国有资产的流失势头初步得到遏制，国有企业的效益水平逐渐稳定和回升。只要有正常判断力，谁都乐于看到这样的好势头。奇怪的是，一些学者对此却冷嘲热讽，甚至把这看作是"改革遇到障碍"的"坏事"。似乎只有像东欧和阿根廷那样，放手让私人特别是外资将国有企业全部消灭才是好事；似乎中国也应该走拉美式的（依附型的、半殖民地型的）资本主义道路。这样的"改革"究竟是发展生产力，还是破坏生产力，是为大多数中国人民服务还是为少数中外资本家的利益服务？

国有企业改革的目标，是提高企业竞争力，为国家经济发展战略服务。这就必须兼顾局部和全体，眼前和长远，经济和政治。要把发挥民营企业微观活力，和国有大企业在经济命脉和战略产业的支柱稳定作用结合起来。国有经济不可随便被人为整垮，不可被外国资本控制，不可重蹈苏联东欧的覆辙。

根据我国工业结构特点和战略目标，国有经济必须在战略性、高技术竞争性领域占优势和主导地位。主要包括：

(1)涉及国家安全的战略性领域：国防科技工业（核、航天航空、兵器、舰

艇、军用电子);国家基础设施(如通信/广播网、电力网、铁路网及重要交通设施);城市重点基础设施(供排水、供电、供气、干道);金融;大宗农产品及大型商品物流;对外贸易主渠道;战略物资储备等。这些领域的产品和服务担负着国家政治社会安全职能,是经济社会稳定发展的必要前提。

(2)重要基础产业:如电力、电信、重要能源基地、重点石化、冶金行业。此类行业具有公益性质,或为经济社会发展提供基础原料能源,且需要巨额投资,应由国有经济保持优势地位。

(3)不可再生的战略资源领域:重点矿山、油气资源等。随着不可再生资源对经济社会发展的制约日趋严峻,国家必须保有对此类战略资源的控制权或垄断权(如稀土采矿权归地方,允许私人采矿,造成多头、低价出口等违规操作屡禁不止)。

(4)国民经济支柱产业和高新技术产业:由本国资本与机构控制的各类支柱工业(采矿、冶金、石油化工、装备和交通运输工具制造、特种建筑),以及高技术工业(新材料、新能源、电子通信、航空航天、生物医药等),属于资金技术密集型产业。其中的大型企业,是各行业的主导力量和科技研发平台,是国家工业与科技进步能力的核心(国有经济部门占有70%以上的科技资源)。

在以上4类产业中,第4类既是“竞争性”产业,又具有战略性质。作为竞争性行业,它们要面对国内外市场竞争和“优胜劣汰”的考验;其中的骨干(及配套)企业承担着武器装备配套、与社会公益有关的重要装备设施的研制生产任务。在充分开放情况下,这些行业面临着与跨国公司的生死竞争,竞争的成败关系国家安全与产业升级主导权。在各分行业保持国有骨干企业并支持其做强做大(同时也支持本国民营企业做强),是国家保持对这些行业控制力与主导作用所必需的。

可见,简单化地要求“国有经济退出竞争领域”是行不通的。

五、简短的小结

今日研究经济体制问题,如果不和生产力的研究相结合,不了解国家战略利益所在,“改革对策”就是无的放矢,就可能误国误民。没有自主的工业,中国在外来威胁面前就缺乏自我保护的能力。“落后就要挨打”是中华民族不能丢弃的历史记忆。我们今天虽然生活在和平的环境中,但必须具备基本的居安思危意识。

以国有企业为骨干、其他民营企业为补充的支柱产业，是国家产业优化升级、自主创新的中坚，也是国防安全的基础，是实现广大人民群众根本利益和共同富裕的重要保证。国家保持对战略性核心产业的控制，才能抵御外资强势竞争、保持国家稳定。没有自主的工业，就没有中华民族的崛起；没有自主的、具有相当国际竞争力的各项支柱工业，我们的工业就会失去脊梁，我们的经济主权就会流失，国家的独立与安全、广大人民的长远幸福就会失去屏障。

鉴于目前工业的主要增量来自私营和外资企业，为保持国有经济在重要行业和关键领域的主导地位，今后的任务，一方面是要保持国企与国有经济的数量基础，另一方面要大力改善治理结构，提高管理水平，加强国有企业的综合竞争力和发展动力。

（原载《红旗文稿》2012年第6期）

两种不同“市场决定性作用”的理论辨析

——兼评新自由主义“市场决定论”的谬误

侯为民

进一步完善社会主义市场经济体制，是实现新时代中国特色社会主义强国目标的重要基础。新时代中国特色社会主义经济思想产生于中国特色社会主义改革开放的伟大实践之中，对社会主义市场经济条件下正确处理市场和政府关系做出了科学的阐释，为不断提高我国整体经济效率和保持经济健康稳定可持续发展提供了正确指引。习近平总书记指出：“使市场在资源配置中起决定性作用和更好发挥政府作用，二者是有机统一的，不是相互否定的，不能把二者割裂开来、对立起来。”①新时代条件下强调发挥市场配置资源的决定性作用，与新自由主义主张的市场决定论有着本质上的不同。在全面深化改革中，我国要主动划清与新自由主义“市场决定论”的界限。

一、新时代条件下我国发挥市场配置资源决定性作用的内涵和特点

历史的实践永无止境，理论创新同样如此。从不断变化的现实生活材料中寻找突破口，进一步推动社会主义市场经济体制的健全和完善，是我国经济社会发展的内在要求。党的十九大报告指出：“经济体制改革必须以完善产权制度和要素市场化配置为重点。”②这一科学论断是建立在对我国社会主义市场经济的历史发展基础之上的。就中国的现实国情看，当前制约中国经济社

---

① 《习近平谈治国理政》，外文出版社 2014 年版，第 117 页。

② 习近平：《决胜全面建成小康社会夺取新时代中国特色社会主义伟大胜利》，人民出版社 2017 年版，第 33 页。

会发展的传统体制障碍已经消失。一方面,公有制经济在国民经济中所占比例过大、不适合生产力发展的问题已经得到解决;另一方面,政府对企业和市场管得过多、过死的弊端也在很大程度上得到了克服。"经过三十五年改革建立起来的社会主义市场经济体制,已经能够在相当程度上发挥经济稳定器作用"[①]。应当说,这是当前我国深化经济体制改革的现实经济基础。

强调发挥市场在资源配置中的决定性作用,是由我国经济社会发展的问题导向决定的,也是马克思主义"坚持一切从实际出发"观点的体现。当前中国特色社会主义的最大实际,是由我国的最大国情决定的。从历史的坐标看,当前我国仍处于社会主义初级阶段,而且在未来较长的时期内还将处于社会主义初级阶段,这个最大的国情并没有发生变化。因此,我国仍然需要根据生产力发展水平不平衡、不充分的现实,从实际出发采取适合生产力发展要求的生产关系及其实现形式。从经济制度层面来说,就是要继续坚持中国特色社会主义基本经济制度。习近平总书记指出:"公有制为主体、多种所有制经济共同发展的基本经济制度确立以来,我们党一再明确和深化了坚持基本经济制度的重要政策原则。在功能定位上,公有制经济和非公有制经济都是我国经济社会发展的重要基础。"[②]认清和科学理解公有制经济与非公有制经济的功能定位,才能更全面、准确地理解市场配置资源决定性作用的微观基础及其运作机制,才能更鲜明地将社会主义市场经济条件与一般意义上的市场经济相区分。

在资源配置中市场机制发挥着决定性作用,是由商品生产和交换的一般经济规律所决定的。公有制经济和非公有制经济作为市场的微观主体,都服从于上述客观规律,都需要自主经营和自负盈亏,都需要在市场竞争中提高效率和效益。市场化是其以微观经济主体身份参与社会生产所必经的途径。但是,不能将市场化等同于私有化。公有制经济与非公有制经济在功能定位上的差别,并不意味着其性质上的趋同。实际上,公有制与私有制是两种完全不同性质的所有制。邓小平同志在改革开放之初就指出,"公有制以及由此产生的最大限度满足人民需要这一生产目的,是社会主义的特点,也是资本主义永

① 中共中央文献研究室:《习近平关于社会主义经济建设论述摘编》,中央文献出版社 2017 年版,第 57 页。

② 《关于〈中共中央关于全面深化改革若干重大问题的决定〉的说明》,《人民日报》2013 年 11 月 16 日。

远不可能有的优越性”[①]。应当说，确立和巩固公有制经济是我国社会主义事业的历史前提，也决定着社会主义现代化强国目标最终能否实现。发挥市场在资源配置中的决定性作用，需要对公有制经济进行改革，探索和完善公有制经济的具体实现形式。但这种改革，不是将公有制经济改“小”、改“弱”、改“无”，不能以私有化的方式来推进混合所有制改革。“我们强调把公有制经济巩固好、发展好，同鼓励、支持、引导非公有制经济发展不是对立的，而是有机统一的。我们国家这么大、人口这么多，又处于并将长期处于社会主义初级阶段，要把经济社会发展搞上去，就要各方面齐心协力来干。公有制经济、非公有制经济应该相辅相成、相得益彰，而不是相互排斥、相互抵消”[②]。鼓吹只有私有制经济才能适应现代市场经济、只有私有化才能提高资源配置效率，不仅已经被苏东剧变后的现实所否定，而且也与我国改革开放历史实践所取得的巨大成就不符。

发挥市场在资源配置中的决定性作用，要坚持两点论。不能一提市场化配置资源，就只能主张推行自由化和非调控化。马克思主义认为，政治和经济的关系密切相关，相互作用并相互制约。从社会结构层面看，现代社会已经完全脱离了自由资本主义阶段的无组织化阶段。国家作为巨大的经济力量，已经深度融入现代经济生活。“在世界上所有的政治制度中，大部分政治是经济性的，而大部分经济亦是政治性的”[③]。将经济和政治完全视作彼此割裂、相对独立甚至对立的领域，是一种逆历史潮流而动的观点，也是一种完全无视现实的观点。在现代国家中，政治功能如果契合经济基础的要求，则可以大大地推动生产力发展；反之，则损害生产力发展和社会总体福利。为此，习近平总书记在党的十九大报告中指出：“中国特色社会主义最本质的特征是中国共产党领导，中国特色社会主义制度的最大优势是中国共产党领导。”[④]这一论断显然更科学地反映了政治对经济的反作用，也更深刻地体现了共产党作为无产阶级政党组织的先进性质，是对新时代中国特色社会主义条件下政治和经

① 《邓小平文选》第2卷，人民出版社1994年版，第167页。

② 《习近平关于全面建成小康社会论述摘编》，中央文献出版社2016年版，第66页。

③ [美]查尔斯·林德布洛姆：《政治与市场：世界的政治—经济制度》，上海人民出版社、上海三联书店1984年版，第8页。

④ 习近平：《决胜全面建成小康社会夺取新时代中国特色社会主义伟大胜利》，人民出版社2017年版，第20页。

济之间相互作用关系的科学说明，是对现代经济生活中政府和市场关系的深刻总结和阐释。

市场机制配置资源是价格机制（包括要素价格机制）、供求机制、信用机制、竞争机制、利率机制等诸多因素共同发生作用的结果。在这一过程中，要素价格机制、信用机制、利率机制等因素的作用是从属于商品价格机制的。从这个意义上说，对市场机制在资源配置方面的决定性作用，需要坚持从商品经济本源出发来理解，而不是孤立地去认识。这就要求在实践中正确对待金融化过程，重视实体经济的发展。党的十九大报告提出："建设现代化经济体系，必须把发展经济的着力点放在实体经济上，把提高供给体系质量作为主攻方向，显著增强我国经济质量优势。"[①]现代金融体系具备一定的价格发现机制和对实体经济的引导、支持和服务等功能，正确发挥这些功能，能够有效促进市场资源的高效和快速配置。但是，现代金融的这种功能不能脱离实体经济发展。马克思主义认为，虚拟经济是以实体经济为依托的。过分重视商品经济发展的价值形态，而不重视实体经济的同步发展；过分强调金融的价格发现和资源配置功能，而忽视其误导资源配置和放大实体经济风险的一面，这些均是不符合新时代中国特色社会主义经济发展导向的。可见，确立科学的市场化改革观，需要正确看待金融化过程。不能借市场化配置资源和市场决定性作用来为金融的"脱实向虚"的借口。

二、新自由主义"市场决定论"的落后性与反科学性

在中国特色社会主义的语境下，社会生产资源配置的"市场决定论"是以社会主义市场经济的历史条件为基础的。这决定了它有着自身独特的逻辑前提，从而区别于新自由主义的"市场决定论"，后者是以完全的私有制经济作为资源配置的逻辑前提的。新自由主义经济学作为一种经济思潮，诞生于 20 世纪 30 年代、兴盛于资本主义上世纪 70 年代的"滞胀"之中。新自由主义经济学的主要的流派和学说众多，其早期主要是新奥地利学派和弗莱堡学派，前者以弗里德里希·奥古斯特·冯·哈耶克为首，后者则以瓦尔特·欧肯为代表人物。随着美国成为资本主导全球生产中心的确立，货币主义学派和新制度

---

① 习近平：《决胜全面建成小康社会夺取新时代中国特色社会主义伟大胜利》，人民出版社 2017 年版，第 30 页。

主义经济学接过了新自由主义的大旗，其后又产生了理性预期学派、供给学派和公共选择学派等分支。这些流派的共同特点，是信奉私有制基础上的市场机制能够自发出清的信条，反对政府对经济活动的干预。

新自由主义的“市场决定论”是建立在“自发—扩展”秩序理论基础之上的。该理论最初是出于与本能等概念的比较而产生的，被表述为“自发性”。只有到《自由秩序原理》一书中，新自由主义的鼻祖哈耶克才正式称之为“自发秩序”，到后期又进一步发展为“扩展秩序”[①]。可见，新自由主义的市场秩序并没有明确的定义和系统的阐释，不仅表述模糊，而且前后不一。尽管如此，哈耶克仍然坚称，唯一有效的制度安排只能来源于自然演化这只黑箱，结果只能是将亚当·斯密的“看不见的手”推向神秘化和完美化。

新自由主义的自发秩序表面看来具有演化的性质，但它又是非理性的，实质上是排除了人类理性建构的合理性。在新自由主义看来，“首先需要的是，人们在市场上应当能够自由地按照能找到交易对手的价格进行买卖，任何人都应该能够自由生产、出售和买进任何有可能生产和出售的东西。重要的是，从事各种行业的机会应当在平等的条件下向一切人开放，任何个人或集团企图通过公开或隐蔽的力量对此加以限制，均为法律所不许可”[②]。在这里，自由的生产和交易完全脱离了物质资料生产的历史规定性，从而成为一种先天的存在。这不仅有违历史，也与现实经济生活的常识不符。实际上，正如马克思所指出的，生产条件的分配总是一定的社会生产的前提。而只有生产条件的分配，才能真正反映出生产方式本身的性质，脱离这一点来谈自由的生产、交换和消费本身就是非科学的。显然，机会平等只在人们拥有相同数量的生产资料和生活资料时才可能。新自由主义不愿意揭开市场经济中企业作为最主要的行为主体这一黑箱的真正面纱，也就不可能触动生产资料所有权这个资本主义的制度基础。可见，新自由主义的市场决定，实际上是资本和资产者决定，与劳动者无关。马克思早就指出，资本主义的相关经济和政治制度本质上是为资产阶级的统治服务的，“起而代之的是自由竞争以及与自由竞争相适

---

① [英]弗里德里希·奥古斯特·冯·哈耶克著，冯克利等译：《致命的自负》，中国社会科学出版社2013年版，第6—8页。

② [奥]哈耶克著，滕维藻、朱宗风译：《通向奴役的道路》，商务印书馆1962年版，第39页。

应的社会制度和政治制度、资产阶级的经济统治和政治统治”[①]。在这样的情况下，资产阶级及其代理人必然会将有利于自身统治的相关制度纳入到资本主义制度体系之中，而且由于“资产阶级除非对生产工具，从而对生产关系，从而对全部社会关系不断地进行革命，否则就不能生存下去”[②]。显然，在资本主义国家的现实经济生活中，市场机制所赖以运转的相关制度体系在很大程度上仍然要受垄断寡头和政治家的人为控制，哈耶克显然忽略了这一历史事实。不过，“自发—扩展秩序”原理作为一种经济哲学，却是适应了滞胀时期资本主义生存和发展的需要，为极端的市场原教旨主义者提供了理论基础。

新自由主义所主张的市场化和自由化，是个人主义方法论的产物。但是，现代经济中的人一方面总是依托于团队的，是分工的、合作的个人，并非作为单独个体而独立存在。另一方面，在现代市场经济中不仅公共部门成为一种广泛的存在，而且国家干预也已经成为资源配置的一种必不可少的方式。新自由主义无视这一现实，其经济主张和社会治理方案在现实世界中不可避免地会最终走向破产。其根源在于，新自由主义没有从社会化大生产的历史发展出发，而是囿于资产者的私人所有权最初在社会生产中取得主导地位的陈见，将现代经济生活的运行机制单纯和片面地归于独立的、联系松散的经济个体。尽管新自由主义经济学试图以一些高度技术化和复杂化的工具和数学建模为自身理论贴金，但其核心思想和观念却是落后的、倒退的。正如大卫·李嘉图身处资本主义现代工商业经济体系却从小私有者角度分析经济问题一样，弗里德曼也同样固守货币是交换中介的陈旧观点，这显然是一种对现实的逃避。

新自由主义“市场决定论”的理论前提是所谓的“经济人”和“理性人”假设，但这些假设在科学上是站不住脚的。只要是用科学的态度出发就可以发现，脱离社会关系的“人”在人类社会中根本不可能生存和发展，更遑论在现代社会中现身了。马克思曾指出：“要从费尔巴哈的抽象的人转到现实的、活生生的人，就必须把这些人作为在历史中行动的人去考察。”[③]新自由主义将私有制永恒化，其构想的经济人自然只能是与现实世界相脱离的人，从这个“经

① 《马克思恩格斯选集》第1卷，人民出版社1995年版，第277页。
② 《马克思恩格斯选集》第1卷，人民出版社1995年版，第275页。
③ 《马克思恩格斯文集》第4卷，人民出版社2009年版，第294页。

济人"假定出发不可能得出任何科学的观点。新自由主义的"理性人"假定,同样也是在错误的方法论上虚构出来的不全面、不科学的抽象概念。首先,这一"理性人"假定是以具有充分的有序偏好和对偏好的全面计算能力为前提的,但它在现实生活中并不成立。实际上,随着经济社会的发展,人们的偏好也是变化和发展着的。这些偏好不仅可能互相冲突和矛盾,而且难于观测,更不可能被新自由主义的简单模式所预先反应。其次,理性的决策需要完全的信息,这在现实生活中是不可能成立的。最后,社会是一个复杂的系统,人们的经济行为并不仅仅受单一因素的影响。经济因素固然是一个决定性因素,但政治的、社会的、制度的因素同样发生作用,历史的、文化的和心理的因素对人们的影响也不可忽视。从个体来说,局部情况下后者甚至还起较主导的作用。由于现实生活中的人始终是作为社会的人、依托于群体而存在,人们的经济决策并不仅仅为个人的暂时利益所左右,相反,他们常常也会考虑到集团利益和长远利益,新自由主义的行为假设恰恰忽略了这一点。因此,新自由主义所谓的"经济理性"一旦涉入到集体行为或整体视域下的个人行为,往往就会失去解释力。换言之,新自由主义的自由市场只能服务于掌握生产资料的生产者,只能局限于最大限度地获取利润这一狭窄的视野,而不是为了满足国家需要和社会福利需要。

新自由主义的"市场决定论"对国家干预经济持敌视和反对的态度。其所谓的政府介入,强调的是政府的行政和法治职能,只不过稍微兼顾了少许社会救助方面而已,即由政府保证一些最低限度的食物、住宿、服装足以维持人的健康和工作能力。其"自由"含义更多地强调法治的自由而非经济自由。因而这种"自由"只能停留在抽象的概念,而非体现为具体的经济行为。新自由主义经济学在理论上建立起了严格的话语权,但在实践上面对危机时毫无作为,反而导致了经济恶化。这方面的一个最明显的例证,就是其在南美和拉丁美洲的"结构改革"中名声狼藉。"华盛顿共识"下的"休克疗法"使俄罗斯经济陷入衰退,长期不振。无论是促进经济增长,还是危机治理绩效,新自由主义理论都鲜有作为。新自由主义市场决定论所信奉的政府"无作为"背后,是放纵资本力量的"乱作为"。

新自由主义的"市场决定论"将具有高度组织化能力的政府和公有制经济摒于市场化之外,显然是一种理论上的倒退。它即使没有错误理解市场机制,也是片面夸大了亚当·斯密的“看不见的手”的作用。从根本上说，新自由主义主张的市场万能论，其本质是以“自由”名义对资本不受约束和管制背书，其维护的是资产者的利益。“事实上，市场经济运转的许多条件原本是假定，而且是理想的假定，西方国家实行的是市场经济，但其经济的竞争是不是完全自由就大成问题。在自由竞争的市场中，有一只看不见的手在推动着供给和需求——这是一种在其他事物长期不变的假定之下所做的推测，并不是实际情况。所以说，假定是靠不住的”[①]。在当代资本主义主导世界生产的条件下，机会平等只是给了大资本尤其是跨国垄断资本进行自由掠夺的权力，从而为新帝国主义的跨国公司垄断发展中国家的经济命脉提供了方便。正如斯蒂格利茨所披露：“在这个体系中有无数人的利益受到损害，而明确无误的赢家只有一个——西方国家的银行和美国的财政部。”[②]从中国特色社会主义经济的内在规定性看，公有制经济组织和国家作为人民利益的代表，是社会主义经济建设集中力量办大事的保证。这一点，显然与新自由主义的“市场决定论”不可同日而语。

三、完善社会主义市场经济体制要摒弃新自由主义影响

新自由主义的“市场决定论”与社会主义市场经济条件下发挥市场配置资源的决定性作用有本质的不同。进一步完善社会主义市场经济体制，需要坚持中国特色社会主义的“市场决定论”，更需要警惕新自由主义的“市场决定论”以改头换面的形式搞乱理论是非，对我国深化改革产生负面影响。

新自由主义的“市场决定论”对中国完善社会主义市场经济体制有着干扰作用。这既有观念上的因素在起作用，也与市场经济在我国发展时间不长、人们对其负面作用认识不深有关。过去一些人否定新自由主义观点在我国的存在。当前我国强调发挥市场在资源配置中起决定性作用，让一些主张私有化、自由化的人找到了错误解读的机会。他们认为，市场经济只能是以私有制为基础的一种形态，市场配置资源的决定性作用也只能是非调控化的一种模式。因此，完善社会主义市场经济体制的未来方向，不需要坚持“市场”和“政府”相结合的两点论。市场的决定性作用与政府管控之间是对立的，要使市场对配

① 高鸿业：《西方经济学与我国经济体制改革》第1册，中国社会科学出版社1994年版，第1页。
② 张文海：《斯蒂格利茨批评新自由主义的结构调整》，《国外理论动态》2001年第12期。

置资源起决定作用,政府就应当去做好守夜人的角色,做强做优做大国有经济也不再迫切了,只能进一步对公有制经济进行"民营化"。这些观点显然是相当有害的。

首先,在所有制结构上,要划清我国坚持多种所有制共同发展的市场经济体制改革方向与新自由主义主张的全面私有化改革的界限。从中国特色社会主义事业的发展看,在落后的国家中将群众组织起来,使之融入现代化进程,逐步建立起完整的工业化体系并摆脱农业国的落后面貌,没有土地、银行等生产资料公有制,没有强大的国有经济为依托,是没有可能取得成功的。可以说,社会主义基本制度的确立是中国从站起来走向富起来的历史前提和物质基础。改革开放后,围绕搞活经济和提高整体效率,我国立足于生产力发展水平的多层次性和不平衡性,在坚持公有制为主体的基础上,推动多种所有制共同发展,为在新的历史时期快速发展社会生产力开辟了道路。社会主义市场经济的确立,是我国对落后国家的现代化发展道路的重大理论贡献:"对所有制问题的突破是中国特色社会主义理论的一个重大突破。"①这一理论上的创新是改革实践的必然产物,是中国经济社会发展经验的凝结。可以说,公有制为主体、多种所有制经济共同发展,是我国深化改革中不可动摇的制度根基。当前,中国特色社会主义进入新时代,我国仍然要坚持社会主义初级阶段的基本经济制度。深入推进市场经济体制改革,是要巩固和完善我国目前的基本经济制度。苏东国家改革的历史已经证明,全面变革所有制不是出路,搞单纯的私有化没有出路。相比之下,中国改革开放的成功经验也雄辩地说明,从生产关系层面来说,"明确社会主义生产关系的性质,就是要坚持公有制主体地位不能动摇,国有经济主导作用不能动摇"②。公有制经济的主体地位和国有经济在整个经济运行中的主导作用,是社会主义市场经济的独特基因和破解中国经济快速增长的密码。同样,推进公有制经济和非公有制经济共同发展,通过公平竞争激发非公有制经济活力,市场配置资源的决定性作用才能服务于社会主义现代化强国目标,才能从根本上防止偏离社会主义改革方向。正如习近平总书记指出的:"我们是在中国共产党领导和社会主义制度的大前提

① 《毫不动摇坚持我国基本经济制度推动各种所有制经济健康发展》,《人民日报》2016 年 3 月 5 日。
② 《习近平关于社会主义经济建设论述摘编》,中央文献出版社 2017 年版,第 63 页。

下发展市场经济，什么时候都不能忘了‘社会主义’这个定语。”①

其次，在市场配置资源的微观运作主体上，我国深化国有企业改革与新自由主义的取消国有企业有着本质的不同。在新时代中国特色社会主义经济发展中，既要推进国有资产管理体制改革，推动国有资本在结构调整和战略重组中做强做优做大；也要推进国有企业通过自身管理机制的改革和发展，逐步做强做优做大，在市场资源配置中起主导作用。2016 年 10 月 11 日，习近平总书记在全国国有企业党的建设工作会议上强调，要从经济基础决定上层建筑的马克思主义观点出发，看待国有企业的地位和作用。国有企业是中国特色社会主义的重要物质基础和政治基础，是我们党执政兴国的重要支柱和依靠力量。在深化国有企业改革上，要注意防止三种不良倾向：其一，只强调国有资本的价值形态管理，而忽视国有资本的实物形态管理。国有资本的实物形态，决定着其在资源配置中能否真正作为市场参与者发挥作用。其二，只强调企业产权制度改革，而忽视企业内部管理制度改革。新自由主义认为企业效率可以通过加强企业内部的竞争和淘汰等方式来达到，这种思维使企业内部过度竞争，监督和管理成本不必要的增加，管理层和工人之间的劳动报酬差距不合理拉大。这一主张显然与社会主义企业的改革不相容，国有企业作为公有制经济，其内部管理改革要坚持民主，保证职工主人翁地位，而不能照搬新自由主义的企业改革药方。其三，在推进混合所有制过程中只强调推进民企入股国企，反对国有企业控股民营企业。实际上，国有企业只是单纯地“做强”和“做优”还是远远不够的，只有在混合所有制改革中坚持自己的控股地位，才能扩大自己的影响力和控制力。这是做大国有企业的出路，也是使我国市场资源配置达到整体效率最优化的基础。

再次，在政府的职能和作用上，要划清我国更好发挥政府作用与新自由主义的非调控化的界限。推进转变政府职能，是新时代条件下激发市场活力、形成全社会发展合力的重要前提。但这种职能转变不是走向自由放任，不是走向新自由主义所主张的非调控化方案。自从党的十五大提出使市场在资源配置中发挥基础性作用以来，我国就一直在积极探索如何在市场经济条件下更好地发挥政府作用。党的十八届三中全会强调更好地发挥政府作用，使之与

---

① 《习近平关于社会主义经济建设论述摘编》，中央文献出版社 2017 年版，第 64 页。

发挥市场在资源配置中的决定性作用并列，反映了我国对这一问题认识的深化。在现代经济生活中，政府活动是与市场经济行为相生相随的。实际上，市场经济越是发展，市场作用范围和领域越是扩大，政府的作用就越是会延伸，越是不可或缺。我国的社会主义市场经济改革不是不要政府调控，在新时代中国特色社会主义经济发展中，由于社会主义市场经济体制的确立和发挥作用，遵从市场经济规律就成为必然的要求。因此，强调更好发挥政府作用并不是用政府取代市场。实际上，政府干预经济生活是有前提的，是以市场作用为基础的。“发挥政府作用，不是简单下达行政命令，要在尊重市场经济规律的基础上，用改革激发市场活力，用政策引导市场预期，用规划明确投资方向，用法治规范市场行为”[①]。同时，政府的作用也不能仅仅是被看作对市场机制的补充。我国作为社会主义国家，也要更好地发挥政府作用。新时代中国特色社会主义经济思想中的政府职能，有别于西方“福利国家”的办法，不仅注重社会保障，更重视增强发展后劲和发展的灵活性。习近平总书记指出：“我们加大转变政府职能力度，将工作重点转向营造公平竞争市场环境、保护生态环境、支持创新等，增强经济发展动力和活力。”[②]显然，要增强我国经济发展动力，一方面要靠科技创新，另一方面也不能单纯依靠市场，而是应注重发挥社会主义集中力量办大事的体制优势。在整体上推动我国经济发展向高质量发展阶段转变，单纯依靠分散化的市场力量是不能实现的。从激发经济发展的活力来看，我国也不能单纯依靠市场。活力既来自于竞争，更来自于公平。形成公平竞争的市场环境，才能形成合力和凝聚发展共识，有效化解内部无效竞争和过度竞争，从根本上激发全社会的积极性，为增强经济发展的活力创造条件。

最后，要划清我国深化金融体制改革与新自由主义全面金融化主张的界限。金融化过程是经济社会发展的必然现象，但虚拟经济过度发展，会扭曲投资和消费行为，使银行风险不合理增加，从而动摇实体经济正常运营的信用基础。这会从根本上降低整个社会的资源配置效率。新自由主义的全面金融化恰恰是主张放松金融管制，以金融创新名义过度发展虚拟经济，这是与其全面

① 《习近平关于社会主义经济建设论述摘编》，中央文献出版社 2017 年版，第 69—70 页。
② 《习近平关于社会主义经济建设论述摘编》，中央文献出版社 2017 年版，第 57 页。

自由化和私有化主张相一致的，也是由其为垄断资本集团服务的本质所决定的。新自由主义的金融化改革方案，实质是通过金融化改革进一步剥夺劳动人民和转嫁金融投机风险。在我国社会主义市场经济条件下，金融创新只能以实体经济的发展为前提，而非盲目创新。因此，虚拟经济处于为实体经济服务的部门这一地位不能改变，一旦超越这一界限，经济的虚拟化就会使大量资源被错配，进而使社会总劳动在各个部门间的分配趋于扭曲，从而在根本上侵蚀经济发展的现实基础。党的十九大报告提出："建设现代化经济体系，必须把发展经济的着力点放在实体经济上，把提高供给体系质量作为主攻方向，显著增强我国经济质量优势。"[①]这是对实体经济和虚拟经济之间关系认识的科学论断，为我国金融化改革如何为促进资源优化配置服务指明了方向。当前，我国将“去杠杆”作为供给侧结构性改革的重要内容，强调要防范金融系统性风险，也是出于这一考虑。习近平总书记指出："我们讲的供给侧结构性改革，同西方经济学的供给学派不是一回事，不能把供给侧结构性改革看成是西方供给学派的翻版，更要防止有些人用他们的解释来宣扬‘新自由主义’，借机制造负面舆论。"[②]这可以作为我国划清与新自由主义理论的一个重要注脚。

（原载《毛泽东研究》2018 年第 3 期）

① 习近平：《决胜全面建成小康社会夺取新时代中国特色社会主义伟大胜利》，人民出版社 2017 年版，第 30 页。

② 习近平：《在省部级主要领导干部学习贯彻党的十八届五中全会精神专题研讨班上的讲话》，《人民日报》2016 年 5 月 10 日。

建设“社会主义有组织的市场经济制度”

余云辉

经过三十多年改革开放的实践和探索，中国的经济理论已经到了需要反思、创新、突破的时刻。过去三十年中国经济制度的特征是什么？未来三十年甚至更长时间，中国应该选择怎样的经济制度？这是中国新时期经济理论必须回答的首要问题。

经济制度不是孤立的存在，而是与国家经济发展的目标追求和政策体系构成有机的互动的整体。目前中国诸多经济问题和经济乱象主要起因于经济发展目标定位的失误。经济建设目标定位的失误又导致经济制度选择的失误。目标定位和经济选择的失误，最终表现为政策体系的混乱、矛盾和失误，经济政策体系缺乏层次性、系统性、长远性和预见性。

一、经济发展目标的定位

新中国成立后的前三十年，中国经济发展主要以立国赶超为目标，如以实现“强国梦”作为发展目标；改革开放后三十年，主要以追求数量增长指标为目标，如主要以GDP增长、人均收入、引进外资、外汇储备等作为目标，但以追求数量增长为目标的制度选择和政策导向，从长期来看必然造成经济结构畸形、增长质量下降。中央提出“调结构”的发展思路实质上是表明：后三十年经济发展的结构出问题了。但是，近年来“调结构”的思路并没有达到预期的成效。这是因为“调结构”意味着生产结构、分配结构和消费结构的调整，这需要目标导向、制度选择和政策配套的全面调整，否则，经济结构必然继续恶化，最后以经济社会危机全面爆发的方式来完成强制调整和平衡。这将是中国发展的悲剧，也是全国人民不希望看到的。

为此，中国经济发展必须由追求GDP等数量指标的增长转变为追求经济质量指标的发展，把“实现工业、农业、国防和科技的现代化”重新确定为中国经济发展的目标。

中国百年强国梦的基本内涵是追求和实现工业化并在工业化的基础上实现现代化，改变落后挨打的局面。但是，在中国追求工业化的过程中，人们在思想认识上并没有完全理解世界各国工业化的本质内容，因此，工业化追求成为“画虎成猫”的“伪工业化”，变成“招商引资化”、“世界工厂化”、“经济特区化”、“开发区化”、“房地产化”、“城市化”和“城镇化”的追求。

通过分析英、法、美、俄、日等实现工业化国家，可以将新型工业化或工业现代化的内涵及其衡量标准归纳为：

1. 每一个产业的龙头企业由本国资本控制，本国资本控制着产业链的主要环节，并拥有产业发展的主导权；产业发展的主导权不受外资控制。

2. 本国装备工业部门可以提供各行各业开展工业化生产所需要的核心装备和核心技术；这些核心装备和核心技术不受外国政府和企业的控制。

3. 本国所有的工业部门和企业拥有强大的技术创新机构并形成可持续发展的技术创新能力，拥有世界范围内的技术创新主导权。

4. 本国产业部门的主要企业拥有国际和国内各类原材料采购的控制权和产品销售的定价权，他们牢牢控制着国际和国内的各层次流通渠道；各种流通渠道和商品定价权没有被海外资本所控制。

5. 生产领域和流通领域创造的财富以利润、工资、利息和税收的形式存在，且主要由本国资本、劳动者、金融机构和政府拥有，而不是主要由海外资本和海外组织所拥有。

6. 本国资本控制的工业企业具有良好的国防装备生产能力；民用工业与国防工业之间拥有较强的转换能力；国防工业实力强大。

7. 金融监管部门、金融市场和金融机构可以为国家实行工业化和国防现代化提供强大的金融支持，金融服务效率高，金融监管水平高。

8. 本国政府牢牢掌控着国家经济的“顶层权力”；本国的基础货币发行权、汇率定价权和资产定价权不受外国政府和金融集团的操控。

对照上述每一条标准，目前中国的经济发展水平和工业化水平与真正的工业化国家之间都存在着很大的距离，甚至还在不断拉大着某些距离。

因此，未来中国经济的发展思路，首先需要明确目标和方向，需要明确工业化国家的标准和内涵，追求中国真正的工业化和现代化。满足上述标准的工业化或再工业化，必然同时意味着科学技术的现代化；工业现代化和科技现代化必然带来国防现代化，同时为农业的现代化提供坚实的物质基础。中国经济制度的选择和政策体系的设计必须服务于中国的工业化和现代化。

二、中国经济制度的选择与升级

国家的经济体制是基于经济目标与制度现实的综合和选择。不同历史时期的经济社会现实、不同的经济目标追求，必然产生不同的经济制度选择。在新的历史时期里，中国需要提出新的经济理论和新的制度模式，以解决现实的经济社会问题。

中国新时期的经济制度模式应该定义为“社会主义有组织的市场经济”，其中，“市场经济”、“组织化”和“社会主义”构成这一经济制度模式的三大要素。

（一）关于“市场经济”

中国新时期的经济制度必须属于市场经济的范畴，不能倒退到计划经济领域。这是基于中国经济社会运行现状的选择。在新的历史时期，市场经济的契约精神、竞争特征、法制原则不仅要全面体现于经济的组织化过程，而且要深刻地渗透到社会主义性质的企业群体的管理模式与授权模式之中。

（二）关于“有组织的市场经济”

市场经济区分为“初级的、无序的、低级组织化和不规范法制化的市场经济”和“高级的、有序的、高度组织化和法制化的市场经济”。前者简称为“欠组织的市场经济”，后者简称为“有组织的市场经济”。

可以说，中国过去三十年推行的市场经济模式属于“初级的、无序的、低级组织化和不规范法制化的市场经济”。这是中国市场经济的1.0版。中国发展1.0版的市场经济，首先通过推行家庭承包制敲碎了中国农村的基层经济组织——人民公社，而不是把人民公社普遍改造为类似于华西村一样的农民从事商品生产与经营的合作组织——农民合作社和生产企业；其次，通过开辟经济特区、引进外资、给予外资企业超国民待遇，以不平等竞争的非市场经济手段和做法，冲击仍然处于计划经济体制下尚未转型的国有企业体系。中国经济由高度组织化的计划经济时代进入了无序的、法如虚设的、不平等竞争的市场经济低级阶段。这个过程也是中国工业经济领域“去组织化”的过程。

中国农村和城市的改革过程是市场经济从计划经济母体艰难诞生的过程。改革开放的三十年包括两方面的内容:改革的三十年是培育“市场经济初级阶段的国内各类经济主体”的三十年,开放的三十年也是引进“跨国垄断资本经济体”的三十年。在发展市场经济的初级阶段,中国并没有学习英国、法国、德国、日本和美国在工业化初期所普遍采取的贸易保护主义政策,而是大开大放,引进了跨国垄断资本。这些以现代金融和国际资本市场为后盾的跨国垄断企业与国内处于市场经济初级阶段的内资企业形成了类似于“洋枪队”与“义和团”之间的非对称的经济竞争。海外跨国资本迅速控制了国内产业链的核心环节,并占领了国内各个领域的主要市场,获取了产业利润的主要份额。其实,发展市场经济的改革没有错,但是,在国有经济没有成功转型并且国内民营资本没有走向成熟的情况下,采取“改革+开放”的政策组合和“以开放促改革”的急躁策略就产生了一系列经济问题和社会后遗症。

改革开放三十年之后,中国形成了国家资本、海外资本和民营资本并存的经济结构。这构成了中国市场经济的1.0版。当前经济社会一系列矛盾的集中爆发表明:这种初级的、无序的、非组织化的、不规范法制化市场经济制度已经遇到了很大问题。当前,中国不仅面临着产业结构的升级,而且面临着经济制度的升级。中国经济制度亟须再次飞跃和变革,即由“市场经济 1.0 版”升级为“市场经济 2.0 版”;由“初级的、无序的、低级组织化和不规范法制化的市场经济”,升级为“高级的、有序的、高度组织化和法制化的市场经济”,并通过建设高度组织化和法制化的市场经济体制来实现中国真正意义上的工业化和现代化。

(三)关于“社会主义有组织的市场经济”

中国经济制度的升级,即由“无序竞争的市场经济”发展到“有组织的市场经济”必须回答一个问题:中国发展“有组织的市场经济”究竟应该由谁来充当市场经济的组织者和主导者?

究竟由本土资本(包括国有资本和民营资本)还是由海外资本来充当中国经济的组织者和主导者?这决定着中国经济是独立自主性质的经济体还是对外依附的经济体。如果中国“有组织的市场经济”是由海外资本和跨国垄断企业充当组织者的角色,那么,中国必然沦落为对外附庸型的殖民地性质的经济体,中国一切现代化的努力必然成为泡影。由海外资本和海外政治势力主导和组织起来的“有组织的市场经济体系”只能使中国沦为拉美化和殖民化的国家。

这种“有组织的市场经济制度”无法完成中国的工业化和现代化事业。可见，中国“有组织的市场经济”只能选择本国资本来充当市场经济的组织者和主导者。

中国的本国资本根据其权属关系可以区分为国有资本和民营资本。究竟由国有资本还是由民营资本充当中国“有组织的市场经济”的组织者和主导者？在现阶段，中国的民营资本的单体规模、技术水平、管理能力都远远逊色于国有资本；民营资本的竞争力也远远落后于海外资本。在民营资本实力还不具备全球竞争力的情况下，面对对外开放所迎来的全球跨国资本的竞争压力，国有资本具备与国际跨国垄断资本抗衡与竞争的实力。为了实现中国经济与社会的现代化建设，坚持独立自主的政治、经济和外交政策，中国选择由国有资本主导的“有组织的市场经济模式”必然是“社会主义有组织的市场经济制度”。

总之，历经改革开放三十多年的发展，中国的市场经济体制必须由初级的、低级组织化和不规范法制化的市场经济体制，升级为高度组织化和法制化的市场经济体制，升级为以追求中国工业化和现代化为目标的、由国有资本主导的“社会主义有组织的市场经济制度”，避免中国经济结构拉美化和经济性质殖民化。

因此，中国经济发展的内涵并不是简单地保持经济总量的数量型增长，而是要完成“以实现工业化和现代化为目标”的生产结构调整、分配结构调整和消费结构调整。

三、中国经济政策的精气神

自改革开放以来，中国的经济政策具有三大缺陷：一是缺乏层次性，即宏观政策、行业政策和微观政策之间缺乏分层与衔接；二是缺乏系统性，即政策出自部门，往往以部门利益为导向，政出多门，彼此冲突，没有系统性和全局观；三是缺乏长远性和预见性，朝令夕改，宏观调控调个不停，各个经济体难以形成合理预期而只好选择投机。究其原因，这是因为中国的经济政策没有体现中华民族的百年梦想、没有体现共和国的宏伟目标、没有体现国家经济制度的本质精神之结果。

这里我们需要深入思考的问题是：中华民族的理想是什么？现实生活中人们血液中流淌的信念是什么？政府部门确立的经济发展目标合适吗？GDP 总量、人均收入和小康目标能否代替工业化和现代化的目标？中国经济是独立自主经济体还是买办权贵主导的经济体？如果上述问题没有正确和明确的答案,或者回答问题口是心非,心存狐疑,那么,中国的经济政策怎么可能做到具有层次性、系统性、长期性和预见性?

只有明确中国的国家目标是实现真正意义上的工业化以及在此基础上实现农业、国防和科技的现代化,只有明确中国实现现代化的经济制度保障是“社会主义有组织的市场经济”,那么,中国的经济政策才能找到聚焦的方向,才能体现出“市场经济”、“有组织”和“社会主义(国有资本主导)”这三重制度性内涵的精气神。为此,我们需要在政策层面上做好以下工作:

第一,明确经济发展的目标定位。中国经济发展的方向仍然是实现“四个现代化”,仍然是追求工业化和现代化。当前需要根据新型工业化的八个标准,制定中国“再工业化”的目标和政策,并以此纠正城镇化、城市化、开发区化、房地产化和世界工厂化等各种追求低质量 GDP 增长的做法。

第二,整顿和重建市场经济秩序。建设中国国内统一市场是发展市场经济的基础性工作,这需要拿出类似于秦始皇“统一文字、统一度量衡”的决心。为此,需要取缔各地各种税收优惠、土地优惠、排污优惠以及违规免罚优惠,同时,执行统一的处罚标准。各种政策性优惠是对其他地区和其他企业的歧视,也是对正常经济决策的干扰。各级政府在经济领域的首要工作不应该是招商引资和追求 GDP 增长,而是维护市场经济的秩序和社会制度的权威。

第三,对地方司法机关(法院)和地方环保部门实行中央垂直管理。目前地方党委政府集行政、立法、司法于一身,权力缺乏监督。中国司法体系的薄弱和环保的低效率,引致了大量的经济问题、环境问题和社会问题。这些问题已经严重地影响着经济发展、社会稳定和执政党地位。但是,这些问题不是出自共产党执政和社会主义制度,而是出在管理层面。就目前来看,司法和环保必须相对独立于地方的权力和利益,没有司法系统和环保系统的垂直监管,就没有法制和秩序可言,就不可能建立有序的、法制化的市场经济制度。这比大部制改革更紧迫,也更重要。这一点应该向德国学习。

四、推动中国经济走向组织化和有序化

在农业领域,应该通过农业财政补贴的引导,把农民重新组织起来,让农民协会、农业合作社和各类互助组织代替农民个体户;同时,国家资本应该投入建设覆盖中国广大农村的种子农资供应网、粮油和主要农产品采购网、科技与培

训服务网、农业保险与低息贷款服务网，等等；利用现代连锁经营技术和互联网技术，把中国农业重新引领到组织化的道路上，以便提高农业生产效率、避免海外资本对中国农业的渗透和掌控，并提高农民与国内外产业资本的议价能力。

在工业和商业领域，应该发挥资本市场配置资源和整合企业的作用。“现代市场经济”不是“商品市场主导的市场经济”，而是“资本市场主导的市场经济”。“社会主义有组织的市场经济”意味着国家资本和政府金融政策可以主导和调控国内资本市场，进而提高国内资本市场的法制化、组织化、有序化的程度，最终形成比国外资本市场更高的资源配置效率，使国内资本市场更好地服务于中国的“再工业化”和现代化的目标。中国的产业升级不可以依赖海外资本市场，更不能让海外资本市场主导和调节着国内产业的发展。

国内资本市场改革的方向不是向外资开放、不是让外资主导国内的资本市场，而是让国内企业松绑、给国内投资者松绑，是把国内企业的“资本自主权”和国内投资者的“投资自主权”从中国证监会官员手中交还给企业和投资者。把证券发行、上市、企业并购重组的责任和权力下放给保荐机构、审计机构和律师事务所。证监会和交易所仅仅承当资本市场游戏规则的制定者和维护者。

第五，国有资本需要主导国民经济体系中各个行业的开拓性投入，引领各个产业的科技创新，前瞻性地开拓国内外市场，把握产业上游重要原材料的控制权和产业下游主要商品的定价权。国有企业的主要职能不仅是向国家财政提供税收，国有企业的核心职能与经济定位应该是开展前瞻性投资布局、引领科技创新、推动产业结构调整、与国际跨国资本展开竞争、控制国内外主要原材料来源、掌握国内外主要商品定价权、维护中国经济的整体竞争力、确保中国经济金融安全与政治稳定、推动再工业化和国防现代化。

第六，坚持正确的国有企业改革方向。国有企业是国有资本的载体，国有企业改革的方向和思路决定着国有资本的命运。国有企业的改革方向是把市场经济的竞争原则引进到国有企业的产权改革之中：(1)国有企业所有权与经营权分开。(2)所有权归于国家并以行政授权的方式授权给国资委；经营权应该以竞争的、投标的、信托的方式，授权委托给专业化的产业管理公司和资产管理公司进行管理。

国有资本和国有企业的管理体制必须引进市场竞争机制。国有企业经营班子应该产生于竞争性的市场，而不是产生于组织部和国资委的会场。国有资本和国有企业的管理体制要从行政性授权改变为信托化的、竞争性的、市场化的授权。只有把市场经济的竞争基因植入于国有资本和国有企业的授权改革,才能使国有资本和国有企业拥有更强的竞争活力。

“社会主义有组织的市场经济”不仅意味着体现社会主义特征的国家资本需要组织和主导市场经济,防止中国经济无序化和殖民化,而且意味着市场经济的竞争精神和法制精神必须反过来渗透到社会主义内部、体现于国有资本的管理和国有企业的授权之中。

第七,中央政府必须牢牢掌控“中国经济的顶层权力”。当中国完成了计划经济制度向市场经济制度转变之后,中国经济顶层权力的内涵也由计划经济时期的产品生产计划权、产品调配权和产品定价权转变为市场经济时期的基础货币发行权、人民币汇率定价权和人民币资产定价权。基础货币发行权、汇率定价权和资产定价权之间形成复杂的互动的三角关系,构成市场经济的顶层权力体系。国家之间产业竞争、货币战争乃至军事斗争都是围绕着“经济顶层权力”的较量和争夺而展开。

中国金融改革应该避免“金融大跃进”的举措,目前还应提高国际热钱进出中国的门槛,一方面严控热钱进入中国,另一方面严防热钱带着利润财富逃走,并通过经济金融政策的组合拳,稳定中国金融市场。中国经济的顶层权力应该服务于中国的再工业化目标和现代化目标,应该服务于“社会主义有组织的市场经济制度”的建设,而不是服务于外国政府、美联储和华尔街。

第八,中国央行必须承当起稳定资产价格和稳定汇率的职责,这也是各国央行的核心职责。因此,中国央行也必须抓紧行动起来,推出“定向宽松政策”:通过合适的金融机构和金融工具,向农业、流通业、生态环保业、新型制造业、高科技创新型企业和国防科工企业实行“定向宽松货币政策”。既然美联储可以直接购买债券、压低利率、支持金融投机资本,那么,中国央行也可以借助金融机构和金融工具采取相机抉择的政策。

在中国央行推出“定向宽松货币政策”的前提下,证监会应该给予积极的监管配合和制度创新,应该对农业、流通业、生态环保、新型制造业、高科技创新型企业和国防科工企业的发行上市、再融资、重组并购实行市场化的备案制,把这类企业的“资本自主权”归还给市场和企业。

实行市场化的备案制,降低股票融资和上市的门槛,提高资本市场的融资上市和并购重组的效率，并与央行的“定向宽松政策”相配合，才能提高中国资本市场的竞争力，才能推动中国经济的产业升级。

第九，在推出定向宽松货币政策的同时，向基金和个人投资者开征资本利得税。资本利得税是分配领域的重要税种，是调节社会财富、防止两极分化的重要手段。中国应该逐步降低生产领域的税赋比重，同时提高分配领域的税赋比重。开征资本利得税符合中国税赋结构的变化趋势。在海外热钱不断进入资本市场的情况下，开征资本利得税有利于均衡税赋、避免财富流失。股市的低点或发动行情的起点也是推出资本利得税的最佳时点。

中国经济发展和产业转型升级需要人民银行与证监会的配合，需要货币政策与资本市场的配合，其中，央行政策更具有主导性作用，也承担着主要的责任。在现阶段央行推出“定向宽松政策”可以一箭三雕，既可以增加定向货币投放、促进产业升级和转型、增加企业资本金和信贷能力，推动资本市场的市场化改革；又可以有效抑制人民币过度升值的趋势，避免出口企业进一步陷入困境；同时，还会通过增加社会生产能力和产品供给而带动增长。

五、总结

三十多年的改革开放实践把中国经济带入了深水区。现在已经很难摸到过河的石头。为了保护经济成果、克服经济困难、摆脱内外困境、实现中国的工业化和现代化之梦，我们需要重新提出中国的工业化与现代化追求，需要明确真正实现工业化的衡量标准；为此，我们需要在总结过去发展市场经济的经验与教训的基础上，进一步明确中国特色社会主义经济制度的内涵和选择，把建设“社会主义有组织的市场经济制度”作为实现中国经济之梦、强国之梦的制度保障。在明确了中国生产力的发展方向和中国生产关系的制度特征之后，重新梳理和调整中国的内外经济政策和经济管理体制，使之具有层次性、系统性和预见性。中国未来的经济政策必须充分体现“社会主义有组织的市场经济制度”的特征与优势，并服务于中国的工业化和现代化。这样才能使经济政策体系具有明确的目标指向和制度灵魂，避免经济政策被个人利益、地方利益、部门利益和海外利益所误导和绑架。

（原载《中国经济问题》2014 年第 1 期）

关于遏制新自由主义维护国家经济安全的建议

张 伟

一、经济指导思想安全是国家经济安全的重要内容

经济指导思想相当于国民经济的“操作系统”，而经济体制和制度、经济发展政策、经济改革措施等均是在一定的思想理论指导下设计或制定的。用什么经济思想理论来指导经济发展，关系到经济发展的稳定性和可持续性、经济建设成果的分配、经济改革的方向等诸多重大经济问题。操作系统的安全是电脑安全运行的基础，病毒一旦被植入到操作系统中，它就能让电脑自动地按照植入者预设的目的运行。与电脑操作系统的安全类似，作为国民经济“操作系统”的经济指导思想，其安全在国民经济安全中同样是具有基础性的，“中毒”后果是国民经济不知不觉按照他人诱导的思路和方法进行决策，从而掉入他人预设的陷阱。防范和清除国民经济的“操作系统”即经济指导思想中的“病毒”，是维护国家经济安全最重要的内容之一。

二、新自由主义是危害国家经济安全的“思想病毒”

1. 新自由主义在理论上是极端化的古典自由主义。古典自由主义在20世纪30年代的“大萧条”彻底破产，新自由主义是它的复活和再现。新自由主义虽然冠以“新”字，但与古典自由主义相比，并没有实质性的创新，主要是将古典自由主义中的自由放任原则极端化(包含扩大化)。因此，有学者将其称为“极端放任主义”，这实际上更符合其理论本质——放任强者自由地掠夺，放任弱者自由地被掠夺。这种具有极端化特点的新自由主义在“大萧条”之后数十年时间里，即使在西方国家也是臭名昭著的，只有少数人在那里自弹自唱。

2. 新自由主义与垄断资本的联姻。20世纪70年代，随着石油危机的爆

发，资本主义世界发生以“滞胀”为主要特征的严重经济危机。这为一直致力于对外反社会主义、对内反凯恩斯主义的新自由主义带来了崛起的机会。垄断资本与新自由主义一拍即合，一方提供资金，另一方提供理论，双方相互支持，新自由主义因此逐渐兴旺起来。到70年代末80年代初，随着英美保守政治集团的上台执政，新自由主义成了英、美等国的“官学”。这些国家在国内纷纷推出了以新自由主义为理论基础的政策，通过放松管制、减税、削弱劳动者权益保护等方式为垄断资本松绑，掀起了私有化浪潮，大幅减少公共投入和民众福利；同时在国际上将新自由主义通过各种手段向其他国家特别是第三世界国家、社会主义阵营渗透，因为新自由主义思想既能瓦解这些国家的意识形态，又能打开这些国家的市场，由此为垄断资本获得政治和经济方面的双重利益。

3.新自由主义在实践上普遍地导致了社会经济危机。在美国及其控制的有关国际组织的操控下，新自由主义病毒成功地植入了苏联、东欧以及拉美、东南亚等国家的经济指导思想中，经济制度、经济政策等随之发生重大转向。但结果是，感染了新自由主义病毒的国家至今也没有哪个获得过其鼓吹者所描绘的成功。恰恰相反，感染了新自由主义病毒的国家，无一例外地出现失业和贫困增加、贫富差距急剧扩大、国家核心资源和经济命脉被外资或垄断寡头掌控等情况，国民经济长期陷于停滞和衰退的泥潭中，国家和国民财富大量流失，社会动乱和危机频繁，给民众带来了苦难。新自由主义实施得越彻底，其导致的社会经济后果通常就越严重。

在发达国家，新自由主义同样导致了巨大的社会经济问题，对其人民来说也是灾难性的。以新自由主义大本营美国为例，新自由主义导致美国经济高度金融化、空心化、泡沫化，两极分化日益严重，公共基础设施老旧、短缺，经济长期竞争力下降，贸易赤字和财政赤字螺旋式快速上升。新自由主义盛行后的美国经济平均增长率甚至还不如“滞胀”时期，美国也由世界最大的债权国变为最大的债务国。至今已经持续了将近10年的经济危机，也是美国长期实施新自由主义的恶果。由于新自由主义缺乏自主调整能力，因此美国的社会经济矛盾会随着时间的推移愈加严重，可谓害人害己。日本从20世纪90年代至今，经济在数十年里一直处于停滞状态，与其80年代中期在美国压力下开始实施的新自由主义政策密切相关。

三、新自由主义是对我国经济指导思想安全的主要威胁

新自由主义在成为英美国家的“官学”后，就已经不是一个纯粹的经济思想流派，而是美英等国有意培植的、意在向他国渗透灌输的思想病毒，以诱使他国做出错误决策，以有利于他们更容易地实现抢占市场、掠夺财富、控制资源，并削弱他国经济主权、瓦解他国经济基础等经济战略目标。有关国家一方面对中国进行政治上分化、军事上包围、科技上封锁，另一方面又长期不懈地向中国兜售新自由主义，其向中国兜售新自由主义绝不是为了帮助中国，而是试图通过“伐谋”之策，从经济上遏制、削弱、瓦解中国，达到不战而屈人之兵的效果。

改革开放后，中国经济与西方经济交往日益频繁，新自由主义借学术等名义开始向中国渗透。不过令美国等西方国家意外的是，中国经济不仅没有像苏联东欧那样，在新自由主义的持续渗透中改弦更张而走向崩溃，而且还奇迹般地快速崛起，已经开始在市场、技术、资源等各个领域与以美国为首的西方发达国家展开直接的竞争。有人讲中国的经济奇迹是新自由主义的功劳，但中国经济上区别于其他国家的是中国特色的社会主义基本经济制度，社会主义基本经济制度才是中国奇迹的根本保证。中国的经济发展奇迹对美国的霸权地位构成了越来越明显的挑战。虽然美国声称欢迎一个繁荣、和平、稳定的中国崛起，但从其实际行动上看，如何遏制中国是当前美国对外关系中的优先课题。鉴于新自由主义在瓦解苏联东欧过程中发挥的重大作用，美国不仅不会放弃将新自由主义病毒植入到中国经济“操作系统”中的努力，而且还将会为此投入更多的资源，以进一步强化对中国经济改革方向和路径的诱导、影响甚至干涉，试图让中国的经济改革朝着美国设定的方向进行，破坏中国的基本经济制度和社会稳定基础，从根本上削弱中国这个竞争对手。

四、遏制新自由主义的建议

对外开放是利用国际市场、国际资源，实现国家富强、民族复兴的必要条件，是我们长期坚持的国策。要在对外开放的条件下遏制新自由主义，与新自由主义的斗争必然是在各领域全面开展，斗争的焦点是在经济指导思想这一“操作系统”层面。

(一)有关决策和管理部门要着力强化抵御新自由主义渗透的专门工作

新自由主义在理论上是陈旧落后的,在实践中也是失败的,但新自由主义为什么还能广泛传播和渗透,甚至成为一些人信仰的教条?一方面,是因为其鼓吹者使用了一些非常具有煽动性、迷惑性的专业传播技巧;另一方面,则是因为其背后有强大的政治和经济支持,能够长期地进行有计划、有目标、有组织的渗透。面对这种渗透如果仅依靠少数学者对新自由主义进行零星的反击和批判,难有效果。为有效抵御新自由主义病毒的入侵,需要有关决策和管理部门着力强化抵御新自由主义渗透的专门工作,使反渗透工作具有组织性和专业性。

1.对新自由主义向中国渗透的重点部门进行一次较为全面、系统的调研,在调研的基础上对情况进行研判和评估,拟定应对新自由主义渗透的具体方案。与意识形态密切相关的部门是新自由主义渗透的重中之重。通过向这些部门渗透,可以培植传播新自由主义病毒的意见领袖、设置有利于新自由主义病毒传播的议题、向其他部门培养和输送新自由主义人才,从而诱导、影响干部群众,使有关部门自觉不自觉地按照新自由主义的主张进行决策。这些部门是我们反渗透的重中之重。

2.对新自由主义渗透情况进行持续跟踪和研判,以及时发现情况,拟定和采取应对措施。新自由主义渗透是长期的,与新自由主义的斗争也是长期的、动态的过程。在我们针对其原来的策略或方法采取反渗透措施后,他们会采取新的策略或方法。因此需要对新自由主义渗透情况进行持续跟踪和研判,能够根据情况的变化及早采取应对措施,增加其渗透难度。

3.对经济政策进行安全性评估。新自由主义在我国大规模渗透已有数十年时间,要敢于承认我们的一些经济政策,特别是地方政府出台的政策,已经被新自由主义病毒"感染",对我国的经济安全构成现实的威胁。如目前我国已经比较严重的两极分化问题、国有资产大规模流失问题,与有关政策被新自由主义感染密切相关。因此,需要对已经出台的经济政策进行安全性评估,对那些已经被新自由主义"感染"的政策,要根据情况进行适当的修改。对于将要出台的经济政策,则要在正式出台前进行安全性评估,确定政策没有被新自由主义病毒感染。

4.组织各方面力量对新自由主义进行经常性的批判。新自由主义理论上的落后和实践上的失败为对其进行批判提供了很好的条件，但真理与谬误的斗争并不是真理自然就能获得胜利。既然新自由主义是我们的主要威胁，那么我们就应该投入足够的资源来应对。我们对新自由主义的批判主要问题不在于思想上的深度不够，而是数量上不足，批判的声音未能有效地传播出去。只有对新自由主义进行经常性的批判、对其错误和危害反复地进行宣传，才能让更多的人能够识别新自由主义，加深对新自由主义的错误和危害的认识，从而自觉抵制新自由主义。

（二）要求各类学校的经济学教学中将政治经济学作为主要内容

在我国的经济学教学中，以新自由主义思想为基础的西方经济学占据了主流地位，而作为我们经济指导思想的马克思主义政治经济学的教学被边缘化，我国高校的经济学教学实际上成了新自由主义在我国传播的主渠道。许多高校的经济学专业，专业基础课中甚至已经没有马克思主义政治经济学这门课，《资本论》的课程更是不见踪影。即使开设了政治经济学课程的，在学分上往往只有2—3个学分，而西方经济学的学分却往往在10个学分以上。有些高校的财经类专业的研究生入学考试已不考政治经济学的内容。接受了新自由主义思想“洗礼”的学生，在走向工作岗位后，必然会自觉不自觉地按照新自由主义的思维考虑问题，如果他们处于关键的决策岗位，其危害可想而知。因此，遏制新自由主义必须改变目前我国经济学教学的这种主次颠倒的局面，将马克思主义政治经济学作为主要教授内容，同时要客观、全面地对待西方经济学，吸收借鉴其有益成分，让学生能够全面地认识西方经济学。

（三）采取措施着力提高领导干部的马克思主义政治经济学理论水平

2014年习近平总书记提出各级党委和政府要学好用好马克思主义政治经济学，自觉认识和更好遵循经济发展规律，不断提高推进改革开放、领导经济社会发展、提高经济社会发展质量和效益的能力和水平。由于我国经济学教学中长期将政治经济学边缘化，各级党委和政府的一些领导在学生时期在学校中所受的政治经济学专业训练可能并不充分，工作后存在政治经济学理论水平不高的问题非常正常，但只要认识到不足，能够花时间去认真学，也就一定能够学好政治经济学，更好地掌握我们党的经济指导理论。党政领导干部尤其是高级领导干部是关键的少数，居于将理论转化成政策和措施的关键节点，因此他们也是新自由主义病毒渗透的核心对象。领导干部的防毒能力，在很大程度上决定了整个国家的防毒效果。领导干部加强马克思主义政治经济学的学习，不仅能够提高领导社会经济发展的能力，而且能对新自由主义病毒及其各种变种进行自我查毒、杀毒，排除新自由主义对自己决策的干扰，从而能使新自由主义的攻击功亏一篑。因此，各级党校和行政学院在干部培训中应落实习近平总书记关于学好用好马克思主义政治经济学的要求，大幅增加政治经济学的教学和培训，通过举行批判新自由主义的专题讲座、制作新自由主义危害的专题片供领导干部观看等方式，提高领导干部对新自由主义的本质和危害的认识。

（四）增加各级党委和政府意识形态工作的责任

新自由主义渗透，是主要发生在经济思想领域的意识形态问题。在改革开放之初，新自由主义开始大规模向中国渗透，我们对其危害非常清楚，也积极采取了一些应对措施，但严峻的事实是新自由主义在中国的影响呈不断扩大趋势。我们党一直重视思想政治工作，但由于思想理论渗透具有隐蔽性、渐进性的特点，有时候在短期内很难发现其直接的破坏作用，因此对各级党委和政府意识形态方面的工作难以考核，也就难以进行有效的奖惩。而以 GDP 为核心的经济指标可以进行量化考核。这容易导致领导干部在意识形态方面缺乏工作的主动性而采取应付的态度，而将提高 GDP 作为工作的核心。甚至有些领导干部为了提高 GDP 不惜迎合、纵容各种资本的要求。这为新自由主义在我国大肆传播提供了可乘之机。尽管经济工作仍将是各级党委和政府工作的重心，但经济发展若不以安全为前提，几十年的发展成果也会在一次经济危机中被人洗劫一空。因此，一方面，要通过思想教育使广大干部认识到防范新自由主义渗透的极端重要性，增强各级领导干部做好意识形态工作的担当意识；另一方面，更紧迫的是，要研究制定各级党委和政府以及教育、媒体、研究机构等重点领域的意识形态工作考核机制，强化做好意识形态工作的责任，提高做好意识形态工作的能力，对意识形态工作不力的责任人依法、依纪、依规进行处罚。

（五）通过立法遏制私有化、促进国有经济发展

坚持公有制经济的主体地位是应对新自由主义的根本之策。促进目标国

家私有化可以说是新自由主义的核心目标，一旦实现了私有化，自由化、市场化等其他目标也就能够附带实现。通过立法坚持公有制经济的主体地位，等于为公有制经济增加了一道法律防线，使新自由主义的目标更难以实现。公有制经济的主体地位包括质和量两个方面，从质的方面看，目前我国公有制经济在一些战略新兴产业如新媒体、大数据等并不占据主体地位，从量的方面看，目前我国公有制经济规模不到国民经济总量的1/4，主体地位难以有量和规模的基础保障。为能守住公有制经济的主体地位，立法应包含以下几个方面：首先，为各级政府设立一个国有经济比例的警戒线，各级政府要对这个警戒线负责，强化其促进国有经济发展的责任；其次，规定国有企业即使转让，转让收入必须用于再投资，从而形成新的国有资产，而不得用于偿还政府债务、弥补财政赤字等非投资性支出，从而减少各级政府出于局部利益的需要而搞私有化；再次，涉及到国有企业产权权属变更的，须经人大公开的讨论和批准，而不能是由国有企业的管理层或国有企业的主管机构决定，且国有企业不得出售给企业的经营者、监管者和其他存在利益输送可能的人，增加国有企业被出售的难度；第四，要求某些具有战略重要性的国有企业不得转让或分割；第五，要求某些行业如通信、大数据、新媒体等行业，必须公有制经济占主体，为某些行业国有化提供法律依据。

（六）责成有关部门对国内的新自由主义代表人物进行查处

一些极力鼓吹新自由主义的代表人物在新自由主义传播中发挥了旗手作用，影响恶劣。要通过调查，了解这些人中哪些是单纯的思想认识问题，哪些是有敌对势力支持或另有所图。如果仅是单纯思想认识问题，则只是思想“中毒”问题，可采取调离重要岗位、进行思想教育等措施；而如果是敌对势力支持或另有所图，性质上就是恶意“传毒”，要依法公开惩处。通过处理新自由主义代表人物，一方面可以遏制新自由主义的猖獗势头，另一方面则可以向社会明确发出反击新自由主义的信号。

在改革开放进程中，我们始终面临着新自由主义渗透的压力，与新自由主义及其背后力量的斗争将是长期且艰巨的。新自由主义的威胁是战略性的，危害是致命性的，应将遏制新自由主义作为保障国家经济安全的战略举措，要调动各方面的力量和资源，共同制定一个较为完善的应对新自由主义的方案。

（原载《中华魂》2017年第8期）

新自由主义对中国未来发展的潜在危害

陈培永

新自由主义自20世纪80年代由西方传入我国以来，经过多年演变发展，如今已不再是仅停留在口头、书面上的理论学说或社会思潮，而是渐渐成为一些人头脑中根深蒂固的思想观念，对于这种状况我们必须警醒并加以肃清，否则将会直接影响到我国改革的正确方向。客观审视新自由主义的基本价值理念及其实践，预判其对未来中国社会发展的潜在危害，采取积极进取的态度进行回应，对我们来说至关重要。

一、谨防新自由主义削弱社会主义核心价值共识

新自由主义是以批判马克思主义、社会主义、共产主义思想登上历史舞台的，无论其代表人物、所谈话题、关注领域如何变化，这一点始终是其一以贯之的基本主线。如果说其他社会政治思潮还能在一定领域中同我国主流意识形态相容存在的话，那么新自由主义与我国的指导思想、共同理想、核心价值则是彻头彻尾的直接对立。新自由主义表面上倡导“意识形态多元化”，实际上是要实现新自由主义一元指导下的多元化局面，这涉及争夺意识形态领导权的问题。

新自由主义最具蛊惑性和煽动性的核心理念是个人自由，其致力于让人们认同的是只有坚持新自由主义才能够真正实现个人自由。它把马克思主义污蔑为垄断的僵化的意识形态，把社会主义和共产主义理念及实践定性为极权主义、专制主义，将公有制、国有经济、社会公平、共同富裕、共享发展等社会主义的基本理念宣扬为不可能实现的乌托邦和欺骗民众的意识形态工具，甚至污蔑为是加强思想控制、搞一党独大、专政极权的手段。如果任由新自由主

义思潮肆意传播，必然会使人们对中国特色社会主义的社会主义属性产生怀疑，对社会公平、共同富裕、共享发展等社会主义核心价值理念产生怀疑，从而滋生所谓社会主义国家不追求个人自由，用集体压制个人、用威权控制自由、用国有侵犯民有、用公有剥夺私有等错误认识。

新自由主义思潮喜欢使用个人、财产、自由、人权、权利、平等、民主、多元等话语，很容易造成思想混乱。我们要揭穿其蛊惑性，就需要在宣传思想工作中强调追求个人自由不代表就是自由主义，要祛除谈个人自由就是自由主义，谈社会主义就是不要个人自由的错误观念。必须讲清楚，自由同样是马克思主义、社会主义、共产主义的价值理念，是社会主义核心价值观的重要内容。我们不能放弃对自由的话语权、阐释权、实践权，要在充分挖掘马克思主义自由观的基础上，系统阐释中国特色社会主义自由理论。其中需要讲清楚的问题包括：离开社会公平的个人自由是靠不住的，也是不可能实现的；公有制与个人自由不是冲突的，反而是实现个人自由的前提和保障；离开政府调控的市场自由是不可能实现的；共享发展、共同富裕与个人自由的实现是同一个过程；等等。

二、谨防新自由主义宣扬国有企业和集体土地私有化的意图

反对公有制、主张私有化是新自由主义的基本主张。从改革开放伊始，我国的新自由主义者就宣扬“国退民进”、“国有企业从竞争领域退出”，最近几年还有一些声音，比如“国有企业的存在就是问题”，“‘把国企做强做优做大’的提法本身就是错的”，“农村集体土地的私有化”等。

新自由主义提出的理由冠冕堂皇，主要包括：其一，国有企业的存在是导致市场无法发挥决定性作用的根源，而且政府不可能公正对待国企和非公企业，国有企业的存在必然破坏政府的公正性；其二，国有企业依靠国家政策、资金扶持获得巨额利润，却只满足少数人的利益，不可能实现全民共享；其三，民营企业根本没有办法与国有企业竞争，国企挤压民企，与民争利，导致民营经济无法壮大；其四，国有企业效率低下，是腐败的重灾区；等等。

与国有企业私有化相似的主张是实现农村集体土地的私有化。新自由主义者认为，农民之所以没有享受到改革的福利，就是因为农村土地集体所有制导致农民个体家庭对土地没有产权，无法享受产权收益，集体所有沦落为少数

村干部个人所有，大量农民的权益被少数人剥夺。解决这个问题的方法很简单，就是让农村土地产权归农民个人所有，农民可以自由买卖。

不可否认，在我国的国有企业中的确存在一些问题，但不能因为有问题，就否定国有企业的一切。近日，习近平总书记就强调，国有企业是中国特色社会主义的重要物质基础和政治基础，是中国特色社会主义经济的"顶梁柱"。我们要做的是按照党的十九大部署推动国有企业深化改革、提高经营管理水平，使国有企业成为贯彻新发展理念、全面深化改革的骨干力量。

在农村土地问题上，需要明确指出，一旦土地私有化、商品化，农民个体可以自由买卖土地，只是获得短期收益，从长远看必然会导致土地被少数资本持有者收购、吞没，农民将失去土地。土地私有就会成为农民彻底失去土地、彻底无产阶级化的过程。中国农民的数量很大，如果大量农民失去土地，将带来不可想象的后果。所以，必须坚决反对土地的私有化，坚持农村土地自由流转的只能是经营权，不能是所有权。当然要努力的方向是依靠制度确保农村土地的真正集体所有，让农民切实享有共同决策权，获得更多的收益。

三、谨防新自由主义鼓吹彻底市场化以推进资本空间扩张

在西方国家，新自由主义是资本逻辑的代言理论，尽管形式上宣扬的是自由化、私有化、市场化，但实质上追求的是资本化，是一切服务于资本的扩张，让资本的力量成为社会所有领域的主宰力量，自由化、私有化、市场化包括全球经济一体化必然为西方国家跨国公司扩张资本空间提供必要条件。新自由主义者还抨击政府权力对市场的干预只会有损于市场效率及市场的健康运行，导致经济的失序和社会的不公，最终侵犯个人自由和财产等权利。从这个意义上，将其归结为"市场原教旨主义"有一定道理，但更重要的是要看到，新自由主义的中心或服务的对象不是市场，而是资本，市场背后的真正主宰力量是资本，让市场来决定一切，最后必然是让资本来决定一切。这与古典自由主义规制国家权力、服务资产阶级利益的意图是一致的。

中国的新自由主义者不相信国家权力，从历史实践和理论逻辑上得出政府权力必然会带来专制、集权、暴政的结论。对他们而言，中国改革开放所出现的腐败、社会不公、两极分化等问题，不是市场经济本身的问题，而是因为不受约束的国家权力干预、控制、扭曲了市场。因此认为中国的根本问题不在于解决

资本及其市场经济运作的问题，而在于解决权力不受制约的问题，在于发挥市场力量来冲击固化的、不受制约的权力。不难看出，中国的新自由主义者归根结底无非三层意思，其一，市场经济本身蕴含着自由、平等、公平、共富，反倒是未受规制的国家权力的干预导致了中国社会的种种问题。其二，必须依靠完善的市场经济来冲击国家权力，促使国家权力更为公平、更为合理地运行。其三，资本本身并不可怕，它甚至还是可以借助的规制政治权力的积极力量。

然而，当代世界各国发展完全不是新自由主义者所想象的那样，在西方资本主义国家，自由的市场经济带来的不是公平和平等，也没有带来大多数人想要的自由、财产及各种权利。市场经济释放出来强大的资本力量，不断扩大自己的疆域，并试图操控权力，使权力拜倒在自己的石榴裙之下。资本与权力的结合，权力服从于资本、服务于资本，侵犯的是劳动一方、大多数劳动者的利益，这时候的权力就不再是“公权力”，而变成了“资权力”，它所推动的“民主”也就变成了“钱主”。新自由主义盲目信任市场经济会制约政府权力进而带来个人自由，而忘记资本会和权力联合，或将自身变成权力而侵犯个人自由。反对政府监管市场的新自由主义，按道理来说应该实现的是“赌场资本主义”，实际上带来的却是“权贵资本主义”或“裙带资本主义”，这一点已经在西方发达国家得到验证。

积极应对新自由主义，发挥市场在资源配置中的决定性作用，必须预防资本力量对公权力的入侵，杜绝资本与权力的联盟。政府调控市场，很重要的任务就是规制资本，保证权力更多实现、更实质性地体现好劳动一方的利益。对当代中国来说，不仅要依靠全面从严治党、全面依法治国、全面加强监督约束权力保证其公共性，还要规制资本，坚决抵制资本的权力寻租，防止它向社会领域和政治领域的扩张。不能幻想着依靠释放市场的力量冲击权力之后再去规制资本。因为一旦资本操控了权力，一个不合理的政治经济秩序形成后，再去规制资本就为时已晚。

四、谨防新自由主义导致经济命脉受控于国际垄断资本，确保中国在国际舞台上的独立性和主体性

新自由主义成为西方主流经济理论与经济全球化进程是相伴前行的，西方国家主导的经济全球化需要新自由主义思潮为其摇旗呐喊，新自由主义也

需要借助经济全球化证明自己的理论主张。新自由主义认为只有各个国家打开大门，接受解除管制、完全开放、自由贸易、资本跨国自由流动、浮动汇率等建议，才能真正实现全球一体化。

现在来看，新自由主义确实将“忽悠”的技术运用到极致，发达资本主义国家从来不曾真正放弃政府干预，那些听从新自由主义建议的国家，比如阿根廷、俄罗斯被搞得遍体鳞伤，一些拉美国家经济长期受制于他国，后续影响持续到今天。事实证明，新自由主义的目标根本不是全球共同繁荣、共同进步，而是牺牲大多数国家成全少数国家，或者更准确地说是通过对后发达国家“暴力性掠夺”成全国际垄断资本，实现国际垄断资本对后发国家经济命脉的控制。资本主义推崇的世界秩序是资本力量主宰一切的秩序，新自由主义代表的正是国际垄断资本的利益，服从的正是大资本的意志，它暗合了国际垄断资本全球扩张的需要。

即使如此，中国的新自由主义者还是没有放弃美好想象，依然主张政府要放松管制，要彻底推进市场化，推进国有企业私有化。比如，新自由主义者指责政府对金融监管过度、干预过多，国有金融企业垄断市场，导致中国金融市场扭曲，他们因此提出要进一步推动中国金融自由，督促政府放松对国有银行的管制。金融国际化和自由化，如同国有企业私有化、土地私有化一样，都是新自由主义推动国际垄断资本扩张的有力工具，金融自由、国企私有、土地私有、完全放开市场对一个国家而言是非常危险的，是国家将经济命脉拱手交给国际垄断资本的前奏，对这一点我们必须保持清醒。

坚持改革的正确道路，正确的逻辑应该是改革行政体制，更好地发挥政府作用。作为一个大国，中国如果没有强有力的政府，将无法在国际舞台上保持自己的独立性和主体性。我们不能一味迷信小政府、大社会，要具体情况具体分析，坚决抵制新自由主义的国际战略，在复杂的国际环境中增强战略定力，保证中国经济和社会政策的独立性。

值得一提的是，中国正在日益走向世界舞台的中央，我们要坚持合作共赢，积极推进人类命运共同体建设，走出不同于西方发达国家的经济全球化道路。

（原载《红旗文稿》2017 年第 24 期）

改革开放的社会主义方向不容动摇

——新时代改革方向问题学术研讨会纪要

卫　鸿

2018年10月9日，中国红色文化研究会、中国政治学会科学发展与政治和谐专业委员会在京举办新时代改革方向问题学术研讨会。25位专家、学者出席会议。国防大学原政委、上将赵可铭，中国人民大学荣誉一级教授卫兴华，中国人民大学一级教授周新城，中国现代国际关系研究院经济安全研究中心主任江涌，解放军总参谋部宣传部原领导、大校王立华，南开大学经济学院副院长、教授何自力，中国人民大学教授、长江学者特聘教授贾根良，中国社会科学院马克思主义研究院研究员侯为民，中国人民大学经济学院教授邱海平作重点发言。国务院国资委国企理论宣传特约研究员宋方敏，西南财经大学《财经科学》编辑部常务副主编、教授赵磊提交书面发言。会议由中国红色文化研究会会长刘润为主持。

与会同志以习近平同志新时代中国特色社会主义思想为指导，结合分析当前的国内外形势，以求实的态度对某论坛最近一次研讨会上发表的一些主要观点进行了比较深入的研讨。现将与会同志的见解综述如下。

一、对某论坛主要观点的分析

（一）关于解决当前经济“系统性风险”的观点

某著名经济学家说：“现在我们经济因为改革没有完全到位，我们的经济增长、经济发展的方式的转型也没有到位，所以就出现了一些问题。总的来说，我们把它形容为一种跷跷板式的经济运行状态。也就是说主要是靠大量的投资去拉动经济增长，而大量的投资又造成了杠杆率的过高，造成了系统性风险出现的危险……有人说这怎么弄呢？没有办法。其实是有办法的。它的关键就是要提高效率……但是效率能不能提高，归根到底是要靠改革。”

与会同志认为，多年来，这位经济学家总是在呼吁市场化改革，总是在批评改革不到位。从他的一贯言论看，从他认为人民革命造成了“大灾难和大倒退”的观点来看，他所谓的“改革到位”，就是在经济上实行彻底私有化和完全市场化。其实，已经“到位”的西方国家特别是美国，不但不能依靠彻底私有化和完全市场化消解过高杠杆率和金融风险，反而会导致负债经营、负债消费，酿成金融危机和经济危机。2008 年由美国引发进而波及全球的金融危机就是明证。金融风险和经济危机恰恰是彻底私有化和完全市场化的资本主义的痼疾。化解我国当前经济的“系统性风险”，不能重蹈自由资本主义的覆辙，而只能跳到资本主义的框框之外来想办法。我国实行的社会主义市场经济，既有市场经济的优势，又有社会主义的优势。市场办不了的事，应当用社会主义的办法来办。

(二)关于“给各省下指标去产能”“属于计划经济”的观点

某高官说：“‘三去一降一补’是针对产能过剩、库存高起、杠杆偏高、成本过高、短板突出等结构性问题提出来的工作目标和任务，本质属性是深化改革，但是现在很多的做法是把目标、任务当手段。‘去产能’就下指标……实在不行就是下指标，就是把目标当手段。这个就是采取传统的办法，靠行政手段，属于计划经济时代的‘关停并转升’的措施，真正的改革做法不多。因此，下一步推进改革核心要破除制约生产要素配置效率提高的体制机制障碍，要让市场起作用。”

与会同志认为，这位高官的主张就是要取消政府干预，而任由市场去自动出清，也就是要让市场价格机制自动地消除供给大于需求或供给小于需求的情况，实现市场在短期内自发地趋于平衡状态。问题在于，任由市场去自动出清，只能导致破坏性的灾难。任志强在 2016 年举办的“乐居创新峰会”上说，房地产 7 亿平方米库存中的“大量库存属于很难消化的部分。换句话说，只能炸掉，不会因为任何政策而消化掉。”这个“炸楼说”就是“把牛奶倒入大海”的翻版。这样依靠市场进行的暴力出清，虽然暂时解决了供需平衡的问题，却是对社会资源和社会财富的巨大破坏，是人类的耻辱，而且还会导致更大规模、更深层次的破坏和危机。可见这位高官给出的主意不是一个好主意。事实表明,有政府参与的“市场出清”恰恰是中国特色社会主义的应有之义,因为这比没有政府参与的市场出清要理性得多、温和得多、有利得多。就目前国内外经济形势的新变化而言,经济政策着力点从着重于供给侧转向需求侧,或已成为未来的趋势。

(三)关于“取消所有制”分类的观点

某高官说:“今后我们应该淡化所有权,强化产权,如果总是在所有制问题上争来争去,就很难突破公有制、私有制这样一些思想的束缚”,“应该逐步淡化并取消国企、民企、外企的所有制分类,按照十九大要求,凡是在中国境内注册的企业,在法律上要一视同仁,政策上要平等对待。我觉得这句话的背后就是要逐步取消所有制的这种分类。”

与会同志指出,这位号称学者型的高官缺乏起码的学术规范。“所有制”属于经济学范畴,“产权”属于法学范畴,根本不能对应。说十九大报告关于中国境内注册的企业的论述,是要取消所有制的分类,这是对十九大精神的歪曲。“一视同仁”、“平等对待”,正是建立在客观存在不同所有制基础之上的。所有制是一切社会关系最本质的基础。产权改革必须以所有制改革为基础,必须反映所有制改革的要求。脱离了所有制改革,产权改革就失去了依据、目标和方向。消除所有制分类之后还有没有所有制?是什么所有制呢?潜在的答案只能是也必然是消灭全民所有制,实现完全私有化,让私有制特别是外资私有制在中国一统天下。这样的改革主张是违犯宪法的、与十九大精神背道而驰的。

(四)关于“少一些社会主义集中力量办大事”的观点

某高官说:“现在我们看到的效率不高,甚至近一个时期的下滑,根本原因就是因为大量的资源配置还是在由政府决定。所以我们必须正确处理社会主义集中力量办大事和市场决定资源配置的关系,少一些集中力量办大事,大幅度减少政府对资源的直接干预、直接配置。”

与会同志认为,这位高官把社会主义集中力量办大事简单等同于政府直接配置资源,是很不妥当的。集中力量办大事是社会主义制度优势的集中体现,是社会主义市场经济健康运行的基础性保障。其主要职能有:加强发展战略、规划、政策、标准等的制定和实施,加强市场活动监管,加强各类公共服务提供，加强中央政府宏观调控职责和能力，加强地方政府公共服务、市场监管、社会管理、环境保护等职责，推广政府购买服务，加强党对国有企业的领导，使国有企业成为发展市场经济，保障党和国家事业发展的最可信赖的依靠力量。

就目前来说，美国在制定计划和进行政府干预上比我国做的多，这在英国著名学者马祖卡托的《企业家型国家：揭穿公共部门与私人经济的神话》一书中多有介绍。在科技发展上，美国更是世界上政府干预最强、最多的国家。美国在战后科技霸主地位的形成，就来自于另一种新型的举国体制，这就是以美国国防高级研究规划局为代表的“发展型网络国家”，而且深入到颠覆性技术和新兴产业的深层次。曼哈顿工程、阿波罗登月计划等都是举国体制，只不过美国的这种举国体制是建立在私有制基础之上的。这位高官不去指责美国而偏偏指责中国的政府干预和计划，怂恿中国走自由化的道路，其实别有用心。如果按他的说教进行“改革“，社会主义因素便不复存在，市场经济由牺牲共同利益、追求个人私利而导致的自发性、盲目性、滞后性、垄断性、外部性及两极分化、经济危机等严重弊端就会充分暴露和释放，随之必然导致经济崩溃，使中华民族陷入万劫不复的悲惨境地。在这方面，前苏联、东欧国家的悲剧就是前车之鉴。

（五）关于国进民退，让民营经济“哀鸿遍野”的观点

某高官说，“最近随着整个经济大的格局发生变化，国进民退这个事情比较突出。”“虽然说我们的主流政策上强调要给小企业、要给民企不歧视，但事实上是歧视的，所以很多企业过不下去了。”

某经济学家说，“目前的经济形势从我接触的民营企业，感觉到的是形势日趋严重、信心大减，四个字‘哀鸿遍野’，所以到底深化改革怎么搞？确实现在信心是一个很大的问题。”

与会同志认为，这位高官和这位经济学家的说法是以个别地方的案例代替了全局，根本不符合当前经济发展的基本面。改革开放以来，党和国家的一贯方针是坚持“两个不动摇”，从来没有偏向过任何一方。在党和国家的积极扶持下，民营经济迅速发展，其户数、资产和营业收入总量都已超过国有企业。据 2018 年最新统计，在 500 强企业中，入围国有及国有控股企业数量为 263 家，比上年减少 11 家，入围民营企业数量 237 家，则比上年增加了 11 家。怎么能说是“国进民退”呢？

必须指出，在国际资本主义已经形成世界体系的历史条件下，在国际垄断资本的经济霸权咄咄逼人的严峻国际形势下，国有企业与民营企业没有根本性的矛盾。只有彼此“抱团取暖”，才能克服目前遇到的困难，避免被国际垄断资本吞噬的危险。这位高官和这位经济学家们不从经济发展新常态的背景出发认识和思考问题，不从目前国内外环境变化去找原因，而是刻意制造民营企业与政府和国有企业的对立，离间民营企业与政府和国有企业的关系，其目的在于将国有企业彻底私有化，让政府这只看得见的手彻底退出市场经济。而国有企业一旦全无，政府又撒手不管，民营企业在国际垄断资本的虎视眈眈之下，又怎能生存和发展？这是在替民营企业说话吗？不是，而是在替国际垄断资本说话。

针对意在搞垮国有企业的错误倾向，习近平总书记曾经明确指出：“在中国共产党领导和我国社会主义制度下，国有企业和国有经济必须不断发展壮大，这个问题应该是毋庸置疑的。然而，一段时间以来，社会上一些人制造了不少针对国有企业的奇谈怪论，大谈‘国有企业垄断论’，宣扬‘国有企业与民争利’，‘国企是不堪的存在’，鼓吹‘私有化’、‘去国有化’、‘去主导化’，操弄所谓‘国进民退’、‘民进国退’的话题。特别是各种敌对势力和一些别有用心的人重点拿国有企业说事，恶意攻击、抹黑国有企业，宣扬‘国企不破，中国不立’，声称‘肢解’是国有企业改革的最佳方式。醉翁之意不在酒！这些人很清楚国有企业对我们党执政、对我国社会主义制度的重要性，想搞乱人心、釜底抽薪。而我们有的同志对这个问题看不清楚、想不明白，接受了一些模糊的、似是而非的甚至错误的观念。我们要善于从政治上看问题，决不能认为这只是一个简单的所有制问题，或者只是一个纯粹的经济问题。那就太天真了！”全国人民，包括民营企业家，一定要牢牢记取总书记的告诫，千万不能相信这些新自由主义者的花言巧语，一定要自觉、坚定地与国有企业站在一起。

（六）关于我国外交择错了“邻居”的观点

某经济学家说，前30年实行“一边倒”的外交，弄得“几经危机，政权的合法性还发生动摇”；“改革开放以来，我们改变了国际战略，对发达国家开放，与发达国家为友，向发达国家学习，也推动了国内体制和政策的调整，结果经济快速发展，人民生活明显改善，社会面貌也大为改观，以至进入了中等收入国家之列。”“集四十年之经验，全方位开放的主要方向应该是对发达国家开放……向其他方向的开放，不应喧宾夺主，更不应成为改变和对抗主要方向的手段……中美贸易摩擦绝非好事，从中国的长远发展考虑，我们不应当只顾眼前的进退得失，采取寸利必争、分毫不让、以眼还眼、以牙还牙的态度和政策，而应当做出必要的让步，以便达成妥协，尽早结束争端，改善外部环境。”

与会同志认为，这位经济学家的描述并不符合新中国外交事业发展的真实。在新中国成立初期，在面临帝国主义严酷封锁、遏制的国际形势下，我国只能采取“一边倒”的外交策略，只能义无反顾地加入社会主义阵营。事实证明，这样的外交抉择，在当时特定的国际形势下为我国赢得了发展空间。此后，苏共领导集团蜕变为社会帝国主义，对我国构成了更大的威胁。面对变化了的国际局势，我们党提出“三个世界划分”理论，与美国实现关系正常化，从而大大减少了国际压力，赢得了国际政治上的主动权，同时也为改革开放创造了外部环境。应当特别指出的是，即使在与美国实现关系正常化之后，我们也没有专“与发达国家为友”而抛弃第三世界，“三个世界划分”理论始终是我国外交的指导思想，这是邓小平同志反复强调过的。十八大以后，以习近平同志为核心的党中央依据国际形势发展出现的重大变局，适时在国际社会倡导建立“人类命运共同体”，推出“一带一路”的发展战略，更加重视发展与广大第三世界国家的战略合作伙伴关系，这是在新形势下对“三个世界划分”理论的继承和发展。这绝不是什么择错了“邻居”，而是赢得了更多的友好、有益的“邻居”，为中国发展开辟了更为广阔的国际空间。

这位经济学家以轻佻的语言否定或歪曲我们党自新中国成立以来的外交路线，是历史虚无主义；以教训的口吻指责我国当前的外交战略，是妄议中央的大政方针；以“先知”的姿态“教导”我国在中美摩擦的关键时刻要“让步”、要“妥协”，而不讲任何斗争，是明显地在为美国垄断资本站台。

（七）关于民营经济也是我们党执政基础的观点

某高官说：民营经济“和我们国家、我们党的执政基础有什么关系？是不是执政基础的一个部分、一个主要的内容？这方面的认识还需要深化，这方面的探讨还有空间，如果在这些认识上、在这些探讨上有进步，我想民营经济的信心就会增强，担心就会削弱，然后与它相关的那些改革很多就会倒逼，就会顺势而成。”

与会同志认为，上层建筑是由经济基础决定的。共产党执政的基础是公有制经济，即全民所有制经济和集体所有制经济。矛盾的主导方面决定事物的性质。在中国，如果公有制经济占主体地位，民营经济即私营经济则是社会主义市场经济的一个有机组成部分，因而也是共产党的执政的经济基础之一；如果公有制经济不占主体地位，甚至归于虚无，那个私有制经济是绝对不可能让共产党执政的，这是一个常识性的问题，根本不需要多加讨论。问题在于，这位高官为什么要没有任何前提地认定私有制经济也是共产党的执政基础，进而在这样的认识前提下"倒逼"改革？这没有别的解释，只能是"倒退"国有经济彻底私有化，继而"倒逼"我们党要么改变性质，要么下台。

二、某论坛现象的背景

与会同志指出，在我国经济发展面临一些暂时困难的关键时刻，在美国对我国进行多方打压的国际形势下，某论坛以社会组织的形式高调发表新自主义的言论，这在改革开放40年来是极为罕见的。

在社会主义初期阶段，新自由主义的滋生和蔓延具有一定的必然性。由于我国是在西强我弱的国际条件下，在一穷二白的基础上建设社会主义的，始终存在可以预料和难以预料的困难、风险和挑战。一旦出了困难、风险和挑战，人们便纷纷站出来出主意、想办法。有些人到发达的资本主义那里去"取经"是不可避免的，也是无可厚非的。取的适当，有利于中国特色社会主义发展；取得不当，则会把中国特色社会主义引到邪路上去。拿来新自由主义，应当说就是取了有害的伪经。因此，我们党一直旗帜鲜明地批判新自由主义，这对于全党全国人民明辨是非、统一思想，保证改革开放基本上沿着中国特色社会主义方向健康发展起到了至关重要的作用。但是我们对新自由主义的批判，基本上是在意识形态领域进行的，而对于新自由主义向决策层面的渗透，则警惕不够，致使一些新自由主义的点子当真变成了决策，给改革开放造成了一定的困难和损失。这就使得一班新自由主义者更加扬扬得意。也正因为如此，这个论坛才有了"影子内阁"的雅号。十八大以来，以习近平同志为核心的党中央校正了党和国家前进的航向，新自由主义的主张很难再变成决策，这是他们绝不甘心的事情。这个论坛一反过去的低调姿态，以社会组织的形式高调发声，实际上就是在向中央"摊牌"。

国际垄断资本由其无限扩张的本性所决定，绝对不愿意看到也绝不容忍一个独立自主的繁荣富强的中国在东方崛起。“西化”、“分化”中国，是它们永远不会改变的既定战略，不过随局势变化有疾有缓、有强有弱而已。自2008年国际金融危机以后，资本主义的基本矛盾又一次发展到对抗性程度，美国垄断资产阶级的统治遇到了巨大的麻烦。于是，向外转移视线、转嫁矛盾，从外部吸血以求度过国内危机，就成了特朗普政府的不二选择。中美贸易战也好，中美贸易摩擦也好，问题远不是做几笔买卖那么简单。把中国碎片化（四分五裂）、沙粒化（失去凝聚力）、殖民化（成为美国附庸），让中国变成垄断资本随意驰骋、掠夺的乐园，才是国际垄断资本的最终目的。这不是做点“让步”，“达成妥协”就能了却的事。这个论坛集中攻击政府的宏观调控，攻击国有企业，攻击社会主义集中力量办大事，攻击与第三世界国家发展友好合作的外交战略，公开主张彻底的私有化，是对美国对华战略的默契配合，而不管他们是有意还是无意。这个论坛开口闭口民营企业如何，好像他们是心向民营企业的，其实不然，这些人根本不曾代表民营企业，而是代表国际垄断资本的利益。

三、几点建议

1.建议在全党开展一次习近平新时代中国特色社会主义思想的学习教育活动。我们的干部队伍这么大，我们的党这么大，谁想怎么来就怎么来必定乱套。为了我们党的兴旺发达和国家的长治久安，为了实现中华民族伟大复兴的中国梦，必须强调在保证思想、言论自由的同时有一个统一的指导思想。这个统一的思想不是别的，就是习近平新时代中国特色社会主义思想。要用习近平新时代中国特色社会主义思想武装全党全国人民，要把习近平新时代中国特色社会主义思想贯彻到实际工作中去，搞一次习近平新时代中国特色社会主义思想的学习教育活动是十分必要的。要坚持读原著、懂原理，以防止一些人的曲解和误导。要联系思想实际、工作实际，联系意识形态斗争实际，联系出台政策的实际。不能空对空，唱学习教育的《三岔口》。要通过学习教育，检讨出我们在哪个认识、哪个观点、哪个方面、哪项工作、哪项政策上违背了习近平新时代中国特色社会主义思想。凡是违背了的，不管大小、不管“左”右，都要坚决纠正过来。习近平新时代中国特色社会主义思想一旦成为广大党员干部普遍采取的精神形式，我们就能排除新自由主义等错误思潮的干扰，保证改革开放前进在康庄大道上。

2.建议在意识形态领域的斗争中进一步解放思想。在新媒体广泛使用的时代，光靠“捂盖子”和“绕着走”的办法解决不了意识形态的问题。事情恰恰相反，越是要“捂”的东西，传播得越快；越是要“绕”的东西，造成的思想混乱越大。习近平同志一再强调在意识形态斗争中要做战士、要敢于亮剑。这些科学论断充分表现了彻底唯物主义的精神，深刻揭示了意识形态工作的规律。各种党管媒体，都应当在重大意识形态斗争中旗帜鲜明、敢于斗争、敢于胜利。不管是谁，不管他的职务有多高、影响有多大，只要散布“宪政民主”、新自由主义、历史虚无主义等等错误思潮，都应当受到严肃的批评。当然，这种批评应当是充分说理的，而不是“打棍子”、“扣帽子”式的。只有这样，才能解除广大人民群众的疑虑，踏踏实实地把思想统一到习近平新时代中国特色社会主义思想上来。多年来，这个论坛在不同场合散布了许多与中央精神背道而驰的东西，由于没有受到党管媒体的批评，而他们又有“影子内阁”之称，这就使得广大群众误以为他们所讲的才是“中央精神”，从而造成思想混乱，降低公开发布的中央精神的诚信度。这是一个极为深刻的教训。

3.建议在组织上防止新自由主义的渗透。以习近平同志为核心的党中央的大政方针已定，前进的航向已经指明，现在的关键是干部。干部队伍不好，再好的中央决策也会流于一纸空文，甚至走向反面。在这个论坛上公开发表新自由主义观点的，有相当一部分是我们党的高级干部。这表明以往在选拔干部的过程中，至少存在把关不严的问题。这个问题不解决，改革开放就不可能避免新自由主义的误导。对于长期发表与党的主张相悖的错误观点的干部，尤其是高级干部，要进行严肃的批评教育。屡教不改的，要给予党纪政纪处分，直至撤销党内外职务或劝其退党。同时，要把那些与党和人民一条心、与境外敌对势力无瓜葛、经过斗争考验、具有丰富基层工作经验、群众拥戴的干部提拔到重要领导岗位上来。

（原载《中国红色文化网》2018 年 10 月 17 日）

第四辑

金融帝国主义世界体系终将走向崩溃

张全景

为什么说金融帝国主义世界体系终将走向崩溃呢？这是由社会历史发展的基本规律决定的。资本主义虽经历了自由资本主义、垄断资本主义的发展，但是主导资本主义各个阶段的生产社会化与资本主义生产资料私有制之间的基本矛盾并没有改变。我们说的金融帝国主义，不过是当今垄断资本主义的时代特征。一百年前，列宁就说过："资本主义已成为极少数'先进'国对世界上绝大多数居民实行殖民压迫和金融扼杀的世界体系。"[①]20世纪八九十年代以来，伴随着经济全球化、信息化的发展，资本主义获得了又一次发展，把资本主义的发展带到了一个前所未有的高度，即金融资本日益科技化、精英化、虚拟化、国际化，金融资本的势力范围也超越时空，借助全球化与现代交往方式，形成了金融帝国主义世界体系。我们该如何把握、认识金融帝国主义世界体系呢？

一、金融资本控制的世界体系是金融帝国主义时代的核心

首先，金融资本是一种高级形态的资本，但没有改变自身垄断的属性。金融资本是垄断组织为追逐更多利润而发展的一种资本形态。列宁在一百年前研究资本主义过程中就指出：垄断产生金融资本。生产的集中，从集中生长起垄断，银行和工业日益融合，这就是金融资本产生的历史。

其次，金融资本造成了垄断组织的时代。这种垄断性的组织以银行这种普遍的形态出现，银行成为金融大亨们操纵控制金融资本的合法机构。银行之间彼此持股渗透，进一步强化了利益联盟，这是一种新的联姻形式，即金融

① 《列宁全集》第27卷，人民出版社1990年版，第327页。

资本的联姻，进一步加剧和巩固了金融资本垄断与控制的局面。

最后，资本输出的历史不过一百多年，但就是在这一百多年里，金融资本由小变大、由弱变强、由地区发展到世界体系，渗透到世界各地。特别是第二次世界大战后，随着以美国为主导的布雷顿森林货币体系金融秩序的建立，美国主导下的世界银行对金融资本运行的控制与垄断，实现了金融帝国主义时代追求的以金融资本控制为核心的金融帝国主义世界体系。

二、寄生性、腐朽性是金融帝国主义世界体系具有的根本属性

列宁明确指出："资本主义的寄生性和腐朽性，而这是资本主义的最高历史阶段即帝国主义所特有的。"[①]首先，金融帝国主义的寄生性主要体现在以美国为首的发达国家控制下的全球化跨国公司对国际经济的控制。以美国为首的发达国家通过金融资本的垄断，控制发展中国家的金融，造成世界金融和经济的巨大不稳定。毋庸置疑，资本主义是自私的，因为它导致贫富两极分化严重，加速了地球的生态恶化、贫困问题。尽管我对于托马斯·皮凯蒂的某些论点并不赞同，但是他所做出的一个预测，即"如果最富的0.1%人群可获得6%的投资收益，而全球财富增长率只有2%，那么经过30年大发展，最富的0.1%人群所拥有的资本在全球资本总额中的比重就可以变成原来的3倍，即最富的0.1%人群将拥有全球60%的财富"。[②] 这个观点我还是赞成的。日本学者中谷岩在《资本主义为什么会自我崩溃?》中指出："从整个美国来看，0.1%处于最富裕地位的超富阶层的收入，居然占到美国国民收入的7%。而在里根上台之前，1%的富裕阶层的收入占总收入的8%，0.1%的超富阶层的收入仅占总收入的3%。"[③]资本主义的根本矛盾的日益尖锐是不可调和的，终究要导致资本主义的灭亡和社会主义的到来。

其次，金融帝国主义腐朽性的表现之一就是资本利益集团玩弄民主的游戏。《联邦党人文集》的作者之一麦迪逊在美国建国之初就指出："土地占有者集团、制造业集团、商人集团、金融业集团和许多较小的集团，在文明国家里必

---

① 《列宁全集》第27卷，人民出版社1990年版，第329页。
② [法]托马斯·皮凯蒂著，巴曙松等译：《21世纪资本论》，中信出版社2014年版，第452页。
③ [日]中谷岩著，郑萍译：《资本主义为什么会自我崩溃?》，社会科学文献出版社2010年版，第22页。

然会形成。"[①]恩格斯在1891年指出:"正是在美国,同在任何其他国家中相比,'政治家们'都构成国民中一个更为特殊的更加富有权势的部分。在这个国家里,轮流执政的两大政党中的每一个政党,又是由这样一些人操纵的,这些人把政治变成一种生意,拿联邦国会和各州议会的议席来投机牟利,或是以替本党鼓动为生,在本党胜利后取得职位作为报酬。""他们轮流执掌政权,以最肮脏的手段用之于最肮脏的目的,而国民却无力对付这两大政客集团,这些人表面上是替国民服务,实际上却是对国民进行统治和掠夺。"[②]杰弗里·M.贝瑞、克莱德·威尔科克斯在《利益集团社会》一书中也谈道:"利益集团提供了相当大数量的资金和志愿者,支持政党参加大选。"[③]比如,据美国专门研究大选的智库"政治反应中心"最新报告显示,2012年美国大选总开支超过60亿美元,这场选举已成为美国历史上最昂贵、最腐败的总统选举。

三、金融危机加速了金融帝国主义世界体系走向崩溃的步伐

2008年,在次贷危机中受到损失的"雷曼兄弟"宣布破产。之后,世界金融市场的股市经历了最大级别的暴跌,世界经济陷入了大混乱。造成金融危机的原因是多方面的,主要包括以下几点。其一,金融资本国际化。为了攫取更多的利润,发达资本主义国家的金融机构通过制造金融衍生品,投机操纵资本市场,疯狂掠夺世界其他国家的财富以满足自我的贪婪,根本就不顾他国人民的死活。其二,美国货币政策助长了金融资本的泡沫化。自美国实行以新自由主义为主导原则的经济政策以来,美国规模空前的债务性消费成为平衡整个资本主义世界积累与消费矛盾的关键杠杆,全球性生产与资本过剩的压力被美国的债务性消费所掩盖。从2001年1月至2003年6月,美联储连续13次下调联邦基金利率,1%的低利率水平停留了一年之久。低利率促使美国民众将储蓄拿去投资资产、银行过多发放贷款,这直接促成了美国房地产泡沫的持续膨胀。其三,国际经济冲突不断加剧,进一步动摇了金融帝国主义世界体系的稳定性。一方面,在发达的资本主义经济体之间形成了欧美争夺经

---

① [美]汉密尔顿等著,程逢如、舒逊译:《联邦党人文集》,商务印书馆1980年版,第45页。

② 《马克思恩格斯选集》第3卷,人民出版社1995年版,第12页。

③ [美]杰弗里·M.贝瑞、克莱德·威尔科克斯著,王明进译:《利益集团社会》,中国人民大学出版社2012年版,第105页。

济领导权的矛盾局面，另一个方面，新兴经济体要打破固有的由发达国家建构的国际经济秩序。这两大矛盾使金融帝国主义一统天下建立的旧有秩序越来越不稳固。无论是在2008年美国金融危机中，还是在2011年爆发的欧债危机中，发达资本主义国家都为了转移因危机和债务带来的矛盾，制定了一系列的贸易保护政策。比如，美欧之间的矛盾与斗争的一个突出表现就是争夺碳排放交易和新能源市场的主导权，为此欧盟对所有在欧盟境内起降的飞机征收国际航空碳排放费。

随着新兴经济体的不断发展，它们越来越不满足旧有的国际经济秩序，希望通过破除发达国家制定的不平等的国际经济秩序，实现本国的经济发展，为此新兴经济体如中国、印度、巴西等国不断冲击金融帝国主义世界体系。这些新兴市场经济国家与美欧发达国家的经济矛盾主要集中在传统制造业领域，其表现形式基本上是国际商品贸易摩擦。如中国商务部发言人沈丹在2015年年初指出，中国已经连续19年成为遭遇贸易摩擦最多的国家。2014年1—9月，国外对我国发起贸易救济调查数量和涉案金额同比分别增长了17%和159%。这是因为新兴市场经济国家在制造业领域巨大的成本优势，使得发达国家制造业的国际市场份额相对缩小，但是由于制造业在金融帝国主义世界体系中依然是缓解就业压力、吸收劳动力的重要领域，新兴市场经济国家的挑战客观上恶化了发达国家的失业与贫困问题，引起了发达国家的注意，现在很多发达国家的制造业开始回流，这充分说明了新兴经济体逐渐成为危及金融帝国主义稳定与安全的巨大外部冲击力量。

我们一定不要被金融帝国主义的表象所迷惑，要通过现象看到事物的本质，这是马克思主义辩证法的伟大之处。金融危机加速了金融帝国主义世界体系走向崩溃的步伐，金融帝国主义世界体系虽然还没有崩溃，但它终将走向崩溃这一趋势是不可逆转的。最后，还应当明确一点：任何时候一定要牢记帝国主义的反动本质是不会变的，特别是当其以和平、友谊等亲善面目出现的时候；一定要牢记帝国主义是一定会灭亡的，我们要学会同帝国主义作斗争，坚信社会主义、共产主义一定会胜利！

（原载《世界社会主义研究》2017年第1期）

正确看待和应对当前的金融帝国主义

赵可铭

帝国主义当今世界，和平与发展虽仍为时代主题，但世界很不太平。不合理的政治经济旧秩序，仍在破坏着国际社会的安宁。不仅军事霸权仍大行其道，而且金融霸权日趋凸显，一些发达国家凭借其强大的金融优势，不断洗劫发展中国家的财富，剥夺着第三世界人民的货币主权。我们对于这种新型的金融帝国主义，必须保持高度的清醒和警觉，积极采取有效措施予以应对。

一、金融帝国主义的性质及时代特征

当前资本主义进入了金融帝国主义阶段。金融化和金融资本全球化是金融帝国主义的显著特征，但其国际剥削的本性并没有变，只是更加倚重金融手段而已。

（一）金融帝国主义的性质——国际金融剥削

资本主义发展大体经历三个阶段，即自由竞争资本主义、工业垄断资本主义、金融帝国主义。金融帝国主义是资本主义发展的最高阶段，具有高度的垄断性、掠夺性和寄生性，深刻体现了帝国主义国际剥削的本质。

20 世纪 70 年代，金融帝国主义得以确立，主要表现为经济金融化和金融资本迅猛发展，金融资本演变为国际金融垄断资本，金融垄断资本将势力范围扩展到全球走向国际化，由此金融垄断资本攫取了前所未有的高额利润。这种高额利润的绝大部分是通过金融投机、金融剥削、掠夺来实现的。

1971 年美元与黄金脱钩，世界货币体系废除了金本位制，美元成为世界货币，充当国际流通和结算货币。这意味着美国不生产，仅仅依靠印刷美元纸币就能一本万利地购买世界各国具有真实价值的商品、服务和资源，这正是垄断了纸币发行权的美国金融寡头集团洗劫世界财富的基础。美国通过其强大的军事、外交和意识形态力量，让各国央行不得不购买美国国债，为美国的财政赤字、对外战争以及美国公司收购国外核心产业提供融资。以新形式出现的金融帝国主义，与传统帝国主义相比，在形式上不再主要靠侵占领土，而是以金融资本为基础，创建所谓“资本自由化”的游戏规则，设置圈套，套牢和剥削弱势国家和民族。这种剥削，形式更为隐蔽，成本更为低廉，实践更为高效。

（二）金融帝国主义的时代特征

当代金融帝国主义具有明显的时代特征，其金融霸权主要通过以下五种形式实现。

第一，金融通胀的国际转移，掠夺他国财富。金融帝国主义通过实施“量化宽松”的货币政策，转嫁金融危机，向中国等新兴经济体输入通货膨胀，实现国家财富的国际转移。当今美国金融帝国主义就是通过货币贬值（“量化宽松”）、发行国债和制造股市楼市震荡，进而摧毁债权，轻易洗劫他国的财富。目前，中国3万多亿美元的外汇储备，其中约有60％是美国政府债券，必须高度警惕这些财富被美国利用金融手段洗劫的风险。

第二，金融投资的国际产业控制，控制他国经济命脉。美国利用其金融帝国主义机制，用全球的资金收购他国关键产业和资产，却又禁止他国并购其本国的资源、高新技术等战略性行业，以此来控制世界大宗商品的定价权。近年来，外资加快兼并和收购我国行业龙头企业，我国一些原先发展势头较好的重点企业、行业排头企业陆续被外资并购、控股，甚至多年来通过自主研发培养的技术团队和技术能力被外资控制，企业的利润随之外流，企业和产品的品牌价值也被外商侵吞。近年来，跨国公司开始大举进军我国大型制造业，并购重点直奔我国工程机械、电器业等领域的骨干企业。我们对此应有清醒的认识。

第三，金融危机的国际传播，搅乱他国金融秩序。金融帝国主义取代了早期资本主义用商品进行扩张与掠夺的模式，进而采用金融扩张，用垄断金融资本的运作模式来影响和控制一个国家的经济运行。美国凭借美元霸权通过操纵美元利率或汇率来定期对外辐射经济风险，传播经济危机和金融危机，让各国承担美国经济调整的成本。美国金融危机以来，美国推出四轮“量化宽松”政策，把增长留给了自己，把问题抛给了全球，全球替它背着通货膨胀的压力，而它并没有出现明显的通胀现象。当代以美国为首的金融帝国主义，频频借用索罗斯这样的金融狙击高手，对他国实施货币狙击，引发他国出现金融危机，趁机洗劫他国财富。比如，1997 年以索罗斯为代表的金融狙击手对东南亚国家的金融狙击，导致东南亚国家出现金融危机，经济严重衰退，而金融狙击手们却获利巨大。对此，时任马来西亚总理的马哈蒂尔就明确指出："索罗斯对马来西亚的金融狙击，使马来西亚经济至少倒退二十年。"

第四，金融文化的国际输出，强化金融剥削与被剥削的国际认同。美国金融帝国主义不遗余力地用服务于美国金融霸权的理论，用多种手段和渠道对各国特别是发展中国家关键部门的人员、经济学者、媒体人员进行"洗脑"，通过强化文化渗透增强剥削与被剥削的国际认同，以达到不战而胜的目的。美国的一些主流商学院，多年来用其金融霸权理论大量培训各国留学生，这些留学生回国后往往成长为本国经济、金融部门的管理者，或者直接培训各国的中央银行家和外交家。同时，部分西方国家还借力金融非政府组织对知识分子、媒体等"笔杆子"进行思想渗透和改造。正是金融文化的国际输出和"洗脑"工程，将很多第三世界国家的经济推向崩溃和瓦解的深渊。近年来，美国各种基金会在中国投入巨大，不遗余力地培养基金会学者，贩卖美国等西方国家的一些言论，力图对我国经济社会改革决策产生影响。

第五，以金融制裁的国际压制，打击削弱异己国家。金融霸权的极端形式，就是目前以美国为代表的西方霸权主义国家对其认定的挑战对手、异己力量国以种种理由实施金融制裁，削弱压垮对手的经济实力，引发社会动乱，以达到不战而屈人之兵的霸权目的。20 世纪 90 年代以来，以美国为首的西方势力，披着"维护正义""维护规则"的外衣，频繁对其对手实施金融制裁。比如，20 世纪 90 年代，对伊拉克萨达姆政权实施长达近十年的包括金融制裁在内的经济制裁和经济封锁，使伊拉克经济陷入崩溃的边缘，最终导致在伊拉克战争中，萨达姆政权不堪一击。在此后的利比亚战争，以及目前仍在上演的叙利亚危机、伊核危机中，这种金融制裁更是频频登场。

二、金融帝国主义的发展趋势

金融帝国主义早在马克思所处的年代就已显现，只是自 20 世纪 70 年代布雷顿森林体系解体以后表现更为明显，手段更为多样和隐蔽。进入 21 世纪以来，金融帝国主义表现出日益明显的"五化"趋势。

（一）组织形态高级化

早期的金融帝国主义，是以罗斯柴尔德、索罗斯这类大型金融资本家个体形式存在和运作的。而进入21世纪以来，以美国为首的西方金融霸权国家，则是以国家意志为主导，以国际金融组织（诸如世界银行、IMF、国际评级机构等）为载体，以国际金融规则（《新巴塞尔协议》、IMF救助规则等）为手段，对其所谓的竞争对手，进行有组织、有计划、有目标的金融制裁、金融破坏、金融打击、金融颠覆（金融"颜色革命"）。这些金融霸权活动，正因为其汇集国家力量，并借助他们控制、主导的国际组织平台，其造成的危害更大，影响更深，对其防范更难。

（二）人才团队精英化

早期的金融霸权，主要是以一个个金融资本家为主体进行的，因而其人才团队主要还是家族式的。进入21世纪以来，华尔街在国际金融领域的影响力越来越大，特别是美国次贷危机以后，当代的金融霸权所依赖的人才团队，越来越由原来的家族式变为跨国式的精英团队。类似华尔街这样的金融团队，汇集了世界各地策划金融掠夺的高手，因而，这种金融团队对世界的影响力，有时甚至可以超越一个主权国家的力量。美国次贷危机使美国政府在华尔街的"金融精英"面前也不得不变为配角。

（三）技术平台网络化

在互联网出现以前，美国等西方国家金融霸权的实施还需要经过纷繁复杂的运作过程，不仅效率低下，过程漫长，而且总体的影响力有限。自从有了互联网的技术支撑，同相应的国际规则相结合，资金的大规模跨境移动只需"弹指一挥间"，金融震慑信息能在很短的时间内传遍全球。如今，每天有数十万亿美元的国际游资在寻找猎物，任何一个对外开放的国家，稍有不慎，就会瞬间被其掠夺。因此，自从互联网技术被广泛应用于金融活动以来，国际金融市场动荡频繁，金融危机的国际影响不断放大。

（四）运作方式规则化

金融帝国主义的霸权行径，十分注重披上文明的"外衣"，就是通过出台诸如《巴塞尔协议》、IMF救助准则等这类国际金融准则。这些准则，名义上是为了维护一国金融安全，帮助一国经济危机过后恢复经济，实则都是有利于金融帝国主义的，是金融霸权为这些国家套上的“紧箍咒”。如果违背这些规则的要求，就会受到惩罚。哪一个国家一旦按其制定的规则行事，就必然掉进其事先挖好的“金融陷阱”，使该国的金融主权被这些规则所绑架。类似情形，在东南亚金融危机、希腊主权债务危机等国际金融危机中表现得十分明显。

（五）导流手段多元化

金融帝国主义的金融霸权，最终还是依靠国际金融资本的跨区域流动，因而资本流动渠道是否畅通多元，流动方向和规模能否被有效控制，是能否实现其金融霸权的关键。在互联网被广泛应用的今天，国际资本的流动渠道被空前拓宽，对资本流动的控制手段也日趋多元化。首先，霸权国家可以依靠其所控制的各类基金，借助以小博大的“蝴蝶效应”，诱导国际资本按其霸权意图快速流动；其次，可以通过互联网以及各种新媒体进行诱导性的经济、政治、文化、军事信息传播，进而诱导国际游资按其意愿“闻风起舞”；再次，在上述两大手段效果有限的情况下，就会以制造类似乌克兰危机、英国脱欧危机等导致某些国家和地区社会动荡的方式，甚至以不惜发动类似阿富汗战争、伊拉克战争、利比亚战争、叙利亚战争等以大量平民伤亡为代价的残酷方式，来驱赶国际资本按其指定的目标方向实现转移。

可以预期，伴随着上述五种趋势的走向，金融霸权会变得越来越便捷，对国际金融秩序的破坏力越来越大，对国际金融的危害会越来越严重。一方面，会导致被金融霸权掠夺的目标国国内财富分配的两极分化，加剧其社会矛盾的冲突对抗，直接导致现有政权垮台，而被霸权国扶持的敌对势力乘机登上政治舞台，最终使该国成为霸权国家的新型附庸；另一方面，会导致国际社会出现富国更富、穷国更穷的两极分化，国际矛盾进一步加剧，进一步引发恐怖主义滋生、泛滥，甚至引发新的武装冲突或局部战争。

三、中国应对金融帝国主义的策略

金融帝国主义，作为当今世界动荡不安的一大根源，随着一批新兴经济体尤其是中国的“和平发展”和人民币走出国门，货币金融博弈必将日趋激烈和复杂。针对当前人民币被美元裹挟的严峻现实，在未来与美国等西方霸权国家的博弈中，我国要千方百计争主动权，注重“三力”建设。

(一)转变出口导向模式,摆脱美元依赖,不断提升金融发展主导力

经过三十多年的改革开放,我国传统经济发展方式中不仅粗放型、出口导向型、对外依赖型问题突出,在国际产业分工中长期处于低端的格局,而且这种发展模式被美元严重裹挟。党的十八大以来,中国采取了一系列重大改革举措,使我们的经济结构不断改善,但经济和金融方面还有不少隐忧。当前我国金融领域面临诸多矛盾和问题背后的美元因素,诸如外汇储备不断缩水、货币政策独立性被削弱、房地产市场和金融市场泡沫问题等,均与美元霸权密切相关。传统的出口导向发展模式,在促进我国经济持续快速发展中,作出了重大历史贡献,同时付出了代价即美元霸权逐渐侵蚀我国金融主权。要摆脱被美元裹挟的困境,不断提升金融发展主导力,就必须下决心贯彻以习近平同志为核心的党中央关于转方式、调结构的系列重大决策,实现出口导向型向内需驱动、科技驱动型发展模式加速转变。

(二)要稳步推进人民币国际化,积极参与国际货币体系改革,不断提升金融主权控制

目前,人民币已跃居全球外汇市场交易最活跃的十大货币之列,并已成为全球第七大支付货币。2015 年 11 月 30 日,IMF 决定将人民币纳入特别提款权(SDR)货币篮子,这是人民币国际化的重要一步。人民币国际化,有助于提升我国在国际货币体系中的话语权、拓展国际金融运筹空间、逐步摆脱对美元的依赖。但放飞的“鸽子”受人掌控,输出的货币易成为敌手狙击我国金融市场的利器。因此,对其进程,必须缜密研究,趋利避害,稳步推进。与此同时,针对当今不合理的国际货币体系,中国作为最大的发展中国家、美国国债最大持有国,必须积极有为地参与推动国际货币体系改革,努力实现由国际货币体系规则的被动接受者,到平等参与制定者,再到共同主导者的角色转变,使中国在国际货币体系构建中,有足够的话语权,维护我国和广大发展中国家的金融主权权益。此外,在国内金融体制改革与开放进程中,还要警惕西方新自由主义对我国的影响,必须坚持从我国金融实际出发不动摇,坚定中国特色社会主义大方向不动摇,牢牢掌控金融主权不动摇的原则,循序渐进地推进改革,审慎适度地对外开放。

（三）加快提升金融博弈能力，防范“金融颠覆”，保卫我金融安全

只要有不同国家和地区利益的差别，就必然存在着矛盾和斗争。只是斗争的形态正逐步由以硝烟弥漫真刀真枪的血腥战争为主，朝着以没有硝烟的文明化战争为主的方向发展，其中金融战、“金融颠覆”正成为当今世界“一道魔鬼风景线”。当前，美国在中亚、拉美以及其他地区对其认定的“邪恶轴心国”通过金融手段、文化入侵、策动的一场又一场“颜色革命”是当代世界人民遭受的主要灾难，同时美国近年来对我国境内一些势力的金融扶持力度也越来越大，在我国金融经济领域培养代言人、代理人的企图，必须引起我们高度警觉。面对美国的“石油风暴”、“股市冲击波”演习，面对西方霸权国家频频推出的“金融颠覆”和“颜色革命”计划，我们必须保持高度的战略清醒和战略自觉。在战争形态不断发展演化的今天，我们不仅要严守传统的有形国防，而且要固守金融主权这一无形的新型国防。

（原载《世界社会主义研究》2016年第2期）

当今世界仍然处于金融帝国主义时代

李慎明

一

何谓时代及时代主题？这是讨论当今我们所处时代必须首先要明确的。

人们用生产工具作为划分时代的标准，如石器时代、青铜器时代、铁器时代、蒸汽时代、电气时代甚至“互联网+”时代等；人们也用主要产业和产业的产值作为划分时代的标准，如农业时代、工业时代、信息时代等。

马克思、恩格斯用占社会主导地位的阶级来确定和划分“过去的各个历史时代”、社会发展形态，并明确提出了“资产阶级时代”这一概念。

列宁发展了马克思、恩格斯的思想，他所说的时代，是其对资本主义社会发展不同阶段划分的独创，是对资产阶级在资本主义社会不同发展阶段阶级本质特殊表现形式认识的独创。列宁明确指出：“这里谈的是大的历史时代。……我们能够知道，而且确实知道，哪一个阶级是这个或那个时代的中心，决定着时代的主要内容、时代发展的主要方向、时代的历史背景的主要特点等等。”①

列宁有句名言：“马克思主义的最本质的东西、马克思主义活的灵魂；具体地分析具体的情况。”②列宁对马克思、恩格斯所说的“资产阶级时代”作出了具体分析。按照列宁划分时代的标准，我们可以把马克思、恩格斯所说的资产阶级分别细分为三个阶段：一是商业资产阶级，二是工业资产阶级，三是金融资产阶级即金融帝国主义。同时相对应把资产阶级这一“大的历史时代”分别细分为三个较小的历史时代：一是商业资本主义时代，二是工业资本主义时

① 《列宁全集》第2版第26卷，1988年版，第143页。

② 《列宁选集》第4卷，第290页。

代。商业资本主义时代和工业资本主义时代同为自由竞争的资本主义时代。三是工业资本和银行资本加速集中并日益融合为金融帝国主义时代。金融帝国主义时代则是垄断的、腐朽的资本主义时代。

依据列宁的思想,我们还可以作如下判断:时代,是在“世界历史”范围内按一定标准划分的社会发展的一定历史阶段;是处在时代中心的特定阶级,即矛盾的主要方面,决定着时代的主要内容、发展方向和历史背景的主要特点等。处在时代中心的阶级本质的表现方式发生了改变,即矛盾的主要方面发生了改变,那么时代的主要特点即时代主题也就会跟着发生改变。时代问题、时代主题或时代潮流,则是一定“时代的历史背景的主要特点”,也就是一定时代的不同时期所需要解决的主要矛盾,是世界各种政治力量斗争的焦点。从时间上看,“大的历史时代”、时代,常常是比较漫长的历史阶段,而时代问题、时代主题或时代潮流,则由于“有各种不同的斗争形式提到首位,成为主要的斗争形式”而转换,由于世界格局的重大变化而变化,其时间相对“大的历史时代”、时代则要短暂很多。因此,时代与时代问题或时代主题有着必然的联系,但无疑有着本质的区别。时代规定着自身所特有的不易被人们所直接感知的时代性质的本质内涵,是时代问题或时代主题的上一个层次的问题,而时代问题或时代主题则是易被人们感知的特定时代性质的本质内涵的多样的外在表现形式。时代性质与时代问题或主题是决定和被决定的关系,而不是并列关系,更不是相反。现在理论界有的同志把时代性质与时代问题或主题混为一谈,把时代性质的本质内涵与时代性质本质内涵的外在表现形式混为一谈,就有可能得出不正确的结论来。

列宁当时所讲时代的国际关系是围绕着战争与革命展开的,战争与革命是时代的主题。第二次世界大战以后直到20世纪五六十年代世界形势虽然发生了巨大的变化,但仍是以战争与革命为主题。正是由于“战争与革命”时代主题的演进,推动了社会主义阵营的诞生和第三世界的民族独立和民主解放运动,世界范围内阶级力量对比发生重要变化,为时代主题的转换、为“和平与发展”时代主题的到来提供了历史的可能性和必然性。正是由于“战争与革命”时代主题的演进,国际资产阶级虽然仍然处在时代的中心,决定着时代的性质,但国际资产阶级受到了极大的削弱、战争的力量受到了极大的削弱,和平的力量得到了极大的发展。同时,我们也要看到,随着苏共二十大后苏共对马列主义和社会主义逐渐脱离、背离，特别是苏联大国沙文主义和霸权主义行径，战争的力量又得到了增长。还有，随着社会主义中国的发展壮大，包括独立自主研发"两弹一星一潜艇"的问世，随着美苏争霸和苏联对中国企图进行军事打击的企图而引起的中美关系的松动，随着以美国为首的西方世界对社会主义国家实施"和平演变"战略的逐步倚重，随着20世纪七十年代末八十年代初，一些社会主义国家及发展中国家以市场为取向的经济体制改革的开始等等，总之由于这些"历史的合力"，国际力量对比和世界格局开始发生重大变化，使得战争与革命的时代主题逐渐转换为和平与发展。邓小平毅然决然地抓住这一时机，力主集中主要精力，搞好中国国内的经济建设，搞好改革开放，使中国的社会生产力在30多年内得到空前的大发展。这充分展现了邓小平作为伟大政治家、战略家敏锐的政治目光和果敢的政治魄力。

"战争与革命"、"和平与发展"的时代主题都是处在资本帝国主义或金融帝国主义这一相同的历史时代内不同时期的时代主题、时代问题。"战争与革命"和"和平与发展"两大时代主题又属于对立统一相互转化的关系，永远处在既矛盾又统一并最终发生质的变化的历史运动之中。矛盾的核心或者说主要矛盾就是国际资产阶级与国际无产阶级的斗争。当然，国际资产阶级与国际无产阶级在各个不同时期都有很多的表现形式，在世界范围内有"多种多样的层次"。矛盾的主要方面仍然是国际资产阶级。所以，我们一方面要看到，国际资产阶级即金融帝国主义依然处在时代的中心，当今时代依然是"资产阶级时代"这一大的历史时代，同时又是资产阶级这一大的历史时代中"金融帝国主义"这一相对小一点的历史时代，还要看到矛盾的运动和转化，看到金融帝国主义的相对下降与国际无产阶级的总体上升，看到由十月社会主义革命所开始的由资本主义向社会主义的过渡。这就是我们对于时代性质判断的"两点论"。看不到前者，看不到国际资产阶级即金融帝国主义仍然很强大，我们就可能在时代性质判断上犯"左"倾错误，就可能盲目乐观，急于跨越金融帝国主义时代，放弃在一定条件下与一些发达国家和平共处、合作共赢的机会，与西方国家搞全面对抗，企图"毕其功于一役"，犯"关门主义"、"冒险主义"等错误，甚至"唯我独左"、"唯我独革"，把自己置于孤家寡人的境地。看不到后者，看不到国际资产阶级即金融帝国主义的相对下降与国际无产阶级的总体上升，看不到由资本主义向社会主义的过渡，我们就可能在时代性质判断上犯右倾错误，就会对中国特色社会主义共同理想和共产主义远大理想丧失信心，社会主义初级阶段这一伟大理论就会失去立论的前提和理论的基础；丧失对金融帝国主义本质的深刻认识和必要的警惕性，甚至重蹈苏联亡党亡国之覆辙。

在马克思主义的字典中，对于战争与革命、和平与发展，从来不是孤立、片面和静止地去理解，而是从矛盾运动、对立统一、相互转化中去理解。正如列宁所指出的："在经济演进的各个不同时期，由于政治、民族文化、风俗习惯等等条件各不相同，也就有各种不同的斗争形式提到首位，成为主要的斗争形式，而各种次要的附带的斗争形式，也就随之发生变化。"[①]"战争与革命"、"和平与发展"都是十月社会主义革命所开始的由资本主义向社会主义过渡的历史进程中的不同斗争形式。正因为处于"大时代"之中的时代主题不会凝固不变，和平与发展的时代主题，何时转化，如何转化即转化的空间方向、方式和具体内容值得我们认真关注和研究。

二

如何对时代主题进行判断？邓小平一开始并没有使用"时代主题"这一提法，而所使用的是"时代问题"。1984 年 10 月邓小平指出："国际上有两大问题非常突出，一个是和平问题，一个是南北问题。还有其他许多问题，但都不像这两个问题关系全局，带有全球性、战略性的意义。"[②]1988 年 12 月 21 日，邓小平又指出："当前世界上主要有两个问题，一个是和平问题，一个是发展问题。和平是有希望的，发展问题还没有得到解决。"[③]虽然邓小平自己始终没有直接使用过"和平与发展是时代主题"这一提法，但在 1989 年 5 月 31 日他明确肯定说："十三大政治报告是经过党的代表大会通过的，一个字都不能动。"[④]而党的十三大报告则指出："根据国际形势和我国现代化建设的需要，围绕和平和发展两大主题，调整外交格局和党的对外关系，发展了独立自主、反对霸权主义、维护世界和平的对外政策。我们在国际上的朋友更多了。"[⑤]十三大报告中虽没有正面论述但却出现了"和平和发展两大主题"这一明确的

① 《列宁全集》第 2 版第 14 卷，人民出版社，1988 版，第 2 页。
② 《邓小平文选》第三卷，1993 年版，第 96 页。
③ 《邓小平文选》第三卷，1993 年版，第 281 页。
④ 《邓小平文选》第三卷，1993 年版，第 296 页。
⑤ 《十三大以来》，人民出版社，1991 年 11 月第 1 版，第 7 页。

表述。这说明，邓小平是赞成“和平与发展两大主题”这一提法的。党的十四大报告又正式表述为：“和平与发展仍然是当今世界两大主题。”[①]其间历经党的十五大直至十八大，这一提法基本上没有变动。十八大的表述为：“当今世界正在发生深刻复杂变化，和平与发展仍然是时代主题。”[②]

邓小平在1989年5月31日间接肯定“和平与发展两大主题”之后，则又多次强调了和平与发展这两大主题中存在的问题。1989年11月23日，邓小平在会见南方委员会主席、坦桑尼亚革命党主席尼雷尔时指出：“我希望冷战结束，但现在我感到失望。可能是一个冷战结束了，另外两个冷战又已经开始。一个是针对整个南方、第三世界的，另一个是针对社会主义的。西方国家正在打一场没有硝烟的第三次世界大战。所谓没有硝烟，就是要社会主义国家和平演变。”[③]1990年3月3日，邓小平又说：“和平与发展两大问题，和平问题没有得到解决，发展问题更加严重。”[④]可以说，和平与发展仍然是当今时代的两大主题，同时也是当今世界所要解决的两大课题，但更是跨入21世纪后我们所竭力要解决而没有解决的两大问题。随着世界经济、政治形势的变化，这两大问题极有可能变得更为严重，也决不排除在特定条件下所发生的转化。

和平与发展这“两大主题”、“两大课题”和“两大问题”，决不是几十年甚至上百年乃至更长一点的历史阶段所能轻易解决的。原始社会存在100多万年、奴隶社会存在1600多年、封建社会存在2000多年，资本主义社会方才存在370多年，尽管现在历史加快了自己的发展步伐，但我们没有理由更没有力量让资本主义现在就寿终正寝。从一定意义上讲，西方强国只要主导着我们这个世界，这两大主题、两大课题和两大问题就不可能从根本上得到解决，战争就不可能完全避免。列宁的判断依然科学而准确：帝国主义是战争的策源地。冷战结束以来，世界范围内发生了十多起较大的局部战争，都直接间接与帝国主义大国有关。之所以说世界和平有希望，主要是说世界各国人民其中包括所有发达国家和发展中国家的广大人民对世界和平有着强烈的愿望和追求，对帝国主义的现象和本质的认识、对帝国主义是战争的策源地的认识都有

① 《十四大以来》，人民出版社，1996年2月第1版，第35页。
② 2012年11月20日《人民日报》。
③ 《邓小平文选》第三卷，人民出版社，1993年版，第344页。
④ 《邓小平文选》第三卷，人民出版社，1993年版，第353页。

不同程度的深化。另外，以美国为首的西方国家正处于衰退之中，世界多极化也在深入发展，美国称霸全球常常是力不从心。鉴于用“和平演变”的办法在苏联获得成功，它们今后将主要运用其经济、政治和文化等等霸权对世界上社会主义国家搞“和平演变”，对其他发展中国家搞“颜色革命”，以企图达到永久称霸世界、掠夺世界之目的。正因如此，世界和平的整体总格局仍将会维持一段时间。

列宁认为，“世界资本主义现在（约从20世纪初开始）已发展到帝国主义阶段。帝国主义，或金融资本时代，是高度发展的资本主义经济”。[①] 列宁之所以作此判定，主要是依据当时世界存在着以下三个基本矛盾：一是包括各国内部和国际间的无产阶级与资产阶级之间的矛盾；二是各帝国主义国家和集团之间的矛盾；三是帝国主义国家与殖民地国家之间的矛盾。随着生产方式和交换方式的变化，这些基本矛盾的从形式到内容都发生了许多深刻的变化。正是资本主义生产方式和交换方式的深刻变化，决定着时代的性质和基本特征。

为了深刻理解列宁的时代思想，有必要重温列宁的相关论述。1914年，列宁指出，“帝国主义是资本主义完成了它所能完成的一切而转向衰落的这样一种状态”；“这是一个并非……虚构而是存在于实际关系之中的特殊时代”；“这个时代将延续多久，我们无法断言”。[②] 在1915年底和1916年初，列宁还明确指出：“典型的世界‘主宰’已经是金融资本。金融资本特别机动灵活，在国内和国际上都特别错综复杂地交织在一起，它特别没有个性而且脱离直接生产，特别容易集中而且已经特别高度地集中，因此整个世界的命运简直就掌握在几百个亿万富翁和百万富翁的手中。”[③]1916年初，列宁又指出，“帝国主义是资本主义发展的最高阶段。在各先进国家里，资本的发展超出了民族国家的范围，用垄断代替了竞争，从而创造了能够实现社会主义的一切客观前提”；[④]接着，他在1916年上半年的著名著作《帝国主义是资本主义的最高阶段》中十分明确指出：“只有在资本主义发展到一定的、很高的阶段，资本主义

① 《列宁全集》第2版第29卷，1985年版，第474页。
② 《列宁全集》第2版第26卷，1988年版，第36页。
③ 《列宁全集》第2版第27卷，1990年版，第142页。
④ 《列宁全集》第2版第27卷，1990年版，第254页。

的某些基本特性开始转化成自己的对立面，从资本主义到更高级的社会经济结构的过渡时代的特点已经全面形成和暴露出来的时候，资本主义才变成了资本帝国主义。”[①]“帝国主义的特点，恰好不是工业资本而是金融资本”[②]；“20世纪是从旧资本主义到新资本主义，从一般资本统治到金融资本统治的转折点”[③]；“资本主义的一般特性，就是资本的占有同资本主义在生产中的运用相分离，货币资本同工业资本或者说生产资本相分离，全靠货币资本的收入为生的食利者同企业家及一切直接参与运用资本的人相分离。帝国主义，或者说金融资本的统治，是资本主义的最高阶段”。[④] 笔者认为，列宁当年在这里所说的帝国主义就是金融帝国主义的简称；列宁当年所说的帝国主义是资本主义发展的最高阶段，就是金融帝国主义是资本主义发展的最高阶段的简要表述；我们常说的当今世界仍然处于帝国主义时代，就是当今世界仍然处于金融帝国主义时代。也正因如此，我们说，如果使用列宁的“金融帝国主义”这一提法，将有助于我们更加直接、更加深刻地认识帝国主义的本质，有助于深刻认识当前在全球范围内爆发的国际金融危机和当今世界上所发生的各种主要事物的本质，有助于科学地找到应对的战略举措。

重温列宁上述一系列论述，我们还可以对迄今为止的资产阶级的商业资本主义、工业资本主义和金融帝国主义这三个时代作如下分析：在商业和工业资本主义时代，资产阶级均处于上升时期。尽管它野蛮、冷酷、无耻，但它打破封建樊篱，到处开拓市场，推进了科学技术的发展和社会生产力的极大发展，对促进社会进步和人类文明作出了重要贡献。这正如马克思、恩格斯在《共产党宣言》中所说：“资产阶级在历史上曾经起过非常革命的作用。”[⑤]随着金融帝国主义这一时代的到来，从总体上来说，资产阶级则逐渐步入了寄生、腐朽、反动和没落的历史阶段。列宁明确判定金融帝国主义“这个时代将延续多久，我们无法断言”，这一判断同样完全正确。我们虽然无法断言金融帝国主义这个时代能够延续多久，但有一点则完全可以肯定，这一时代决不是以几十年甚至百多年为单位，而至少是以数百年乃至上千年为单位。人们对列宁所说的

---

① 《列宁全集》第2版第27卷，1990年版，第400页。
② 《列宁全集》第2版第27卷，1990年版，第403页。
③ 《列宁全集》第2版第27卷，1990年版，第361页。
④ 《列宁全集》第2版第27卷，1990年版，第374页。
⑤ 《列宁全集》第2版第29卷，1985年版，第474页。

帝国主义是腐朽、垂死的资本主义的诘难，就是把金融帝国主义这一时代看短了，是以百年甚至几十年为单位来衡量列宁对错的，从而得出了列宁所说过时的结论来。其实，这不是列宁所做判断的过错，而是我们理解上的偏狭和过错。

当今时代无疑仍然处于金融帝国主义时代。但这决不是历史的终结。1917年，列宁指出：帝国主义"造成惨祸、灾难、破产和粗野——这一切就使目前所达到的资本主义发展阶段成为无产阶级社会主义革命的时代"①。1918年，列宁又指出："从资本主义过渡到社会主义，需要经过长久的阵痛。"②无产阶级社会主义革命的时代的到来与从资本主义过渡到社会主义需要经过长久的阵痛，这就是对立统一规律与唯物辩证法表现出的两面。我们之所以说当今时代仍然是列宁当年所说的帝国主义和无产阶级社会主义革命时代，而不是"和平与发展的时代"，主要是二战之后，特别是苏东剧变以来，20世纪初马克思主义经典作家所指出的世界的三个基本矛盾虽然发生了很大变化，但都没有得到根本解决，并在新的形势下还有所激化。由于社会主义国家以及社会主义阵营的出现，帝国主义国家之间的矛盾缓和了，但都没有消失；国际垄断资本有了新发展，其间的矛盾有了新的表现。帝国主义国家与殖民地国家之间的矛盾，由于20世纪五六十年代原有殖民地民族民主解放运动的风起云涌，迫使帝国主义采取了新的剥削和统治方式，从而矛盾转变为西方发达国家与发展中国家之间的矛盾这种新的表现形式。无产阶级与资产阶级之间的矛盾，在国际上曾经集中表现为第一世界和第三世界之间的矛盾，表现为社会主义国家与资本主义国家之间的矛盾，又主要表现为与以美国为首的西方发达国家与广大发展中国家之间的矛盾；在资本主义各国又表现为贫富两极的急遽拉大，这就使得无产阶级与资产阶级之间的矛盾重新尖锐起来。如果平心静气谈论世界大势，任何有良知的人都会看到和承认，现在，以发达国家为代表的金融帝国主义正在世界范围内忙着"收获"其金融霸权所"创新"的金融及其各种衍生品的暴利。当金融帝国主义把全球几乎所有财富都数据化为金融及其衍生品并装入私囊之后，生存权遭到最终剥夺的全球占绝大多数的人们

① 《列宁全集》第2版第29卷，1985年版，第474页。
② 《列宁全集》第2版第33卷，1992年版，第278页。

必然要叩问全球占主导地位的资本主义私有制的生产关系的合理性与正义性。在这种情势下，资本要么忍痛改良（英国著名经济学家皮凯蒂就主张在维持私有制的前提下，通过对资本的高征税以对金融帝国主义实行改良），相对缩小仍在急遽拉大的贫富两极分化，在权宜之计下增加社会相对的有效需求，以推迟自己的灭亡；要么在当下就激起广大人民的强烈反抗，现在就开始走向死亡之路。从一定意义上讲，资本主义一旦踏入金融帝国主义之路，也就是踏上了死亡之路。在通往死亡之路上，改良，仅仅是延缓死亡的策略而已。正是从这种意义上我们说，金融帝国主义是垄断的、腐朽的、垂死的资本主义。随着金融帝国主义时代的到来，随着各种基本矛盾的激化，无产阶级革命必然是如影相随，接踵而至，这也正如手心手背或者是钱币之两面须臾不可分离。前几年发生的以美国“占领华尔街”为代表的政治行动，便是这一矛盾重新尖锐的突出表现。无产阶级与资产阶级这个决定时代性质的根本矛盾并没有消失，反而在特定条件下有所激化，这更加彰显了资本帝国主义时代的存在。尤其是国际金融垄断资本的发展，使美国成为剥削、掠夺全世界的唯一金融霸权和超级帝国主义国家，并在世界上引发一次又一次金融危机，其本质上是资本主义的经济危机。为摆脱这些危机，它们首先要把这些危机转嫁到广大发展中国家甚至是一些发达国家。2008年爆发国际金融危机后，美国金融垄断资本已经在这么做了，并且已经获得很大的成功。与此同时，它们还会并将继续在世界各国、各地进一步挑起各种各样的冲突、战乱，甚至赤裸裸地对外发动战争，其寄生性、腐朽性达到了新的高度。

资本主义向社会主义的过渡时代不仅是长期的，其进程不仅是曲折的，有时甚至会发生逆转。列宁曾明确指出：“每个时代都有而且总会有个别的、局部的、有时前进、有时后退的运动，都有而且总会有各种偏离运动的一般形式和一般速度的情形。”[①]对苏联东欧的剧变，对当今社会主义的低潮，完全可以作如是的理解。

在由资本主义向社会主义过渡中，社会主义革命有迅速发展时期，也有消沉时期。列宁曾明确指出，社会主义革命不可能像“涅瓦大街的人行道”那样“宽阔、畅通、笔直，在走向胜利的途中根本不必承受极其重大的牺牲，不必‘困

---

① 《列宁全集》第2版第26卷，1988年版，第143页。

守在被包围的要塞里'，或者穿行最窄狭、最难走、最曲折和最危险的山间小道，谁认为只有'在这种条件下'才'可以'进行无产阶级革命，谁就不是革命者"。[①] 他认为，"社会主义的彻底胜利是要经过漫长的、艰苦的道路"[②]；革命在发展中既有"一天等于二十年"的迅速发展时期，也会有"'和平'龟行发展"的"政治消沉"时期。[③] 这种现象，既会在一国革命中发生，也会在世界范围发生。因此，不能把当前世界社会主义革命处于消沉时期的这一现象，看成是时代的根本性质改变了，甚至要告别革命，它仅仅是时代不同发展阶段上主题的变化。列宁说，"无产阶级的策略都要考虑到人类历史的这一客观必然的辩证法"，"要利用政治消沉"时期"来发展先进阶级的意识、力量和战斗力。……并使这个阶级在'一天等于二十年'的伟大日子到来时有能力实际完成各项伟大的任务"[④]。

毫无疑问，经济全球化的深入发展和高新技术革命的加速推进，使得广大发展中国家的快速发展与资本主义盘剥发展中国家的方式发生了重大转变，进而使得时代主题或时代特征发生了新的重大变化。邓小平和我们党及时提出了当今时代的主题是"和平与发展"，这就从对国际环境的认识角度为把我国工作重心转移到经济建设上来提供了坚实的理论支撑。对和平与发展这一时代主题，我们一定要清醒认识，决不能轻易发生动摇。应该说，2008 年底爆发的国际金融危机就是世界各国人民反对霸权主义和强权政治、进一步推进世界多极化与国际关系民主化的大好时机，是进一步昂扬和平与发展时代主题的大好时机。但是，也决不能轻易据此就认为时代的根本性质发生了改变，"直把杭州作汴州"。

几年前，有的同志提出了"当今世界是和平与发展的时代"的观点。这一观点很值得商榷的。如前所述：时代和时代问题、时代主题或时代潮流尽管有着一定的内在联系，但是，两者所特有的内涵和特指的范畴都是特定的。作为子系统的时代的问题、时代的主题或时代的潮流不能随意顶替作为母系统的时代。邓小平提出的和平与发展两大问题，一是充分反映了世界各国人民的

---

① 《列宁全集》第 2 版第 35 卷，1985 年版，第 55 页。
② 《列宁全集》第 2 版第 33 卷，1992 年版，第 410 页。
③ 《列宁全集》第 2 版第 26 卷，1992 年版，第 78 页。
④ 《列宁全集》第 2 版第 26 卷，1992 年版，第 78 页。

愿望；二是明确提出了中国人民为之奋斗的任务和目标，以及实现任务和目标所应解决的最重要的问题；三是指明了在大的时代背景中，有可能争取到的甚至是有可能利用的时代主要特点的历史机遇。正因如此，我们说，邓小平不仅坚持而且还丰富发展了马克思主义关于时代主题的思想。在谈到和平与发展时，邓小平都称之为问题；当然，如前所述他也赞同“和平与发展两大主题”的提法。但是，时代和时代主题是不应混淆的，也是不能随意顶替的，否则，就可能走到问题的另一面。

提出当今世界是和平与发展时代同志的主要理由之一便是：和平与发展是相对于世界大战而言，只要不打世界大战，便可称之为和平与发展时代。但资本主义兴起后，仅有 20 世纪上半叶发生两次共 10 年的世界大战，那么，除这 10 年外，是不是都叫和平与发展的时代？美苏冷战对峙时期，特别是两个霸权主义国家倾其国力进行战备的准战争时期是叫和平与发展时代还是叫别的什么？处在战争时期的朝鲜、越南、波黑、南斯拉夫、巴基斯坦、以色列、伊拉克、阿富汗、利比亚等和我国在第一、第二次国内革命战争和解放战争时期时，算不算处在和平与发展的时代呢？观察、理解和判断时代，不应机械地从战争进行时间的长短和两个战争间歇期的长短来确定。毫无疑问，战争与和平都有不同阶级和力量的主导即性质的不同，又是对立统一和质变与量变的关系。在人类的历史长河中，从时间而言，从整体而言，相对温馨的和平时期是常态，而血与火的战争却是短暂甚至极其短暂的。但是战争一旦发生，既会给一个国家、民族和人民带来十分巨大的灾难，在一定条件下又可以导致一个国家、民族和人民的新生。这正如同经济危机与经济发展时期一样，经济发展是常态，经济危机是非常态，但短暂的经济危机的非常态的发生，可能会对一个国家、民族和人民造成较长甚至很长时段的极大的苦难，又可能促使一个国家、民族和人民的走向觉醒和振兴。

还有的同志认为“对时代的判断，源自对时代特征的深入分析”。这实质上是颠倒了时代与时代特征的决定与被决定作用的关系。从根本上说，是时代决定时代特征，而不是时代特征决定时代。

无论是毛泽东、邓小平，还是以江泽民为核心的第三代中央领导集体，和以胡锦涛为总书记、以习近平同志为核心的党中央，从来没有否定当今世界时代的性质仍然是帝国主义的时代。1969 年 3 月，毛泽东在召集有关人员的碰头会上明确指出:“列宁是帝国主义时代的马克思主义。现在还是帝国主义时代。”[①]而早在1960年6月30日,邓小平在会见拉丁美洲12国兄弟党代表团的讲话中就指出:“一切问题的关键在对时代的分析,这个问题在国际共产主义运动中有不同的解释,发生了列宁关于帝国主义是资本主义最高阶段这个论断合不合用的问题。我们的观点概括说,列宁的论断并没有过时,帝国主义特征没有改变。”[②]以邓小平为核心的党的第二代领导人的另一个重要成员陈云在1989年十分明确地指出:“列宁论帝国主义的五大特征和侵略别国、互相争霸的本质,是不是过时了?我看,没有过时。”“那种认为列宁的帝国主义论已经过时的观点,是完全错误的,非常有害的。这个问题,到了大呼特呼的时候了。”[③]江泽民同志在2000年也明确指出,当今世界的经济全球化,由西方发达国家为主导。[④] 2005年,胡锦涛同志指出:“要和平、促发展、谋合作是时代的主旋律”,“同时,世界和平与发展这两大问题还没有得到根本解决。……人类实现普遍和平、共同发展的理想还任重道远。”[⑤]2013年3月,习近平同志在莫斯科国际关系学院的演讲中指出:“这个世界,人类依然面临诸多难题和挑战,国际金融危机深层次影响继续显现,形形色色的保护主义明显升温,地区热点此起彼伏,霸权主义、强权政治和新干涉主义有所上升,军备竞争、恐怖主义、网络安全等传统安全威胁和非传统安全威胁相互交织,维护世界和平、促进共同发展依然任重道远。”[⑥]不仅毛泽东、邓小平,而且江泽民、胡锦涛和习近平的上述论断,都直接间接肯定了当今世界仍然是处于帝国主义时代。

从一定意义上讲,在经济全球化日益发展的今天,列宁所说的资本主义国家是“总资本家”的时期正在发生新变化,各资本主义国家特别是各资本主义强国的国家机器,都已不是自身完全意义上的全部“法人”,它们正在进一步强化为国际垄断资本的奴仆和代理。马克思主义国家学说在各资本主义强国更加明显地表现出来。真正主导我们这个地球经济政治文化秩序的是操纵资产阶级国家机器背后的以极少数人为主导的日益联合成为一体的国际金融垄断

① 中共中央文献研究室编:《毛泽东年谱(1949—1976)第6卷》,2013年12月第1版,第233页。
② 《邓小平年谱(1904—1974)》(下),中央文献出版社,2009年12月第1版,第1562页。
③ 《陈云文选》,人民出版社1995年版第3卷,第370页。
④ 江泽民:《在2000年亚太经合组织工商界领导人峰会午餐会上的讲话》,2000年11月16日《人民日报》。
⑤ 胡锦涛:《努力建设持久和平、共同繁荣的和谐世界——在联合国成立60周年首脑会议上的讲话》。
⑥ 2013年3月24日《人民日报》。

资本联盟。北约、国际货币基金组织、世界银行与各资本主义强国的政权，互相勾结，互为补充，一起构成了国际金融垄断资本联盟的“新型全球性的国家机器”。“人权高于主权”可以从这一跨越民族国家形式的“新型全球性的国家机器”中找到事实根据和理论根据。美国在这一跨越民族国家形式的“新型全球性的国家机器”中，是核心和主导。这一金融垄断资本集团内部，当然同样会相互“倾轧”、“争霸”，但是他们也会依靠直接结成鲜为人知的神秘组织，运用各种方式控制甚至直接操纵各种国际组织，以企图达到极少数人永久掌控和享用世界上愈来愈少的各种资源之目的。竞争与垄断是资本主义相互交替的规律。全球范围内的各种国际金融垄断资本集团的神圣同盟在全世界人民的反抗面前，在它们自己争霸的倾轧之中，将无法最终摆脱其失败之命运。

综上所述，我们可以明晰看到，列宁所讲的“金融帝国主义时代”是特指资本主义社会发展的最高阶段和各种矛盾积累激化到一定阶段并由此向新的社会形态过渡的一定历史时期。金融帝国主义决不是一种暂时现象和政策，而是资本主义社会发展的一个特殊的也是最高即最后的阶段。尽管时代的主题随着形势的变化而变化，但当今帝国主义时代的本质并没有任何改变。金融帝国主义决不仅仅是一个属于上层建筑领域的问题，更主要、更根本的是属于经济基础领域的问题。金融帝国主义的历史，决不是在一个短时期内就结束了的，而可能要持续一个较长的历史时段。随着世界长期积累的各种各类矛盾的不断深化，我们这个世界就可能进入真正的“一个更加动荡和跳跃、充满灾变和冲突的时代”[①]。如果轻易认为时代性质发生了根本性变化，把“和平与发展为主题”错误地等同于人类社会已经进入“和平与发展的时代”，虽然可能是由于没有正视客观现实的良好愿望使然，但这必然会犯急于跨越社会大的发展阶段即资本主义最高阶段的“左派”幼稚病或其他什么错误，也就不可能从根本上认清这次仍在深化的国际金融危机的根本原因，找不到正确的应对之道。如果在时代性质及时代主题上发生误判，将会对“党和国家的全局事业”、“长远事业”，对国家的长治久安带来重大的消极影响甚至犯下不可挽回的颠覆性错误。

---

① 《列宁全集》第2版第27卷，1990年版，第141页。

三

当今金融帝国主义时代的本质并没有根本改变，但与列宁当年所揭示的金融帝国主义相比，其表现形式和特征却已经并且还正在发生重大的变化。随着国际金融危机的深化，世界多极化也加快了自己的步伐。

1. 高度重视对时代问题的研究。对时代问题的认识紧紧联系着我们的最低和最高纲领。有同志认为，共产主义虚无缥缈，只提中国特色社会主义共同理想就行了。甚至有的认为，只要提共产主义理想就是“左”。在社会主义初级阶段，我们当然不能实行共产主义政策，必须坚持社会主义初级阶段的基本经济制度和各项政策。但是，我们必须坚定共产主义理想和社会主义核心价值观。2015 年 9 月 11 日，习近平总书记在主持中央政治局学习时特别强调：“我们共产党人的根本，就是对马克思主义的信仰，对共产主义和社会主义的信念，对党和人民的忠诚。”[①]这也就是说，没有对共产主义的坚定信念，对中国特色社会主义也就必然是三心二意。我们承认，实现共产主义的过程是十分艰难的，并有着较为漫长的历史时段。但我们坚信其最终必然实现。这恰如日月经天、江河行地一样不容置疑。没有共产主义这一社会的最高理想，现实的社会主义就会失去前进的方向和动力。毫无疑问，我们没有必要把共产主义这一词句天天挂在嘴上去“空谈”，更多的却应是脚踏实地去“实干”，并把为建设中国特色社会主义而奋斗中的经验教训上升到理论，进而指导我们的实践。而要解决好中国特色社会主义共同理想与共产主义远大理想的有机有效结合与统一，就必须正确认识和处理好时代问题。

2. 当今时代仍然是金融帝国主义时代。真正弄清所处的时代，不仅是研究世界政治、经济、文化、军事和国际关系等各种问题的基础和前提，也是无产阶级政党制定各种战略和策略的理论依据和前提。正如列宁所讲：“首先考虑到各个‘时代’的不同的基本特征（而不是个别国家的个别历史事件），我们才能够正确地判定自己的策略；只有了解了某一时代的基本特征，才能在这一基础之上去考虑这个国家或那个国家的更具体的特点。”[②]当今时代是金融帝国

① 2015 年 9 月 12 日《人民日报》。

② 《列宁全集》第 26 卷，人民出版社，1988 年版，第 143 页。

主义时代，这是时代性质的主导方面。从一定意义上讲，资本帝国主义时代，就是国际金融垄断资本主导甚至统治全球的时代。尽管这一趋势在减弱，但仍然没有质的改变。金融帝国主义时代还可能会持续一个相当长的历史阶段，我们决不能把这一时段看轻了、看短了。认为当今时代已是和平与发展时代，就是把金融帝国主义这一时代看轻了、看短了。当然，从一定意义上讲，这一时代的长短，取决于世界各国人民特别是代表其根本利益的共产党人对这一时代的认识和与金融帝国主义合作、竞争、博弈本质上是较量的主观能动性的发挥。当今世界，全球国内生产总值为70多万亿美元，而债券市场则为95000万亿美元，是全球GDP的1000倍以上，各种金融衍生品的价值则达到466000万亿美元，是全球GDP的6657倍还多，世界上每24小时流动的资金总额就相当于一年全球GDP的总值。从一定意义上讲，美国拥有金融霸权这一经济基础，也就拥有了其他霸权的各种手段。现在，美国经济开始有所复苏，这标志着在一定程度上，美国正在并将继续把自已2007年爆发的金融危机转嫁到了广大发展中国家甚至是欧盟和日本这样的发达国家。从总的历史趋势讲，资本帝国主义无疑是腐朽的、垂死的资本主义，是纸老虎，在战略上和本质上，我们必须这么看，因为这是规律和未来必然的事实。但是，我们也必然记住列宁如下的其他论述，列宁在《帝国主义是资本主义的最高阶段》里明确指出的："如果以为这一腐朽趋势排除了资本主义的迅速发展，那就错了。不，在帝国主义时代，某些工业部门，某些资产阶级阶层，某些国家，不同程度地时而表现出这种趋势，时而又表现出那种趋势。整个说来，资本主义的发展比从前要快得多"，[①]甚至会出现"惊人迅速的发展"。[②] 因此，在战术上看，金融帝国主义又是真老虎、铁老虎，真老虎、铁老虎是要吃人的。苏联这个社会主义的大党大国不是被吃掉了吗？因此，我们在战术上必须高度警惕，认真应对，不能有丝毫马虎。只有认清金融帝国主义既腐朽、垂死又可以在特定条件下惊人迅速地发展这一重要特征，我们才可能头脑清醒、积极主动地准备各种复杂形势下的伟大斗争，才能在任何情况下赢得主动。

3. 和平与发展的时代主题依然没有变化。一是美国已踏上衰落之路。尽

① 《列宁全集》第2版第27卷，人民出版社，1990年版，第436页。
② 同上。

管这一进程需要几十年甚至更长时间。二是世界多极化正在深入发展。比如，截止到2015年3底，提出申请以意向创始成员国身份加入亚投行的国家(地区)总数已达52个，其中31个国家已成为正式的意向创始成员国，亚投行筹建迈出实质性步伐。三是各大国各战略集团都深谙:“不战而屈人之兵”之道、之妙。所以，可以较为肯定地说，较大规模战争在未来三五年内极可能打不起来。在人类历史上，从资本主义向社会主义过渡，社会主义战胜资本主义是一个相当长的历史阶段。从这个角度看，资本主义社会和社会主义社会必然有一个相当长的共处阶段，相互间以各种形式和方式合作、竞争、博弈直至较量；合作、竞争、博弈直至较量的本质与实质，则是阶级的国家的经济利益，而政治则是经济的集中表现；所以，在各种较量的形式中，也决不排除赤裸裸的战争这一政治的最高手段。2015年5月20日，美军一架侦察机突然飞越中国正在开展建设的南海岛礁上空，遭到中国海军的8次警告。这一态势，在特定条件下，有可能变成中美两军的“新常态”。但我们更要警惕的是，是由金融帝国主义者挑起的代理人战争。比如，中日、中菲、中越甚至朝鲜半岛等之间的战争。在当今世界，社会主义中国是世界和平的举足轻重的重要力量。在这样一个伟大的历史进程中，真正的马克思主义者应当主动把握“战争与革命”和“和平与发展”时代主题的辩证统一及其相互转化。国际金融危机正在深化，这本质上是资本主义经济、制度和价值观的危机。中国特色社会主义正在彰显独特的经济、制度和价值观的优势。正是从这一意义上讲，昂扬和平与发展的时代主题正面临着难得的机遇。我们应坚定信心，坚持开展全方位外交，坚守合作、共赢的底线，在更多地与发展中国家开展合作的同时，应努力构建与美国为首的西方强国的新型大国关系，巩固与周边国家的良好关系。我们应长期坚持和平共处五项原则，努力避免一切战争，但也要下决心做好一切必要的军事斗争准备，立足打赢捍卫祖国领土和海疆的任何一场战争。只有这样，才能不断拓展和平与发展这一时代主题的新局面，为中华民族伟大复兴的中国梦争取更好的国际环境和周边安全环境，为人类进步事业做出“较大的贡献”。

4.高度警惕西方敌对势力对我进行“西化、分化”的图谋。我们是社会主义国家，奉行的是联合国宪章宗旨与和平共处的五项原则，同时又有着“和为贵”与“求同存异”的优良民族传统，当今世界社会主义还处于低潮，这都要求我们必须调动一切积极因素，尽最大力量争取与美国为首的西方强国和平共处、合作共赢。不如此，就要犯下无可挽回的重大错误。与此同时，我们也必须牢记，当今世界仍然处于金融帝国主义时代。金融帝国主义的表现形式：首先和主要是金融霸权。从一定意义上讲，这是金融帝国主义的根本表现，也是其他霸权的经济基础。没有这一经济基础，其他霸权将不复存在。二是主要表现在知识产权和贸易上的规制霸权。这是金融帝国主义霸权在经济上的两只翅膀。三是以互联网为主要工具的意识形态霸权。意识形态霸权中，历史虚无主义不仅是其主力军，而且是为新自由主义、民主社会主义、所谓“宪政”和普世价值等各种错误思潮的开路先锋。四是军事霸权。军事霸权则是金融帝国主义的柱石、后盾与护身符。

笔者认为，现在，美国在全球有四个战略伙伴同时更是战略对手。在欧洲，一个是欧盟，一个是俄罗斯。美国通过乌克兰冲突，让这两个对手相互牵制制约，从而企图逐渐把自己的战略重点转到亚洲。在亚洲，一个是日本，一个是中国。美国企图通过东海甚至南海，让日本与中国相互牵制制约，从而在今后一些年内腾出主要精力以对付中国。美国为何要搞亚太再平衡？关键是中国的和平发展，特别是中国特色社会主义的和平发展对它具有极大的潜在威胁。更为重要的是，中共十八大后，美国企图在中国最高层搞苏联式的“和平演变”的希望完全破灭，所以正在改变其战略策略。美国在今后一些年内仍会对我进行“硬施压”，比如在东海、南海，但不会与我直接“迎头相撞”（基辛格语），因为抗美援朝与抗美援越已经直接较量过，最多是鼓励、唆使和支持日本、菲律宾、越南甚至印度等与我“相撞”。我们在警惕金融帝国主义军事霸权的“硬实力”即“硬战争”的同时，更应高度警惕广义上的战争，即硬战争＋软战争。软战争有三种形式，即金融战、规制战和意识形态战，其中更为现实和直接的是金融战和意识形态战。在当今同中国的金融战，集中体现在股市、期货、汇率等各种金融衍生品上，而意识形态战则集中体现在几亿网民手机的微信上。美国一是通过意识形态特别是网络，把人们的思想搞乱；二是通过制造金融风暴把我们的经济搞乱和社会搞乱，从而利用所谓的民意“乱中取栗”，进而在适当时机改变我国政权格局，扶持戈尔巴乔夫之类人物上台，然后再逐渐改变我国基本的经济政治制度。2015 年 6 月，中国股市开始的激烈动荡，值得我们深思反思与高度警惕。随着我国经济下行和就业压力的到来，西方敌对势力在今后三五年内可能会更加倚重金融战和意识形态战这一战略策略。对此，我们决不能有丝毫的松懈。美国在苏联搞的是“自上而下的革命”，而在我国则是要搞“自下而上的革命”。这也就是美国的“重返亚洲”或“亚太再平衡”战略的实质与本质。

5.辩证看待形势，居安思危，坚定信心。以习近平同志为核心的中央政治局一次专门学习历史唯物主义，一次专门学习辩证唯物主义，意味深长。我们一定要居安思危。把建设中国特色社会主义放入当今世界依然处于金融帝国主义的时代，放入世界动荡重组的多极化的视野，放入近14亿人口全面建成小康社会，我们便可以更加感知，这是一项无比宏伟壮丽的事业。宏伟壮丽与艰辛曲折必然相伴，不相伴便称不上宏伟壮丽。我们既要努力抓住当前各种前所未有的大好机遇，同时准备迎接当前各种世所罕见的严峻挑战。有这一思想准备，会比没有这一思想准备主动得多。但同时我们也应看到，资本主义整体处于下降趋势，美国已踏上衰落之路，特别是2008年国际金融危机以来，世界社会主义力量也处于曲折中上升的趋势，特别是中国特色社会主义道路的成功开创和取得伟大成就也充分说明了这一点。当今时代既是金融帝国主义时代，又是由十月革命开始的资本主义向社会主义过渡的这一大的时代。我们一定要坚定信心，根本原因则是我们所从事的是多数人的为着多数人的真正正义的事业。从一定意义上讲，历史唯物主义可以用一句话来概括，这就是：“人民，只有人民，才是创造世界历史的动力。”[①]所以，多数人的人民的正义事业最终是要必胜的。

经济全球化深入发展带来的世界上各种各类矛盾尤其是全球范围内的贫富两极分化的蕴聚、激化，必然导致金融帝国的“乐极生悲”和世界人民的“悲极生乐”。历史辩证法正在向着人们展示，在21世纪中叶前后，极有希望迎来世界社会主义的再一次英姿勃发的大好机遇，其中包括中国共产党人在内的全世界劳动阶级怎样发挥着波澜壮阔的历史主动性和创造性。贫穷决不是社会主义，贫富两极分化也决不是社会主义，但是贫穷和贫富两极分化最终必然产生社会主义。可以预言，在21世纪中叶前后将要诞生一大批符合自己国情的社会主义国家。我们之所以作出这一乐观预言，根本依据如下：从一定意义

---

① 《毛泽东选集》，(《论联合政府》，1945年4月)。

上讲，生产工具决定生产力，生产力决定生产关系。以“互联网+”为生产工具的大变革必然极大地促进社会生产力的高速发展。在未来几十年内，必然会出现一批又一批的无人工厂，并必然带来工人大量失业，全球范围内的贫富两极分化必然进一步急遽拉大，社会矛盾必然进一步激化。现有的资本主义私人占有的所有制及分配关系越来越容纳不下以“互联网+”为代表的社会生产力的极大发展，必然呼唤着新的生产关系和社会制度的诞生。这正是以习近平同志为核心的党中央强调全党同志要坚定共产主义远大理想和全国人民要坚定中国特色社会主义共同理想的依据所在，是习近平同志在十八届三中全会《决定》说明中所说的“要真正向前展望、超前思维、提前谋局”的深意所在。党的十八大后，以习近平同志为核心的党中央从全面从严治党入手，全面深化改革，全面推进依法治国，逐步打牢中国特色社会主义的经济、政治和文化基础，我们对中国特色社会主义更加充满必胜的信心。

面对世界新的大好机遇，我们完全有理由这样发问：金融帝国主义的秋天极有可能即将到来，若果真如是，世界劳动者的社会主义的春天，还会很远吗？当然，在我们迎来世界社会主义艳阳天之后，也决不排除出现新的曲折与挫折，世界社会主义就是在多次甚至像苏联亡党亡国这样大的曲折、挫折乃至苦难中不断凯歌行进的。这就是历史发展的铁则。

（原载《红旗文稿》2015 年第 22、23 期）

美国新自由主义兴衰的权力逻辑

王学军　程恩富

由于新自由主义一贯主张“小政府、大市场”，因而常常给人们造成新自由主义单纯主张限制政府权力，以及新自由主义是在学术自由讨论后才占上风的错觉。这是当前中外理论界必须辨清的一个重要问题。事实上，新自由主义对于政府权力，既有限制的一面，更有操弄利用的一面。以美国为例，没有政府权力的支持，新自由主义根本无法迅速兴起和实现全球扩张；新自由主义的横行，又反过来侵蚀了美国民主政治的基础，导致2008年国际金融危机的爆发，并不断削弱其国家治理能力，与此同时新自由主义也开始走向衰落。可见，新自由主义兴衰有着其内在的权力逻辑。

一、因权而兴

政府权力在新自由主义兴起中扮演着关键性角色。1980年里根上台，标志着新自由主义在美国的兴起。此后，在政府权力支持下，新自由主义逐步取代了凯恩斯主义的主导地位，成为美国主流经济学。美国也相应由管制资本主义进入到新自由资本主义阶段。

新自由主义的由来及其基本主张。二战前后，西方国家逐渐形成了以伦敦学派、货币学派、产权学派等为代表的一批新经济学流派。这些经济学流派虽然在具体内容上各不相同，但都继承了传统自由主义思想。它们从维护资本主义立场出发，顽固坚持资本主义私有制和市场经济，反对社会主义与凯恩斯主义，因而人们将它们统称为新自由主义或新保守主义。私有化、唯市场化和唯自由化是新自由主义的基本主张。在新自由主义看来，市场是实现资源配置的最优选择，虽然有时也会失灵，但市场具有自我纠正功能，所以只要放任市场调节，即可避免资本主义各种经济危机；政府并非解决问题的办法，而是问题本身，作为“必要之恶”的政府，对经济干预只应保持在最低限度。

新自由主义兴起的历史契机。20世纪六七十年代，新自由主义在理论形态上就已逐渐成熟，但因与在美国处于主导地位的凯恩斯主义意见相左，新自由主义长期处于非主流地位。20世纪70年代中叶，美欧等西方国家爆发了严重的经济危机。经济危机爆发后，美国政府依旧实行凯恩斯主义政策，希望通过积极财政政策、扩大有效需求来实现经济复苏。但结果却是，不仅没有解决经济停滞问题，过量增发的货币反而又引发了严重的通货膨胀。经济滞胀使得凯恩斯主义陷入失灵的尴尬境地。在这样的大背景下，里根赢得了1980年美国总统大选。他是继撒切尔夫人之后，又一位在西方大国赢得大选的新自由主义支持者。随着里根上台执政，美英新自由主义得以从理论走向实践，并发展为一种经济全球化条件下的新自由资本主义模式。

新自由主义获得美国政府权力支持的根本原因。新自由主义能够赢得美国政府权力的支持绝非偶然，而是有着深刻的社会历史原因的。一方面，垄断资本对以新自由主义取代凯恩斯主义之心早已有之。凯恩斯主义与新自由主义虽然在本质上都代表着资产阶级的根本利益，但两者在具体政策取向上存在着明显差异。凯恩斯主义主张加强资本管制和增加社会福利，这无疑损害了垄断资产阶级的直接利益。此外，在凯恩斯主义指导下，美国战后公共事业得到长足发展，积累了大量的公共财富。垄断资本对此可谓垂涎已久。要对这部分公共财富实施私有化，也同样需要先去除凯恩斯主义障碍。另一方面，此时美国垄断资本已经积累了足够经济政治实力。两次世界大战使得欧美垄断资本元气大伤。战后蓬勃发展的世界社会主义运动，更使得垄断资产阶级陷入了无限恐慌。为了避免爆发苏俄和中国式社会主义革命，垄断资产阶级不得不向劳工阶级做出妥协和让步。这正是战后凯恩斯主义在美国能够长期处于主导地位的重要原因之一。随着战后经济的恢复和发展，美国垄断资产阶级的实力得到极大增强，而社会福利制度的改善，使得国内阶级矛盾有所缓和，因而在垄断资本看来，此时用新自由主义替代凯恩斯主义不但具有必要性，而且具有可行性。

二、弄权而盛

新自由主义兴起以来，美国虽然经历了几度政党轮换和政策调整，但基本保持了新自由主义的政策取向。从表面上看，新自由主义模式不但成功解决了困扰美国多年的经济滞胀问题，甚至在克林顿执政时期更是创造了相对的高增长、低通胀的经济格局。然而，与其将这些成就归功于新自由主义对市场的放任，不如归功于其对政府权力的操弄。操弄政府权力，牺牲劳工阶级与发展中国家利益，正是新自由主义成功背后的秘密所在。

向垄断资产阶级放权让利。首先，在税收政策上向富裕阶层倾斜。在里根执政期间，先后通过《1981 年减税法案》和《1986 年税制改革法案》，进行了两次大规模的税制改革。里根的税制改革，大幅度降低了个人所得税率和企业所得税率，使美国平均纳税额减少了 6.4%，而超富裕阶层则降低了 16%。新的税制使财富进一步向富裕阶层集中。其次，放松市场监管。在凯恩斯主义模式下，政府对公共事业领域实行了较严格的管制，只将经营权授予少数特许企业。新自由主义奉行放任市场政策，大幅度降低市场准入门槛和市场监管，为大资本家创造了更多的盈利机会。再次，在货币政策上，超量发行美元。小布什执政期间，一改以往几届政府相对谨慎态度，转而采取扩张性货币政策。在其总统任期内，美国公共债务几乎增加了 10 万亿美元。超量发行美元降低了资本家的借贷成本，加快了资本积累的速度。最后，实施国有股份私有化，低价出售政府持有的国有股份或资产。政府持有的国有股份或资产，一般主要集中在公共服务领域以及能源、交通等基础设施领域。这部分资产普遍质地优良，且对整个社会经济有着重要影响。向垄断资本家低价抛售政府持有的国有股份，既有利于壮大垄断资本家的经济实力，又有利于增加垄断资本家对经济社会的控制力。

对劳工阶级进行经济压榨和政治打压。与对资本家放权让利相反，新自由主义对于劳工阶级，则完全是另一副嘴脸。在政治上，利用政府权力不断打压工会等为代表的劳工组织。打击劳工组织，降低了劳工阶级的组织程度，导致劳工加入工会的比率大幅度下降，削弱了劳工阶级与资本家的谈判地位。在用工政策上，通过增加雇工弹性和引进外籍员工等政策的改革，增加劳动力市场供给，加剧了劳工阶级的内部竞争，进一步削弱了劳工阶级的组织程度和谈判能力。在社会政策上，大幅削减社会福利和公共事业开支，并将社会福利的主要责任由联邦政府下放给各州政府。1996 年，克林顿签署《福利改革法案》,结束了自1935年以来联邦政府对于穷人帮助没有时限的做法。以上政策的实施,使得在过去30年中,美国劳工阶级实际工资和社会福利几乎没有增长,进一步加剧了劳工阶级(含所谓中产阶级)的相对贫困化。

在全球推行新自由主义。美国政府为了在国际上推行新自由主义,将其具体政策化为"华盛顿共识",并作为改革范本在全球推广。美国在国际上推行新自由主义的根本目的,在于建立美国主导的世界新秩序,进一步巩固美国霸权地位。新自由主义的全球扩张,方便了美国资本输出和国际剥削,加强了美国与其他发展中国家间"中心—外围"、"消费—生产"的不平等关系。在不合理的国际分工和流通体系下,新自由主义的国际扩张,使得广大发展中国家与发达国家的贫富差距进一步拉大。

三、滥权而衰

新自由主义之所以能够如此操弄政府权力,源于其对美国民主政治的深度侵蚀。新自由主义不仅是一种经济模式,而且是一种政治模式。新自由主义严重侵蚀美国民主政治的基础,加速了金融危机的爆发,削弱了其国家的综合治理能力。

美国民主政治的衰败。新自由主义为金钱政治和权钱交易提供了理论支持,使其披上了合理合法的外衣。金钱政治、权钱交易原本就是资本主义的公开的秘密。资产阶级政客要赢得选举,必须首先要获得垄断资本在经济和媒体上的大力支持。而一旦当选,资产阶级政客必然要兑现承诺,投桃报李。但在以往,这种无耻行为还多少需要遮遮掩掩。新自由主义从个人主义立场出发,将成本、利润计算泛化为个人行为的基本原则。在个人利益至上的原则下,政治权力也不过是一种用来实现个人利益的商品。公平、正义、公共利益和公民责任等价值观念则变得可有可无。在新自由主义误导下,2014年4月,美国联邦最高法院裁定,取消个人政治捐款上限,更是为金钱政治和权钱交易打开了方便之门。同时,在新自由主义的打压下,美国左翼力量被严重削弱。由于缺乏大资金的支持,真正代表劳工阶级的政党或参选人,被早早排斥在政治权力之外。正如斯蒂格利茨所指出的,"所有美国参议员和大多数众议员赴任时都属于顶尖1%者的跟班,靠顶尖1%者的钱留任,他们明白如果把这1%者服侍好,则能在卸任时得到犒赏"。美国民主的实质就是"1%所有,1%统治,1%享用"。

政府权力的滥用。美国民主政治的衰败,直接导致了政府权力的滥用。政府权力作为一种公权,本应以大多数民众的利益为其价值取向,而在利益集团操弄下,政府权力丧失了其公利性和公信度,转而成为极少数人牟取私利的工具。美国前总统卡特指出:“现在,美国只有寡头政治,无限制的政治贿赂成为提名总统候选人或当选总统的主要影响因素。州长、参议员和国会成员的情况也是如此。所以,现在我们的政治体系已经遭到颠覆,它只是用来为主要的献金者提供回报。这些献金者希望并期待在选举过后得到好处,他们有时会得到好处……目前民主党和共和党的现任官员把这种不受限的金钱视为向他们提供的巨大收益。国会大佬们会有更多途径来捞好处。”美国利益集团通过操弄政府权力,换取各种权益。随着垄断寡头对于政府权力控制的加深,政府权力也愈发遭到滥用。例如,为迎合金融资本放松监管的需要,1999 年克林顿废除了 1933 年设立的《格拉斯一斯蒂格尔银行法》。弃用曾有效防范金融危机的《格拉斯一斯蒂格尔银行法》,为日后金融危机爆发埋下隐患,而克林顿本人却因此得到了华尔街金融家们的广泛支持,克林顿基金会也由此赚得钵满盆满。

政府国家治理能力的削弱,加速了金融危机的到来。政府权力的滥用直接导致国家治理能力的削弱。贫富两极分化和经济秩序混乱等经济社会问题长期得不到解决。本来,在自由资本主义时期以后,资本主义积累过程的稳定性,在很大程度上要依赖于国家的基础设施以及国家对经济事务的直接干预,但随着金融垄断资本在经济社会中占据主导地位,资本主义国家开始更加按照占统治地位的国际垄断资产阶级的需要来支配经济和社会事务。当政府自身无力解决这些经济社会问题时,就不得不求助于垄断资本控制的市场,反映其利益要求。住房自有化和债务证券化政策,虽然在短期内对美国经济产生了一定的拉动作用,但虚假繁荣背后却潜藏着巨大的危机。垄断资本的贪婪与市场的失控最终于 2008 年引爆了国际金融危机。新自由主义所吹嘘的“市场自我纠正”、“反对政府干预”的谎言被这场金融危机彻底揭穿。金融危机爆发后,新自由主义不得不自食其言,再次利用政府权力,实施大规模救市政策,帮助垄断资本家走出困境。

综上可见,新自由主义与政府权力之间的关系,完全取决于垄断资本利益。但凡有利于垄断资本利益的,必然得到加强和利用;但凡与垄断资本利益相左的，必然遭到限制或去除。这也正是垄断资本主义社会的经济基础与上层建筑间相互关系的实质。所以，我们要破除对于新自由主义“小政府、大市场”的迷思，认清其实质，避免其误导中国特色社会主义建设。要正确认识和把握我国社会发展的阶段性特征，牢牢立足社会主义初级阶段这个最大实际，坚持和完善公有制为主体、多种所有制经济共同发展的基本经济制度，处理好政府和市场的关系，使市场在资源配置中起决定性作用和更好发挥政府作用。

（原载《红旗文稿》2017 年第 15 期）

第五辑

从苏联解体看
新自由主义对社会主义改革的危害性

黄星清

苏联解体，毫无疑问是20世纪最重大的政治事件之一。它不仅代表了20世纪冷战的结束，而且还导致了以新自由主义为指导思想的美国成为世界上唯一的超级大国。虽然苏联已经成为了过去，但是在中国，对苏联解体的讨论却从来没有停止过。因为，苏联作为世界上第一个社会主义国家，它的解体毫无疑问将给社会主义中国以深刻的警示。

一、新自由主义成为西方世界完成对苏联“和平演变”的“致命武器”

(一)从苏联这个人类历史上第一个社会主义国家成立以来，资本主义世界就没有停止过对它的敌视和瓦解

苏联建国初期，资本主义世界就纠集14个国家试图把这个新生的社会主义国家扼杀在摇篮里。第二次世界大战时，法西斯德国又进攻苏联。但是，这些都无法从外部打垮苏联。在西方围堵、攻击、打压、瓦解苏联的过程中，曾经搞过“经济战”、“金融货币战”、“军备竞赛”、“舆论战”，然而这些都没能摧毁这个强大的社会主义国家。

到20世纪70年代，新自由主义思潮走上了西方国家的政治舞台，特别是美国，不仅把新自由主义作为国家的指导思想，而且还以它作为其实现全球霸权的战略工具。此后，西方世界开始改变了对苏联的战略。美国前中央情报局局长罗伯特・盖茨说过：“我们知道，无论施加经济压力还是进行军备竞赛，甚至用武力也拿不下来。只能通过内部爆炸来毁灭它。”俄罗斯科学院院士、

社会政治研究所所长根·瓦·奥希波夫证实了这一说法，他指出："西方国家原来每年针对社会主义国家的媒体宣传资金达600亿美元。美国政府著名顾问基辛格讲：'干什么还要进行宣传？不如直接在苏共党内建立第五纵队，培养代理人。'"新自由主义旗手之一的英国首相撒切尔夫人也证实说："我们一直采取行动，削弱苏联经济，但是遗憾的是，无论我们怎么努力，苏联的政治形势长期保持十分稳定，我们陷入了困境。不过很快我们得到情报，说苏联领袖逝世后，经我们帮助的人可以继任，借助他能够实现我们的想法，这个人就是戈尔巴乔夫。"

（二）大量的事实证明，西方国家在苏联培养了一批"代理人"，然后通过他们在苏联推动否定社会主义的"改革"

培养"代理人"从内部瓦解苏联成为新自由主义登上西方政治舞台后最成功的战略。其中，戈尔巴乔夫、雅科夫列夫、叶利钦、谢瓦尔德纳泽就是这些"代理人"中的关键人物。

"代理人"戈尔巴乔夫攫取最高权力之路耐人寻味。在1982年至1985年这三年间，苏联的三位最高领导人相继去世，同时，一批坚持社会主义的接班人被各种谣言或者其他原因排除在领导核心之外，其中包括当时的乌克兰领导人谢尔比茨基、国防部长乌斯季诺夫等人。俄罗斯的研究结果表明，在苏联领导人变动过程中有西方势力操控的迹象。对于这样的研究结果我们无法完全确信。但这一系列事情的发生确实在客观上为戈尔巴乔夫攫取苏联的最高权力扫清了障碍，于是苏联共产党和人民的悲剧开始了。对此，撒切尔夫人后来十分自豪地说："是我们把戈尔巴乔夫提拔起来当总书记的。"

实际上，戈尔巴乔夫与新自由主义代表人物撒切尔夫人的交流也的确"十分深入"。俄罗斯独立电视台在苏联解体20周年的纪录片中曾播出，1984年戈尔巴乔夫与撒切尔夫人进行了一番密谈，戈尔巴乔夫甚至违背保密原则，向撒切尔夫人出示苏联对英国的核攻击计划，这是苏联的最高军事机密。撒切尔夫人随后告诉另一位新自由主义代表人物美国总统里根，"可以和他打交道"。与此同时，戈尔巴乔夫回国后开始推动了一系列带有新自由主义色彩的"改革"。尽管戈尔巴乔夫这么评价自己的政治主张："我是社会民主主义者。"但是，从他后来进行的一系列改革中可以看出，新自由主义思想对他的影响是极大的，新自由主义瘟疫让他的世界观"病入膏肓"，而且还通过他把这种瘟疫传播给了“巨人”苏联。

在苏联解体前夕，撒切尔夫人在美国休斯敦演讲时骄傲地宣布：“事实上现在苏联已经解体了，不过在法律上苏联还存在。我负责任地告诉诸位，不出一个月的时间你们就会听到法律上苏联解体的消息。”也就是在那个时候，戈尔巴乔夫与时任美国总统老布什通了电话，依依道别。老布什赞扬戈尔巴乔夫“使苏联发生了历史性变化”，而里根后来也高度褒奖戈尔巴乔夫的功绩。

随着戈尔巴乔夫“改革”的推行，苏共内部的分化越来越严重，而叶利钦却在苏联政坛迅速崛起。西方决定同时支持戈尔巴乔夫和叶利钦。对于叶利钦当上俄罗斯苏维埃主席，撒切尔夫人是这么说的：“经过多次接触和约定，还是决定‘推出’叶利钦。叶利钦费了很大的力气，勉强当选俄罗斯最高苏维埃主席。随即便通过了俄罗斯主权独立宣言。”

1989 年 9 月，作为苏联最高苏维埃主席团成员的叶利钦访问美国，美国政府竟然以国家元首的极高规格接待他，不仅安排到纽约等 11 个城市发表讲话，而且还安排总统老布什、国务卿贝克、国家安全顾问思考克罗夫特以及前总统卡特等一大批政要“亲切”会见叶利钦。而叶利钦亦对美国“十分友好”的高规格接待投桃报李。在访美期间他大肆诋毁共产主义是“一张幸福的乌托邦支票”，盛赞资本主义“繁荣至上”。以至于他后来说：“从那时起，我已经改变了自己的世界观，不再是一个共产党人了。”撒切尔夫人说：“在 1991 年‘8·19’事件期间，我们也给叶利钦以极大的支持。当时苏联上层少数人隔离了戈尔巴乔夫，企图恢复维系苏联统一的制度。叶利钦的支持者坚持住了，并且掌握了控制强力部门的绝大部分（虽然不是全部）实权。”

二、新自由主义瘟疫是如何从各个方面影响苏联共产党的

自从赫鲁晓夫上台后，苏联共产党就受到了包括修正主义等错误思想的影响，但到了 1984 年之后，新自由主义开始侵入苏共领导层。在诸多错误思潮中，以新自由主义对苏共影响最为严重，也最为直接，新自由主义影响主要包括以下几个方面：

（一）主动放弃马克思列宁主义的指导思想，是苏联共产党在政治路线上受到新自由主义影响的表现

到 20 世纪 80 年代中期以后，以戈尔巴乔夫为代表的苏共党内的新自由

主义者公然放弃马列主义作为苏共和国家的指导思想，转而把体现新自由主义思想的“人道的民主的社会主义”作为党和国家的指导思想，放弃了实现共产主义的奋斗目标。在“人道的民主的社会主义”的旗帜下，戈尔巴乔夫大肆鼓吹“民主化、公开性和多元论”，否认阶级和阶级斗争，模糊社会主义同资本主义的界限，无视生产资料所有制而大谈“人道主义”，同资本主义国家进行无原则的妥协，“任性地”地推行所谓的政治体制改革。这其实就在政治路线上宣告了苏联当时进行的所谓改革已不是社会主义改革，而是在向资本主义蜕变。这种改旗易帜的改革，为苏联解体提供了政治思想准备。

（二）放弃党对国家的领导，是苏联共产党在政治制度上受到新自由主义严重影响的表现

以戈尔巴乔夫为代表的苏联共产党内新自由主义者先是把权力中心从党的组织转移到苏维埃，取消了党对国家机关、社会团体的直接领导，使苏共由“领导核心”变成“政治先锋队”。同时鼓吹“党的民主化”，要求苏共完全沦为资产阶级议会党，还美其名曰“自治的社会主义政治组织”。1990 年 3 月，苏联人代会修改了宪法第六条，正式取消党的法定领导地位，确定了实行三权分立的议会民主制、多党制和总统制。在“民主化、公开性、多元化”口号的鼓动下，开始实行多党制，大批反共反社会主义的势力被召唤和集合起来，组成 3 万多个反共反社会主义的非正式组织和党派。在取消宪法第六条和实行多党制后仅一年，联盟一级政党出现约 20 个，共和国一级的政党达 500 多个，其中绝大多数成为最终推动苏联亡党亡国的政治力量。由此看出，放弃党对国家的领导，使得苏联共产党完全丧失制定政策和实施政策的权力，是苏共垮台最直接的原因，新自由主义拥戴势力替苏共掘墓是不遗余力的。苏联共产党放弃对国家的领导为苏联解体提供了政治制度的准备。

（三）提拔重用一大批反党反社会主义的干部，是苏联共产党组织路线受到新自由主义影响的表现

苏共垮台同它在组织路线中的一系列错误是分不开的，这种错误主要是干部选拔任用上以任命制和变相任命制代替体现民主集中原则的选举制。在勃列日涅夫时期，干部的任命制达到登峰造极的程度，基本上抛弃了民主集中制，任人唯亲；更为严重的是，对干部的政治甄别工作形同虚设。这种违背马

列主义组织原则的干部路线，使得戈尔巴乔夫这样的敌视马克思主义和共产党政权的新自由主义者被任命到党的最高领导层，这是导致苏共从内部被攻破、最终亡党亡国的一个重要前提。

戈尔巴乔夫执政时期，彻底打开苏共的组织大门，使得更多的反党反社会主义的新自由主义者混入党组织内部，并在党和政府的各级组织中占据重要岗位，为了减少推动政治经济文化改革的阻力，像雅科夫列夫、谢瓦尔德纳泽、叶利钦等人都为埋葬苏联立下了“盖世奇功”。因此，提拔重用新自由主义者为苏联解体打下了组织基础。

（四）放弃对军队的绝对领导，搞所谓的“军队国家化”，是苏共在军队建设方面受到新自由主义影响的表现

20世纪80年代，戈尔巴乔夫开始推行所谓的军队改革。对军队的改革从削减军费开始，进而对其使命任务和体制编制进行调整，撤销总政治部、政工机关，清理政工干部，并用法律形式剥夺苏共对军队的最高领导权和指挥权。苏共从组织上放弃对军队领导的直接后果是，“一个人可以拉走一支部队”，军队在国家危难关头倒戈。

历史真是让人无限感慨，1917年十月革命时期，近20万布尔什维克党员领导不足3万人的武装力量夺取政权，建立了社会主义国家；第二次世界大战时期，拥有200多万党员的苏共领导人民和红军，战胜了德国法西斯；70多年后，拥有近2000万党员和530万军队的苏联共产党却在新自由主义者戈尔巴乔夫的推动下自我否定、自我缴械，丧失政权、亡党亡国。苏共放弃对军队的领导，搞所谓的“军队国家化”，为苏联解体奠定了军事基础。这也是苏联垮台最根本的原因之一。

（五）实行动摇和颠覆社会主义经济基础的“经济改革”，是苏共在经济建设上受到新自由主义思想影响的表现

20世纪80年代，苏联一大批受新自由主义影响的经济学家，打着“市场至上”的旗号，刻意混淆社会主义与资本主义的本质区别，模糊公有制与私有制的界限，鼓吹从以公有制为基础的社会主义经济制度向以私有制为基础的“私有化自由化市场经济”转变。他们从极少数垄断资产阶级的角度，为最广大的苏联人民群众论证了实行私有制的“合理性和必要性”；他们大肆鼓吹经

济状况不佳的根本原因是公有制的垄断;他们恶毒地妖魔化社会主义经济体制,并斥之为"僵化的"经济体制。这些新自由主义经济理论造成了苏联经济思想的混乱。在戈尔巴乔夫等政治力量和这些别有用心的舆论的影响下,苏共领导集团完全接受了新自由主义经济思想,并以之作为"经济改革"的行动指南,接受新自由主义的"500天计划",推行"经济改革",在苏联掀起了"私有化、自由化、市场化"的浪潮。

1990年7月,戈尔巴乔夫同叶利钦达成协议,决定成立由经济界的新自由主义者沙塔林等13人组成的工作小组,在俄联邦的"500天计划"的基础上,制订一个全国向市场经济过渡的"500天计划"。该计划提出,经济改革的根本原则是实现所有制"非国家化"和"私有化"。非国家化应当具有综合性,同时包括大型工业企业、中小型工商业企业、服务领域。要把大型国营企业改组为股份公司,除了股份化之外,还采取其他种种形式使财产非国家化:一次性赎买,以分期付款办法赊销,先租赁后赎买,外国投资。使小型商业企业、公共饮食业、生活服务业私有化。转让(变卖)部分住房和地块,使之成为公民的财产。他们主张,从国家拿出可能拿出的一切,归还给人民。在把经济改革红利分给人民群众的冠冕堂皇的口号下大肆兜售私有制。叶利钦在答记者问时说:"我坚决主张增加私有制,大力发展私有制。""500天计划"的起草者沙塔林接受记者采访时说:"我头脑中对社会主义的概念就是要实行财产私有、企业经营自由、实行市场经济。"

此时,苏联的"经济改革"已不是社会主义制度的自我完善,而是在新自由主义者的蓄意引导下,对几代人为之奋斗了70年的社会主义事业的颠覆。加拿大的经济学家迈克尔·莱博维茨说:"当苏共党内的主导势力更多地趋向于遵从资本主义逻辑时,苏联的社会主义制度必定走向终结。"新自由主义经济学彻底颠覆了社会主义经济,直接地在经济基础上促使了苏联的解体。

(六)实行意识形态多元化,是苏联共产党在意识形态领域受新自由主义影响的表现

戈尔巴乔夫上台后,把意识形态工作交给他的"亲密战友"雅科夫列夫等人,使得这个极端重要的领域始终由新自由主义势力掌握。戈尔巴乔夫与这些人的思想不谋而合,先是提出"意见多元化",接着发展为"舆论多元化",最后毫不掩饰地提出"意识形态多元化"。这些新自由主义者声称:"只有这样,

苏联才能由僵化变成自由化”。意识形态多元化的实质就是主动放弃马克思列宁主义在意识形态领域的指导地位，让新自由主义思想占领这块极其重要的阵地。从此以后，苏联的意识形态领域就理论混乱、舆论失控，报刊和新闻广播连篇累牍地发表反对马克思列宁主义、攻击社会主义的言论，党的机关报《真理报》专发反党文章，政府机关报《消息报》专发反政府文章。同时，戈尔巴乔夫在“意识形态多元化”的浊潮中推波助澜，带头否定和修正马克思列宁主义。1987年他应美国一家出版商的约请写作并出版《新思维》一书。《新思维》一方面美化资本主义，主张重新评价资本主义；另一方面丑化社会主义，主张根本改造社会主义，在这个基础上对社会主义和资本主义两种社会制度进行“历史性妥协”。这样，苏联的思想理论彻底被搞乱了。当时，在苏联反马列主义、反社会主义已经成为一种时髦，世界社会主义中心变成了世界反社会主义的中心。最后，连西方媒体都承认苏联媒体反社会主义超过我们的宣传程度，在“意识形态多元化”等新自由主义思想的指引下，苏联的历史虚无主义和批判主义开始风行，刮起一阵阵否定社会主义革命、建设历史和苏联共产党党史的妖风。

（七）对民族分裂势力妥协退让，是苏联共产党民族政策受到新自由主义影响的表现

苏联是一个多民族国家，民族矛盾由来已久。由于自斯大林开始，苏联长时期地推行大俄罗斯民族主义，导致在各民族之间，特别是各少数民族和俄罗斯民族之间、各加盟共和国和联盟中央之间的矛盾比较尖锐。而戈尔巴乔夫上台以后，执行了一系列体现新自由主义思想的民族政策，对打着“民族主义”幌子的民族分裂势力大唱“民族和解”的歪调，毫无原则地对分裂势力迁就妥协，一再退让，最终酿成了民族危机。带头闹独立的有波罗的海三国：立陶宛、爱沙尼亚、拉脱维亚，格鲁吉亚紧随其后，纷纷发表“独立宣言”和“主权宣言”。戈尔巴乔夫对这些独立宣言采取默认和纵容的态度。民族间的裂痕尽管发展到如此程度，但联盟的凝聚力在群众中仍未失去。在1991年3月的全民公决中，76％的人仍赞成保留苏联。可是，在同年12月，由叶利钦导演的俄、白、乌《别洛韦日协议》，不顾多数公民的意愿，宣告联盟已不复存在，直接导致联盟解体，民族分裂势力成了压垮苏联的最后一根稻草。

在新自由主义的“指导下”，以戈尔巴乔夫为代表的“代理人”“完美地、创

造性地"完成了西方势力交付的"历史使命"——从内部分化瓦解苏联。2005年,俄罗斯总统普京发表年度国情咨文时痛心地说:"苏联的崩溃,是20世纪最大的地缘政治灾难;对于俄罗斯人民来说,它是一场真正的悲剧。"

三、中国应该从新自由主义对苏联解体的影响中吸取深刻教训

1992年,邓小平同志讲:"一场冷战结束了,美国跟苏联的。另一场冷战又开始了,就是西方对社会主义国家和发展中国家的。"国际垄断资产阶级控制的美国为了实现对世界政治经济文化一体化的霸权战略,还会继续利用新自由主义作为其理论工具向全世界传播瘟疫,兴风作浪。作为社会主义国家的中国,同样受到新自由主义思想的影响,苏联的解体为中国提供了一个精确无比的历史警示表,无论是所谓的"民主化政治改革",还是"私有化、市场化、自由化的经济改革",抑或是"意识形态的多元化"……中国共产党和中国人民都应该从苏联解体汲取经验教训。

(一)必须坚持经济改革的社会主义方向毫不动摇

社会主义改革必须是对社会主义制度的完善和发展,必须坚决抵制新自由主义在经济改革中的严重影响,反对打着"改革"的旗号,推崇"市场万能论"、搞"金融自由化"、"国企私有化"。必须指出,新中国成立后,在党的领导下,我们进行社会主义建设,取得了辉煌的成就,但在实践中也出现了这样那样的错误,并形成了僵化的计划经济体制。1978年,中国的社会主义改革又进入一个崭新的时期,即改革开放阶段。30多年来,改革开放成绩举世瞩目。但需要引起我们重视的是,一批受新自由主义思想影响的人不断地干扰和误导社会主义改革事业,试图把改革的方向引导到资本主义道路上去,他们的手段就是"民生市场化"、"金融自由化"、"国企私有化",这跟苏联解体前进行的所谓"经济改革"没有任何本质区别。其目的就是彻底动摇共产党执政的经济基础,动摇社会主义事业的经济基础,从根本上否定毛泽东、邓小平等领袖开创的社会主义建设和改革伟业,这是党和全国人民绝对不会允许的。

对于经济改革中的重大事项,比如国企改制、国有资源改制、核心行业改革,必须于法有据,特别是依照根本大法——宪法;同时,必须由相应的人民代表大会审议通过才能执行,以体现"全民所有制经济的改革权在人民"这一原则。

(二)必须坚持党对意识形态领域的领导毫不动摇

意识形态领域是一个极端重要的领域,我们要坚决抵制新自由主义思潮对意识形态的消极影响,旗帜鲜明地反对历史虚无主义,旗帜鲜明地反对以“自由、民主、人权、平等”为口号鼓吹西方“普世价值观”,坚决反对以“言论自由”为由从事破坏社会主义和谐稳定的行为。党对意识形态的绝对领导是加强意识形态工作的政治保障和组织保障,特别要注意培养和重用坚持马列主义的得力干部,避免像雅科夫列夫一样的新自由主义者进入到意识形态领域。加强对媒体的管理工作,对于一切打着“言论自由”的幌子破坏社会主义和谐稳定的媒体要依法严肃处理。对于历史虚无主义、西方“普世价值”等意识形态的新自由主义表现要敢于批判、敢于亮剑。

网络平台是党加强意识形态管理的极端重要的阵地,无论何时,都必须坚决反对西方势力和新自由主义者利用网络平台散布“宪政民主”、“普世价值”、“历史虚无主义”错误思潮,打击各种谣言在网络上的传播。要坚持用中国特色社会主义理论指导网络平台建设,从组织上、机制上和手段上有效落实对网络平台的管理,包括大力支持爱党爱国爱社会主义的人和言论,坚决打击和清理破坏社会和谐稳定的言论。

(原载《红旗文稿》2015 年第 11 期)

那些年被新自由主义经济政策坑过的国家

林书友

2016年5月底，三位IMF（国际货币基金组织）的经济学家在IMF最新一期刊物《FINANCE & DEVELOPMENT》上发表的题为《新自由主义：已超卖》（*Neoliberalism: Oversold?*）的论文，罕见地对“新自由主义”提出了批评。

文章一出即引起轩然大波，因为IMF可是主导推行新自由主义政策的主要机构。

“新自由主义”的政策理念，以1990年诞生的“华盛顿共识”为政策宣言。后者是一整套针对当时陷入危机的拉美国家和东欧转轨国家的政治经济理论，提出者是美国，参与者为IMF、世界银行、美洲开发银行和美国财政部的研究人员。

“华盛顿共识”主要包括压缩财政赤字、重视基建、降低边际税率、实施利率市场化、采用具有竞争力的汇率制度、实施贸易自由化、放松对外资的限制、实施国有企业私有化等十大方面。

自1990年“华盛顿共识”出笼后，美国的国际金融垄断资本集团及其守门人美国当局，在与世界银行、国际货币基金组织强制向全球推行“华盛顿共识”，用美国的新自由主义模式改造全世界的过程中，先后树立了几个样板：

其一是拉美，特别是阿根廷；其二是90年代的俄罗斯；其三是东南亚，特别是印度尼西亚、泰国；其四是中东的埃及。其五是欧元区的希腊。那么，这些国家在实行新自由主义的经济政策后，效果如何呢？

一、拉美

智利军人于1973年推翻人民团结阵线政府之后，率先进行改革，由“芝加哥弟子”们根据货币主义理论重塑智利经济。80 年代中期，拉美经济改革浪潮再度兴起。1982 年后，拉美国家陷入债务危机而不能自拔。西方国家一些学者纷纷发表文章，主张拉美国家实行“经济自由化”改革。

1985 年 9 月，美国财政部长詹姆斯·贝克提出关于解决债务问题的“贝克计划”，主张由国际商业银行和多边金融机构向发展中的重债务国提供贷款支持，但要求债务国“必须削减政府开支，紧缩财政，开放经济，放宽外资进入条件，鼓励竞争，向自由市场经济过渡，进行国有企业私有化，发挥私人企业积极性，实行资本流动自由化。总之，债务国要进行‘综合、全面的宏观经济与结构改革’”。

1989 年美国政府进一步提出“布雷迪计划”，首次同意对拉美债务国所欠债务本金给予减免，但作为条件，要求债务国进行新自由主义发展模式的改革。阿根廷、墨西哥等重债国分别与美国就“布雷迪计划”实施达成协议后，各国遂加大了结构性改革的力度。

（一）阿根廷

第二次世界大战后，阿根廷在庇隆执政时期强调政治独立、经济主权和民族利益，实行企业国有化、进口替代和政府调控，注重社会公正、保护劳工、加强社会福利建设，经济建设和社会事业获得长足进步，社会福利居于拉美国家前列，生活水平接近于西方国家中的西班牙，被人们称为“准发达国家”。

1900 年，阿根廷的人均国内生产总值（GDP）是日本的 2 倍，略高于芬兰和挪威，略低于意大利和瑞典。1913 年，阿根廷的人均收入为 3797 美元，高于法国的 3485 美元和德国的 3648 美元。但 1930 年发生政变以后，阿根廷结束了 70 年的政治稳定局面，经济发展也受到严重影响。但即便如此，1950 年阿根廷的富裕程度仍领先于日本，与意大利、奥地利和德国大致相当。

1989 年到 1999 年在卡洛斯·梅内姆任总统期间，阿根廷政府实行以对外开放为引导、以市场自由化和私有化为核心政策的经济改革计划，而市场化和私有化正是长期以来新自由主义所主张并大力向发展中国家推销的经济理论与政策的两个基本要点。

（二）贸易自由化

对外贸易在阿根廷国民经济中占据重要地位，出口总额约占国内生产总值的 15%。1989 年以后，梅内姆政府对进出口管理进行改革，除药品、食物、国防材料及其他特殊商品须先征得有关部门的批准外，解除了大部分以前限制进口产品的禁令。到 1991 年 3 月，原材料的关税率为 0，最终产品的关税率降为 22%。平均关税率降低了 10%。

贸易自由化政策扩大了阿根廷的进口，却对出口造成了损害，进而又排斥了阿根廷部分已经现代化的产业。

在全球和地区市场上，由于富国贸易壁垒和巴西货币贬值等因素，阿根廷引以自豪的农产品价格趋于下降。结果 1998 年阿根廷外贸进入逆差状态，逆差额 55 亿美元，开始了直至今日的国际收支资本净流出时期。

（三）大规模私有化

梅内姆政府上台后，在 1989 年通过《国家改革法》和《经济紧急状态法》，规定对国有大型企业推行大规模的私有化运动。阿根廷的私有化纲领是经济更广泛开放的一整套计划中的一个部分，其目的是想通过私有化使阿根廷成为吸引外国资本的一个热点。

阿根廷对公共部门的私有化既迅速又彻底：在不到三年的时间里多数国有企业被卖掉。社会保障体系也部分私有化和解除管制，农业经济也不再受官方控制，撤销 30 年代成立的农业委员会。

到 1993 年末，阿根廷政府通过私有化得到了 150 亿美元。

大规模私有化导致国内实际工资普遍下降，进一步从总体上弱化了阿根廷经济。私有化并没有带来效率的上升，与科斯的产权理论的预言相反，阿根廷经济的效率总体上在私有化后下降，并进一步引发恶性通货膨胀。1989 年阿根廷消费物价上涨 5000%。

（四）开放金融和资本市场

在改革中，阿根廷推行金融自由化的政策，不仅向外商卖光了竞争性领域的国有企业，而且几乎卖光了关系国家经济命脉的所有国有企业，连金融银行领域的国有企业也未能幸免，国际金融投机超级大庄家蜂拥而入。

截至 2001 年，阿根廷最大的 10 家银行中，被外国资本控股的银行竟达 8 家，致使外资银行能够在阿根廷全面经营阿根廷比索和美元业务，美元流通不断扩大，阿根廷货币的美元化趋势日益加深，美元存贷款业务急剧增长，政府最终失去对金融的调控能力。

金融自由化还引发外债迅速增长，使整个国家的金融活动日益处于严重失控状态，国际金融垄断资本则成功实现了对该国经济的控制，金融动荡、经济衰退险象环生。

$$G—W\langle {}^{A}_{P_m} \cdots P \cdots W'—G'$$

（五）实行比索与美元挂钩的联系汇率制

1991 年受过哈佛大学训练的阿前经济部长多明戈·卡瓦洛临危受命，进行大刀阔斧的金融改革，取消政府在货币和外汇方面的管辖权，实行比索兑美元 1∶1 的联系汇率制度，即钉住美元，实施“美元化”的货币兑换政策，以强行控制通货膨胀。应当说，“美元化”对抑制通胀产生了“奇效”，1994 年阿通胀率降到 6％以下。

但比索与美元挂钩，抬高了生产和劳工成本，以及出口成本，使阿根廷产品很难与采取浮动汇率制的巴西等拉美国家竞争。1999 年巴西雷亚尔贬值以后，与巴西贸易关系密切的阿根廷经济受到沉重打击。为了摆脱困境，2001 年 6 月，阿根廷开始实行在外贸方面的特殊汇率制度，即双轨制汇率，比索除与美元挂钩外，还与欧元挂钩，把 1 比索兑 1 美元，改为兑欧元与美元的平均值。国内汇价仍然维持不变，金融市场、银行汇兑和个人外汇买卖仍按比索兑美元 1∶1 的汇率。

由于欧盟是阿根廷的主要贸易伙伴，实行双轨制汇率有利于其扩大对欧盟的出日，但同时反映了比索的变相贬值。许多阿根廷企业和居民把实行双轨制汇率视为比索贬值的第一步，导致全国企业和居民抛售比索兑换美元。这是后来阿根廷金融崩溃的前奏之一。

（六）改革之后，一片狼藉

2001 年底以来震惊世界的阿根廷经济危机，为实行 10 多年的新自由主义经济政策作了总结。10 年盘点下来，阿根廷欠巨额外债 1300 多亿美元；巨额财政赤字造成财政崩溃；社会分化、全国 30％人口陷于贫困，失业率超过了 20％。

阿根廷陷入财政和金融困境后，在多次登门求援中，美国除表示同情和政治支持外，没有任何实质性的表示和举措。在梅内姆政府时期，阿根廷在没有实现与国际货币基金组织达成的协议指标的情况下，通常仍能获得新贷款。

但是2001年7月阿根廷金融形势开始恶化后，阿根廷被迫实行严厉的紧缩措施——“零财政赤字计划”。

11月底，在阿根廷无法完成该目标的情况下，国际货币基金组织断然拒绝提供计划中的贷款。由此，阿根廷也无法获得世界银行、美洲开发银行和西班牙政府等预定提供的贷款(贷款额总计50亿美元)，从而把阿根廷逼到财政和债务破产的边缘。

阿根廷为了执行国际货币基金组织的过高要求，铤而走险地采取了违背民意的紧缩财政措施，大力压缩公共开支，包括削减国家公职人员工资和退休金。其结果是刺激需求措施未见成效，生产和商业指数不断下滑。

这使得阿根廷政府从一开始采取反危机措施起，就与民众处于激烈的对抗中，随着金融危机、经济危机的纵深发展，危机逐步演化为政治和社会危机。

就这样，阿根廷的金融危机愈演愈烈，导致整个国家的经济状况迅速恶化，贫困和饥饿的现象遍及全国。

至2002年下半年，由于大批企业破产，失业猛增，失业率急剧上升到25%，社会贫困人口比重达到57%，曾经令人羡慕的社会福利水平急剧下降到拉美国家的最后几位，最终导致全国性的社会动乱。

就这样，这个90年代被美国当局誉为新自由主义“改革楷模”的阿根廷，一个GDP曾经的准发达国家，仅仅十几年时间，便沦为拉美地区最贫穷的国家。

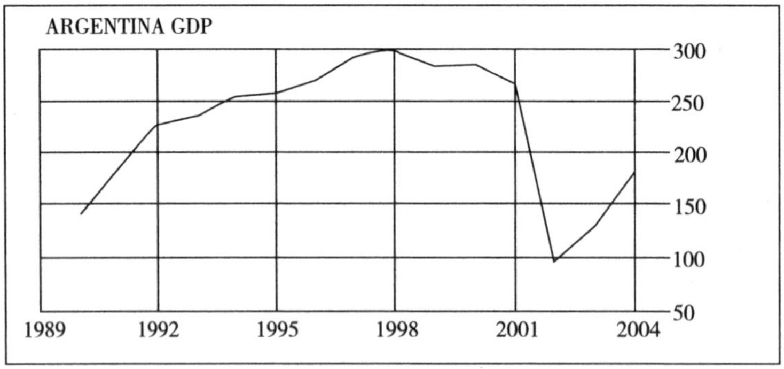

1989年至2004年15年间阿根廷的GDP变化(单位:亿美元)

二、俄罗斯

1992年初夏，叶利钦第二次访问了美国。与上一次出访不同，他已不再是落难的苏共反对派，而是新俄罗斯的最高领导人。在美国的一次演说中，叶利钦言道，他代表世界上最年轻的“民主国家”，来到了民主传统悠久的“圣地”。共产主义的试验在俄罗斯大地“一去不复返”，所有文明世界具有的东西将会在俄罗斯“开花结果”。

在俄罗斯国内，与叶利钦遥相呼应，以自由主义先锋加·波波夫、叶·盖达尔等为代表的优势舆论直言“抛弃社会主义，移植资本主义，用最资本主义的方法改造俄罗斯”。当时叶利钦的首席谋士根·布尔布利斯宣称，“资本主义”是目前为止人类创造出来的虽不是最理想但却是最好的制度，俄罗斯可以大胆采用，无须任何民族性的修饰。后被称为俄罗斯“ 私有化之父”的阿·丘拜斯宣称，私有制和市场是俄罗斯社会富足的唯一保证。

与政治宣传与舆论鼓动相呼应，由“年轻改革派”组成的俄新政府也加紧制定经济改革方案。美国经济学家杰·萨克斯被邀担任俄罗斯政府“ 顾问”。与此同时，俄罗斯政府官员、智囊班子也经常飞往大洋彼岸学道取经。一批批西方自由派、货币主义经济学家应邀充当盖达尔政府的“智囊”，仅国有资产私有化委员会聘请的西方顾问就有200多人。①

以1992年初为起点，一场被称为“休克疗法”的激进变革在俄罗斯全面展开。

其内容具体包括：第一，自由化。全面放开对商品、物价、货币、汇率、外贸进出口等的调控和管制，大大削减乃至取消政府调控经济的行政管理部门。

第二，国有企业私有化。大规模出售和转让国有企业资产，培植有产者和私营企业主阶层。

第三，实行严格的紧缩货币和财政政策。这一政策导致国有企业出现了严重的资金周转困难，纷纷陷入负债经营绝境，甚至破产倒闭，结果便是有利于外资和私人资本对其进行廉价并购。

第四，把“西方化或全盘西化”作为战略和政策的主导思想，引入和效法美

---

① 张树华.新自由主义在俄罗斯：泛起、失败与教训，2004.6。

国模式，向西方国家全面开放国内市场。

在推行“休克疗法”的不到10年时间里，俄罗斯陷入了前所未有的经济社会危机：经济大幅下滑、少数人暴富，广大民众普遍贫困化，社会动荡，政局混乱。1989年，俄罗斯的GDP是中国的2倍多，而10年后仅为中国的1/3。

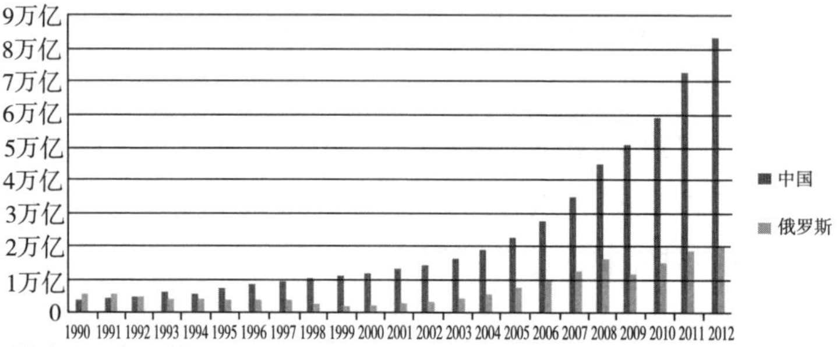

数据来源：联合国 单位：美元

1990年—2012年中俄GDP对比图

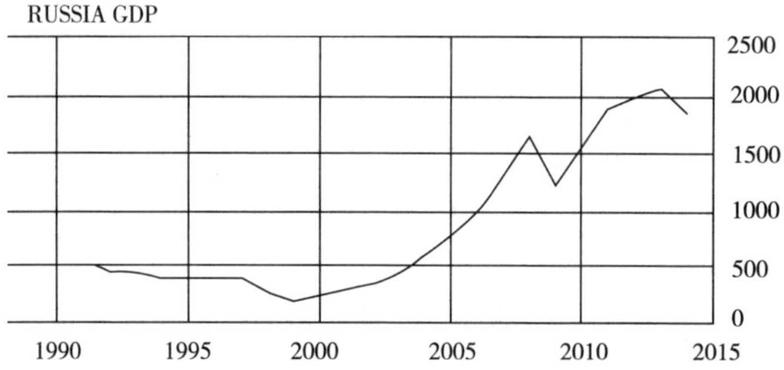

1990—2015年25年间的俄罗斯GDP变化情况（单位：亿美元）

三、土耳其

近三十年来，土耳其一直将全面私有化作为实现经济繁荣的“主要法宝”。表面看，这一政策令土耳其受益颇多：土目前是“展望五国”和G20成员，经济总量排世界第十七位。

然而，透过现象看本质，全面私有化政策引发的恶果严重而深远。2013年5月底以来因马克西姆广场改建引发的持续抗议，不过是土耳其私有化政策负面效果的冰山一角。

从1984年到2001年的17年间，土耳其私有化进程缓慢而有限。这一时期主要有两大制度性措施：一是1994年制定《私有化法》，为经济私有化提供法律保障；二是建立了专门的私有化高级理事会和私有化管理机构。

从2001年开始，尤其是2002年埃尔多安领导的正义发展党(AKP)上台执政后，土耳其私有化进程明显加快。

2003年5月18日，埃尔多安政府启动"土耳其私有化战略"，将几乎所有剩下的国有资产都列入私有化或拍卖行列，国有企业涉及能源、交通、银行、工业、烟草、桥梁等领域，社会服务机构包括卫生、教育、住房等等。

据统计，从1985年到2009年底，土耳其共有270家公司、103家机构、22家未建成企业、8个收费高速公路、2座博斯普鲁斯桥、1家服务单位、524家不动产和6个港口的国家股份被私有化，私有化收入由此大幅增加。

据统计，1986—2003年的17年间，土耳其私有化收入加起来只有80亿美元，但2003—2012年的9年间，土耳其私有化总收入已达535亿美元。

2004—2010年土耳其私有化收入占私有化全部收入的80%左右。埃尔多安政府已表示，2013年土耳其还将加速各行业私有化进程，计划出售的国有资产包括电信、化工、银行、钢铁、体彩、热电等领域。

同时，电站、桥梁、公路等基础设施的私有化进程也将逐步推进。2013年前五个月，土耳其私有化收入14.62亿美元，还有47个大项目正履行私有化审批程序，涉及金额90.33亿美元。

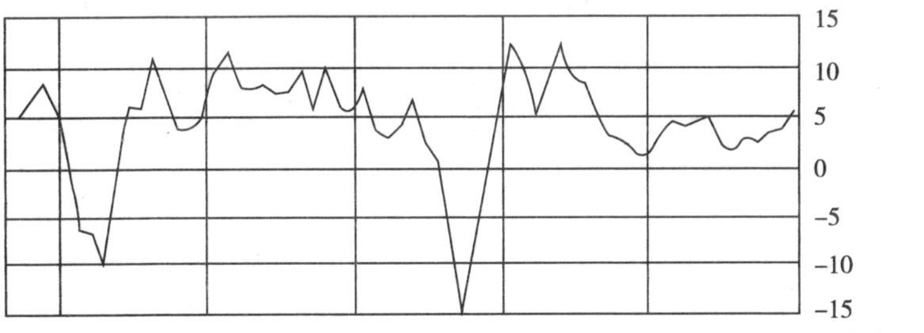

2000年至今土耳其的GDP变化情况(单位：亿美元)

土耳其自20世纪80年代开始私有化以来，失业率急剧飙升。1990年失业人口大约150万，2000年为250万，2009年为350万。也就是说，失业人口每10年增加100万。1990年土耳其失业率为7%—8%，2000年为10%，

2009 年为 14%。即使现在情况有所好转,但 2012 年该国失业率仍达 10%。

调查显示,工人收入在私有化后普遍降低。92%的水泥行业和 87%的石化行业工人称,被解雇后的收入水平比在国营企业工作时明显下降。

据统计,从 2000 年到 2013 年中期,土耳其私人制造业实际工资下降 19.6%,国有制造部门下降 15.4%。如果以 1997 年实际工资指数为 100,私有企业 2003 年实际工资指数下降到 82.2。

据土耳其官方统计,在推行新自由主义政策第一阶段(1984—1997 年),土耳其 GDP 增加 125.8%,人均收入增加 60.6%。但接下来的 12 年中,国民收入增加 38.3%,人均收入只增加 9.6%,年均增长不足 1%。

换言之,近 30 年来,土耳其经济是“有增长无发展”,经济数量看似不断增加,但实际人均收入却在急剧下降。

贫富悬殊导致该国阶级矛盾凸显,由此埋下社会政治动荡的祸根。2010 年以来,马克西姆广场的五一节游行示威规模越来越大,2011 年有 20 万工人参加示威,2012 年超过 60 万工人上街。而警察则是用警棍、催泪弹和橡皮子弹、震荡手榴弹作为回应。

2013 年 5 月底民众大规模持续抗议发生后,埃尔多安宣称“抗议者与恐怖主义有联系”,大量抓捕抗议示威者。

有评论认为,土耳其经济模式充分显示了资本主义的黑暗一面,它包括极端经济自由、肆无忌惮地榨取利润、私有化、违法乱纪、忽视工人权益、投机资本流入等,由此造成经济和社会状况极度脆弱,越来越多的年轻人看不到未来,而成为引发经济社会不稳的动乱源。一个看似微小的偶发事件,便可能酿成滔天大祸。

四、东南亚

1991 年,由美国国会议员和知名学者组成的一个代表团到东南亚国家游说,称该地区若加快实行金融自由化、贸易自由化和投资自由化,将每年为该地区国家创造数千亿美元的巨大实惠。[①]

在美国的“忽悠”下,一些国家开始推行新自由主义“改革”,其中尤以泰

---

① 何秉孟.再论新自由主义的本质,2015.2。

国、印度尼西亚等国最为积极。

从1984年6月起，泰国开始实行钉住"一篮货币"的汇率制度，篮子中的主要货币与权分别为：美元80%－82%；日元11%－13%；西德马克6%－8%。泰国中央银行每天公布泰铢对美元的中心汇率，浮动区间为中心汇率的正负0.2%。在此制度的安排下，泰铢对美元的汇率长期维持在25∶1，泰铢实际上钉住了美元的制度。

自从泰铢紧钉美元之后，由于美元在1985年至1994年的持续走低，泰国获得了极大的本币贬值效应，出口持续增长，经济快速发展。1986年至1994年，泰国出口增长率达到22%，经济增长率达到9.5%。这段时期，泰国经济始终处于高增长的盛世之中。正因如此，泰国有幸成为"亚洲四小虎"之一。

但好景不长，从1993年开始，"互联网革命"的兴起，美国经济出现了较长时间的繁荣。从1994年5月开始，国际外汇市场发生大逆转，美元对主要货币由贬值转升值，美元指数持续上行。而泰国由于实行钉住美元的汇率制度，泰铢不得不跟随大幅走高，正是因为泰铢的升值对出口和经济增长产生了严重冲击。

1991—1995年，泰国出口增长率接近19%，而到了1996年急剧下降为－0.2%。1991—1995年，泰国经济增长率为8.6%，1996年大幅下跌为5.9%。1994年，泰国经常账户逆差为89亿美元，1995年为140亿美元，1996年达到163亿美元，分别占当年国内生产总值的6.4%、8.5%和9.1%，远远超过了国际警戒线水平。

此时，泰国选择向IMF等国际经济组织寻求帮助。但IMF的帮助是附加条件的，即泰国需要按照IMF的要求对其国内的金融市场进行改革，才可以获得IMF的资金支持。而IMF、世界银行都是在美国控制下信奉新自由主义经济的，所以，IMF对泰国改革方向的要求也就不言自明了。①

面对不断恶化的国际收支形势，加之美国代表团的长期游说，泰国政府选择放开资本市场，通过各种各样的优惠政策甚至高利率政策，吸引国外资金流入，以弥补国际收入赤字。

当时泰国政府采取了两项政策措施：一是开放离岸金融业务，推出曼谷金

---

① 何秉孟，新自由主义：通向灾难之路，2015，3。

融安排。在此框架下，凡获准的商业银行均可从国外吸收存款和借款，并在泰国境内发放外币贷款。二是企业可以自幅度对外借款，非居民在国内和国外自由开立泰铢账户，进行存款、借款和自由汇兑。泰国政府的外汇管制大门从此洞开。

于是大量的国际资本流入泰国，鉴于泰铢不断跟着美元升值，泰国出口不振，与出口相关的产业投资利润率很低，于是国外资本大量流入了泰国的房地产和股票市场，大幅推升了房地产价格和股票价格，最终形成资产价格泡沫。1993－1996年，泰国的房地产价格上涨了400％。泰国SET指数于1996年1月冲高至1041.33点，创下历史新高。

当美元进入升值通道后，泰国政府已经意识到，泰铢继续钉住美元无疑是将置“出口导向型”的泰国经济置于死地。但是，由于担心放弃钉住制度会造成泰铢贬值，然后利率飙升，这会增加国内债务负担，造成企业破产、工人失业和金融机构不良贷款率上升，所以泰国政府希望将钉住汇率再维持一段时间，先来解决其国内的经济问题，再调整汇率制度。然而，国际投资者却没给泰国政府足够的时间。

当发现泰铢明显出现高估的情形时，“金融大鳄”们便预测泰铢会贬值，将其当成了猎物。

1997年3月，泰国央行宣布国内数家财务公司及住房贷款公司存在资产质量不高以及流动性不足等问题。索罗斯将其视为采取行动的信号，下令抛售泰国银行和财务公司的股票，导致泰国银行储户在泰国所有财务及证券公司发生挤兑。

就在大家因为突如其来的崩盘不知所措陷入慌乱时，以索罗斯为代表的空头们开始大量抛售泰铢。5月，泰国政府动用了300亿美元的外汇储备和150亿美元的国际贷款试图挽救这场危机，但这笔数字相对数量庞大的游资而言，无异于杯水车薪。

1997年6月，索罗斯再度出手，下令旗下基金组织出售美国国债以筹集资金，扩大“空袭战”资金规模，并于当月下旬再度向泰铢发起了猛烈进攻。

然而，在击破泰铢城池之后，索罗斯并不以此为满足，他断定，如果泰铢大贬，其他货币也会随之崩溃，因此下令继续扩大战果，全军席卷整个东南亚。这股飓风瞬间席卷了印尼、菲律宾、缅甸、马来西亚等国家。然而，与泰国类似的是,这些地区央行的救援再度陷入“弹尽粮绝”的境地。

此后的局势发展开始变得有些无法控制:泰国宣布放弃固定汇率机制,实行浮动汇率机制,当日,泰铢兑美元汇率暴挫逾17%,外汇及其他金融市场陷入混乱。在泰铢波动的影响下,菲律宾比索、印度尼西亚盾、马来西亚林吉特相继成为国际炒家的攻击对象。

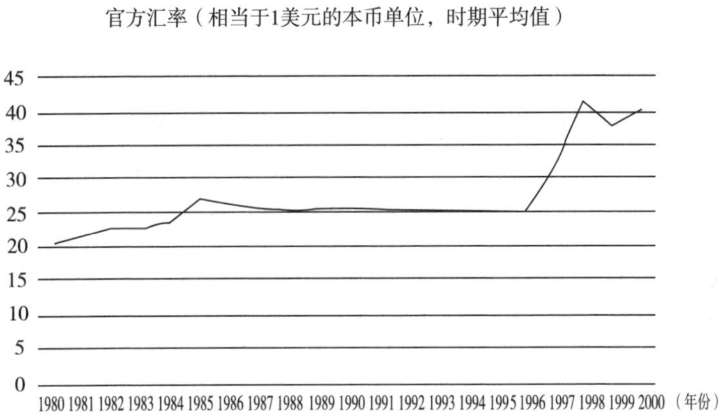

1980—2000年泰铢兑美元的官方汇率走势

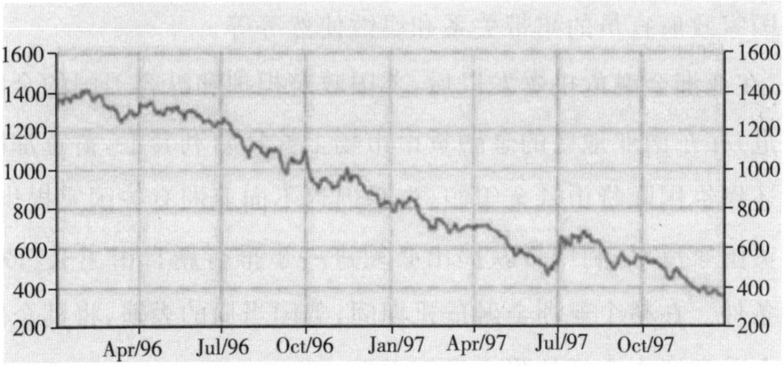

1997年泰国证券市场SET指数走势图

1998年2月11日,印尼政府宣布将实行印尼盾与美元保持固定汇率的联系汇率制,以稳定印尼盾。此举遭到国际货币基金组织及美国、西欧的一致反对。国际货币基金组织扬言将撤回对印尼的援助。印尼陷入政治经济大危机。受其影响,东南亚汇市再起波澜,新元、马币、泰铢、菲律宾比索等纷纷下跌。

东亚国家货币兑美元汇率（1995年1月—2016年1月）

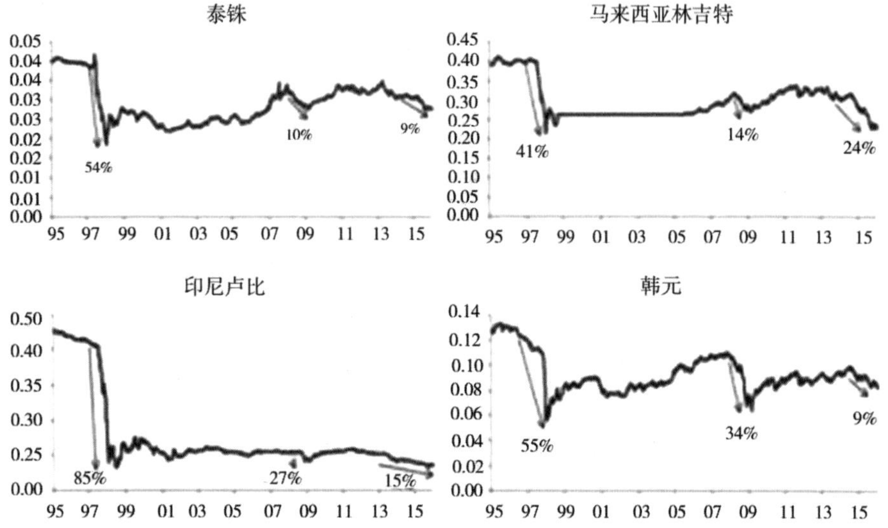

对于亚洲金融危机的严重后果，美国政府不但毫无愧疚之意，反而公开宣称：亚洲发生金融危机的原因在于，这些国家政府缺乏经济管理能力，甚至指称是这些国家政府官员的裙带关系和腐败使然等等。

此外，在亚洲金融危机爆发以后，美国政府袒护和纵容美国的金融投机大鳄乘人之危，在东南亚地区的金融货币市场上疯狂套利套汇，蓄意加剧危机。

美国还操纵国际货币基金组织，先是迟迟不向亚洲有关国家提供贷款，继而不顾有关国家反对，利用贷款提出必须进一步推行新自由主义“改革”等苛刻的先决条件。在整个亚洲金融危机期间，美国当局的表演，将其企图控制东南亚地区金融和资本市场的野心暴露无遗。[①]

就这样，这个在20世纪90年代前曾被广为称誉的“东南亚经济模式”，在短短几年时间里就演化成一场毁灭性的经济灾难，使东南亚各国在亚洲金融危机中蒙受了数千亿美元的巨大损失，有些国家的经济发展水平甚至倒退了10—20年。

① 何秉孟，新自由主义：通向灾难之路，2015，3。

五、埃及

20世纪90年代初，美国开始在埃及推行新自由主义。1991年，美国以免除埃及债务为诱饵，诱使其在中东的忠实代理人——时任埃级总统的穆巴拉克，同国际货币基金组织签订了一项关于经济结构改革的协议，即在埃及推行新自由主义。

国际货币基金组织的强制性要求包括：埃及必须实行金融自由化、私有化、解除金融管制、开放资本市场，为国外直接投资提供国民待遇等。

为了进一步实现这一改革目标，国际货币基金组织于90年代中期又给埃及设计了1996年至1998年为期两年的新自由主义改革规划，着重实施私有化、贸易自由化和金融自由化。为此，埃及被标榜为北非和中东地区推行新自由主义的典范。

但这个典范同印度尼西亚及阿根廷等国一样，经过20余年的新自由主义改革后，出现了灾难性的后果。

首先，国家经济命脉被美英国际金融垄断资本集团把持。根据与国际货币基金组织达成的协议，埃及政府几年之内便将利润丰厚的国有企业拍卖给了国外跨国公司或本国政商界圈内人。

2004—2008年，穆巴拉克又开始疯狂出售埃及国有银行。2005年，埃及商业银行70%的股权被出售；2006年，埃及最大的国有银行之一的亚历山大银行被卖给外国资本。

在银行纷纷落入国外资本家手中的同时，埃及放弃了对资本流动的监督，并先后取消了红利税、资本收益税、债券投资利息税，埃及成为全球房地产和有价证券投机的又一个天堂。

而曾经作为埃及经济支柱的民族工业则日益衰落，埃及经济成为名副其实的“依附经济”。其次，国家财富落入国际金融垄断资本和国内一小部分私人手中，社会严重两极分化。

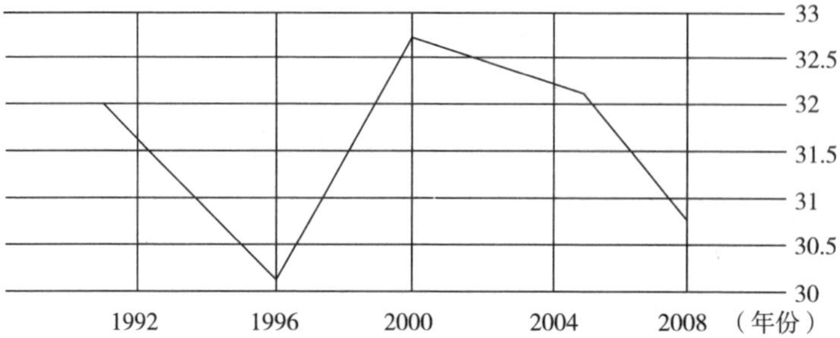

1992—2008 年埃及基尼系数变化(表示贫富差距的变化)

为维护资本、富人利益,埃及政府通过税收改革,实行单一的统一所得税,将最高所得税税率从 42%减为 20%,这也是降低资本所得边际税率。与此相对应的是,工人的最低工资固定为每月不到 100 美元。

这些体现新自由主义所谓"效率优先"、实则"资本优先"的政策,讨得了国际金融资本垄断集团的欢心,被称誉为"勇敢的"、"印象深刻的"、"有远见的"政策。但事实是,埃及的两极分化日趋严重。

据有关评估,至 21 世纪初,1000 个左右的富豪控制了埃及经济的大部分领域,40%的人生活在贫困线之下,90%的民众没有分享到 GDP 增长的成果,失业率不断攀升,年轻一代没有就业机会。广大民众怨声载道,社会危机到了一触即发的程度。

最后,2008 年肇始于美国的国际金融危机,使饱受新自由主义改革之害的埃及人民雪上加霜。在国际金融垄断资本和埃及国内买办资本的操控下,物价失控,通货膨胀如脱缰之马,失业率进一步攀升,普通老百姓的实际工资水平持续下降,最终导致了 2011 年 1 月 25 日的暴动(2011 年 1 月 25 日开始,由于不满物价上涨、失业率高和腐败等问题,埃及多个城市发生民众大规模集会,要求总统穆巴拉克下台)。时至今日,埃及仍处于动乱的深渊之中。

六、希腊

希腊的债务危机可以追溯到希腊在 2001 年加入欧元区。当时的希腊早已债台高筑,希腊经济也已潜伏着深层次的危机,但为了顺利加入欧元区,希腊将目光投向西方的金融机构。

以美国投资银行"高盛"为首的西方金融机构,通过"货币掉期交易"等创造性会计交易手法，帮助希腊掩盖了事实上的债务危机，为其日后爆发更深危机埋下隐患。

希腊债务危机爆发的直接触发因素是，国际评级机构标准普尔宣布下调希腊主权信用评级，而实际上希腊债务危机爆发的根本原因是，该国经济竞争力相对不强，经济发展水平在欧元区国家中相对较低，经济主要靠旅游业支撑。金融危机爆发后，世界各国出游人数大幅减少，这对希腊经济造成很大冲击。此外，希腊出口少进口多，在欧元区内长期存在贸易逆差，导致资金外流，从而举债度日。

随着金融全球化的发展，商品跨国流动增加，推动了一些国家实体经济的发展。但是，金融全球化也导致了信贷泡沫和资产泡沫，这才是希腊债务危机的核心，也是2008年全球金融危机爆发的原因。

希腊国内的经济发展，长久以来奉行新自由主义所主导的国有企业私有化、放宽对经济的管制、贸易及工业的自由化、大幅削减税额、减少公共开支，特别是社会性支出、扩大国际市场、不再控制全球金融资金的流动等政策。正是这些政策，在很大程度上造成了希腊债台高筑的状况，也是希腊深陷债务泥淖的原因之一。

债务危机爆发后，为避免希腊出现可能危及欧元区稳定的无序债务违约，欧盟、欧洲中央银行和国际货币基金组织同意向该国提供两轮共计2400亿欧元的救助贷款，希腊则承诺实施以减薪、裁员、增税和私有化为主的一系列紧缩和改革措施。

2012年2月，希腊议会通过了财政紧缩政策，最低工资下调22%，但享受高薪的公务员的收入仅减少10%。民众质疑该政策旨在盘剥穷人，而对手握权力的人却刀下留情。为表达不满，民众在雅典放火烧毁了城市中心的许多建筑。

2011年，希腊政府缩减公共开支，并出台了一系列增加穷人税负的政策，引发民众极度不满，希腊民众认为，国家领导人只为自己考虑，没有维护民众的利益。

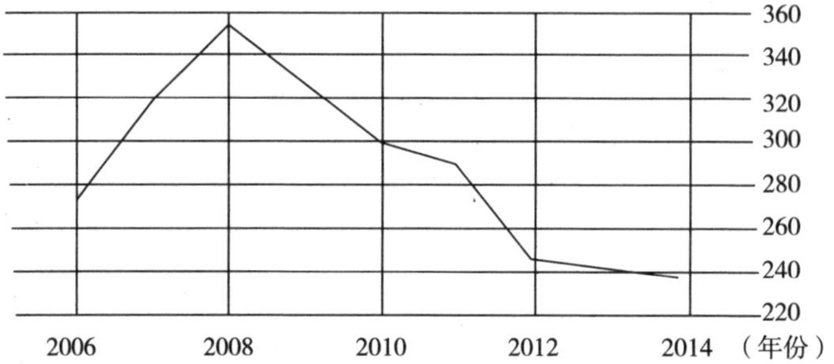

2006 年以来希腊 GDP 变化情况（单位：亿美元）

希腊债务危机之所以无法自拔，在于随着全球化的发展，金融全球化使各国间的财政政策和货币政策紧密相连，随着政府对跨国间金融资金流动的放宽，面对西方以新自由主义经济政策为主导的经济入侵，希腊毫无抵抗能力。

就在希腊整个国家即将被债务危机所吞没的时刻，西方国家对于希腊的救援措施还是饮鸩止渴式的，这无异于向希腊债务危机上火上浇油。

七、结语

2008 年，由美国次贷危机引发的金融风暴席卷全球。最终，美国自己也没能躲过新自由主义的恶果——不断放松的金融监管与对金钱的极大贪欲相遇，见火即燃。再加上 2010 年从突尼斯开始的"阿拉伯之春"，以及之后希腊、埃及等地的危机、动荡、衰退，人们开始对新自由主义政策进行反思，这真的是一个可以为人类谋福祉的经济政策吗？事实上，一直对于新自由主义政策坚信不疑的 IMF 都开始进行这样的反思了。

上述这些国家的领导人在最初实行新自由主义政策时，根本不会想到国家和人民将会因此而饱受折磨，经历无尽的贫苦。当他们有所察觉时，有些国家的人民已经运用自己手中的选票，推翻了政府。与此同时，欧洲等地的左派政党也趁机崛起……这场弥补历史伤痛的争斗不知何时才会停歇。

上述这些实行了新自由主义政策的国家，他们曾经将目标瞄向美国，希望有一天也可以像美国一样，成为富庶之地；可是，几十年过后，留下的只是满眼萧瑟。

（原载《观察者网》2016 年 6 月 12 日）

新自由主义的恶果殃及美国自身

张新宁

2016年11月9日，举世瞩目的2016年美国大选终于落下帷幕，深陷“录音门”、“税单门”以及时常口无遮拦、毫无执政经验的纽约地产商唐纳德·特朗普作为共和党候选人击败了深陷“邮件门”、“信誉门”、克林顿基金会丑闻以及时常在国际社会上指手画脚的民主党候选人希拉里·克林顿，让美国人民终于在“两个烂苹果中选出了一个不太烂的苹果”。历时一年多的这场“民主”闹剧，不仅让美国国务卿克里觉得“此次大选令美国在世界舞台上蒙羞”，“影响了其他国家对于美国的看法，场面时常十分尴尬”，也使国际社会惊呼此次美国大选的结果会给世界带来极大的不确定性。纵观2016年美国大选，本质上仍然是一场权贵的游戏、民主的闹剧，但其跌宕起伏的过程、出其不意的结局折射出美国国内社会的一片乱象，可以说这是新自由主义的恶果在美国国内的集中展现。

众所周知，新自由主义思潮在西方发达国家经历多次包装和变形，在20世纪90年代经过所谓“华盛顿共识”之后粉墨登场，由美国等资本主义国家向全世界推销。新自由主义具有一套完善的理论体系：经济上推行绝对自由化、彻底私有化和全面市场化，认为市场经济是与私有制匹配的唯一能实现资源合理配置的经济制度；政治上实施所谓的“宪政民主”，认为西方的政党制度、议会制度、选举制度等政治制度完美无瑕；价值观上主张“个人主义”，认为民主、自由、平等、人权等西方所谓“普世价值”应是人类共同追求的价值观；国际战略上推销“全球一体化”，主张将整个世界纳入到国际垄断资本主义体系之中。新自由主义的理论和政策在一些西方国家和国际组织的推动下，迅速向拉美、原苏东社会主义国家和亚非发展中国家蔓延开来。虽然一些国家一度恢复了短暂的经济增长，但它带来的问题更多、矛盾更严重，并很快以不同形式先后在各国爆发。比如，俄罗斯在苏联解体后按照“华盛顿共识”的药方推行“休克疗法”，一度造成货币飞速贬值、国际资本外逃、金融机构纷纷破产、实体经济不断衰退、宏观经济动荡不安，经济出现负增长，被俄罗斯人视为一场“俄罗斯的悲剧”。再如，拉美国家在实施新自由主义政策后，巴西、阿根廷、智利、玻利维亚等国出现高失业率与经济萧条相伴，经济发展举步维艰。如今，连美国自身也深陷其中难以自拔。

一、新自由主义对美国经济的影响

特朗普于2016年3月接受《华盛顿邮报》记者采访时说：“我们的GDP增长率现在基本上就是零。”“我们有19万亿美元的债务，我们就像坐在一个大气泡上，如果破了，结果会非常惨烈。”“我们美国也并不是世外桃源，美国在崩塌，看看那些内陆城市，我们的内部正在崩塌。”对于美国社会存在的贫富差距加剧、失业率居高不下的问题，特朗普说：“我们美国自己也有很多贫困现象，原因就在于人们没有工作。”“看看年轻黑人的失业问题，甚至达到58%—59%，太难以置信了，而且不只年轻人，所有美国黑人的失业率都非常高。”特朗普的言论，在一定程度上反映了新自由主义对美国经济的影响，相关数据也可以佐证这一点。

新自由主义在美国经济上结出的最大恶果，是始于2008年美国次贷危机进而引发全球性的国际金融危机。目前，对于美国国内经济形势来说，其恶果主要表现在以下几个方面：

一是经济复苏乏力。世界银行数据显示，2008—2015年美国GDP年均增长率仅为1.28%。除去2008年和2009年的负增长，2010—2015年美国GDP年均增长率也仅为2.23%。因此，这次美国经济复苏是二战后最疲弱的一次，低于以往2.8%的增长速度，更低于1991年至2001年经济上行期3.6%的增长纪录。虽然美联储在2015年12月启动近10年来首次加息，正式确认美国经济从金融危机中复苏，但多数观察家认为，美国经济并未完全恢复危机前的全部动能。

二是虚拟经济膨胀。这是金融垄断的畸形发展导致金融资本与实体经济相脱离所致。据统计,虚拟经济和服务业的产值所占比重从1950年的11%上升为88%;金融、房地产服务业的利润占到总利润的70%;金融衍生品总量在1998年为72万亿美元,2008年增长到672万亿美元,10年中增长了9倍,而经济总量只增长了不到1倍。虚拟经济与实体经济相脱离,必定造成泡沫,而泡沫一旦破裂就会造成严重的金融危机。

三是美国贫富差距加剧、失业率居高不下。在金融危机最严重的时候,美国的失业率一度超过10%。大量的工人丢失工作,也导致了贫富差距进一步加剧,并使中产阶级进一步萎缩。皮尤研究中心根据美国人口普查局和美联储的数据所做的研究报告显示,美国中等收入家庭占所有家庭比例已经从1971年的61%减少到2016年的49.4%,也就是说美国家庭的结构正在从中间大、两头小的"橄榄球"状逐渐向两头大、中间小的"哑铃状"变化。此外,则是实际家庭收入最近24年停滞不前。金融危机后,美国的复苏比大部分发达经济体快,但普通家庭的处境没有明显改善,与整体经济活动的表现形成明显的反差。

可以说,美国经济陷入困境,是经济上推行绝对自由化、彻底私有化和全面市场化的结果,是减少政策干预、放松金融监管、倡导金融创新、膨胀虚拟资本的结果。只有抛弃新自由主义经济理论和政策,才能逐步扭转这种困境。

二、新自由主义对美国政治的影响

2016年美国大选在特朗普和希拉里之间举行了三次电视辩论,每次辩论中双方均进行了相互的人身攻击,沦为对骂闹剧。特朗普在2016年3月接受《华盛顿邮报》采访时说:"我想国家已经分裂就是与过去最大的不同。无论你承不承认,事实如此。在这个国家,种族之间有很深的隔阂,情况并未好转。"希拉里在11月9日发表败选演说时也承认:"我们都有目共睹,我们国家的割裂程度比我们想象的要严重。"特朗普则在胜选演说中呼吁:"现在是美国从分裂的伤口中重新捆成一团、团结在一起的时候了。"由此可见,美国政治分裂是多么地严重。

首先是美国政党的分裂。民主党人奥巴马虽然在2012年连任总统,但共和党却在2014年中期选举中一举取得参议院控制权，同时继续保持在众议院的多数党地位，美国政治进入"分裂政府"状态。在这种情况下，民主党和共和党很难在政治上开展有效合作，国家机器运转举步维艰。实际上，过去10年间，政治僵局几乎成为美国政治的同义词。国会两大政党往往立场相左、针锋相对，两极化背景下的"府院之争"不断恶化，甚至在地方层面，州级立法机构里政党间也很难真正妥协，整个国家机器常常面临"停摆"，僵局难破。

其次是选举制度遭受挑战。按照美国选举制度的规定，不论大选竞争有多激烈，权力平稳过渡、输者向赢者承认败选是美国的一项传统，也是美国引以为傲的制度。但是，特朗普在2016年10月19日第二场总统辩论结束时回答主持人提出的是否接受大选结果时称："到该说的时候就会说。现在，先保留一个悬念。"特朗普的此番表态震动了美国媒体。舆论认为，如果特朗普真的拒绝承认大选结果，这将是对美国运作了200多年的民主制度的挑衅，是对美国现有政治制度最核心理念的否定。结果，特朗普如愿以偿地当选了总统。但是，希拉里的支持者却不买账，在华盛顿、纽约、洛杉矶、芝加哥等多个城市举行示威游行活动抗议特朗普当选总统。这是对美国选举制度的莫大讽刺。

再次是种族之间有很深的隔阂。种族歧视、社会不公平仍旧是美国社会的恶魔。2013年8月，美国皮尤研究中心的一项民意测验表明，在民权运动结束即将50周年之际，不到45%的美国人认为美国在种族平等方面取得了很大进步，49%的美国人认为还要"做出更多努力"才能实现种族平等，而持有这种观点的黑人为79%，35%的黑人称他们在过去一年中因为种族或族群身份受到了歧视或不公平待遇。2015年以来，由弗格森事件引发的对种族歧视和执法不公的广泛关注成为美国社会生活的一个"新常态"，美国媒体针对非洲裔的警察暴力事件超越常规的关注并未改变司法不公，警察暴力仍不时上演。

美国政治出现的诸多问题证明，新自由主义所宣扬的西方政党制度、议会制度、选举制度等政治制度并非完美无瑕。"三权分立"是美国民主制度的重要组成部分，虽然实现了权力之间的相互制衡，但也带来党派之争，白宫和国会之间也常争论不休。利益集团政治是美国政治的核心,在运行过程中过多地考虑利益集团的得失,便导致诸多社会问题的滋生,如社会不公平、贫富差距加剧、种族歧视未有效解决等。可以说,美式民主制度已经陷入了困境。

三、新自由主义对美国价值观的影响

在2016年美国大选中,本土主义、民粹主义、反精英、反全球化的力量颠覆了美国的主流价值观,金钱政治、政治诡计、“互黑互撕”将美国所谓民主的节操打得粉碎。自里根总统以来,美国致力于把民主自由理念推广到全世界。对此,特朗普在2016年3月接受《华盛顿邮报》采访时说:“我们不该再进行所谓的意识形态建设了,事实证明效果不大,而且现在的美国也与过去的很不同。”“我们不该再继续向其他国家推销我们的意识形态了,他们不需要我们做这些,他们只需要我们的钱。”这进一步使得新自由主义价值观的丑陋无处藏身。纵览2016年美国大选,新自由主义价值观对美国的影响主要有以下几个方面:

一是金钱政治展现得淋漓尽致。据统计,今年美国大选的竞选花费累计达到近68亿美元。截止到2016年10月,希拉里为自己的竞选筹集到7.66亿美元,特朗普筹到3.92亿美元。算上支持两位候选人但不与之进行协调的基金会,希拉里可支配的资金达9.49亿美元,而特朗普有4.49亿美元。募集竞选资金的背后,每一分钱都是日后对政治决策施加影响的允诺。美国大选越来越成为有钱人的游戏,政治募捐大比拼也成为大选的固定风景。这体现了美国民主制度的虚伪性,也使越来越多的美国民众认识到这个本质。

二是政治价值观受到歪曲。美国民意调查机构“拉斯穆森报告”的民调结果显示,70%的在美国总统选举中支持希拉里的选民表示,如果合法,他们宁愿投票给奥巴马而非希拉里。41%的美国民众表示,如果可能,他们更乐意把票投给奥巴马,而不是希拉里或特朗普。此外,56%的选民对两名总统候选人都持负面看法。可见,美国民众对美国的政治是多么失望,这也引起了政治价值观的混乱。

三是青年患“政治冷漠症”。越来越多的美国年轻人逐渐对政党政治感到失望，对大选投票更是提不起兴致。《华尔街日报》与全国广播公司2016年10月17日共同发布的民调结果显示，仅有54%的18岁至34岁的年轻选民对当年大选有兴趣，较2012年下滑了6个百分点，与8年前的大选相比更是下降了30个百分点。2016年9月盖洛普公司的民调结果也显示，与8年前相比，当年的年轻选民投票欲望大幅下降。专家认为，年轻选民投票率屡创新低的事实，体现出他们对美国两党政治的厌烦和对“美式民主”的失望。美国年轻人对政治冷漠的主要原因是他们对自身处境和美国当前的政治环境失望，这也是美国虚伪的民主制度造成的恶果。

新自由主义价值观鼓吹“民主万能论”、“民主速成论”、“民主国家不战论”、“民主和平论”、“民主同盟论”，极力推行“价值观外交”，企图打造“自由和民主之弧”等等。对于这一点，连特朗普都说“我们不该再进行所谓的意识形态建设了，事实证明效果不大”。这充分说明，新自由主义价值观宣扬的“自由、民主、平等”价值观，具有极大的虚伪性、欺骗性。自由只是资本家阶级所享有的自由，民主只是资本家阶级所操控的游戏，平等只是资本家阶级欺骗民众的谎言。

四、新自由主义对美国外交战略的影响

特朗普在2016年3月接受《华盛顿邮报》采访时说：“我认为我们现在所身处的已经是个完全不同的世界了。”“美国过去曾经是一个富裕、强大的国家，而现在我们是一个穷国、一个负债国。”对于北约东扩问题，特朗普说：“北约是另一个时代的产物，北约建立时美国还是颇为富裕的国家，而当下美国已经不那么阔绰了。”“北约的概念在它建立之初是好的，但现在情况已经非常不同，很多国家在搭我们的便车。不能总靠美国一个国家，应该大家合作来搞才行。”特朗普曾在多个场合强调“美国优先”原则，指责“全球主义”导致美国就业和财富的流失。这反映出新自由主义对美国外交战略的影响。

新自由主义外交战略积极谋求建立全球秩序，实现新自由主义的“全球一体化”，实质上是维持资本主义国际经济政治旧秩序。在这一政策的倡导下，美国以“世界警察”自居，在国际上到处耀武扬威，对全世界进行掠夺。时至今

日,这一战略也殃及美国外交自身。

一是美国的霸权地位受到挑战。20 世纪 90 年代以后,随着华沙条约组织的解散和东欧剧变以及苏联的解体,欧洲大陆的政治与安全局势发生了剧烈的变化,以美国为首的北约的职能转变为政治军事组织,所要面对的议题也从过去的军事威胁,扩散到全球恐怖主义、能源安全、全球变暖、疾病、网络攻击、大规模杀伤性武器扩散等多元问题上。但是,随着经济全球化的发展,国际关系日益朝着政治多极化的方向发展,新兴市场国家在补充和完善全球治理格局秩序上愈加主动,美国的霸权地位受到越来越多的挑战。

二是美国的外交政策越来越混乱。美国发动的伊拉克战争,带来的是一个与"基地"组织关联的激进反政府武装占领北部数省的结局和一个更亲近伊朗的伊拉克政府;美国发动的阿富汗战争,带来的是不得不与塔利班谈判的美国和一个依然仇视美国的阿富汗;被美国一度界定为争取"自由"的"阿拉伯之春"运动,带来的是中东、北非、西亚更为激烈的反美潮;美国近年来实施的"亚太再平衡"战略变成支持日本军国主义复活的战略。这一系列错误的外交战略使得美国全球"混乱播种机"的形象逐渐确立,全球反美浪潮此起彼伏。

三是美国本土多次遭受恐怖主义袭击。例如,前不久美国佛罗里达州一家同性恋夜店所发生的大规模枪击事件,造成 50 人死亡、53 人受伤。美国联邦调查局把这起枪击案定性为"恐怖袭击"。

在新自由主义外交战略的影响下,美国对于国际事务的干预终于集中显现恶果,安全危机的阴影给美国的外交战略连贯性带来明显的挑战;传统的全球经济治理体系应对乏力,迫使后危机时代的经济力量格局发生史无前例的变迁,美元霸权仍在,同时新兴市场发展日益蓬勃。美国作为唯一超级大国的地位面临着重大挑战,资本主义世界体系面临重大调整,相互妥协、互利共赢的国际格局现实则越来越明显,这迫切需要构建国际政治经济新秩序。

新自由主义政策的推行,给全世界带来了一场灾难,在一些发展中国家犹如过街老鼠、人人喊打。作为推行新自由主义吹鼓手和先遣队的美国,新自由主义的祸水终于殃及自身,使自身的经济增长乏力、政治分裂严重、贫富分化加剧、种族冲突激烈、外交战略受损等难题雪上加霜。诺贝尔经济学奖获得者斯蒂格利茨曾撰文指出，新自由主义一直是为某些利益集团服务的政治信条，从来没有得到经济学理论的支撑。曾长期担任政府智囊的日本经济学家中谷岩，由新自由主义的急先锋转变为忏悔者，批评新自由主义让世界蒙受了巨大灾难。即使是致力于维护资本主义制度的西方政要，也开始反思新自由主义的错误和危害。

（原载《红旗文稿》2016年第22期）

新自由主义在拉美的失败

——读《厄瓜多尔：香蕉共和国的迷失》

胡乐明

厄瓜多尔共和国总统、经济学家拉斐尔·科雷亚·德尔加多的名作《厄瓜多尔：香蕉共和国的迷失》（当代世界出版社，2014 年第 1 版），汇集了作者在 1993 年至 2005 年间的学术论文。该书关注的是厄瓜多尔，却让我们看到了整个拉丁美洲。它集中揭露了新自由主义的"伪客观性"，及其使厄瓜多尔经济社会发展遭受的重大挫折，提出了拉美国家消除贫困和实现社会公正的发展道路和重大举措，并明确宣布：新自由主义在拉美地区已经彻底失败，我们永远不再回到过去！

一、新自由主义不可能"没有色彩"

新自由主义者一直宣称，经济政策只对技术因素做出反应，因而"没有色彩"。科雷亚指出，经济政策从根本上来说取决于利益和价值判断，绝不可能"没有色彩"。否则，20 世纪 80 年代末开始实行的立足于开放主义、倡导市场机制和减少政府作用的所谓"华盛顿共识"，为什么根本没有拉丁美洲人参与制定？

"毫无疑问，新自由主义最大的牺牲品之一是劳动阶级。"科雷亚指出，实施新自由主义之后，为了谋求更高的"竞争力"和变着戏法实现"劳工灵活化"，在厄瓜多尔这样连失业保险都没有建立的国家里，通过广泛推广"劳动中介"和"钟点工合同"，剥削和解雇工人均被合法化。显然，新自由主义不具劳动阶级"色彩"。

同样,“妖魔化一切公共开支”也不具有劳动阶级“色彩”。科雷亚指出,1992年之后,厄瓜多尔开始深化经济开放、强化市场作用,不断削弱公共部门的职能,“妖魔化一切公共开支”,最典型的案例是《财政透明法》。该法规定,无论经常项目还是资本项目开支,无论长期还是临时开支,无论是用于教育的还是用于医疗卫生的开支,一切公共开支的每年实际增长不得超过3.5%。该项法律谋求一切投资均需来源于私人资本,只是一味地取悦于私人资本,全然无视国家的发展需要。

与之类似的是中央银行的“自治”和美元化政策。在科雷亚看来,拉美国家中央银行的“自治”只是相对于它们各自人民和各自国家法律的“自治”;相对于国际货币基金组织和世界银行这样的美国财政部的延伸机构,它们却俯首帖耳、百依百顺。美元化政策这一取消本国货币的自杀行为,不仅彻底放弃了本国货币政策和汇率调控手段的经济主权,而且由于采用了货币发行国的货币政策,自己更加依赖外国,导致拉美国家可治理性的丧失。

最后,不经深思熟虑地采取自由贸易,准确地说是白痴式的开放主义,显然也有利于发达国家而不利于落后国家。科雷亚指出,以为“自由贸易总是有益并且惠及所有人的观念不过是谎言或极端天真,与其说接近科学,倒不如说更接近宗教”。主权不设防的开放主义在实践层面导致的后果是,由于欠发达经济体只在自然资源领域具有“比较优势”,它们只能“专业化”生产以自然资源为基础的产品。于是这些经济体再度初级化,重回农产品出口模式,沦为发达国家的附庸。

总之,在过去漫长的时期内,厄瓜多尔等拉美国家一直推行一种服务于国际资本、有利于发达国家的经济政策。为了使这种政策选择合理化,可以毫不犹豫地扭曲经济稳定这样的基本经济概念,居然仅限于控制通货膨胀;可以毫不犹豫地将经济政策限于制定这样的财政计划,它的盈余只是为了最大限度地偿付外债;可以毫不犹豫地改变诸如“人的劳动高于资本”这样的伦理道德。这就是新自由主义的真正“色彩”。

二、令人失望的新自由主义后果

科雷亚指出,尽管厄瓜多尔从20世纪90年代起听令“华盛顿共识”的指挥棒,进行了深刻的经济变革,经济领域的结果却完全不能令人满意。在

1990年到2002年间，经济的平均增长率仅为2.7%。在2003年和2004年，由于开通了输送私营跨国公司生产的石油的输油管道，国内生产总值的增长率方有所好转。即使如此，2004年人均收入也才刚刚恢复到20世纪80年代初的水平。

从社会层面来看，结果更是灾难性的。跟拉丁美洲的其他国家一样，破坏就业岗位和国内生产的"愚蠢开放主义"，导致厄瓜多尔的失业率上升，2004年达到了经济自立人口的11%，就业不足的人口占劳动力的比重高达46%。与此同时，厄瓜多尔的不平等也更趋严重。2004年，最贫困的20%人口的收入占比仅为2.4%，最富有的20%人口的收入却占了60%；而在90年代初，这个比例分别是4.4%和52%。

最后，科雷亚指出，国际货币基金组织、世界银行和美洲开发银行的官僚们不仅是某些国家的债权人代表和对外政策执行者的左膀右臂，也是新自由主义模式的主要鼓吹者和推动者。其政策药方一度被拉美各国政府全盘接受并强制推行，全然不顾这些政府领导人在竞选时提出的纲领和拉美各国人民在投票箱里表达的意愿。因此，"除了导致经济社会失败外，新自由主义也严重损害了民主制度的合法性"。

三、向着新的发展战略和理念前进

科雷亚指出，在经历了彻底的失败后，拉丁美洲的新自由主义时代已走向穷途末路，拉美各国必须沿着新的发展战略和理念继续前进。

首先，拉美国家不应沉溺于被称为"市场"的美好梦境，国家和集体必须重拾在发展进程中所应扮演的重要角色。自由化的市场本身并不能保证对资源进行有效配置，历史上没有任何一个国家在没有明确的国家自主发展战略的情况下实现了发展。因此，必须摆脱资本的束缚和锁链，摆脱市场的主宰，必须发挥国家至关重要的作用，把社会置于市场之上，让市场为人民服务，而不是成为我们的主人。政府应该通过提供基础设施等公共产品，改善民族经济发展的竞争力，同时发挥政府在支持、"发现"新的生产活动方面的重要作用，发挥政府公共投资对于私人投资的吸入效应。政府采购应优先考虑国内生产厂商，做发达国家过去处于我们现在所处发展水平时期所做的事情。总之，拉美国家尤其是厄瓜多尔绝"不要相信那些既无理论支撑也无经验基础的谎言，如国家的作用越小越等同于现代化和发展；而是要承认国家应该成为经济发展的主角，而不只是被动的裁判员”。

其次，必须摆脱所谓的世界金融组织的控制，努力建立新的地区金融机构。科雷亚指出，国际货币基金组织和世界银行其实就是一种金融体系，是美国治理世界经济的重要手段，是一种新殖民主义的武器。在他看来，若从根本上取消国际货币基金组织和世界银行，拉美国家会在摆脱了它们的控制以后，生活得更好。拉美国家构建新的地区金融机构，是优化利用地区储蓄，并使拉丁美洲在资金利用方面更有效率的重要一步。这种新的地区金融结构的轴心是推进新的一体化进程，目标是创立一家新的地区开发银行、一项共同储备基金、一个支付体系和一个共同的货币体系。这个新的一体化进程可以从发行特别提款权和可计算货币开始。新的地区金融结构能够使拉美国家推行更加自主的货币政策和发展政策，不再需要依赖变幻莫测的国际市场，甚至可以使拉美国家不再向跨地区贸易所用货币的发行国，支付不合法的报酬——铸币税。

最后，必须把保护社会资本（主要包括社会信任和社会凝聚）视为发展的根本，而且把它置于暂时的、很多时候是表面的经济成就之上，努力重建个人价值和社会信任。科雷亚指出，新自由主义在拉美的泛滥如同施了魔法一般，自私这一人类最可恶的缺点一夜之间就被吹捧成个人和社会最高尚的美德。正如诺贝尔经济学奖得主托宾所说：“为自私自利找借口，以此给自私自利者提供保障，视积累物质财富高于一切，用亚当·斯密的方式促进国家财富，为此而自觉得自己就是高贵的爱国人士了。”这种加深自私心理并力图抹杀社会公德的行为，是新自由主义在拉丁美洲打下的最深刻的烙印。成功的国家都是在内生动力推动下、社会成员瞄着全社会共同目标而努力建设的社会。拉美国家的经济政策必须明确地将其成效融入社会资本之中，把重建和保护社会资本视为发展的根本。

令人欣喜的是，在科雷亚总统的领导下，厄瓜多尔政府正在实施宏伟的2013—2017年美好生活（Sumak Kawsay）国民计划，正在努力实现美好生活社会主义的理想。

（原载《中国社会科学网》2015年3月4日）

试论新自由主义对非洲发展的危害

严 磊

一、新自由主义在非洲的兴起

新自由主义本质上是资本主义意识形态的思想表现。[①] 早在20世纪90年代，一些西方学者就对该问题进行了系统研究。其中较有影响的有诺姆·乔姆斯基、罗伯特·W.麦克杰尼斯等人，他们提出新自由主义是在英国古典政治经济学思想基础上建立的一个新的理论体系。该理论体系强调市场对经济的主导作用，主张建立一个以贸易自由化、价格市场化、私有化为核心的全球秩序，"华盛顿共识"是它的完成形态。[②]

新自由主义在非洲的兴起与20世纪70年代中后期非洲的经济危机有直接联系。20世纪70年代中期后，由于受到第一次石油危机和国际原材料市场价格变动等的影响，非洲很多国家陷入严重的经济衰退之中。这给当时的国际货币基金组织和世界银行提供了干涉非洲经济发展事务的机会。

世界银行于1981年发表题为《撒哈拉以南非洲的加速发展的行动纲领》，史称"伯格报告"。[③] 这篇报告明显带有新自由主义经济学的观点，认为非洲国家当时的经济危机是由不恰当的经济政策造成的，非洲国家必须实行"以农业为主的出口导向型发展战略"，同时还应加强贸易、汇率制度改革，减少政府干预，提高国有经济效率等。该报告的出台为非洲即将开展的结构调整改革

---

① 中国社会科学院"新自由主义研究"课题组:《新自由主义研究》,《马克思主义研究》,2003年第6期。

② [美]诺姆·乔姆斯基:《新自由主义和全球秩序》,南京:江苏人民出版社,2000年,第4页。

③ World Bank: *Accelerated Development in Sub-Saharan Africa: An Agenda for Action*. Washington, 1981.

指明了方向，成为改革的指导性文件。[①]

同年，美国学者罗伯特·贝茨出版专著《热带非洲的市场与国家：农业政策的政治基础》[②]，成为非洲结构调整改革的另一个重要理论基石。该书从理性选择角度对非洲农业政策和经济衰退的原因进行了深入研究，印证了“伯格报告”中最核心的理念，即“政府是问题而非方法”，因而应削弱政府在经济中的作用。

随后，世界银行和以美国为首的西方国家又开始对非洲的结构调整政策进行理论完善。1984 年世界银行在《为撒哈拉以南非洲的持续发展而努力》等报告中将结构调整改革政策概括为：一是市场化，尽量使用价格等市场手段对资源进行有效的配置；二是资本自由化，减轻政府负担，大力推进私人经济的发展；三是私营化，给予国有企业更多的责权，提高国有企业生产效率；四是贸易自由化，开放国内市场，减少对进出口贸易的歧视性限制。[③] 这标志着新自由主义在非洲已从最初的理论设想逐步形成了政策架构。

1985 年 10 月，美国前财政部长詹姆斯·贝克在国际货币基金组织和世界银行第四十届年会上提交了题为“美国关于发展中国家持续增长的计划”的改革计划，将美国的对外援助同以非洲为首的发展中国家的新自由主义改革绑定在一起。这表明美国等西方国家对发展中国家的债务、援助战略发生了重大转变，[④]标志着西方的新自由主义在全球范围内的新一轮扩张。

1989 年，美国学者约翰·威廉姆森在总结结构调整改革的种种经验后提出了“华盛顿共识”。严格来讲，“华盛顿共识”是一种“市场原教旨主义”，其主张都是以新自由主义作为理论基础的。对此，美国经济学家斯蒂格利茨曾指出，“华盛顿共识”对自由的市场经济过于迷信，而对政府在经济发展中的作用则认识不足，是一种不恰当的发展经济学理论，它对 20 世纪八九十年代非洲

---

① 舒运国：《失败的改革——20 世纪末撒哈拉以南非洲国家结构调整评述》，长春：吉林人民出版社，2004 年。

② [美]罗伯特·贝茨：《热带非洲的市场与国家：农业政策的政治基础》，曹海军、唐吉洪译，长春：吉林出版集团有限责任公司，2011 年，第 1 页。

③ 萨奇、陈沫：《紧缩型非洲经济结构调整方案及其滞胀效应》，《西亚非洲》，1989 年第 5 期。

④ 陈平：《新自由主义的兴起与衰落：拉丁美洲经济结构改革（1973～2003）》，北京：世界知识出版社，2008 年，第 180 页。

等发展中国家经济改革的失败应负有重要责任。[①]

"华盛顿共识"的出现是新自由主义从最初的学术理论嬗变为国际垄断资本主义的经济范式和政治性纲领的主要标志，也标志着新自由主义最终成为美国资本主义意识形态化、政治化的工具。此后，美欧等国开始普遍采用以经济援助、贷款等附加条件，向发展中国家强制推行"华盛顿共识"的新殖民主义的作法。

二、新自由主义改革的负面影响

早在结构调整之初，非洲国家就不认可新自由主义的改革理论。它们对20世纪70年代的经济危机和非洲的复兴之路有自己的看法。这最早反映在20世纪80年代初的《拉各斯行动计划》等各项计划中。到80年代中后期，迫于经济形势的持续恶化，非洲大部分国家最终接受了新自由主义经济学的观点，将结构调整作为经济改革的主要方案全面推行。非洲国家之所以最终纷纷转向结构调整，主要是因为它们急需获得西方的贷款，也是对结构调整方案存有一种"无可奈何之中的朦胧希望"[②]。结构调整改革最初的实施对非洲的市场化改革起到了一定的积极作用。但随着经济改革的不断深入，其弊端也开始呈现。

首先，结构调整改革的主要目的在于短期内实现国民经济的恢复与稳定，并从长远意义上推动经济的持续增长。[③] 但事实上，结构调整改革的目的并没有实现，反而应对二十多年来非洲的经济停滞乃至衰退负有不可推卸的责任。[④] "世界银行和国际货币基金组织二十年的结构调整改革，破坏了非洲的发展，使得非洲的经济、社会陷入一片混乱之中。"[⑤]

其次，结构调整方案要求非洲国家紧缩财政支出，减少对社会服务的投入，结果导致非洲国家陷入贫困和社会动荡。按照结构调整改革的要求"债务

---

① [美]约瑟夫·E. 斯蒂格利茨：《后华盛顿共识的共识》，载黄平、崔之元主编：《中国与全球化：华盛顿共识还是北京共识》，北京：社会科学文献出版社，2005年，第86～102页。

② 萨奇、陈沫：《紧缩型非洲经济结构调整方案及其滞胀效应》，《西亚非洲》，1989年第5期。

③ Herbert Jauch, *Structural Adjustment Programmes: Their origin and international experiences*, Namibia: Labour Resource and Research Institute (LaRRI), 1999.

④ 萨奇、陈沫：《紧缩型非洲经济结构调整方案及其滞胀效应》，《西亚非洲》，1989年第5期。

⑤ Asad Ismi, *Impoverishing a Continent: the World Bank and the IMF in Africa*, 2004, Halifax Initiative Coalition Report, 参见 www.halifaxinitiative.org/updir/Impoverishing A Continent.pdf。

国不得不不惜一切代价扩大出口而将自身的社会稳定置于一边”。其根本目的在于“使债务国能够恢复国际收支平衡，从而有足够的外汇收入偿还外债”，“通过出口获得更多的外汇（以偿还外债），是所有发展中国家不得不作出的选择，而不论这些国家是多么贫穷”①。

再次，私有化、自由化改革的失败造成非洲国家国有资产大量流失，当地经济陷入萎缩，国家陷入严重的经济困境。对此，著名经济学家斯蒂格利茨曾指出，世界银行和国际货币基金组织在非洲国家所推行的实质上是私有化、资本市场自由化、价格市场化和贸易自由化，这种千篇一律的“四部曲”改革政策非但没有推动经济的增长，反而使非洲国家走进了“地狱般的困境”②。

最后，结构调整计划还使非洲国家遭受经济、社会、舆论的多重打击。“一方面，国际货币基金组织和世界银行开出的药方全面破坏了非洲经济；另一方面，非洲人因为经济改革的失败而备受指责。当那些在非洲捞得盆满钵满的西方顾问满心欢喜地去银行提款时，非洲人却不得不面对经济全面崩溃的烂摊子。”③

结构调整改革的失败促使人们深入思考新自由主义和非洲问题。学者张夏准指出，非洲并非注定欠发达。非洲确实存在一些影响经济增长的结构性障碍，如气候恶劣、民族分裂、人工效率低下等，但在20世纪六七十年代，非洲各国也曾经历经济较快速度的增长。这就证明结构性因素并非造成非洲经济发展失败的根本原因。所谓的结构性因素只不过是新自由主义经济学家掩饰非洲经济改革失败的借口。事实上，非洲经济发展长期停滞不前的真正原因在于它这一时期所被迫奉行的自由市场政策。④ 这些政策是西方强加给非洲的，它们不仅将这些非洲国家突然抛入竞争激烈的国际秩序中，还导致非洲原本就少得可怜的产业部门彻底崩溃，重新回到过去对初级产品高度依赖的状态。因而，新自由主义的结构调整政策是西方为发展中国家设计的发

① ［智］亚历克斯·费尔南德斯·希尔贝尔托、［比］安德烈·莫门主编：《发展中国家的自由化——亚洲、拉丁美洲和非洲的制度和经济变迁》，陈江生译，北京：经济科学出版社，2000年，第6页.

② 张文海：《斯蒂格利茨批评新自由主义的结构调整》，《国外理论动态》，2001年第12期。

③ Femi Akomolafe, “no one is Laughing at the Asians anymore”, *New African*, No. 452, June 2006, pp. 48-49.

④ ［韩］张夏准：《资本主义的真相：自由市场经济学家的23个秘密》，孙建中译，北京：新华出版社，2011年，第108页。

展陷阱。

张夏准在《富国陷阱》一书中借用李斯特“踢开梯子”的理论，对发达国家在发展中国家推动新自由主义的动机进行了彻底揭露。他指出，英、美等西方发达国家在其早期崛起的过程中往往采用的是贸易保护主义的做法。这一点和西方国家的宣传完全不一样。它们之所以要求发展中国家实行自由贸易市场的发展道路，就是要“踢开发展中国家赖以发展的梯子”。

三、新自由主义与新殖民主义的陷阱

从独立以来非洲的发展历程来看，在独立初期，大多数的非洲国家并没有听取新自由主义的建议，推行的是以国有化、工业化为中心的发展战略，曾使非洲经济、社会都取得了长足进步。然而，非洲国家在实行结构调整改革后，经济却陷入连年衰退。这说明接受新自由主义所谓的“好政策”事实上对发展中国家并没有益处，相反，如果非洲国家坚持有效地执行从前的政策，也许会做得更好。

事实上，西方发达国家向发展中国家推荐的各种市场经济制度往往是经济发展后的结果，而不是推动经济发展的动力。甚至最权威的新自由经济学家至今也无法搞清哪些才是非洲发展必需的制度，但却最终通过多边或双边的压力强加给发展中国家。

新自由主义经济学是资本主义的意识形态，它所代表的是资本主义制度下强势集团的利益要求。而结构调整改革就是20世纪末西方发达国家同发展中国家之间不平等的政治、经济关系最突出的表现。早在20世纪80年代初，非洲学者就已认识到结构调整改革实质上是西方国家在新自由主义的主导下，以经济改革和债务重组为幌子，在非洲推行的一种“新殖民主义”掠夺政策。他们指出：“布雷顿森林机构和捐助国通过结构调整计划直接对非洲国家的经济进行干预，表面上看是为了帮助非洲克服它的危机，但是这样的干预只能使非洲和全球体系之间的不平等和剥削关系继续持续下去。”①

20世纪80年代中期后，非洲国家对结构调整改革“新殖民主义”本质的

---

① 阿卜杜拉·布拉杰：《非洲：从非统组织到非洲联盟》，http://www.ecdc.net.cn/events/china－south2002/11.htm。

认识逐渐深入。1986年非统组织峰会上，布基纳法索前总统桑卡拉(Sankara)对该问题进行了揭露。桑卡拉指出："那些借钱给我们的人，实际上就是过去强加给我们殖民统治的人，也就是在过去很长时间里控制我们经济和国家的人。今天，他们又假借捐赠的名义使非洲人陷入债务陷阱"，"而在这些债务的背后，实际上隐藏着一个'新殖民主义'体系"，"当前，在帝国主义的控制和统摄下，外债成为殖民主义者精心设计的重新占领非洲的工具"。

美国财政部、国际货币基金组织、世界银行是推行"华盛顿共识"的"三剑客"。正如非洲学者阿赛德·伊希米(Asad Ismi)所言："世界银行和国际货币基金组织还不是(非洲经济发展的)主要问题，它们只不过是美国在非洲等第三世界国家推行帝国主义政策的工具。"换言之，美国等西方国家的"新殖民主义"掠夺政策才是非洲结构调整改革真正的幕后推手。

实际上，作为新自由主义在非洲的具体表现，结构调整改革方案在设计之初就存在严重缺陷。例如，"伯格报告"是在脱离非洲发展实际的情况下套用的西方经济发展模式，使结构调整改革在实践过程中产生了许多矛盾与冲突。罗伯特·贝茨曾承认，他在解释非洲问题时可能有些过激，其研究重点在于非洲发展的内部因素，对国际因素考虑较少。而此时期非洲所遭受的外部压力非常巨大。20世纪70年代后，国际市场上曾出现美元贬值、粮食价格攀升、干旱、石油价格飙升、银行利率大幅调整等情况，都对非洲的农业和发展问题造成很大冲击。但作者对这些冲击在多大程度上影响到非洲经济和社会的发展却缺乏必要的研究和思考。

新自由主义政策的上述弊端，西方国家并非不知道，但他们仍迫使非洲国家严格执行这些政策。他们从一开始就没有把结构调整视为改善非洲发展状况的经济政策，而是将其视为争夺非洲、巩固西方对世界经济控制的工具。

四、结语

严格来讲，造成20世纪70年代末非洲经济衰退的直接原因并非新自由主义。新自由主义的结构调整是非洲国家在经济困境中所做的无奈选择。但不可否认，非洲在新自由主义主导下的改革是失败的。这表面上看是由结构调整制度设计上的不足所造成的，但其本质却是西方为发展中国家设计的一个发展陷阱，其目的是进一步巩固西方对世界经济的绝对控制。

经过多年的推行，新自由主义的理念已在非洲扎根。非洲各国普遍建立起以私有制为基础、自由市场经济为主体的经济体制。由此，非洲对西方发达资本主义国家的经济依附也得以强化。特别是近年来随着经济全球化的日益加深，非洲对国际金融资本、跨国企业的依赖性越来越强，它们所遭受的新殖民主义的剥削也越来越多。

（原载《人民论坛》2013 年第 7 期）

新自由主义的死亡与西方政治危机

［英］马丁·雅克

始于2007—2008年的西方金融危机，是西方国家自1931年以来所遭遇的最严重的一次经济危机。在危机中，尽管长期占据西方思想界主导地位的新自由主义意识形态饱受质疑，但它最终安然无恙地突围出来：新自由主义思想影响下推行的一系列临时经济社会政策使资本主义社会得以苟延残喘——银行用救市政策来摆脱困境；欧美银行家们尽管犯下滔天罪责，却很轻松地逃脱了应受的追究；危机所产生的巨大代价，都转嫁到了广大纳税人身上。随后这些盎格鲁—撒克逊国家大都采用那些早已失灵且无效的货币政策，特别是放松银根、超发货币的量化宽松政策被当作了"救命稻草"。回顾过去，我们已经失去了"过去的十年"，危机使西方社会经济陷入了停滞状态，但直到如今，出路仍然遥遥无期。

在金融危机爆发长达9年之后，我们才终于意识到这场危机引发的经济、政治方面的恶果，这未免也太久了！为什么已经在实践上被宣告破产的新自由主义经济政策可以支撑到现在？最主要的原因在于：新自由主义意识形态的影响是根深蒂固、全方位的，短期内很难清除。即使在经济方面，它直接导致了70年来最严重的经济灾难，可以说在它指导下的西方经济已经破产，但是在政治和思想领域，它仍然占据着统治地位。在今天的西方国家，不论是右派、中间派还是左派，实质上都是新自由主义的虔诚信徒，新工党就是这样的典型。对西方政客们而言，新自由主义意识形态的思想已经成为固化的、不容怀疑的认识，渗透进他们的骨髓、血液，成为思考处理一切问题的基本模式。在新自由主义思想之外，他们已经无法想到还有其他任何的思考和行为方式了。正如安东尼·葛兰西所指出的那样，新自由主义掌握着意识形态的领导权，但是新自由主义思想在意识形态上所攫取的领导权注定经受不住现实的考验，过去如此，将来也必然如此。

新自由主义思想导致的政治危机，我们可以通过银行家和企业领袖等政治精英在公众舆论方面形象的急剧转变中窥见端倪。在过去，他们备受舆论的赞誉，俨然是“宇宙真理”的化身，完美到根本不会有任何错误。在教育、医疗及其他几乎所有领域，他们被塑造为成功人士和时代楷模，接受公众的顶礼膜拜。可是在今天，他们连同自己所属的整个政治精英阶层都已不值得信任，以往被吹嘘的光鲜全都不再。金融危机已经让公众对执政精英们的能力产生了严重的怀疑。这标志着新自由主义引发的一场更加深入、广泛的政治危机已经开始。

导致大西洋两岸这场政治危机爆发的深层原因，远比 10 年前的经济复苏计划破灭的事实和这场金融危机所产生的社会影响复杂得多。关于这一问题产生的根源，需要深究新自由主义。20 世纪 70 年代末，里根和撒切尔夫人积极而全面地倡导和大力推行新自由主义理论，新自由主义逐渐形成了自身的核心观点：商品、服务和资本的全球化，以及不受任何干预的自由市场。英国于 1986 年、美国在 20 世纪 90 年代，先后废除、取消了 20 世纪 30 年代大萧条时确立的银行监管体制，这为 2008 年金融危机的必然发生创造了条件。要求社会平等的意见和主张遭到蔑视，“涓滴经济学”又称涓滴效应，指在经济发展过程中并不给予贫困阶层、弱势群体或贫困地区特别的优待，而是由优先发展起来的群体或地区通过消费、就业等方面惠及贫困阶层或地区，带动其发展和富裕，或认为政府财政津贴可经过大企业再陆续流入小企业和消费者之手，从而更好地促进经济增长的理论。常用来形容里根经济学，该词起源于美国幽默作家威尔·罗杰斯，在经济大萧条时，他曾说：“把钱都给上层富人，希望它可以一滴一滴流到穷人手里。”这一时期，政府的作用被批评是束缚了市场，因而受到压缩削减；企业廉价雇佣移民受到鼓励，监管制度被弱化、减少到最低限度；削减税收，企业逃税也被刻意忽视、默认允许。

从历史的角度看，战后西方经济增长最活跃的时候，新自由主义思想并不占主导地位。从二战结束一直到 20 世纪 70 年代早期，是福利资本主义和凯恩斯主义主导的时代。当时的经济增长率是新自由主义盛行时期（1980 年至今)的两倍。

新自由主义主导时期最具灾难性的特征是贫富差距扩大、两极分化严重。直到不久前,这个已积累多年的、严重不平等的社会问题,才被一些学者所认识并重视。在这几十年里,西方国家日益突出、严重的社会不平等问题,已成为大西洋两岸尤其是美国最严重的社会政治问题之一。它正以前所未有的、无法估量的力量促使社会滋生不满情绪,潮水般的不满思潮正在积累、酝酿并席卷整个西方的社会政治。面对新自由主义肆意发展下的西方国家社会严重不平等的统计数据,人们困惑而震惊:这么突出重要的问题竟被西方国家忽略不计如此之久,其中唯一的原因是新自由主义的理论和它的价值观长期处于强势统治地位。

现实打破了新自由主义的虚幻外表。1948—1972 年,美国各阶层民众的生活水平大体上都经历了相似的、较大幅度的提高;但 1972—2013 年,收入最低的 10%人口的实际收入在下降,而收入最高的 10%人口的财富增速却比其他所有人都高得多。在美国,全职男性工人实际收入比 40 年前还低,工薪较低的 90%人口的收入增长停滞时间超过 30 年。英国的情况同美国并无太大差别,从金融危机爆发以来,这个问题变得更加突出和严重。平均而言,2005—2014 年,25 个高收入经济体中,65%—70%的家庭实际收入都陷入停滞甚至下降。

原因不难解释。在这个极度全球化时代,一切资源都已全面、系统地向资本而非劳动力倾斜——国际贸易协议基本都是秘密签订的,只有企业、商界的大佬们参与,而工会和普通民众被排除在谈判之外,《跨太平洋伙伴关系协定》(TPP)和《跨大西洋贸易与投资伙伴协议》(TTIP)就是最近的实际例证;工会受到政治和法律双重压力,在与资本家的谈判中处于弱势地位;对失业人员没有进行任何有实际作用的再就业培训。正如《21 世纪资本论》的作者托马斯·皮凯蒂所讲,资本主义社会必然导致不平等的加剧。随着资本主义社会的劳资矛盾不断膨胀和持续加深,社会民众的反抗越来越不可抗拒。资本"赢家通吃"的制度在政治上所造成的社会严重撕裂局面,已无法再维系。

如今,美国和英国都有大批民众尤其是青年一代,开始反抗这种被强加到自己头上的不合理、不平等。美国这次选战中，选民对特朗普和桑德斯的热烈支持，以及英国的脱欧公投，都明确体现了这一趋势。官方将来自普通民众的对不平等现象的反抗行动诬称为暴力恐怖行为，而舆论以轻蔑的冷言嘲语给其戴上“民粹主义”的帽子。弗朗西斯·福山最近发表在《外交事务》上的文章中说：“‘民粹主义’，是政治精英给他们不喜欢的普通民众所支持的政策贴上的标签。”民粹主义是一股反抗运动的力量，它代表着一股新生的力量开始形成。实际上，民粹主义的反抗性远大于建设性：它们对要反对什么比要支持什么清楚得多。民粹主义既可以是进步的，也可以是消极保守的，更多情况下往往是两者兼有。

英国脱欧公投就是这股被称为民粹主义思潮的典型事例。这次脱欧公投彻底颠覆了英国自20世纪70年代以来的根本政策传统。它虽然表面上是关于欧洲，实际上牵涉的问题很多：自20世纪80年代以来许多人的实际生活水平停滞不前甚至倒退，同时，西方国家频发的、无法控制的大规模移民、难民潮使民众的就业岗位越来越不安全，人们深感慌乱，感到被抛弃，因此他们开始大声疾呼、强烈抗议。这些人的抗争使得执政精英不知所措，一位首相(暗指卡梅伦)黯然辞职，并迫使新任的首相无奈地祈求“神的启示”能给予应对之策。

在英国和美国，这一波被称为民粹主义的浪潮标志着，在政治活动中阶级正成为核心力量重返政治领域。这一点无论在英国还是美国都是如此，在美国尤其具有标志性意义。几十年以来，在美国政治语境中，“工人阶级”这一概念长期以来一直处于被边缘化的地位，已被抛弃不用。大多数美国人曾认为自己是中产阶级，这种认识在美国社会里是很一致的，国际上许多政界精英们也都这样认为。期望成为中产阶级是美国普通民众大多数人的抱负所在。但实际上，一项盖洛普民意调查显示，2000年仅有33%的美国人承认自己是工人阶级，而到2015年，承认这个概念的人数升至48%。

英国脱欧公投也是工人阶级反抗运动的表现。在此之前，阶级的概念在欧美政治中的角色一直在消退，让位于性别、种族、性取向、环境等有关问题。如今的西方社会，由于事实上的贫富分化，阶级越来越有其强大的影响力，阶级的话题又回归西方社会，这一状况极有可能重塑现实世界的政治格局。

阶级问题的再度突出和回归，不能简单地与劳工运动混为一谈，它们并不是同义词，这点在美国体现得尤为明显，在英国的发展状况也是同样。事实上，在过去的半个世纪，英国的阶级和劳工运动之间的差别越来越显著。工人阶级作为一股新的政治呼声在英国重新出现，甚至可以说它左右了英国的脱欧公投结果，这可以看作一种不满、愤恨和抗争情绪的表达，但人们还不能轻易地马上判断，这就是一场真正的劳工运动。

实际上，在对移民和欧洲问题的现实立场方面，英国独立党与工党同等重要。在美国选战中，特朗普和桑德斯都提到了工人阶级的反抗，且桑德斯提出的次数并不比特朗普少。工人阶级不属于任何人——与左翼人士惯常的认知不同，工人阶级政治倾向的表达形式经常会变化，很不容易被预知。

新自由主义时代从两个方面被削弱。一是在促进经济增长方面，它本来就拿不出能切实解决危机的有效措施，如今更是一片惨淡。欧洲经济规模只比 2007 年金融危机之前略增长了一些；美国虽稍好一点，但经济增长的内在动力始终缺乏。经济学家劳伦斯・萨默斯认为，未来前景的最好可能是陷入长期停滞。更糟的是，由于经济复苏如此乏力和无望，人们普遍认为，下一次金融危机很可能已经走来。换句话说，新自由主义使西方社会回到了 20 世纪 30 年代那种充满危机的世界。在这样的背景下，西方国家大多数人认为，下一代青年人的生活会更糟。二是被新自由主义时代抛弃的那些人尤其是青年人不甘心默然接受这一前途命运，他们的思想、情绪越来越走向激烈反抗。我们正在见证新自由主义时代的结束，正像 20 世纪 70 年代的社会民主主义一样，新自由主义已步入衰败终结中，但它还没有死，尽管已经奄奄一息了。

西方知识界的专家学者们越来越反对新自由主义，这是新自由主义理论影响力下降的显著信号。从 20 世纪 70 年代中期到 80 年代，经济学界的讨论焦点逐渐被货币主义者和自由市场论者把持。但自西方金融危机以来，专家学者争论的重心发生了深刻、重要的转变。这点在美国表现得最为明显，例如约瑟夫・斯蒂格利茨、保罗・克鲁格曼、丹尼・罗德里克和杰夫瑞・萨克斯等经济学家的影响力越来越大。托马斯・皮凯蒂的《21 世纪资本论》成为畅销书。他和托尼·阿特金森、安格斯·迪顿的著作将不平等问题推向了政治议程的风口浪尖。而在英国，在经济学界长期受到孤立的张夏准终于获得许多人的支持，影响力超过了那些把经济学当作数学分支的学者们。

与此同时，那些曾经极力鼓吹新自由主义的人，例如劳伦斯·萨默斯和英国《金融时报》的马丁·沃尔夫，如今也开始极力批评新自由主义。在国际上批判新自由主义的声浪与日俱增，新自由主义者和货币主义者在节节败退。而在英国，媒体和政界精英们的反应远远落后于时势，无论是在英国广播公司的“今日”栏目，还是在右翼媒体或工党议会中，陈旧的态度和幻想仍然占据着思想界的主导地位，只有极少数人意识到我们正处于一个时代的末期。

20世纪70年代，工党花了很长时间才适应撒切尔主义的兴起与新自由主义时代的到来，并最终以新工党的形式拥抱撒切尔主义。而如今，工党还没有意识到，撒切尔主义作为一种模式快要寿终正寝，工党和其他人一样，都必须更换思路。许多党员出于对新工党的厌恶，转而支持科尔宾——一个从未接受过布莱尔主义的人，绝对可以说是布莱尔的对立面，浑身上下散发出布莱尔明显不具备的真实和正派。

脱欧使英国支离破碎、四分五裂，苏格兰很有可能会选择独立。同时，保守党似乎还不明白新自由主义时代即将终结。即便在英国发生的事情已经如此具有戏剧性，可依然不能与已在美国发生的“精彩”故事相提并论。唐纳德·特朗普横空出世，出人意料地获得了共和党总统候选人提名，令党内外所有人都大跌眼镜、懵懵懂懂。特朗普宣扬的理念很简单，就是直白地反对全球化。他认为，过去为了鼓励大公司在世界各地投资，牺牲了工人阶级的利益，大量美国工人被剥夺了就业机会。此外，他还认为大规模移民削弱了美国工人再就业的机会，从而进一步降低了他们的工资水平。特朗普强调“把美国放在首位”。

特朗普提议，美国应该要求本国公司把资金用于本土投资。他认为《北美自由贸易协定》(NAFTA)把美国的工作机会让给了墨西哥。基于同样的理由，他反对TPP和TTIP。他还指责中国窃取了美国人的就业岗位，威胁要对来自中国的进口商品征收45%的关税。

针对经济全球化，特朗普提出了经济民族主义："美国优先"经济政策。他首先迎合的是白人工人阶级。白人工人阶级自20世纪80年代以来长期被忽视，政治上无人代表，直到特朗普（以及桑德斯）登上政治舞台，他们才开始获得关注。过去40年的大多数时间，由于统治阶级的忽视，美国的白人工人的工资水平一直在下降，他们的利益受到严重影响，这是令人震惊的。他们越来越多地投票支持共和党，但是共和党长期以来就由超级富豪和华尔街的金融寡头们所把持。而超级富豪和寡头们作为全球化的狂热推动者，他们的利益与白人工人阶级完全相背离。因为此次美国总统大选中特朗普的参选，白人工人阶级终于找到了他们所期望的代言人，正是他们的支持、帮助，特朗普才拿下了共和党总统候选人提名。

特朗普的另一个民族主义主张"让美国再度强大"，是他在外交政策上的立场。他认为，美国对大国地位的追求浪费了国家资源，当前的结盟体系对美国不公平，美国为争当国际霸主所费成本太多，而盟友中尤其是日本、韩国和北约成员国，则担负的义务太少。他要求重新平衡这些关系，实在不行就退出同盟关系。他还认为，美国作为一个正在衰落的国家，再也不能承受这种超负荷的财政负担了。比起维护世界"公义"，特朗普认为钱更应该用在国内投资上，如修缮美国破败不堪的基础设施。特朗普的立场代表了对美国长期充当世界霸主的重大批评。相较于自20世纪80年代以来占据统治地位的新自由主义和超级全球化思想意识形态，以及战后一直居于"正统"地位的美国外交政策，特朗普的观点无异于同它们彻底决裂。必须严肃认真地看待特朗普所代表的这些主张，不能因其是出自特朗普的"大嘴"而听而不闻。特朗普不是左派，他是右翼民粹主义者。他发起了对穆斯林和墨西哥人的种族歧视和仇外攻击。特朗普要讨好的是白人工人阶级，这些人觉得自己被大公司欺骗了，生活被拉丁裔移民破坏了，仇视那些他们长期瞧不起的非洲裔美国黑人。

特朗普领导的美国可能意味着滑向极权主义，滥权、迫害、构陷、歧视、种族主义、独断专行和暴力可能成为其特色，美国将成为一个严重分化和割裂的社会。他威胁要对中国征收45%的进口关税，一旦实施，势必招致中国的抵制，这将迎来一个新的贸易保护主义时代。

无论特朗普能否赢得总统选举，生活水平正在下降的美国民众，以及激烈反对全球化的强大的社会不满力量，都不会由此轻易改变或放弃自己的观点。他们仍会就不受限制的移民、TPP 和 TTIP、资本自由流动以及其他类似问题继续不断地反抗奋争。特朗普和桑德斯仅在一年多的时间里，就使美国国内这场激烈的争辩、抗争事态的性质，发生了带有根本性的改变。

批判超级全球化的呼声不仅没有减弱或平息，反而在不断地加强。大约 2/3 的美国人同意："我们不该过多地去关注那么多国际上的事，而应该更多地集中精力应付解决国内日趋严峻的贫富差距悬殊的社会不平等问题。"而且，更为严重的是，这股永不可能改变自身贫困命运的反对势力，所积聚的强烈仇视社会不平等的力量，目前正在西方国家尤其是美国，不断地发展蔓延，并逐步成为社会主要思潮，去反抗造成自身贫困的超级全球化。

（原载《世界社会主义研究》2017 年第 1 期）

新自由主义让富者愈富、穷者愈穷

［英］罗思义

近年来，美国贫富差距不断扩大、收入不平等急速加剧，已经成为一个不争的事实。

美国家庭收入中位数（将家庭收入数据按大小排序后，位置在最中间的收入数值，更能代表普通民众的收入水平）呈下降趋势。近十几年来，美国民众遭受了收入严重下降的窘况，2015 年美国家庭收入中位数甚至低于 1999 年的水平。与普通民众收入下降相伴随的，却是富人收入的快速增加。事实上，从 20 世纪 80 年代开始，美国就进入了贫富差距扩大的轨道。2008 年国际金融危机后，收入不平等更是急速加剧。从 1980 年到 2015 年，美国收入最低的 20％底层家庭总收入占全部家庭总收入的比重从 4.2％降至 3.1％，收入最高的 5％富裕家庭总收入占比则从 16.5％飙升至 22.1％，占家庭总数 80％的中下层家庭总收入占比从 55.9％下跌至 48.8％。2015 年，美国收入最高的 5％富裕家庭总收入为 2.2 万亿美元，是美国收入最低的 20％底层家庭总收入的 7 倍。在收入不平等急速加剧的情况下，美国出现民粹主义抬头和社会不稳定也就在情理之中了。

一、收入不平等与美国政府新自由主义经济政策大有关联

美国的收入不平等状况以 1980 年为分水岭，在 1980 年后急速恶化。这与里根就任总统后美国经济政策转向新自由主义大有关联。

二战结束后到 1980 年之前，美国经济政策的一个重要目标是维持美国的国际竞争力，美元贬值是一个重要途径。但美元贬值导致进口商品价格大幅上涨和高通胀率，加大了人民生活压力。为了维持政治和社会稳定，里根放弃

了维持美国国际竞争力的目标。1980 年 11 月至 1985 年 2 月，美元汇率惊人地上升了 83%，致使反映国际竞争力的关键指标——国际收支平衡——急剧恶化。到 1987 年，美国国际收支逆差占 GDP（国内生产总值）的比重达到 3.3%。里根卸任后这种趋势仍在延续。

以减少福利开支、降税、放松管制为主要内容的里根经济政策深受新自由主义的影响，对美国经济产生了持久性损害，导致收入不平等迅速加剧。

国际收支不平衡意味着进口商品大幅度取代了国内生产的商品。这严重打击了美国制造业，并导致“铁锈地带”（指从繁荣走向衰落的老工业基地）的出现，大量工厂倒闭，到处是闲置厂房和被遗弃的锈迹斑斑的设备，工人大量失业。

国际收支不平衡逼得美国大量向海外举债。因此，美国创造了一个庞大的金融部门以借入海外储蓄，使之流入美国企业，实现了经济金融化，或者说“华尔街”取代了“商业街”，进而导致在工业部门中从事技术性高薪工作的中等收入群体大量减少，取而代之的是相对少数的金融精英以及大量为金融精英服务的清洁工、三明治小贩、麦当劳打工者等低收入人群。这大大加剧了社会不平等程度。

为了提高经济活力，里根政府大幅度降低高收入者和大企业的所得税率，导致美国税收体系更加注重为高收入者减税，进一步加剧了经济结构调整所带来的不平等。

二、债台高筑大大削弱美国经济发展的可持续性

为了缓解民众对于收入下降和不平等加剧的不满，美国鼓励民众大量举债。于是，家庭贷款数额上升，债务大幅增加，家庭负债在 GDP 中的占比从 1981 年的 47%上升至 2007 年的 98%。巨大的债务积累进一步扩大了金融部门的组织功能，直接诱发了 2007 年的次级抵押贷款危机，并很快演化成 2008 年的国际金融危机。金融危机期间，美国家庭收入中位数持续下降。美国民众对社会的严重不满情绪在 2016 年美国大选中全面爆发。

但是，候任总统特朗普宣布的政策并不足以扭转美国过度不平等的局面。因为任何转向贸易保护主义的措施都无法创造大量制造业就业机会，反而会抬高进口商品的价格，进而增加美国民众的生活压力。特朗普的税改计划会

进一步扩大收入差距。正如英国《金融时报》所指出的，税改提案将为美国的富裕阶层，例如特朗普先生等，带来巨大的好处。美国税务政策中心的数据显示，特朗普的最新税改计划将使得收入分配处于中间的1/5民众税后收入增加1010美元或1.8%；但10%的美国富裕阶层将享受近110万美元的平均税收减免或超过税后收入14%的税收减免。减税有可能使美国的债务依赖型经济踏上不归路。债台高筑大大削弱了美国经济发展的可持续性。

三、新自由主义具有深刻的破坏性

近40年来，美国贫富差距持续扩大的根源在于新自由主义。事实表明，以推行私有化、市场化、自由化为核心内容的新自由主义，实质是维护富人阶层利益，让富者愈富、穷者愈穷的思想和政策体系。它所带来的是贫富差距扩大、不平等加剧、资本绑架民主、富豪统治和金钱政治，严重违背了公平原则，侵蚀了公众利益，撕裂了社会，导致民主制度劣质化，在经济上和政治上都具有深刻的破坏性。

（原载《人民日报》2017年1月15日）